法学教育研究

Legal Education Research

2019

第二十七卷　杨宗科 主编

法律出版社
LAW PRESS·CHINA

法学教育研究（第27卷）

Contents

· Exploration of Theories ·

· Teaching Research ·

理论探讨

论红色育人基因的传承

——以西北政法大学为视角

杨宗科[*]　高　炜[**]

摘　要：党的十八大以来，以习近平同志为核心的党中央高度重视红色基因传承弘扬，革命精神和社会主义先进文化作为中国共产党的红色基因，是我们党能够一路走来初心不改的精神密码。大学的使命之一就是文化传承的创新，文化育人在大学里应该得到实现。西北政法大学是“陕北公学、延安大学和西北人民革命大学”的直接继承者，具有浓厚的红色基因，优良的革命传统，而传承红色基因在大学生的理想信念教育中发挥着重要作用。了解红色基因的核心要义，充分发挥基因育人的作用，对于学校落实“立德树人”根本任务，构建红色文化育人模范大学，培养德法兼修明法笃行高素质法治人才，培养中国特色社会主义事业合格建设者和接班人具有重要意义。

关键词：红色基因　传承　育人　西北政法大学

---

* 杨宗科，西北政法大学校长、二级教授、博士生导师，研究方向：法治理论、立法理论、法学教育、国家安全法治及公安法学。

** 高炜，西北政法大学党政办公室研究实习员，研究方向：中共党史、法治理论。

中国共产党领导中国人民在长期的革命斗争和发展实践中缔造的红色基因,是中华民族的宝贵精神财富,是中国特色社会主义文化的重要组成部分,是全党全国各族人民精神的根本内涵。一个家要经年不败,需要良好家风的滋润,一个党、一个国家、一个民族要永远不倒,就基于血脉延续、基因传承。红色基因①是党的政治基因和优秀遗传代码,是源自中华民族的优秀传统,形成于中国共产党的奋斗历史,接续于新时代中国特色社会主义伟大实践中,所有红色基因的背后凝聚了一个最根本的理念,就是为中国人民谋幸福,为中华民族谋复兴的中国共产党的初心与使命。习近平总书记曾多次深入革命老区视察并强调:"要把红色资源利用好、把红色传统发扬好、把红色基因传承好。"党的十九大闭幕一周后,习近平总书记一行赴上海参观了中共一大会址和嘉兴南湖红船,回顾党的发展历程,重温入党誓词,这非常清晰地传递了一个信息,就是告诫全党,要不忘初心、牢记使命。传承好红色基因,就是践行党的初心,就是把人民群众始终装在心中,只有真正为人民谋福利,人民才会爱戴党,党才能强盛不衰,在中国共产党已经走过将近百年的历程中,改革开放伟大实践40周年,中华人民共和国成立已近70周年的时刻,我们必须要回顾共产党一路走来的路,传承党的优良传统,才能使传承红色基因在立德树人工作中发挥更重要的作用,高校才能真正培养出合格的中国特色社会主义事业接班人。

---

① 近年来,国内对"红色基因"理论研究的论文数量可观,但以高校作为视角切入研究传承红色基因育人的成果较少。关于研究红色基因的论文成果,参见刘晓伟、苏煜彤:《红色基因融入大学生社会主义核心主义价值观教育的思考》,载《延安大学学报》(社会科学版)2019年第2期;苏寄北:《以实际行动传承红色基因》,载《人民论坛》2018年1月1日等文章。专著类参见任仲文:《红色基因代代传》,人民日报出版社2018年版;王炳林、张泰城:《高校红色文化资源育人发展报告》,人民出版社2018年版。报纸类参见郑权:《让红色基因代代相传》,载《经济日报》2017年7月1日版;全家悦:《传承和弘扬红色基因坚定政治信仰永葆初心》,载《光明日报》2019年4月8日,第5版等。

一、红色基因探析

(一)探源"红色"

马克思曾说过:"色彩是反映一个民族性格最直观的方式。"红色是一种热烈的颜色,它象征着鲜血、革命,代表生生不息、敢于奋斗的精神,红色对于中华民族有特殊韵意。近代"红色文明"发源于欧洲大陆,19世纪中期,马克思主义诞生后,历经半个世纪的发展,红色逐渐成为马克思主义的代言标志,1864年共产国际在成立时将红色定为其标志颜色,后来这成为世界各国共产党人的颜色,《共产国际歌》中唱到"共产国际呼唤,所有钢铁盟军集合到苏维埃,红色的旗帜去,我们自愿组成,红色的先锋队"。② 列宁领导的俄国共产党取得俄国政权后建立了苏军,从那时起,共产党领导的军队又称红军,红色逐渐从色彩名词转变为政治象征。

在中国革命历史上,红色是一种政治理念的象征符号。1921年7月,中共一大在上海秘密召开,因突遭法国巡捕搜查中断,同年8月,会议转移在嘉兴南湖的一艘船上继续进行,此后这艘船被称作"南湖红船",成为中共红色基因孕育的起点,中国共产党的成立标志着"红色革命"在中国大地的开始,1927年8月1日"八一南昌起义",中国共产党的军队打响了武装反抗国民党统治的第一枪,红色旗帜屹立于广袤国土之上,1928年4月28日,朱、毛革命军在井冈山胜利会师,开始了革命根据地建设,1928年5月25日,中共中央决定,全国各地工农革命军正式定名为红军,从中共诞生伊始,红色就被定义为精神底色,中国工农革命军沿袭了"红军"这一称谓,并在祖国大江南北展开了艰苦卓绝而伟大的斗争。国民党在其统治的区域内对人民群众实行恐怖镇压,对共产党员和民主知识分子实行迫害,官僚行政机构腐败不堪,内部财政经济濒

② 张改:《红色文化之"红色"探源》,载《兵团党校学报》2019年第1期。

临奔溃,因此而称为“白色统治区”,红军在其根据地内开荒拓土,开展土地革命,实行民主政治,将中华民族和广大人民群众的利益始终摆在首位,被称为“红色革命根据地”,代表着中华人民共和国的希望与前进方向,红色革命根据地与白色统治区旗帜鲜明的形成对峙。埃德加·斯诺的传世名著《红星闪耀的中国》,记述了抗战时期千百万中国青年人对延安红色革命的憧憬向往,历经艰辛从国民党白色统治区奔往“革命圣地”延安,所记录的延安真实情况与中国共产党人的革命意志,宛如一颗光华璀璨的闪亮红星照耀着中华民族的前途命运。2019 年 3 月 4 日全国“两会”期间,习近平总书记在看望参加政协会议的文艺界社科界委员时强调:“共和国是红色的,不能淡化这个颜色。无数的先烈鲜血染红了我们的旗帜,我们不建设好他们所盼望向往、为之奋斗、为之牺牲的共和国,是绝对不行的。”认清红色之色,首先是政治本色,中共的红色文化区别于其他文化的根本点在于中国革命与社会主义建设时期铺就的政治底色、锻造的政治素养和肩负的使命担当,党在领导红军展开革命斗争的时期就明确指出:“政治工作不是附带的,而是红军的生命线。”③“红色”与中国共产党人的无产阶级政治性和思想性浑然天成,是中华民族、中华人民共和国和中国共产党的制度底色、基因之色和精神颜色。饮水思源,了解红色之色,坚定红色信仰,传承红色基因,是每一位新时代亲历者、见证者、实践者必经的政治洗礼。

(二)解析“基因”

19 世纪 60 年代,奥地利遗传学家孟德尔就提出了生物的性状是由遗传因子控制的观点,1909 年丹麦遗传学家约翰逊在《精密遗传学原理》一书中正式提出“基因”概念,从此遗传学和基因学走入人类视野,成为生物学研究拓展的重要领域。④ 从现代基因学角度来讲,基因是具有遗传效应,能控制生物性状的基本遗传单位,俗称“DNA”。换句话说,基因不仅可以通过复制把遗传信息传递给下一代,生物的各种性状

③ 中央档案馆:《中共中央文件选集》(第 8 册),中共中央党校出版社 1991 年版,第 309~310 页。

④ 参见[美]悉达多·穆克吉:《基因传:众生之源》,中信出版社 2017 年版,第 298 页。

几乎都是基因相互作用的结果。人文社会科学领域研究的是人类精神世界及其创造累积下的文明。把基因的概念引申到人文社会科学领域，可以用来概括人文科学领域的文化精神传承内核。中华民族的基因，来源于历史、来源于实践、来源于人民。中华民族的基因包罗万象，具体表现为中华优秀传统文化，天人之学、自强不息、以民为本、道法自然、仁者爱人等都是中华民族的基因遗传下来的核心理念。红色基因也是中华民族的基因组成部分，是共产党人的"DNA"，这是在革命和社会主义建设实践基础上形成的精神信仰，实质上是对马克思主义、对中国特色社会主义、对中华民族伟大复兴中国梦的坚定信仰。⑤ 这些基因承载着中华民族的核心遗传信息，生物学上对基因的研究证明了基因作为遗传环节根本要素的科学性和必然性，中华民族的基因作为中华儿女传承传统的载体同样具有科学性和必然性。

基因具有两大基本特点，第一是能忠实地复制自己，以保持生物的基本特征。到人文社会科学领域同样适用，中华民族的文化基因，将中华民族的文化传统和行为意识自觉地复制进每一个中华儿女的细胞里，让每个中国人都有文化自觉。例如，中国古代的氏族血缘观、宗法制、儒家传承的"仁"和"礼"，这些都是根植于中华民族血液里的传统并且根深蒂固。1935 年 10 月中共中央长征到达陕北，面临国民党包围封锁的不利局势，开动脑筋、自力更生，开展土地革命、大生产运动、精兵简政、创立"三三制"政权等，红色革命传统得以继续实践，红色革命火种得以保存和积蓄力量。无论是中华优秀传统基因还是共产党人的红色基因，都是契合中国实际情况的文化基因，它们将这些遗传信息忠诚地复制给下一代。

基因的第二个特点就是能够"突变"。突变绝大多数会导致疾病，因此，任何不符合中华民族传统和新时代中国特色社会主义国情的"突变"基因，都是没有生命力的。中华民族风雨兼程几千年的辉煌成就，是人民用智慧和血汗创造出来的，中国特色社会主义道路，是党带领人民

⑤ 参见张西立：《"我将无我，不负人民"新时代中国共产党人的道德自觉》，载《成都日报》2019 年 4 月 17 日，第 6 版。

在长期革命和建设实践中走出来的，马克思曾说过："人们自己创造自己的历史，但是他们不是随心所欲地创造，并不是在他们自己选定的条件下创造，而是在直接碰到的、既定的、从过去继承下来的条件下创造的。"⑥古人也说："灭人之国，必先去其史。"国内外敌对势力往往拿中国革命史、中华人民共和国历史来做文章，竭尽所能想要造成中华民族的基因"突变"，根本上就是要搞乱人心，中华民族绝不能在基因传承上发生基因"突变"，导致罹患疾病，产生精神"缺钙"。习近平总书记一再强调："理想信念是共产党人精神上的'钙'，没有理想信念，理想信念不坚定，精神上就会'缺钙'，就会得'软骨病'。"⑦各种出轨越界、跑冒滴漏问题就在所难免。这就要求我们要传承传统优秀基因，坚决防止基因突变发生，基因突变导致的"颠覆性"疾病，会对中华民族产生万劫不复的灾难。

（三）红色基因核心要义

红色基因是中国共产党领导中国人民在追求民族解放、国家富强和人民幸福征程中所积累的历史遗存，渗透着中国人民对中国特色社会主义共同理想的向往、对民族精神的传承、对时代精神的创造，体现了中华优秀传统文化的前进方向。

红色基因以马克思主义为指导。马克思主义深刻揭示了人类社会的发展规律，中国共产党就是在马克思主义的指引下领导人民追求民族独立和国家富强，可以说，红色基因就是马克思主义基本原理同中国具体实际相结合的产物。红色基因的形成和丰富大致可分为两个阶段。第一阶段是中共领导全国各族人民进行新民主主义革命时期，第二阶段是中共领导的社会主义建设时期。革命时期以"红船精神""井冈山精神""苏区精神""长征精神""延安精神""西柏坡精神"等为代表，⑧是中国革命传统的精华部分。在社会主义建设和改革时期形成的"雷锋精

⑥ 《马克思恩格斯选集》（第 1 卷），人民出版社 1995 年版，第 60 页。

⑦ 习近平：《习近平谈治国理政》（第 1 卷），北京外文出版社 2014 年版，第 15 页。

⑧ 北京市习近平新时代中国特色社会主义思想研究中心：《中国特色社会主义文化守正创新之道》，载《光明日报》2019 年 4 月 12 日，第 6 版。

神”“焦裕禄精神”“两弹一星精神”等，也是对党的革命文化传统的坚守和发扬。红色基因的丰富内涵在新时代得以创新并呈现出更加鲜明的中国特色。

1. 红色基因是源自中华优秀传统文化土壤中的遗传密码

中华优秀传统文化是中华民族的“根”和“魂”，也是红色基因的文化之根、文明之源。习近平总书记2018年5月2日在北京大学师生座谈会上指出：“我们是中华儿女，要了解中华民族历史，秉承中华文化基因，有民族自豪感和文化自信心。”中华优秀传统文化涵盖古今，既有古代优秀传统文化，也包含社会主义的新文化，还包括未来中华子孙创造的文化，都是中华优秀传统文化。[⑨] 中华优秀传统文化与红色基因的传承具有内在统一性，中国共产党人深受中华优秀传统文化的熏陶并将其内化于心，这是孕育红色基因的文化基础。红色基因根植于中华优秀传统文化中，在汲取其精华的基础上，将中国实际与马克思主义基本原理相结合，形成了具有中国特色的精神文化，是优秀传统文化在新时代的继承和发展。抛弃传统、丢掉根本，就等于割断了自己的精神命脉，[⑩]红色基因源自中国优秀传统文化，并要不断结合新时代条件发扬光大。

2. 红色基因是熔铸于中国共产党历史发展中的革命精神

红色基因是以中共党史为载体的，是马克思主义中国化、大众化的历史见证与精神表现。2013年7月11日，习近平总书记到西柏坡视察时强调：“对我们共产党人来说，中国革命历史是最好的营养剂。重温我们党领导人民进行革命的伟大历史，心中就会增添很多正能量。”红色基因是党奋斗过往的红色记忆，随着中国共产党历史的发展进程而不断丰满。中共自娘胎孕育就带有“开天辟地、敢为人先”的革命精神，将民族和国家存亡命运重责担负于肩的担当精神，随着革命的开展，在江西革命老区形成了“对党忠诚、勇于牺牲”为内涵的精神信仰；在陕甘宁边区形成了“自力更生、艰苦奋斗”为内涵的开拓奋斗精神；在改革开放以来

---

⑨ 参见张岂之：《中国传统文化》（第3版），高等教育出版社2010年版，第2～8页。

⑩ 参见习近平：《习近平谈治国理政》（第1卷），北京外文出版社2014年版，第164页。

形成了“解放思想、实事求是”为内涵的创业实干精神等，红色基因是中共一脉相承、奋斗凝结强大精神力量，它熔铸于中国共产党不懈奋斗的历史过程中。

3. 红色基因是接续于新时代中国特色社会主义伟大实践中的强大命脉

中国特色社会主义是改革开放40年伟大实践中得来的，新时代中国特色社会主义的建设事业，光靠物质条件是不能取得胜利的，必须坚持自己的道路、理论、制度、文化，必须从党和人民的奋斗历史中接续强大的精神命脉。首先，红色基因的新时代特征体现在它是实现爱国主义教育的重要抓手，红色基因承载着爱国精神，培植了强烈的救国信念与不惧牺牲的报国情怀，[11]传承红色基因就能厚植家国情怀。其次，红色基因与改革创新的时代精神高度融合，改革开放和中国特色社会主义事业进入新时代，更需要建设者认真领悟政治信念与奉献精神，自觉理解使命与担当，把光荣的传统转化为建功时代的内在精神动力，这些都是支持党和国家、人民事业蓬勃向上的强大基因。最后，红色基因与社会主义核心价值体系高度融合，因为红色基因同社会主义核心价值观基本内涵都是致力于振奋民族精神、提升大众涵养、为实现中华民族伟大复兴中国梦提供智力支持。

（四）红色基因的功能

1. 历史印证功能

红色基因是生动的党史精神，它见证了中国共产党的发展史，昭示社会主义道路的必然性，指导中国革命取得成功。在早期的革命年代，中国共产党不断将理论与实际结合，南昌起义、秋收起义后，根据实际情况创造性开展农村包围城市运动，形成“井冈山精神”；第五次反围剿后中共党人英勇果决，踏上万里长征路，形成“长征精神”；陕甘边是当时全国硕果仅存的红色革命根据地，中共在延安十三年奋斗形成了“延安精神”；解放战争后又形成“西柏坡精神”等。随着社会主义建设的开展

---

[11] 参见陈始发、张剑锋：《以爱国主义精神厚植新时代中国青年家国情怀》，载《光明日报》2019年5月8日，第6版。

到改革开放，又形成了“两弹一星”“载人航天”等精神，[12]红色基因印证了中华民族和中国共产党的历史发展，印证了人民革命解放事业和社会主义建设事业的发展轨迹。

2. 价值表征功能

红色基因具有价值表征的功能。首先，红色基因是中国共产党奋斗历程中精神价值的高度凝练，集中体现中华民族和中国共产党的价值取向。其次，红色基因也是被新时代中华民族价值观加工的客体，具有表征和验证新时代中国特色社会主义文化价值的功能。最后，红色基因是国家文化软实力中具有强大竞争力的精神部分，体现着当代中国的先进价值观念。当代中国的价值观念本质上是中国特色社会主义价值观念，[13]红色基因具有价值取向的表征功能，代表中国特色社会主义文化的价值取向，是中国先进文化传承和前进的方向。

3. 文明传承功能

红色基因的文明传承价值既体现在对中华优秀传统文化的传承，也体现在其与党的最新理论成果的价值体系相统一。红色基因是中国传统优秀文化的重要内涵成分，是中国先进文化的代表，是建设社会主义先进文化的前提，是新时代群众性精神创建活动的重要内容。中国劳动人民在中华五千年的历史发展中创造出博大精深、源远流长的中华文明，红色基因很大程度上继承了人民在实践过程中形成的价值准则和精神追求，再者，党的十八大以来，红色基因被赋予了新的时代内容，兼容并包，弹性丰富，红色基因的延续需要不断注入新的精神活力，使红色基因随着党和国家、人民事业的发展而富有新时代文明的传承价值。

4. 开发利用功能

红色基因的开发利用，既要注重精神层面的开发，也要重视物质载体层面的挖掘。开发利用好红色基因，有利于坚定政治信仰，巩固党的

---

⑫ 参见郝保权：《中国共产党在重振中国文化自信中的贡献》，载《光明日报》2019年4月23日，第5版。

⑬ 参见习近平：《习近平谈治国理政》（第1卷），北京外文出版社2014年版，第161页。

执政根基,有利于树牢“四个意识”,践行“两个维护”,也有利于红色文化物质资源的经济效能释放。中国特色社会主义进入新时代,国际国内形势更加复杂多变,来自各方的风险挑战比以往任何时候都多,⑭开发利用红色基因,首先,能使人民坚定政治立场,这也是弘扬社会主义核心价值的重要途径。其次,开发利用红色基因,是开展新时代宣传工作的有力抓手,尤其是高校思想政治建设占领理论教育高地的重要路径。最后,开发利用好以红色旅游、红色革命遗址、红色经典影视、红歌会等为代表的红色物质文化则有利于带动红色革命老区经济发展,开创新兴产业布局,寻找新的经济增长点。

二、传承红色基因在人才培养中的意义

(一)传承红色基因对国家发展的一般意义

1. 传承红色基因是实现中华民族伟大复兴中国梦的根本保障

红色基因要不要传承,关键要看传承它能不能解决实现中华民族伟大复兴这个历史课题,能不能提振人民在实现中国梦伟大实践中的精神问题。红色基因作为当代中国先进基因的重要组成部分,传承红色基因对于人民形成科学的世界观、人生观、价值观具有重要指导意义和规范功能,是提升国家文化软实力,加强民族自信心,坚定中国发展道路,保障实现中华民族伟大复兴的有效途径。中国共产党带领全国人民建立新中国,坚定不移坚持改革开放和社会主义现代化建设,开创了中华民族伟大复兴的光明前景。要实现中华民族伟大复兴的中国梦,使中华民族始终屹立于世界民族之林中,就要坚定不移地坚持党的领导地位,自觉传承党的红色基因。

2. 传承红色基因是巩固党的领导地位永葆红色江山的重要途径

邓小平曾经说:“新中国的成立,是由亿万先烈的鲜血染红的。”党

⑭ 参见人民日报评论员:《把党的政治建设摆在首位》,载《人民日报》2019年2月28日,第1版。

的红色江山，是党和人民历尽千辛万苦、付出各种代价，用人民的鲜血和生命换来的，江山万里总有源，树高千尺也有根，红色基因要不要大力传承，关键是看传承它能不能保障党的红色江山千秋万代，永不褪色。传承红色基因是关系党的思想建设立标铸魂的重大工程，也是关系巩固党的领导地位，永葆党的红色江山的重大政治任务。新时期，党面临着执政、改革开放、外部环境等巨大考验，面临着精神懈怠、能力不足、脱离群众和消极腐败等巨大风险，[15]这些都是党巩固执政之基的不利因素，要讲好红色故事，树立鲜活榜样，防患于未然，用传承红色基因战胜新时代中国特色社会主义建设所面临的困难挫折。

3. 传承红色基因是培养合格社会主义建设者和接班人的基本要求

实现中华民族伟大复兴的中国梦，离不开人才保障。红色基因，是时代新人必须具备的精神品质。传承红色基因要融入现代人才培养机制中，既注重感情的培育，又增强理念的灌输，使红色基因浸入心扉、渗进血液，引导广大青年树立正确的世界观、人生观、价值观，厚植爱国情怀、爱党情怀。当前国家对人才的需求比以往任何时候都更加迫切，堪当时代大任的人才首先要有高尚的政治情怀和历史站位，这就要求必须把传承红色基因放在思想政治教育的重要位置，实现中华民族伟大复兴的中国梦，要靠培养又红又专、德才兼备、全面发展的中国特色社会主义合格建设者和可靠接班人来接续奋斗。

（二）传承红色基因在大学生教育中的特殊意义

党的十八大以来，习近平总书记围绕培养什么人、怎样培养人、为谁培养人这一根本问题进行多次论述，对如何加快高等教育事业发展、办好人民满意的教育等重大问题作重要指示。近年来，许多有红色基因背景的高校都非常注重挖掘利用本校和地方的红色文化资源，并将其融入高校思想教育阵地，以此来落实立德树人根本任务。高等学校应坚持正确办学方向，以西北政法大学为例来讲，就是要坚持德才兼修、德法兼修，构建起高水平有特色的红色文化育人体系，完善全员、全过程、全方

⑮ 参见郑权：《让红色基因代代相传》，载《经济日报》2017 年 7 月 1 日，第 7 版。

位“三全育人”大格局,在校大学生学习党史、校史,传承红色基因,这是培养德法兼修明法笃行高素质法治人才的重要途径。

从政治学角度讲,传承红色基因在大学生教育中具有坚定政治立场、树固理想信仰的重要作用和意义。政治学研究的科学成果和结论对于人们认识政治现象,掌握政治规律起着巨大的指导作用。近年来,政治学助力治国理政的学科功能显著发展,政治学除了在对策性研究上继续发力,也应该深入的思考涉及国家发展、民族命运和人民幸福等深层次问题。政治学的基本原理要求大学生要以政治学的立场、科学的态度认识传承红色基因的重要意义。党和政府高度重视红色基因在高校思想政治工作中的运用,将培养又红又专的接班人作为党和国家的重大政治任务,红色基因从根本上讲是党的政治立场,红色本色是党的政治本色,厘清这个问题,就能从政治高度出发自觉传承红色基因。

从心理学角度讲,传承红色基因在大学生教育中具有增强心理认知、提高思想认识的重要作用和意义。心理学是一门研究人类心理现象以及在其影响下的行为活动的科学。心智是形成客观世界表征的系统,促使人们采取行动以实现目标,心理思考、心理暗示、心理认同是心智发挥作用的内心运动表现,从心理学角度可以看出,传承红色基因首先要使红色基因的概念在大学生群体中得到广泛的心理认可,回望党走过的壮阔历程,深刻感受一个马克思主义政党所拥有的理想、信仰的基因,从每个大学生的心智上深刻意识到红色基因是中国共产党的精神遗传密码。只有对红色基因的力量从心理上真正信仰,才能把精神的力量变成改变世界的行动,创造属于新时代的光辉业绩。

从教育学角度讲,传承红色基因在大学生教育中具有提高学习自觉,提升育人成效的重要作用和意义。教育是通过影响人的身心发展为直接目标的社会活动。我国高等教育的根本目的是立德树人,传承红色基因与高等院校立德树人工作是内在统一的,教育对大学生传承红色基因起着根本性作用。高校教育要坚持作好思想政治教育工作,红色基因弘扬效果直接关系到思想政治教育成果的质量。从教育学角度来讲,高校育人要重视大学生的学习问题。重视学习,是我们党的优良传统,是党不断前进的基础,传承红色基因就要通过不断受教育来增强认识,要通过不断加强教育来提升育人成效,要通过不断的教育来继承党的优良传统。

从管理学角度讲,传承红色基因在大学生教育中具有遵循发展规律、激发创新精神的重要意义。管理学是适应现代社会化大生产的需要产生的系统研究管理活动规律的综合性交叉学科。为提升效益,管理中有极强的规律可循,在互联网、大数据、人工智能快速发展的今天,管理的变革为创新传承模式带来了深刻的影响。从管理学角度讲,传承红色基因是党的一项系统的、有模式可寻的工程,在此过程中需要大学生具有规律性和自觉性。在传承红色基因的过程中要突出管理的针对性和实效性,提高大学生传承红色基因的工作水平。在管理的过程中人们也会激发创新精神,推动传承红色基因的实践向深层次发展。

三、西北政法大学的红色基因及其传承

西北政法大学的红色基因来源于中国共产党的高等教育史,来源于中国共产党的法学教育史,来源于底蕴深厚的学校发展史之中。1937年,为"实施国防教育,培养抗战人才",党中央审时度势创办陕北公学,同年10月23日,毛泽东为陕北公学题词:"要造就一大批人,这些人是革命的先锋队。这些人具有政治远见。这些人充满着斗争精神与牺牲精神。"⑯毛泽东曾先后十次来陕北公学讲话,对陕北公学的办学方向、人才培养等发展问题提出了明确要求,他讲话的诸多内容详尽表述了陕北公学红色基因和学校精神的内涵本质,表达了陕公的红色基因象征的坚定政治信仰和生生不息的革命精神,这是我校最纯正的红色基因来源,正是基于对我校这种红色基因的信任,毛泽东评价道:"中国不会亡,

⑯ 《西北政法大学图史(1937~2017)》编委会编:《西北政法大学图史(1937~2017)》,陕西人民出版社2017年版,第6页。

因为有陕公。"1949年我校更名西北人民革命大学并由延安牵至西安办学,习仲勋等老一辈革命家始终关怀学校发展,他在西北人民革命大学第一期毕业典礼上讲话指出:"西北人民革命大学是一个强大的政治兵团,要率领广大群众去和我们残余的敌人与封建势力搏斗。"[17]1951年12月,习仲勋在西北区、陕西省、西安市三级党员干部大会上的报告中说:"西北人民革命大学的办法是目前在绝大多数学校必须大大提倡的办法。"他曾为学校题词"学法用法,依法治国",这些掷地有声的嘱托时至今日依然是鼓舞全校师生矢志不渝、不懈前行的精神动力,也是我校红色基因薪火相传、接续发展的重要内涵。我校一脉相传的红色基因历经陕北公学、延安大学、西北人民革命大学等重要历史时期,政治坚定、富于牺牲、忠诚可靠、奋勇争先不但是中国共产党革命精神的具体写照,也是我校所继承流芳下的最纯正的红色基因。

红色基因传统是西北政法大学的灵魂,一个学校要发展离不开自己的精神属性,一个没有灵魂的学校是不能走在时代前列的。传承红色基因要渗透到"立德树人"的全过程中,并在促进学科建设和教学、科研、管理等重要工作高质量发展中发挥作用,让红色基因育人成为学校办学治校的鲜明特色,确保我校红色文化育人模范大学建设落地开花,需要从以下十个方面来努力。

(一)适应时代要求,传承发展红色育人理念

新时代"立德树人"要求的"德",从根本上是立政德、立大德、立正德。具体就是要求我们要立坚定政治信仰,坚持党的领导,发扬党的优良传统的政德;立为人民服务、为国家奉献的大德;立浩然正气、砥砺奋进,走昭昭大路的正德。我校前身陕北公学主要办学目标是为取得抗日战争胜利培养政治坚定的党员干部,其精神内涵是在抗日战争特殊时期激发的富于牺牲、奋勇争先的红色信仰。实践告诉我们,发展是一个不断变化的进程,随着时代发展和学校办学传承,对学校而言,立德树人的关键在于要围绕解决新时代面临的主要矛盾来开展,传发适应时代的红

---

[17] 《西北政法大学图史(1937~2017)》编委会编:《西北政法大学图史(1937~2017)》,陕西人民出版社2017年版,第59页。

色理念，这是提升学校文化软实力的必然要求。首先，要加强教育引领。围绕探究传发红色理念召开高水平研讨会，针对红色基因的时代内涵发展和学校赋予的新时代精神需求深入研讨，提高认识，挖掘中国共产党高等教育历史、归纳中国高等教育特色，坚定社会主义办学方向，弘扬“陕公精神”等。其次，强化宣传作用。开展传承红色基因相关的高水平讲座，广播站推出红色基因传承专门节目，学校官网创建红色窗口，抓好互联网舆论阵地，让红色基因在青年学生、学校教师和干部队伍中渗透传承。

（二）深化科学研究，创建红色基因科学

2018 年 5 月 2 日，习近平总书记在北京大学师生座谈会上强调：“马克思主义是我们立党立国的根本指导思想，也是我国大学最鲜亮的底色。”说明了马克思主义科学与红色基因科学具有内在统一和共同发展的属性。精研创建红色基因学科，离不开锲而不舍的推进马克思主义中国化、时代化、大众化。⑱ 这要求学校把深化马克思主义特别是习近平新时代中国特色社会主义思想的教育教学作为根本任务，努力培养又红又专、德法兼修高素质法治人才，努力构建红色法学、红色党史学、红色高等教育学等学科。将马克思主义学院建设成为我校马克思主义理论教学、研究、宣传和人才培养的坚强阵地，发挥其传承学校红色基因模范作用。近年来，我校教师先后主持完成了“马克思主义中国化与‘延安精神’关系研究”“延安时期陕甘宁边区干部廉政教育研究”“陕西高校红色文化资源整体开发中的问题及对策研究”等多项科研项目，极大地拓展了红色基因传承的视野和维度。学校成立了红色文化研究中心，以红色文化研究中心为传承红色基因的主要阵地，深入系统地进行红色文化的理论体系研究和红色文化教育教学项目研发论证，在此基础上努力形成富有我校特色的“陕公学”“老延大学”等红色学科项目。

（三）完善人才培养方案，凸显红色育人传统

学校注重整合中华传统优秀文化教育、社会主义核心价值观教育、

---

⑱ 参见习近平：《习近平谈治国理政》（第 2 卷），外文出版社 2017 年版，第 65 页。

红色文化教育、法治文化教育资源。近年来,学校将法学专业教育和红色教育紧密融合,使法学教育和红色文化融会贯通、相得益彰,收到良好的育人效果,在思政课外,增加中华优秀传统文化课程、新时代中国特色社会主义课程、社会主义法治理念课程,巩固和发展陕甘宁边区法制史等课程,推进红色文化进校园,积极营造红色文化育人氛围。红色文化育人模范大学建设方案是我校推进红色基因传承,建设模范育人大学的总抓手。围绕此项任务,学校加大宣传教育,大力加强对教师队伍、干部队伍、服务保障队伍的红色文化教育,长此以往形成传发红色理念,探究基因精神的良好学风。加强对教职工引导,持续开展"不忘初心、牢记使命"专题教育活动,传承红色基因与党支部年度学习任务挂钩。此外,学校还注重资料保管,以校史馆、综合档案室为基础,建立红色文化教育主题档案,形成传承有序的红色文化教育资料,积极深化互联合作,与校外单位和校友加强合作,面向全国开展干部红色文化与法制文化相结合的教育培训。

(四)全力以赴把文化课思政课首先打造成"红色金课"

将红色基因贯彻于学校文化课、思政课之中,使其成为富有特色的"金课",这是红色基因在学生"第一课堂"上传承弘扬、潜移默化的重要做法。思想政治工作在党的建设中处于中心位置,在铸魂育人、立德树人的教育体系中,思政课发挥着"压舱石"作用。[19] "淘汰水课,打造金课"是高等学校本科教育回归初心倾心培养社会主义建设者和接班人的具体做法,打造"金课"就是要改革课堂教学内容、教学方式,让课堂变得更有吸引力,只有把红色基因融入文化课思政课,才能打造出富有我校红色特点的"金课",才能从根本上解决学生思想政治上的问题和困惑,才能防止学生思想上的"掺水""注水"。一是要重视中国近现代史课程。中国近现代史是中华民族在艰难曲折中谋求民族独立、祖国强盛的奋斗历史,让学生了解国家奋斗复兴的历史过程,有利于扩宽知识视野,坚定政治理想和献身中国特色社会主义事业。二是打造党史金课。

---

⑲ 参见北京市习近平新时代中国特色社会主义思想研究中心:《高校思想政治课教师的新使命》,载《光明日报》2019年4月10日,第6版。

中国共产党历史是中国近现代史的重要组成部分，是记录中国共产党从小到大、从弱到强、攻坚克难、一路成长，成为当今世界第一大党的辉煌记忆，[20]讲好党史课事关红色基因的传承质量，事关担当民族复兴大任时代新人的培养。三是打造新时代中国特色社会主义理论金课。以习近平新时代中国特色社会主义思想和党的十九大精神为指导，丰富课程内涵，创新授课方式，以大学生喜闻乐见的实例讲好新时代中国特色社会主义理论。

（五）高水平有特色第二课堂体系、第三课堂体系融入红色育人内容

高校第二课堂指教学计划之外，由学生自愿参加的、有组织的各种活动，而第三课堂是学生利用课外时间而走出校外去实践历练。我校校史红色底蕴深厚，红色资源丰富，将其合理利用，积极融入第二课堂活动和第三课堂实践教育中，有利于传承红色基因，实现又红又专、德法兼修高素质法治人才的培养。学校高度重视第二课堂在传承红色基因中的作用，广泛开展丰富多彩的校园文化艺术活动，每年定期举办校园文化艺术节、社团文化节、纪念“12·9”运动经典诵读大赛等一批文化精品活动，开展了“追忆红色历史，紧跟时代步伐”“纪念九一八，做合格党员”弘扬“延安精神”，践行“两学一做”等活动，建立了“周周有活动、月月有精品”的校园文化活动体系。形成了以“12·4”国家宪法日、高雅艺术进校园等文化活动为点，以各学院学生文化活动为面，以社团文化活动为补充的校园文化活动格局。红色基因传承工作主体鲜明、形式多样、内容丰满、受众广泛、效果显著。学校重视红色基因育人在第三课堂的融入，积极组织在校学生参加社会公益活动，探访革命圣地延安、西安八路军办事处、照金革命旧址等红色革命景点，参加陕西历史博物馆“复兴之路”“改革开放 40 年”巡展等讲解活动，组织学生参观陕北公学旧址、西北人民革命大学旧址等红色校史教育基地。

（六）开发校本专著，深入阐述红色价值理论

我校校史源自抗战时期陕甘宁边区，注重挖掘红色校史和陕甘宁边

[20] 参见秦真英：《党史视角下的“四个”意识》，载《学习时报》2019 年 3 月 15 日，第 6 版。

区红色基因文化资源,运用到自编特色教材工作中,为全校乃至国内本科教育课堂提供学习和传承红色基因的模范教材,促进大学生生动了解体验中国革命历史,感知领悟红色文化,自觉传承红色基因,继承弘扬"延安精神",帮助培育他们成为政治坚定、业务精良、敢于担当、值得党和人民托付的社会主义建设者和接班人。依托陕西丰富的红色资源,陕甘宁边区法制史系统研究一直是我校特色专业之一,也是我校学术传承中重要的学脉。陕甘宁边区法制史相关著作是我校要重点编纂的教材,近年来编著的《陕甘宁边区法制史稿·民法篇》等系列教材已充分运用于学校传承红色基因教学实践中,产生了良好的效果。另外,学校注重校史史料编纂工作,先后编印《峥嵘岁月——西北政法大学校史资料辑录》《光辉的岁月历程——从陕北公学到西北政法大学》《图说西北政法大学校史》等书刊。此外,学校还注重著述教材与时代发展紧密结合,增加《习近平新时代中国特色社会主义理论》系列导读教材等。我校要利用国家建设"双一流"和学校"三步走"战略规划发展的契机,鼓励我校教师丰富红色著述,利用特色传承创新学术话语体系,打造一批为我校传承红色基因树立品牌效应的教材文库。

(七)积极开展"寻根实践"活动,教育强化红色记忆

延安是中国红色革命的落脚点和出发点,"延安精神"是中国共产党和中华民族的宝贵精神财富,我校要充分利用区域地理优势,组织师生积极开展"寻根实践",强化红色记忆。近年来,学校加强与中国延安干部学院、延安市委的联系与合作,共同开展"红色文化进校园"活动,在延安建立陕北革命老区建设发展问题调查研究基地。学校每年组织学生开展教学和调研活动,组织青年学生参观红色文化遗址、体察中国变迁、学习党史英模,围绕红色主题,抒发对党、对祖国和人民的真挚情感。学校精心组织社会实践团队赴革命老区延安以及贵州、云南等地开展主题调研,深入革命老区走访老党员、老红军等,参加社会调查、生产劳动、志愿服务、普法宣传、法律援助等公益活动,引导大学生向实践学习、向人民学习,服务社会,提升素质。学校先后在照金革命纪念馆、渭华起义纪念馆等地建立"革命传统文化教育基地",不定期组织师生前往基地开展现场教学。学校还组织师生赴延安革命纪念馆、马栏革命纪念馆、扶眉战役革命纪念馆、八路军西安办事处纪念馆、杨家沟革命纪念馆等地开展实地教学,追寻革命先辈的足迹,让红色基因入眼入耳、入脑入心。

(八)充分发挥社团作用,推动文学艺术活动唱响红色旋律

文学艺术所体现的精神观念的代际传承是文化传承的重要部分,随着信息化不断发展,知识获取方式和传授方式、教和学的关系都发生了革命性变化。[21] 红歌传唱能唤起人们内心的强烈共鸣,激励学生自觉把个人理想追求融入国家和民族事业中。由冼星海作曲、光未然作词的《黄河大合唱》,以中华民族的发源地黄河为背景,热情地讴歌了中华儿女不屈不挠,保卫祖国的必胜信念。1939 年《黄河大合唱》在陕北公学礼堂首演,这支红色旋律最能代表我校与中国共产党一脉相承的精神底蕴。80 年间该作品在海内外华人聚集区传唱不断,它所蕴含的民族自强、不屈不挠、艰苦奋斗的思想,与党带领人民在革命斗争中形成的红色基因根枝相连,通过气势恢宏的合唱充分表达了中华民族的精神内涵,已成为民族精神的艺术象征。近年来,我校积极传承陕北公学红色文化基因,首次由我校师生组成合唱团和管弦乐团排演的《黄河大合唱》,极具体现我校光荣的红色育人传统,是学校重点打造的校园文化艺术品牌。此外,学校还积极发挥学生社团组织带动作用,依托马克思主义学社、大学生《习近平的七年知青岁月》读书会、红色文化宣讲协会等学生组织,引导青年大学生围绕传承红色基因相关内容开展沙龙交流、研读探究学习会,通过辅导、交流、心得分享等形式增强学习效果,进而带动全校青年学生自觉传承红色基因。

(九)建设富有红色育人特色的校园景观

校园景设最能反映一个学校的校风特点,是传承红色基因,打造校园文化特色的重要方面。匠心独运的校园景设可以映衬学校的历史底蕴、人文情愫和文化特点。我校应积极规划校园景设,开动脑筋,将独特

---

[21] 参见《习近平在北京大学师生座谈会上的讲话》,载中共中央党校官网:http://www.ccps.gov.cn/xxsxk/zyls/201812/t20181216_125673.shtml,最后访问日期:2019 年 5 月 2 日。

的红色校史融入其中,通过设计布局营造良好的特色的红色校风文化。学校雁塔校区将具有红色基因的大礼堂命名为"陕公大礼堂",按照修旧如旧原则,进行维修保护、开发利用;在长安校区建设具有法治文化和红色文化特色的博物馆,校园内适当建设一批红色文化景观;增添一批带有学校红色基因的道路、楼宇、广场、报告厅、会议室等命名;开展交流合作,将带有红色文化传播性质的展览引入校园,加强交流,例如举办延安时期新闻出版事业图片展走进学校活动等。学校要更加注重以文化人、以文育人,广泛开展文明校园创建工作,利用丰富的红色元素突出学校的景设特色,增强学校的时代感染力和号召力,让每一位教师、每一位学生、每一位来访学校的客人走在校园里,都能感受到学校沉甸甸的校史底蕴和红色基因传统。孔子曾说:逝者如斯夫,不舍昼夜。讲的是精神传承如同奔流的水生生不息,永不枯竭,我校应达到红色校园景设时刻映入眼帘,红色氛围包围校园每一处角落。让红色基因能在学校的传承中像流水一般沁入心田,代代相传。

(十)用科学合理的管理制度保障红色基因在"立德树人"中贯穿始终

传承红色基因是一项长期的、系统的专项工程,完善顶层设计是传承好红色基因,创建红色育人模范大学的重要保证。我校传承红色基因的系统方案要以学校职能部门为落实主体,与各学院之间相互配合,明晰传承红色基因的目标责任。一是把传承红色基因,建设红色文化育人模范大学实施方案列入学校年度党政工作要点,学校党委牵头抓总,成立了中华优秀传统文化教育教研指导中心,协调宣传部、学工部、研工部、团委、教务处、招就处及各学院同向同力,形成相互联动的工作机制。针对不同育人方案进行任务分解,职能部门和二级学院明晰责任目标,将完成效果列入年终考核目标。二是完善文化教育教学课程设置体制机制,将红色基因融入日常课堂教学和学生第二课堂第三课堂中,打造"金课",打造品牌活动,健全宣传机制,制定《西北政法大学构建"德法兼修、理实并重"高水平有特色第二课堂活动体系方案》《红色文化、传统文化、人文艺术第二课堂建设方案》等,为开展红色文化教育工作提供了坚强的体制机制保障。三是政策上激励科研立项著述往红色基因传承研究方向倾斜,为教师队伍投身红色育人工作创造机制保障。四是将已有的效果良好、口碑优良的传承红色基因示范活动制度化规范化,形成传统,长期坚持。

西北政法大学的红色基因根植于悠久的红色校史之中,是西北政法人对党的革命精神、政治信仰、教育理念的传承弘扬,是西北政法人代代流芳的强大精神内涵。西北政法大学是根正苗红的红色大学,红色基因纯正,这是我校最大的政治优势和办学发展特色,要坚定的传承和弘扬。西北政法大学作为一所既有深厚红色文化底蕴,又肩负为推进全面依法治国培养高素质人才重任的高校,新时代学校要扛起传承红色基因、弘扬红色精神的历史使命,让党的宝贵精神财富,彰显出新的时代价值,将一脉相承的红色基因灌注到学校干事创业的行动之中,以更高的自觉,更实的担当,用心用力把红色基因传承好,为奋力谱写新时代学校事业发展凝聚磅礴的精神力量。

On the Inheritance of the Gene of "Red Ideology" in Legal Education

—A Perspective of the Investigation of Northwest University of Political Science and Law

Yang Zongke　Gao Wei

Abstract: Since the 18th National Congress of the Communist Party of China, the Party Central Committee with Comrade Xi Jinping as the core has attached great importance to the inheritance of the gene of the "Red Ideology". The revolutionary spirit and advanced socialist culture are the red genes of the Chinese Communist Party. They are the spiritual codes that our party can follow at all. One of the missions of universities is the innovation of cultural heritage, and cultural education should be realized in the university. Northwest University of Political Science and Law is the direct successor of Northern Shaanxi Public School, Yan'an University and Northwest People's Revolutionary University, which has a "strong" red gene and a good revolutionary tradition. The inheritance of red genes plays an important role in the ideal and belief education of college students. The understanding of the core essence of the red gene and the full play to the role of genetic education can generate crucial significance in a series of aspects, such as the implementation of the fundamental task of "strengthen moral education and cultivate people" in the school, the building of a red culture model university, and the cultivation of the promotion of "both virtue and law", and the cultivation of high-quality rule of law talents, the qualified socialism builders and successors.

Key Words: Red Genes, Inheritance, Cultivation, Northwest University of Political Science

新时代人工智能发展下的法学教育*

孙昊亮** 王 萌***

摘 要：人工智能是新时代的高科技产物，它可以在司法审判、法律服务等司法领域进行应用，但同时也给司法领域带来了深刻的影响，即简单、重复性、机械性的法律服务会利用人工智能所完成，而那些涉及多个领域、复杂程度较高的疑难法律问题才是需要具备优良法律技能、丰富法律经验的法律人才来完成的。这对中国法学教育提出了新的要求，即加强对基本法律知识和职业技能的培养、注重创新思考和综合素质的培养以及增加知识复合型法律分析能力的培养。相应地，中国法学教育改革需要从课堂教学侧重基础理论的同时加强实训以完善技能教育、丰富选修课程设置并加强学术研究创新培养、厘清学位关系并加强跨学科培养三个方面进行。

关键词：人工智能 法学教育改革 法学职业化教育 创新研究 跨学科培养

---

* 基金项目：西北政法大学2018年度教学改革研究项目“人工智能发展下的法学教育模式改革研究”（项目编号：XJY201834。）。

** 孙昊亮，西北政法大学研究生院教授，博士生导师，研究方向：知识产权法学。

*** 王萌，西北政法大学2016级法律硕士研究生，研究方向：知识产权法学。

一、人工智能的发展对司法产生了深刻影响

第二次世界大战期间,英国数学家、逻辑学家阿兰·麦席森·图灵(Alan Mathison Turing,1912-1954)为协助军方破解德国著名的Enigma密码系统而发明了计算机技术。从此,计算机网络和人工智能在这个基础上以"龙卷风"的态势席卷全球并迅速发展壮大起来,也正因此图灵被称为人工智能之父。人工智能(Artificial Intelligence,AI)从20世纪50年代①起发展至今近60年,已从最初的概念设计阶段走进了技术应用探索阶段。进入21世纪后,"云计算""大数据"概念在中国迅速普及开来,自2016年10月美国发布《国家人工智能发展与研究战略计划》②后,人工智能便成为最新时代技术标签。

(一)人工智能在司法领域的应用

人工智能技术发展迅猛,而在法学领域运用人工智能技术符合科学原理,应用前景非常广泛。孟德斯鸠在《论法的精神》中有这样的表述:"与众不同的智能存在物能够拥有他们自己创制的规则,但他们同样拥有一些并非由他们自己创制的法则。"某种程度上说,作为社会规范之一的法具有规律性本质,而规律本身又是可以被习得并反复应用的。在人类社会法制运行的过程中,法律工作者就是运用了法的规律性特点,通过人类思维的逻辑能力和分析能力将庞杂的法律规范与特定的实际案例相匹配,结合自身法学知识和社会经验得出具有较高可信度的结论,即符合"法律形式主义"思想。建立在数学与统计学模型基础上的人工智能,可以通过机器感知和模式识别、知识表示与推理理论、机器学习理论和算法设计③等复杂过程使计算机模拟法律工作者的思维和逻辑推

---

① 参见曾毅等:《类脑智能研究的回顾与展望》,载《计算机学报》2016年第1期。

② 参见何哲:《通向人工智能时代——兼论美国人工智能战略方向及对中国人工智能战略的借鉴》,载《电子政务》2016年第12期。

③ 曾毅等:《类脑智能研究的回顾与展望》,载《计算机学报》2016年第1期。

理过程,进而得出类似人类智慧产物的结论。因此,人工智能的理论基础与“法律形式主义”的契合决定了在法学领域应用人工智能具有较高可能性。

2006年山东省淄川区法院的一套“刑事审判专家”电脑量刑软件引发社会各界争议,这也是中国人工智能应用于司法裁判进程中一个稍显激进的事例。事实上,司法裁判并非单向度的推理,它在本质上是一种向着普遍实践论证开放的复杂活动,即向着道德、伦理和实用性理由开放。④ 从目前的可以预见的人工智能发展来看,将司法裁判活动——一个需要将法律规范、道德伦理、法官的社会经验和案件本身因素囊括在内并进行推理论证的行为——通过单向、理性、重复、循环为特点的数学模型和逻辑编码进行模拟是很难完成的。也就是说,孟德斯鸠和韦伯想象中的“自动售货机法官”仍然难以面世,但人工智能在减少法律工作者机械性劳动和提高法院办案效率方面是大有可为的。例如,在立案阶段引入人工智能,一方面,可以根据当事人的基本信息和诉讼请求自动生成更规范、更符合立案登记案前审查⑤程序性要求的诉讼文书,提高当事人立案效率;另一方面,可以把立案登记形式审查的工作交给人工智能,将法院立案庭的法官从这种机械重复性明显的工作中“解放”出来,对优化司法资源配置具有显著意义。又如,引入人工智能来代替书记员做庭审笔录,就可以克服人类记忆能力等生理局限,将信息遗漏、信息失真等情形减少到最低。再如,人工智能还可以为法官裁判案件提供充足的参考资料。虽然利用人工智能来生成判决存在科技、法理、伦理道德等方面的难题和争议,不可否认的是利用人工智能来完善法律数据库建设、为裁判者提供准确的非法学专业背景知识支撑,⑥甚至根据案

---

④ 参见冯洁:《人工智能对司法裁判理论的挑战:回应及其限度》,载《华东政法大学学报》2018年第2期。

⑤ 案前审查:案件审查的重点是诉讼文书的形式要件,即只对起诉状进行表面、直观的审查。参见许尚豪、瞿叶娟:《立案登记制的本质及其建构》,载《理论探索》2015年第2期。

⑥ 参见高奇琦、张鹏:《论人工智能对未来法律的多方位挑战》,载《华中科技大学学报》(社会科学版)2018年第1期。

件信息筛选拟合出类似案件的裁判情况,在一定程度上对裁判者"自由心证"和自由裁量权的实现起到辅助作用。

另外,还可以在法律服务援助领域引入人工智能。目前中国以"政府责任、律师义务、社会参与"为特征的法律援助模式对律师提供免费法律援助服务的市场化激励不足,⑦会导致律师为服务主体的法律援助案件质量低下、结构严重偏向民事案件。中国乡镇居民法律意识淡薄、法律常识匮乏,再加上交通不便、网络普及化低,乡镇贫困居民获得高质量法律援助再添难题。对于法律服务资源获得途径少、与法律服务者沟通不畅等问题,可以尝试仿照英国的社区法律咨询服务模式,⑧将人工智能引入乡镇社区并将其作为法律援助服务的前置机制,从而为乡镇贫困居民提供更具耐心、更加细致的法律服务;在法律案件分析、法律法规检索和给出法律建议等过程中,人工智能还可提供方言语音交流等更加人性化的环节,为提高法律援助案件质量做好基础性服务。除此之外,还可以将人工智能应用在法学研究等教育领域,利用人工智能对法学研究问题进行定量分析,可以对国际前沿热点问题、权威法学家、世界级核心文献等重要信息进行可视化信息处理,⑨从而引导法学研究方法理念的转变。

(二)人工智能的应用给司法领域带来了挑战

人工智能拥有人类生理极限所不能达到的信息储备、信息检索和信息分析能力,对于完成这些重复性和初级性显著的事务性工作相比人类会更胜一筹。在现代社会,法律职业已经开始从法律专业化向着多行业融合的方向发展,仅仅依靠法律职业的基本技能已经不能满足未来社会发展的需要。《麦考利特报告》中的十个基本法律职业技能——解决问题、法律分析、法律检索、事实调查、交流、咨询、谈判、起诉和其他纠纷解

---

⑦ 参见胡铭、王廷婷:《法律援助的中国模式及其改革》,载《浙江大学学报》(人文社会科学版)2017年第2期。

⑧ 参见朱昆:《英国社区法律咨询服务概述》,载《河南财经政法大学学报》2009年第5期。

⑨ 参见栾春娟、罗海山:《法学研究国际前沿信息可视化分析》,载《现代情报》2010年第8期。

决程序、法律事务的组织与管理、确认并解决道德困境[10]——除了“向其他纠纷解决程序寻求解决办法”和“确认并解决道德困境”以外，几乎都可以由人工智能来实现。对于法律工作者这个概念，学界并没有严格的界定。[11] 本文中提到的普通法律工作者指的是缺乏应对复杂疑难法律问题或办理跨专业法律问题能力的一般律师、实习律师、律师助理、企业公司法律从事人员[12]以及其他的基层法律工作者。一旦人工智能在法律实践领域施展拳脚，普通法律工作者就会丧失行业竞争力。如前所述，人工智能不但可以代替普通法律工作者进行基本的法律信息检索、查阅、整理和筛选工作，撰写更加规范化的法律文书，同时还能克服人类无法长时间、高效率工作的困难。由于不会受到生理和心理状态的影响，人工智能可以更加专注于工作本身，因而具有更高的服务质量。如此一来，普通的法律工作者在工作时长、工作效率、工作质量上的竞争力就会明显落后于人工智能。

总而言之，人工智能在司法领域的应用会对法律行业结构产生深刻的影响。简单、重复性、机械性的法律服务是完全有可能利用人工智能所完成的，而那些涉及多个领域、复杂程度较高的疑难法律问题才是需要具备优良法律技能、丰富法律经验的法律人才来完成的。

二、人工智能的发展对中国当下的法学教育提出了新要求

哈耶克认为“无知”包括两类，一类是人类对于尚未获取的信息的无知，另一类是在“已知”的基础上能够在新的情境中不断再生出新知

[10] 参见胡弘弘、谭中平：《法律硕士（法学）研究生的培养目标与定位》，载《中国高教研究》2011 年第 11 期。

[11] 对法律工作者并没有一个严格的界定，在不同国家、不同法系，法律工作者或法律职业的范围也不同。参见朱景文：《比较法社会学的框架和方法》，中国人民大学出版社 2001 年版，第 280 页以下。

[12] 参见杨立民：《律师职业人工智能化的限度及其影响》，载《深圳大学学报》（人文社会科学版）2018 年第 2 期。

的“无知”,第二种无知也被哈耶克称为“必然无知”⑬。应对这些无知,人类社会产生了教育。卢梭的教育思想认为教育分为三类,“或受之于自然,或是受之于人,或是受之于事物”。人作为具有感官和智慧的生物在本能的驱使下会通过不同的途径和方式主动地、向这个世界捕获信息,并将这些信息加工成对自己有利的知识后为自己服务。这一过程包含了两个阶段,第一阶段是习得知识“是什么”,第二阶段则是参透知识“怎么样”“为什么”,从而掌握获取知识的方法——第二阶段就可以称为教育。然而,面对相比以往两次科技革命间隔更近、技术更新周期更短、全球化传播速度更快的信息技术革命的到来,教育理论、教育目的、教育方式等必然会在“互联网+”和“人工智能”等科技热潮中发生改变,而法学教育作为教育的一大重要分支难免受到冲击,但法学教育对于社会发展的重要性是不言而喻的。

一个国家的法学教育水平是可以直接影响法律人才层次的,而一个国家的法律人才是否可以满足国家社会发展需求又是评价法学教育合格与否的重要指标。法学是一门应用性质明显的社会科学,因而与社会需求联系极为紧密,法学教育改革一旦与社会发展脱节就很可能会引起就业危机、社会动荡等一系列的问题。纵观历史,中国法学教育自改革开放开始至今一直处在探索和尝试的道路上从未停歇。从最初的法学专科教育模式到仿照韩国和日本并参照德国大陆法传统设置4年法学本科教育体制⑭;从借鉴美国法学教育经验设立法律硕士(非法学)项目再到借鉴日本改革增设法律硕士(法学)项目,中国法学教育在六十年间进行了几乎涵盖全世界法学教育模式的尝试,虽然在法律人才规模上初见成效,但人才质量似乎并不尽如人意。在此基础上自然科学技术又在不断进行着自我超越和自我革新,在迫使法学教育跟上科学技术发展步伐的过程中倍感压力。人工智能横空出世对原本就不够清晰、不够明

⑬ 参见刘旭东:《教育行动的逻辑与教育理论创新——兼论哈耶克的“必然无知”理论》,载《教育研究》2016年第10期。

⑭ 参见王晨光:《法学教育改革现状与宏观制度设计——日韩经验教训反思与中国改革刍议》,载《法学》2016年第8期。

确的法学教育改革方向引发了新的疑问：在人工智能逐渐取代人类法律活动的背景下，法学教育究竟应该何去何从？

以中国法学教育为例，其现状有以下几个方面：其一，教育项目包括专科教育、本科教育、第二学位教育（主要是知识产权）、法学硕士、法律硕士（法学）、法律硕士（非法学）和法学博士[⑮]七种，尽管数量庞大、种类繁多，但各项目层次衔接关系不明确，导致培养出的法律人基本法律知识掌握不扎实、基本法律职业技能经验匮乏，人才质量参差不齐；其二，学位体系不够完善，第一学位和第二学位间关系不明确、培养目标差异不明显，导致学生在法学学术研究上创新性不够，法律职业者的平均综合素质较低，同质化严重，[⑯]难以满足社会发展对不同类型人才的需求；其三，中国法学教育模式下培养出的法律人才缺乏国际视野，[⑰]很多法学本科毕业生对经济、计算机、机械、生物、化学等跨学科领域的知识不够了解，在其他语种方面的锻炼不到位，造成复合型高级法律人才的巨大缺口。在此背景下，人工智能被应用到司法审判、法律服务、法学研究等领域，势必会产生大批还未毕业就已经"失业"的法律工作者，继而会引发其他社会问题。法学教育改革的方向必须同社会发展方向一致，只有能满足社会发展需求的法学教育才是合格的法学教育。笔者认为，应对新时代人工智能的发展，法学教育的变革应该向着加强对基本法律知识和职业技能的培养、注重创新思考、综合素质的培养及增加知识复合型法律分析能力的培养的方向进行。

（一）要加强对基本法律知识和职业技能的培养

人工智能在司法领域的应用日趋成熟，虽然部分法律工作逐渐由人工智能承担起来，但法律人的基础法律知识和基本职业技能对法律人从事法律工作来说依然具有不可替代的基石作用。相反，在这样的时代背

---

⑮ 参见王晨光：《法学教育改革现状与宏观制度设计——日韩经验教训反思与中国改革刍议》，载《法学》2016年第8期。

⑯ 参见冯玉军：《略论当前我国法学教育体制存在的问题》，载《政法论丛》2014年第1期。

⑰ 参见韩大元：《全球化背景下中国法学教育面临的挑战》，载《法学杂志》2011年第3期。

景下,对法律人的基础知识储备和基本职业技能的要求应该更加严苛,以配合更加高效、更加精准的法律服务环境。

从目前来看,中国法学教育培养出的法学专科生、法学本科生甚至法学研究生在基础法律知识方面的积累更多是服务于“法律职业资格考试”,更类似于一种“自助快餐式”的知识积累,而这种学习模式的后果就是基础知识不够扎实。另外,即使通过了法律职业资格考试,大量的法律、法学毕业生在法律职业经验和职业技能方面仍然处于空白状态,还需要经过数年的锻炼才能正式执业。因此,中国法学教育在服务于法律职业资格考试的同时,应更加注重基础法律知识的理论性教学,从而夯实法学生的理论基础。

(二)要更加注重创新思考、综合素质的培养

在 21 世纪的今天,创新已经是人区别于其他生物最重要的特征之一,人的创新最集中的体现就是人工智能的开发与运用,而人工智能的发展又反过来迫使人类对自身的创新能力进行加强和锻炼。索耶(R. K. Sawyer)认为创新“不存在一个具有历史连贯性的创新定义”[18],它是一个抽象的概念,既可以是一种思维方式和思维习惯,也可以是一种途径和一种方法。对于法学教育而言,将知识创新作为一种教育理念、思维方式和研究手段是顺应时代发展的必然选择。德国的法律文化和法学教育具有悠久的历史,自 20 世纪以来德国进行的一系列法学教育改革呈现出了以“培养创新型法学人才”为核心的新趋势[19];在美国,耶鲁大学、哈佛大学、哥伦比亚大学等法学院开展的法学教育改革同样是把学会创新作为了主要的价值取向。[20]

法学教育具有强烈的专业化色彩和职业化倾向,在教育理念方面主要存在培养“完人”的“理想主义”和培养“社会服务型人才”的“现实主

---

⑱ 张琼:《知识运用与创新能力培养——基于创新教育理念的大学专业课程变革》,载《高等教育研究》2016 年第 3 期。

⑲ 参见秦天宝、扶怡:《德国法学教育的新发展及对我国的启示》,载《江苏大学学报》(社会科学版)2014 年第 5 期。

⑳ 参见汪习根:《美国法学教育的最新改革及其启示——以哈佛大学法学院为样本》,载《法学杂志》2010 年第 1 期。

义”之争,而这一争论可以通过将“理想主义”的综合素质的培养作为基础、以“现实主义”的职业教育作为补充来得到解决㉑。在社会变革进程日益加快的今天,科学技术发展呈现出知识积累加快、科技变革剧烈、科技转化为生产力速度提高、技术高度分化又高度综合的特点,知识更新周期大大缩短,给社会服务型法律人才造成不小的压力——如果自身的学习能力跟不上知识更新的速度就会被社会淘汰。因此,在新时代人工智能发展下的法学教育必须加强法律人学习能力和自我知识更新的培养,即要求重视综合素质的培养。人工智能可以达到的技术水平在不断更新和发展,也许从基础法律文书的生成、资料的收集查阅发展到能够做出具有一定专业水平的判断所需要的时间会非常短暂。如此一来,法学教育的目标和任务就愈发明了:培养出具有较高文化素质、思想素质、道德素质、心理素质和身体素质,㉒具有较强的法律思维能力、问题解决能力、人际沟通能力和学习能力的高级法律人才。法治社会的建设并不是仅仅依靠法官、检察官、律师等法律职业者队伍建设就可以达到的,更需要全社会法律意识的提高和法治思维养成。经过素质教育培养的法律人才将会融入到社会各个领域中去,在实现法治社会的道路上发挥出应有的作用。

(三)要增加知识复合型法律分析能力的培养

对法学教育而言,在法律行业单纯追求人才数量已经是过去时了,人才质量才是社会发展的关键因素,而知识复合型法律人才将成为新的社会需求。在现代社会,法律职业已经开始从法律专业化向着多行业融合的方向发展,仅仅依靠单纯的法律知识已经不能满足未来社会发展的需要。在人工智能在法律职业领域运用日趋普遍的时代,法律工作者不仅需要熟悉人工智能、互联网等信息领域的知识进行了解,还要对经济、金融、生物、化学、物理材料等传统文科教育领域很难涉及的经济领域和自然科学领域进行一定程度的了解。

㉑ 参见孙昊亮:《论大学法学教育理念与人才培养模式的创新》,载《法学教育研究》2010年第1期。

㉒ 参见曾宪义、张文显:《法学本科教育属于素质教育——关于我国现阶段法学本科教育之属性和功能的认识》,载《法学家》2003年第6期。

人工智能的发展对法律行业的影响不仅是人工智能代替人类进行某些法律服务,还在整合法律行业掀起法律服务的信息化和智能化改革,在这样的改革中,需要搜集和录入海量的法律数据以服务法律数据库的建立和完善;同时,在人工智能、互联网和云技术的发展下,法律应用软件的开发势必成为新的社会热点行业。如果由仅具有计算机信息技术和软件编程技术背景的人员来进行法律数据库建立和法律应用软件的开发,必然会造成法律智能产品不够专业、不够权威的情形,难以真正被法律行业所接受;仅仅具有法律法学知识背景的人员由于缺乏计算机网络技术和编程技术背景知识,根本无法对上述法律数据库和法律应用软件进行开发。因此,兼具计算机网络技术、人工智能知识背景和法律法学知识背景的复合型法律人才在法律行业智能化进程中将成为"新宠",人才需求量将大大增加。

除此之外,在社会发展的进程中,除了简单的民事纠纷等法律案件以外,逐渐会有大量的涉外纠纷、经济纠纷、知识产权纠纷以及金融投资方面的非诉讼案件等出现,这就需要法律人对与法学交叉密切的领域进行足够的知识储备和案件处理经验的积累。中国不但法律人才人数少,而且高层次、高素质、复合型法律人才短缺尤为严重,单一型的律师已很难适应市场需要,培养复合型法律人才正在成为大势所趋,金融、房地产、知识产权、高科技开发等法律业务和涉外法律业务日益激增,然而能胜任这些跨专业法律业务的法律工作者又凤毛麟角。[23] 因此,具有不同学科背景的优秀复合型法律人才的培养将成为法学教育改革的新任务和新方向。

三、人工智能时代的中国法学教育改革初探

(一)课堂教学侧重基础理论,加强实训以完善技能教育

课堂教学应当侧重基础理论的深化。中国法学教育中,法学专科教

㉓ 参见王保树、王振民:《略论复合型法律人才的培养》,载《清华大学教育研究》2000年第1期。

育主要培养了法律助理、法律秘书等具有初级职业性质的法律工作者,[24]法学本科教育也仅仅培养了比初级法律工作者高级一些的"具备法律专业知识的通才"[25]。这两者在教学模式及培养目标方面并无实质性的区别,而由此培养出的初级法律职业者在人工智能时代将会有很大的可能性被取代出现这样的结果是目前我国法学本科教育仍以"法律职业资格考试"为导向造成的。因此,法学教育应当从"蜻蜓点水"的基础知识"填鸭式"教学转向法学基础理论普及的教学导向发展。这样一来,法学"通识性"教育的目的才能通过提升教育质量而得以实现。

其次,要加强实训培养以完善职业技能的教育。法律职业教育在世界法学教育范围内是较为普遍的改革理念,是作为在法学"通识性"教育的补充而存在的,它希望学生在接受海量的知识信息输入的同时也要注重法学职业技能的培养。在全球化进程中,社会发展需要的不仅是具有扎实的法学基础知识功底和熟练的法律职业技能的法律工作者,更需要高素质的复合型法律人才,但法律职业技能的培养是必不可少的。法律职业教育具有三个特点:首先是能弥补传统的法学教育只注重理论知识传授,却轻视应用能力培训的缺陷;其次是紧密联系市场需求,使人才培养与市场进行对接,体现了教育社会化的要求;最后是具有职业教育特色。[26] 中国法学教育正是拘泥于传统的一对多的课堂讲授知识的模式而导致职业化教育的缺失。而法律职业所需要的能力之一恰恰是通过实践操作的不断积累经验才能习得的对法律问题的分析判断、整合处理的能力。这样一来,我国现有的法学本科教学模式同社会法律职业化需求之间就形成了脱节。因此,要进行法学教育改革最直接的方式就是从培养方案入手,增加法律职业实践训练的时间占比和学分占比。如借鉴美国耶鲁法学院的做法,以真实的实习代替模拟实习,利用学制内的

---

[24] 参见王晨光:《法学教育改革现状与宏观制度设计——日韩经验教训反思与中国改革刍议》,载《法学》2016 年第 8 期。

[25] 参见霍宪丹:《法律教育:从社会人到法律人到中国实践》,中国政法大学出版社 2010 年版,第 171 页。

[26] 参见杨晓静:《市场经济条件下法学实践教学改革的新路径——兼论法律职业教育模式特色》,载《继续教育研究》2011 年第 1 期。

时间让学生在法院、检察院或律师事务所等机构真正进入法律实操领域,从而在其中进行写简报、管理证人、尝试审案、协商解决措施以及在法庭上争论上诉等实际操作。㉗

(二)丰富选修课程设置,加强学术研究创新培养

在此基础上,要加强法学学术研究方面的创新性培养。在法学教育改革中注重创新研究,旨在紧密结合了国情和教育现状的基础上,通过对法学培养项目设计、法学学位体系建设、法学教学模式探索、法学课程设置优化、法学生考核方式改革以及加强法学研究等方面进行创新,其中,法学研究的创新尤为重要。在学术培养活动中,先验知识和既存理论往往会在学生的思想里形成根深蒂固的印象。拥有创新意识和创新思维才能跳出思维定式、走出理论学习的"舒适区"、挣脱固有思维枷锁。鼓励学生在研究法学知识理论等方面进行大胆而合理的创新,是防止法学毕业生产生"同质化"的重要手段。人工智能时代的法律行业不再需要千篇一律的"法律机器",需要的是能够发现问题本质并能给出具有创新性解决办法的、拥有"法学灵魂"的法学人才。

(三)厘清学位关系,加强跨学科培养

所谓复合型法律人才是指培养具有不同学科背景的法律职业工作者。对于法学教育而言,培养复合型法律人才就需要结合学位制度和培养模式来进行整体规划和协调。

首先,中国法学教育的学位制度存在学位之间关系不明确、学位培养目标不明确、法学学术研究培养缺乏创新导向等问题。目前,法学教育学位存在第一学位与第二学位、学术学位与专业学位、学士硕士博士学位等几种学位分类,虽然这些学位分类是针对不同侧面而言的,但事实上其所针对的培养目标并不明确。之所以关注不同的学位分类,是因为其直接关系不同学位在法学教育中的目标定位。从法律硕士专业学位的培养来看,虽然在开设法律硕士教育项目的数十年以来取得了一定

㉗ 参见张秀峰、高益民:《美国法学教育中专业学位与学术学位人才培养模式比较研究——以耶鲁大学法学院法律博士和法学博士培养为例》,载《学位与研究生教育》2015 年第 9 期。

的成就,但仍然存在法律硕士教育与法律职业之间缺乏实质性的联系、为实际部门培养德才兼备的、适应社会发展需要的高层次复合应用型专门法律人才的培养目标难以得到充分实现的现状,[28]除了法律硕士专业学位教育模式存在问题以外,社会对专业学位硕士的认可度较低也是一大原因,很多企业、事业单位甚至律师事务所还是会在同等条件下优先选择学术学位的法学硕士而非法律硕士。这是由中国现有法学教育对不同学位的培养目标和定位划分不够清晰明确,学位培养目标之间侧重不明显、培养目标之间有重合导致的。因此,在法学教育改革的道路上,要重新厘清法学教育学位的关系,对于法学学位制度要进行梳理和整合,从而使各学位关系明确、衔接准确,以建立起具有各阶段培养目标明确、学位间逻辑层次清晰、符合教育规律、适应全球化发展的法学学位制度。

其次,要加强跨学科培养。“跨学科研究”(interdisciplinary studies)是一种高等教育研究的方法论,来源于跨学科、交叉学科、学科互涉或科际整合,[29]意为让同一研究者在了解或精通几个学科后从不同学科角度研究同一问题,而后在学科交流和融合中得到一个更高水平的结论。法学是一门会涉及经济、文学、历史、哲学甚至理学、工学等自然科学的学科,一个法学研究者或法律工作者在长期的法学学习和法律应用过程中会遇到各种问题,只有对涉及的其他领域拥有足够的了解或知识背景的支撑,才能对相应问题理解得更加透彻。在法学教育领域,跨学科培养模式的典型例证就是美国法律硕士项目,它是建立在本科后阶段的法学培养方式,中国的法律硕士(非法学)就是借鉴了这一模式,即本科为非法学学科的毕业生攻读法律的硕士培养项目。目前法律硕士(非法学)项目在中国实践的成效仍不明显,原因可能是课程设置和培养方式需要进一步改革,但不可否认跨学科培养的方式将未来占据一席之地。

---

[28] 参见朱立恒:《论法律硕士专业学位教育的现状与改革》,载《河北法学》2005 年第 5 期。

[29] 参见汤晓蒙、刘晖:《从“多学科”研究走向“跨学科”研究——高等教育学科的方法论转向》,载《教育研究》2014 年第 12 期。

法学教育的跨学科培养不仅可以通过培养项目和学位的设计来实现，也可以通过开展跨学科课程来实现。美国斯坦福大学早 1984 年就开始组织人工智能与法律的研讨课，[30]目前中国一些法学院校也在陆续探讨人工智能与法律这一跨学科课程的开展，目的就是培养出“人工智能 + 法律”的复合型横向人才。

四、结语

在新时代科学技术发展过程中，人工智能的出现无疑对人类社会的各方面都激起不小的波浪。由于人工智能的技术原理符合“法律形式主义”要求，将人工智能应用在司法领域的前景是非常广泛的。虽然目前科技水平可以预测的范围内，人工智能还不能进行案件的裁判等复杂法律活动，在司法审判、法律服务以及法学研究等领域进行职业化、技能性的应用是完全可以实现的。在司法审判领域，人工智能可以代替立案庭法官进行“自助式”立案；在法庭上，人工智能可以取代书记员进行更为高效、精准的庭审记录；对于案件的裁判，人工智能可以帮助裁判人员进行相关材料的搜集、整理和数据分析，为裁判提供更加可靠地依据。在法律服务领域，人工智能可以作为社区法律服务和法律援助的前置程序，提供更加人性化的服务。在法学研究方面，人工智能可以为法学研究的定量分析和虚拟实验提供支持。人工智能的应用给司法领域带来便利的同时，也带来了挑战。人工智能完全可以胜任实习律师、律师助理、秘书等普通法律工作者的工作，因而法学教育的精英化更加凸显出来，普通法律工作者也面临着失业的风险。也就是说，简单、重复性、机械性的法律服务是完全有可能利用人工智能所完成的，而那些涉及多个领域、复杂程度较高的疑难法律问题才是需要具备优良法律技能、丰富法律经验的法律人才来完成的。

---

[30] 参见高奇琦、张鹏：《论人工智能对未来法律的多方位挑战》，载《华中科技大学学报》（社会科学版）2018 年第 1 期。

面对中国法学教育的项目层庞杂、次衔接关系不明确、培养出的法律人基本法律知识掌握不扎实、基本法律职业技能经验匮乏；学位体系不够完善，学位间关系不明确、培养目标差异不明显，学生同质化严重；对于复合型高级法律人才培养的不足等现状，人工智能给司法领域带来的影响对中国当下的法学教育提出了新要求，即要加强对基本法律知识和职业技能的培养、要更加注重创新思考、综合素质的培养以及要增加知识复合型法律分析能力的培养。与此相对应的，中国法学教育应从课堂教学侧重基础理论的同时加强实训以完善技能教育、丰富选修课程设置并加强学术研究创新培养、厘清学位关系并加强跨学科培养三个方面进行。

在科学技术和科技产业发展如此迅猛的今天，人类的工作和生活方式正在发生翻天覆地的变化。在可见的未来，人类社会的基础性、机械重复性的工作和职业将会被人工智能取代，这既是社会发展的必然趋势，对被取代的行业来说又是一场“灾难”。为避免或减轻这场“灾难”给法学领域带来的损害，法学教育必须进行顺应社会发展的变革，将职业化、技能性的问题交给人工智能来解决，而将富有创造性、复杂性、原创性的问题留给新型法学教育培养下的高素质法律工作者来完成。

Legal Education under the Development of Artificial Intelligence in the New Era

Sun Haoliang　Wang Meng

Abstract: Artificial intelligence is a high-tech product of the new era. It can be applied in judicial fields such as judicial trials and legal services, but it also has a profound impact on the judicial field, that is, the simple, repetitive, and mechanical legal services will be done by the utilization of AI. Those difficult legal issues involving multiple fields and high complexity are required by lawyers who have good legal skills and rich legal experience. This puts forward new requirements for Chinese legal education, and the authors suggest that the following aspects should be stress in the New Era-strengthening the cultivation of basic legal knowledge and vocational skills, focusing on innovative thinking and comprehensive quality training, and increasing the ability of knowledge-based legal analysis. Correspondingly, the reform of China's legal education needs to focus on the fundamental theories of class teaching while strengthening the three aspects of the cultivation for law majors: (1) improvement of practical skill training; (2) the enrichment of the elective curriculum and the strengthening of the academic research innovation capabilities; and (3) the clarification of the degree relationship and strengthen interdisciplinary training.

Key Words: AI, Legal Education Reform, Legal Professional Education, Innovative Research, Cross-disciplinary Education

人工智能驱动下的法律教学改革*

毛高杰**

摘　要：人工智能对法律教育的冲击是一个系统问题，不能仅仅在单纯的法学教学范围内加以解决。面对人工智能的冲击，法律教育的内容应当转向经验和技术并重的体系，将法律教学内容转变为“法律＋人工智能”的结构，建立具备相应的管理能力以处理复杂问题的人才培养目标。需要改变传统的法律教学模式，从法律教育的全过程做起，全面引入人工智能和法律教育的互动，构建人工智能驱动的主动型法律教学模式。

关键词：人工智能　法律教育　主动型　模式

一、问题提出

随着人工智能的发展和广泛应用，出现了更多涉及人工智能技术的法律和伦理问题。① 一方面，带

---

*　基金项目：中国法学会2018年度部级课题“共享经济中的消费者权益保护问题研究”[项目编号：CLS(2018)D73]。

**　毛高杰，河南牧业经济学院副教授，法学博士，研究方向：法社会学、法哲学。

①　参见曹建峰：《“人工智能＋法律”十大趋势》，载《机器人产业》2017年第5期。

来了新的法律挑战，需要更多具有人工智能技术知识和能力的复合型法律人才；另一方面，也冲击了传统的法律教学。② 在未来，越来越多的管理者将鼓励和奖励法律教育创新，越来越多的法学教授将与技术合作达到创新。③ 传统的法律教学体系已无法应对人工智能背景下的法律教学问题。④

人工智能对法律教学的冲击是一个系统问题，不能仅仅在单纯的法学教学范围内加以解决。⑤ 在人工智能广泛应用之后，对法律教育具有明显的多方面冲击，法律职业生态、法律实践样态、法学教育生态都有新变化。⑥ 现有的法学教育模式很难满足人工智能新型法律问题所需要的兼具前沿知识理论和高端实务技能的人才，需要在法学教学模式和教学理念上进行根本性的变革。同时，人工智能法律问题也衍生了对更多新型法律人才的需求，事实上增加了法律专业教育未来的发展空间。人工智能技术在法律教育中的广泛应用，可以更好地将学校教育和法律实务连接起来，提高法律教育的实用性。人工智能技术与法律的结合可以提高法律教育的科学品格，可以更好地满足社会发展的需求。

针对人工智能所提出的现实要求和客观基础，国家在《新一代人工智能发展规划》中提出重视复合型人才培养，重点培养贯通人工智能理论、方法、技术、产品与应用等的纵向复合型人才，以及掌握“人工智能 +”经济、社会、管理、标准、法律等的横向复合型人才。⑦ 面对技术发展和

---

② 参见吴永和、刘博文、马晓玲：《构筑“人工智能 + 教育”的生态系统》，载《远程教育杂志》2017 年第 5 期。

③ 参见皮斯托、周亚玲：《法学院与技术——我们现在何处并将驶向何方》，载《法学教育研究》2016 年第 2 期。

④ 参见张艳：《人工智能给法律带来四大挑战》，载《社会科学报》2016 年 8 月 4 日，第 4 版。

⑤ 参见李晟：《略论人工智能语境下的法律转型》，载《法学评论》2018 年第 1 期。

⑥ 参见杨学科：《论人工智能时代的法学教育新挑战、新机遇和新模式》，载《法学教育研究》2018 年第 4 期。

⑦ 《国务院关于印发新一代人工智能发展规划的通知》，载中华人民共和国中央人民政府网：http://www.gov.cn/zhengce/content/2017 - 07/20/content_5211996.htm，最后访问日期：2019 年 5 月 15 日。

外在压力，法律行业在教育模式、组织结构、收费模式等诸多方面的不适应性已经显现出来，而技术将会对法律学院、律所、法院、公司及个人产生全面的积极影响，在变革的过程中机会丛生。在这一背景下，建立法律教育改革的基本框架就非常必要，以能够在人工智能技术快速发展的时代培养出来满足新型需求的法律专业人才。

二、法律教学模式向“经验+技能”变化

在传统法律教学模式下，一方面着重于学生法律知识的习得，法律思维方式的养成；另一方面着重于通过案例分析加深学生运用法律知识的能力。其中所蕴含的是对法学教育经验属性的强调，无论是课堂教学还是实践教学，都将经验知识学习当作重要的内容。

（一）现代法学被定位为依赖经验的学科

法律现象产生与社会生活实践，是对社会互动模式的经验总结和凝练。当一个社会互动足够复杂需要一个权威性的规范体系的时候，法律规范就从社会互动中产生。因此，法律本身并不是完全取决于人们后天创设行为，无法从完全意义上对其进行独立描述。产生之后的法律实行，也并不是出于明确的某一个体的人为设置，而是在既定的社会互动中被约定俗成，也就是人类社会早期的习惯法阶段。即便发展到现在，法律规范的理解和运用也离不开不同主体基于经验的理解，并通过规范化的方式约定为“自由心证”规范。对事实的认定更是广泛依赖于个体经验，任何一个法律事实总是社会事实的某一侧面，个体只有拥有广泛的该社会事实的经验才能够对作为证据的事实片段做出准确的判断。从总体上来说，在无法消除语言的空缺结构和时间的单向流逝所导致的经验性建构问题，法律的经验属性就不会消除，依赖于经验的不确定性的法律教育方式也不会完全解决。

（二）法律教育的发展一直在经验和技术两个方向上进行结合

法律教育一直伴随着法律发展和社会发展而变化，在法律技术和科

学技术两个方面进行着不断的相互结合。从法律技术来说,涉及从法律概念的明确界定到法律思维方式的体系性建构。法律概念是在语言应用中特别赋予的能指和所指,并以此区别于日常的经验话语。而法律思维方式的体系性构建则试图以理性的方式技术化地将法律规范与生活世界相隔离,从而建构起来一个相对具有独立性的法律体系。这两方面是法律教育最为重要的内容,也是法律教育从日常生活经验向专业领域转换的重要机制。这种技术化更多停留在对语言和思维的理性化建构,在法律规范的应用过程中,需要将规范与事实建立互动关系,就需要更多认定事实的技术。这些技术涉及对事实的某种反向过程,既需要在有关时间是否可逆的问题上确立过去事实不可复原的确定前提,又需要建立起来可以将过去行为和事件所留下痕迹可以在逻辑上逆向推理的框架。这些都离不开技术的参与。

(三)技术对法律的影响越来越深入广泛

从法律发展的角度来说,法律问题的提出很大程度上是因为随着技术的发展变化及人们的社会互动方式和内容发生变化,从而出现需要法律加以调整的新型社会关系。技术的发展又为法律的创制提供了基本愈加先进的信息获取和处理方式,可以形成更加有效的法律规范。在法律的应用中更加离不开技术手段和技术思维对规则的整理选择,在事实的确定上更是在任何社会形态下都必须依赖的手段。在人工智能背景下,技术的影响更为广泛。大数据、人工智能和云计算技术的应用,可以更为精准地描述社会关系的模式,从而更好地提炼需要加以规范的行为模式,为立法提供科学的基础。在法律应用中,可以通过人工智能、大数据和云计算发现法律应用中的行为模式,从而更好地提高法律应用的效力,并最终提高法律的正义性。在法律教育中,人工智能可以将学习的内容和目标更好地确定下来,提高学习的效力,避免无效学习。

在上述三方面的影响下,法律教育的内容应当转向经验和技术并重的模式。对于人类社会来说,无论人工智能技术在技术哲学上的地位如何，都需要假定人类主体地位的不可入侵性。⑧ 人类智能中的经验属性就是一个在价值选择上不可剥夺的特征，法律教育的内容都不可避免要加以处理，这些内容主要涵盖法哲学、人文主义思想等内容，主要目的在于在保证认定主体在法律面前的尊严。

但是，随着人工智能的广泛应用，技术在法律教育中的比重要逐渐加大，尤其是人工智能技术在法律教育领域需要更加强化。要建立明确的技术思维，在法律教育中形成将事实数据化，并通过数据分析确定法律问题。避免通过经验判断和缺乏数据支持的认知。要训练法律教育中运用大数据、人工智能和云计算技术的能力。这方面需要进行细分，在学校教育阶段，着重于基础技术的学习，尤其是数理逻辑的学习，⑨一方面形成技术思维模式，另一方面掌握技术领域的基础问题，从而为将来走向社会打下深化和专业化具体技术的基础。在后学校教育阶段，可以有市场导向的法律服务类人工智能的学习和应用，也可以有公共导向的法律服务类人工智能的学习和应用。市场导向以效率为核心，具有更强的创新性和破坏式创新，更多是快速扩张法律服务市场的空间。而公共导向以社会公平正义为导向，着重于人工智能应用所带来的风险的控制。⑩

---

⑧ 这本质上是哲学问题，尽管在学界有强人工智能和弱人工智能的区分，也有机器学习模式和人类智能本质不同的争论，但都假定无法简单通过技术的模拟或者替代来加以替代。参见德雷福斯：《计算机不能做什么——人工智能的极限》，宁春岩译，三联书店 1986 年版，第 70 ~ 71 页。

⑨ 人工智能本质上是数学问题，尤其是在目前的机器学习阶段，最根本上是通用计算问题，无论是哪一种人工智能学习模式，都需要建立在统计概率的基础之上。See Bin Yu, Karl Kumbier. Artificial intelligence and statistics. Frontiers of Information Technology & Electronic Engineering, 2018, Vol. 19(1), pp. 6 – 9.

⑩ 在牛津、剑桥、OpenAI 联合发布的《人工智能的恶意使用》报告中提到人工智能应该从具有较长的处理风险的历史的学科（如计算机安全）中学习，这点对于法律教育来说尤其重要，因为最为有效处理这类风险的机制只能通过法律途径加以解决，商业应用本身更多是风险扩大的来源而非主动的制约机制。See Miles Brundage et al. The Malicious Use of Artificial Intelligence: Forecasting, Prevention, and Mitigation. Accessed May15, 2019, https://arxiv.org/abs/1802.07228.

三、法律教学内容向“法律+技术”变化

在传统法律教育体系中,法律理论和法律知识是法律教育的主要内容。以法国和德国民法为主要学习对象的私法领域,在理论层面主要学习法国和德国的民法典理论,着重于理性建构的知识体系学习。通过部门法哲学、法律原则、概念、规则以及法国和德国的立法和司法体系的译介工作提供借鉴的范例。受到将西方法律制度和法治理念当作社会进步应有模式的影响,将法律知识归根为自古希腊起社会理性发展的结果,从某种程度上导致法律教育成为一个以生长于中国文化根基中的范式类比西方法律话语的发展模式,更是增加了学习西方法律知识的难度。同时,在现代市场和技术领域,又更多向英美国家学习,带有浓厚的经验主义色彩。法律教育的这种复杂性导致我国现有的法律教育更多是在学校教育中凭空架构出来的一个相对隔离传统社会的知识系统,这就意味着更需要在学校教育中强化法律知识的传授,从而形成我国法律教育以法教义学为主的一种教育模式,几乎不与其他学科进行系统的互动。也几乎不存在法学院的师资构成涵盖广泛的社会各专业的情形,不像英美等国家,法学院教师可能来自各种专业领域。

在一个流动性较慢、技术影响较弱的社会中,上述法律教育模式与社会转型的节奏相一致,并不会出现太过严重的法律脱节与社会需求的问题。甚至从法哲学的角度来说,较为保守的法律教育构成了整个社会秩序更好运行的黏合剂。在流动性快、技术影响大的社会中,学校教育依然采取以庞杂的法律知识为核心的教育方式,很容易与快速发展的社会需要脱节,尤其重要的是人工智能技术对社会产生全方位影响的情况下,纯粹的法律知识学习一方面面临更新替代的社会需求和新的规范产生的问题,另一方面也面临人工智能技术对大部分纯粹法律知识的高效替代问题,两方面都增加了传统法律教育脱节的风险。

因此,在人工智能技术背景下急需要将法律教学内容转变为“法

律+人工智能”的结构。

(一)总体上将法律的公平正义价值引入根本性的人工智能价值评价原则中

人工智能在社会发展中发挥着越来越重要的作用,但是人工智能作为新兴技术也存在潜在的道德风险。[11] 在人工智能中引入公平正义价值是避免人工智能对人类社会根本利益可能造成不可逆的严重伤害的一种预防性措施,必须作为一个当然的前提嵌入在法律教育价值基础中。人工智能并不必然导向一个更加具有公平正义的社会,本身潜藏着反射和放大人类社会偏见的风险,会产生新的伦理挑战。诸如人工智能技术理性所导致的人的物化和客体化问题,技术、资本和权力相媾和所带来的新型技术垄断和技术剥夺问题,这些都需要法律哲学作为规范整个人工智能技术应用的基础。人们普遍认为,人工智能是一个涉及许多不同利益相关者的主题,[12]如何保障面临道德困境时人工智能的价值取向与现有的政治伦理框架相一致,就必须通过法律的公平正义设置避免技术理性在恶意使用时所产生的风险的技术和社会放大问题。[13]

(二)在法律教育中明确人工智能与法律之间的目的—手段关系

受人工智能技术“黑箱”的影响,现有的法律类人工智能应用都存在着严重的技术主导倾向。在广泛应用的智慧法院系统中,类案判决检索系统采取何种模型,直接决定着类案判决的效果,只有法院和法官能够对人工智能所使用的模型进行深入认识,才能准确预见类案判决检索系统可能带来的偏见和误区。[14] 这就要求法律教育要从根本上确定采用人工智能的价值取向,以法律教育尤其是法律理论教育作为基础,对人工智能应用做出基本价值取向的选择。在法院和法官等法律专业人

---

⑪ 参见闫坤如:《人工智能的道德风险及其规避路径》,载《上海师范大学学报》(哲学社会科学版)2018 年第 2 期。

⑫ See IEC White Paper: Artificial intelligence across industries, Accessed May15, 2019. https://basecamp. iec. ch/download/iec-white-paper-artificial-intelligence-across-industries-en/.

⑬ See Miles Brundage et al. The Malicious Use of Artificial Intelligence: Forecasting, Prevention, and Mitigation. Accessed May15, 2019, https://arxiv. org/abs/1802. 07228.

⑭ 参见左卫民:《如何通过人工智能实现类案类判?》,载《中国法律评论》2018 年第 2 期。

员无法准确理解和判断人工智能所具有的偏见和误区的情况下,在法律教育中加大人工智能技术原理等内容就变得非常重要,甚至是决定未来法律本体能否保持传统价值取向的关键。将人工智能的数理逻辑模型和技术哲学作为"法律+人工智能"的重要内容。法律教育不同于纯粹的人工智能教育,必须将法律教育的重点放在人工智能对法律和社会关系的潜在影响方面,通过法律教育实现未来法律和人工智能技术风险之间的新平衡。

四、法律教学目标向分析+管理能力转变

在传统的法律教育模式下,教学目标是培养能够运用法律思维方式解决社会问题的能力,无论是将法律教育当作专业的精英教育,还是当作普遍的通识教育,都将法律知识的掌握和运用能力作为重要培养目标。人工智能在很大程度上取代纯粹记忆性和重复性工作之后,以法律思维方式运用法律知识解决社会问题的能力变得相对次要,人工智能完成低端工作之后,所得出的分析结果能否在社会问题的解决中得到有效的应用,尤其是在人工智能的分析结果与传统伦理道德、法律原则相冲突的情况下,法律专业人士需要从更高的层面做出充分的论证。这需要具备更高的分析能力,对人工智能技术应用下的法律问题进行专业的分析,从中找到能够支持自身选择的依据,并且能够解释人工智能法律技术形成某种结论的能力。在进行分析的时候,不能将所要解决的问题当作纯粹的法律问题,而是需要在法律和技术相互交织中运用法律知识解决社会问题。随着技术在个人生活和工作中的广泛应用,个人、单位、公司等在处理法律问题的时候都需要在更广阔的范围内来考虑问题,将各种资源的动员行为引入法律问题的解决过程,这就要求法律专业人员需要同时具备相应的管理能力以处理复杂问题。

(一)培养运用人工智能对法律问题进行综合分析的能力

随着社会的发展,法律问题也越来越复杂,人们对法律的需求增多

的同时也对法律提出了更高的要求。人工智能的应用可以减轻法律工作的压力,同时增加法律工作的科学程度。综合分析能力要求法律教育在以下三个方面强化分析能力的培养。

1. 具有专业的统计处理能力

人工智能在本质上是以概率的方式模拟人类智能的运行,根本上是通用计算问题。正是通过世界的抽象化而形成一般的知识生成过程,人工智能可以将法律问题予以最大程度的抽象化。但法律问题所要解决的是人际互动的经验问题,其间存在天然的偏差,只有强化统计处理能力才能真正把握人工智能在法律问题中的应用模式及其内在原理。

2. 具有运用相应人工智能技术进行辅助分析的能力

人工智能通过自主学习可以形成独特的知识生产机制,在算法"黑箱"的影响之下人类并不能够直接理解人工智能所得出的判断。在掌握人工智能分析的内在原理之后,法律工作人员才能在纯粹的经验纯粹的人工智能技术之间把握平衡,在充分利用人工智能优势的同时保有人类智能的主体性。

3. 具有利用技术和经验相融合的综合分析能力

有别于单纯依赖有限经验和有限事实材料做出判断的能力,人工智能可以大量获取数据并进行快速的自我迭代,具有对法律规范和法律事实进行广泛收集、整理、对比和分析的能力,尤其是专家系统可以将法律问题和法律事实更好地涵盖进来,在一定程度上弥补个人处理法律规范和法律事实中存在的个人知识片面和对法律事实认识的偏差。借助于大数据、云计算等技术,人工智能可以通过对相关问题的关联性处理,得出人类智能所无法发现的隐藏模式,对深层次的社会问题形成更加全面有效的认知,有助于法律目的的更好实现。

只有通过这三个方面的能力培养,才能避免人类智能在处理法律问题中的不足,更好地实现法律适用中单一语义应用和标准法律适用,形成类案法律人工智能辅助机制,充分实现法律的公平正义价值。

(二)形成运用人工智能辅助解决问题的管理能力

在法律工作中,总体上具有实现法治目标的预设,但具体的法律工作都有相应的职能和目标,法律工作的手段职能和定分止争目标非常明确,这些都需要法律从业人员具有专业的管理能力。人工智能在法律工作中具有强大的辅助功能,一方面增强法律从业人员运用法律解决复杂问题的能力,另一方面增强法律从业人员进行广泛业务管理的能力。对于个体来说,法律问题是关于自己工作和人生选择的重要依据和保障,但法律问题的专业性意味着个体需要付出成本去获取相应能力,不利于个体更好地追求自己的人生目标。对于组织来说,以公共利益为目标的组织和以利润获取为目标的组织具有不同的问题解决诉求,法律运用的目标也不相同。公共利益为目标的组织以法律为保障手段以实现社会的公平正义,而以利润获取为目标的组织以法律为手段以获得最大限度利润并得到最大限度的权利保障。在多重目标和手段的交织组合之下,人工智能技术可以提供有效的综合管理工具,在简化管理机制的同时,增强组织管理的科学性和针对性。无论对个人还是对组织来说,利用人工智能作为辅助手段,对法律问题的知识和运用进行管理都具有重要的价值。

(三)培养综合协调分析能力和管理能力

分析能力和管理能力既有区别也有管理,分析能力是对法律问题的抽象处理能力,以在纷繁复杂的法律知识和法律事实中得到最好的处理模式;管理能力在分析能力的基础之上综合各种因素,对法律问题所涉及的要素和所要实现的目标进行整合动员,以在事实要素约束之下实现最有目标。分析能力是管理能力的基础,没有良好分析能力的管理会变得盲目;管理能力是分析能力的实现,没有管理能力无法最终实现知识的价值。在人工智能技术背景下,二者都需要法律从业者能够具有良好的人工智能技术和思维方式,以提高工作效率的同时增强问题解决的有效性。

在法律教育中,二者都需要围绕如何运用人工智能提高法律从业者的综合能力来分配。分析能力需要运用人工智能中的专家系统,能够知晓人工智能技术的底层逻辑与法律逻辑之间的区别,明确人工智能通过数据分析得出的模式化结论的局限性,在多种相互冲突的价值之间进行合理的选择。分析能力更多需要法律从业者具有逻辑分析和价值选择的能力,这方面能力更接近于哲学分析,不能停留在简单的单一价值排序层面,而需要具备在复杂价值冲突中进行论证辨别的能力。管理能力更多服从于单一的价值排序问题,法律从业者只要能够借助于人工智能进行方案评估排序就可以。通过运用人工智能技术所给出的方案的排序参考,可以按照某一参数进行单一选择。对以公共价值为目标的组织来说,能够实现公共利益最大化的方案就是最优方案,对于利润获取为目标的组织来说,以金钱收益为衡量标准能够最大化的方案就是最优方案。因此,应当围绕提高法律从业者的综合能力分配相应的人工智能技术、分析能力及管理能力等多方面素质的培养,以形成具有综合能力的法律职业群体,在人工智能背景下更好地解决综合性法律问题。

五、人工智能驱动的全过程法律教学模式建构

在前述基本问题分析之后,可以准确认识到人工智能对法律教育的全方位影响。并不仅仅限于法律专家系统对法律问题的推理问题或者"通用难题求解问题",⑮也不仅仅限于现实的人工智能替代原有法律从业者的问题。⑯ 针对前述几个方面的要求,为适应人工智能时代,法学院校必须重视法科学生的法律思维培养,采取与人工智能相符的法学教学模式,开设相关课程及研究,教师要学会与人工智能合作并重视法科学生法律人格的塑造。⑰ 这就需要改变传统的法律教学模式,从法律教育的全过程做起,全面引入人工智能和法律教育的互动,构建人工智能驱动的主动型法律教学模式。

⑮ 参见张保生:《人工智能法律系统的法理学思考》,载《法学评论》2001 年第 5 期。

⑯ 参见张建文:《人工智能技术的发展对法学教育的影响与应对》,载《北京航空航天大学学报》(社会科学版)2018 年第 2 期。

⑰ 参见贾引狮:《人工智能对法律职业的影响与法学教育面临的挑战》,载《法学教育研究》2018 年第 3 期。

(一)以人工智能思维为原则建立"人工智能+法律教学原则"

尽管在法律专业视角观察,法律本身所具有的人文属性应当是法律的根基,在面临人工智能技术对人的主体性冲击的时候,应当以法律的人文属性去对抗人工智能技术,但在人工智能技术通过直接或间接途径构成法律运转的重要构成部分的情况下,对抗人工智能技术,甚至有意识地回避人工智能对法律各个环节的入侵,不如将法律运转看作一个更广泛意义上的人工智能与人类智能复合形态上的秩序类型,也许可以更好地应对人工智能广泛应用的社会现实。

1. 法律教育要建立起来可计算的认识论

传统法律教育以法律规范的空缺结构和社会事实的经验属性为前提,认为法律是一种实践理性,具有当然的经验性。在规范视角下,公平正义等价值属性构成了法律的正当性渊源,而公平和正义本身具有极强的哲学色彩,无法在实证科学的视野下得到证实。但忽略了人工智能对法律问题的可计算属性,也无法更好地实现法律的公平正义价值。在人工智能广泛入侵社会生活之后,人的主体性面临着或强或弱的危险,如何定位人的主体性本身就是一个严格的法哲学问题。以人类智能某些功能的模拟为模式的人工智能在万物互联的背景下形成了更加复杂的人工智能间关系和人工智能代理关系,从而形成人类社会关系、人工智能间关系、人类社会和人工智能间社会关系等多元嵌套的社会关系类型,并且因为人工智能技术的垄断属性而出现更加严峻的社会差异。只有深入理解并运用人工智能,才能在复杂的社会关系下重新定位法律的公平正义价值。

2. 法律教育要建立以机器学习和人类智能为基础的方法论

人类智能和人工智能具有不同的运作模式,机器学习以数据和算法为基础,但机器学习的能力在快速发展,并且形成了与人类智能运作不同的运作模式,尤其是在人工智能的自主学习能力下,人工智能可以通过机器学习形成新型的知识发现类型,⑱出现人工智能的"黑箱"结构。

---

⑱ 参见臧其事:《基于人工智能的知识发现》,华东师范大学商学院2008年硕士学位论文,第74页。

如何协调人工智能和人类智能在法律问题上的合作关系,需要对二者的优缺点进行深入分析,形成可以保持人类主体性又能面对人工智能时代继续维持秩序与变革、守护与创新、价值与事实之间的动态平衡的新型方法论,这是今天的法律人所必须面对的紧迫问题。[19]

(二)培养运用人工智能解决法律问题的能力

传统法律教育以法律知识积累和运用法律知识的技能为主,具有强烈的经验主义色彩。尽管随着法社会学、法经济学和法人类学等学科的发展,法律教育具有更多的量化计算色彩,尤其是法经济学运用经济学的基本分析工具对法律运作的各个环节以经济理性为标准进行分析,将人们的法律行为看作可计算可预测的选择行为的集合,赋予了法律运作更多的计算色彩,但在我国现行的法律教育中,以法教义学为核心的教学模式依然是以文本的逻辑演绎推理为核心,以面对法律事实的经验判断为目的,充满着浓厚的经验主义色彩。随着人工智能在市场领域的运用,人的行为愈加具有技术上的可计算可预测色彩,同时在技术领域出现了各种专家系统。我国法律工作相对要起步滞后,并且不是在法律系统内部出现,而是被动接受人工智能的入侵和影响。这导致我国法律与人工智能的结合并不是由法律和技术结合的自生逻辑出发,而是受到市场逻辑和技术逻辑的影响,法律本身在人工智能法律教育和法律应用中事实上处于失语状态,亟须要从系统的角度提高认识和运用人工智能处理法律问题的能力。

1. 贯穿以公平正义为目标的法律价值逻辑

人工智能是技术和资本结合的产物,在价值取向上以技术的演化和资本收益为导向,以最大化模拟和替代人类智能为目标,在根本上与法律价值相冲突,必须将维护人的主体性为核心来构建法律人工智能,以实现公平正义为目标。在法律教育中要建立将公平正义一般化的基本框架,作为法律人工智能系统展开的逻辑前提和技术阈限,所有的人工智能专家系统都应遵守该基本框架。通过该项重构以避免技术理性和

---

⑲ 参见郑戈:《人工智能与法律的未来》,载《探索与争鸣》2017年第10期。

资本理性对法律价值的侵害,实现法律人工智能的价值目标。

2.具备基本的法律人工智能技术开发能力

人工智能系统需要广泛的合作,并且需要国家有关部门的配合,在技术融合了法律知识、法律行为、法律事实等要素后才能实现一定的智能化。法律教育应当以法律运作的全过程为核心,将法律运作的要素予以模型化和量化,以建构适合于法律本身的人工智能法律系统,区别目前以技术发展和资本获取为目标的人工智能法律发展局面。这要求法律教育加大对法律问题建模的能力,将法律最根本的道德伦理性原则和最具体的法律概念等要素予以数字化。当然这种数字化并不等同于将所有要素都完全转化为数字,而是在人工智能广泛渗透入法律领域的情况下主动将道德伦理原则和法律概念等要素在一般观念上的指标性特征予以描述,从而转化为更加具体准确的法律知识,避免传统中完全基于思辨的哲学认知方法。

3.具有从社会行为中抽绎法律知识的能力

人工智能对法律领域最大的冲击来自专家系统在概率层面上对人类法律知识的理解和运用能力的替代。从20世纪70年代出现对法律理解、论证等知识的研究,到目前世界范围内广泛应用的法律人工智能,都在沿着法律人工智能专家系统的方向发展。在法律教育中需要关注的是该发展方向中的核心问题,即如何在社会行为和法律系统之间建立逻辑联系,并在一定的模型基础上根据获得的信息进行法律推理和预测。在法律人工智能教育中就需要获得能够以机器学习的方式对社会事实进行加工处理的能力,以建立人工智能系统和社会事实之间的逻辑关系,并形成能够与社会事实形成互动闭环的能力,才能够真正实现法律人工智能的特有作用,以区别于人工智能在法律领域的应用。

(三)以人工智能为核心重构法律教育过程

传统的法律教育过程围绕法律知识的获得和法律经验的积累展开,以案例为核心的教学方式被广泛应用,其中贯穿的是以人文价值为基础的经验性学习。在人工智能广泛影响法律领域的情况下,消极被动地接受人工智能对法律问题的支配,必然会导致法律本体所具有的基本价值受到损害,最终导致人类的主体性在一般意义上被消解。从法律的主体性出发,就需要以人工智能为核心重构法律教育的全过程。

1. 准确评估人工智能和法律相互影响的不同形态

以人工智能法律问题和法律人工智能为基础重新评估法律领域所面临的挑战,准确回应人工智能时代的法律要求。人工智能法律问题指人工智能在技术层面所产生的法律问题,依然是以传统法律逻辑为基础进行分析和评价,并以法律价值、法律原则和法律规则等要素对人工智能法律问题进行调整。法律人工智能则是借助人工智能技术,对法律运作的要素予以量化,并通过机器学习进行法律知识的获取、法律事实的分析、法律资料的整理以及法律行为后果的预测等一系列应用。二者的区别在于法律作为主动要素出现还是作为被动要素出现。法律教育应当将二者共同的要素统一起来,建立以法律本体为基础的法律教育体系,以法律人工智能去分析解决人工智能的法律问题。

2. 以法律人工智能所面对问题的特点为基础建构法律教育人才培养目标

法律人工智能以法律问题的技术化处理为基础,区别于以传统法律知识和法律教育获取为基础的法律教育,需要设置符合法律人工智能的人才培养目标。具体包括法律人工智能人才培养的战略目标、“人工智能+法律”的能力目标、跨学科协同获取和运用知识的目标等宏观目标,也包括人工智能技术掌握、法律知识获取和法律教育习得等具体目标。该人才培养目标体系以人工智能对社会、政治、经济、文化广泛影响所带来的社会关系变化和互动行为变化为为依据,以运用法律人工智能解决问题为基础,以技术哲学为指引探究前沿法律人工智能问题。在应用层面培养可操作法律人工智能解决问题的人才,在理论层面培养人工智能领域前沿问题的研究型人才,弥补现在缺乏法律人工智能专门人才的不足,形成法律的价值理性和人工智能的技术理性相融合,兼顾人工智能的技术价值和法律的人文价值的法律人工智能人才培养体系。

3. 以法律人工智能技术重塑法律教学方法

传统学校法律教育以学习课堂教学为基础,辅之以有限的实务部门实习,其核心是法律知识的理解和掌握。法律人工智能要求在以经验和人文为基础的学习方式基础上,以人工智能技术转化法律知识和法律经验,在不可计算的法律知识和法律经验与可计算的人工智能算法之间形成相互融会贯通的学习系统。这要求转变学生学习中被动接受知识的角色,在人工智能技术的实际操作过程中习得人工智能法律知识和经验,从而形成技能和知识同步进行的教学方式,学生向实践者角色转变,师生间的关系向导师和研究者转变。法律人工智能面对问题的广泛性使得跨学科学习成为常态,知识类型在文本、自然语言、算法等形态间相互转换使得课程开放性成为常态,这些变化要求法律人工智能教学方法具有充分的灵活性和跨学科特性。

4. 构建"学校+"的法律人工智能教育体系

法律人工智能问题决定了技术和市场一直处在主导地位,但基础理论知识又必须依赖学校教育。因此,以学校法律人工智能教育为基础,形成"学校+"的法律人工智能教育体系就成为法律人工智能教育最现实的一种模式。人工智能的技术特点决定了学校教育无法完全独立具备法律人工智能,需要与司法机关、人工智能技术公司企业等相互协作,保证人工智能技术的不断迭代,同时保证法律人工智能在法律领域的统一性和完整性。这意味着学校需要与司法机关和人工智能技术公司企业采取灵活多样的合作方式,充分融合利用学校的法律专业人才优势,人工智能技术公司企业的技术优势、司法机关的资源优势,形成"学校+机关+公司"的法律人工智能教育体系。

On the AI-Driven Reform of Legal Education

Mao Gaojie

Abstract: The impact of artificial intelligence on legal education is a systemic problem that cannot be solved in the isolated context of legal teaching only. Facing with such impact of artificial intelligence, the content of legal education should be transferred to a system that emphasizes both experience and technology equally and it should be transformed to the structure of legal teaching law + artificial intelligence. Further, the goal of training legal talent should be established to cultivate students' management capabilities to deal with complex problems. It is necessary to change the traditional legal teaching mode, starting from the whole process of legal education, comprehensively introducing the interaction of artificial intelligence and legal education, and construct an active legal teaching mode driven by artificial intelligence.

Key Words: AI, Legal Education, Initiative, Pattern

论新时代法律人才政治意识的培养

杨建云*

摘　要:政法的政治本质是法律人才教育的逻辑起点,学界的西方法律话语主导倾向是增强法律人才政治意识培养的现实需要。当前中国特色社会主义进入新时代,客观上要求消除"全球化意识形态"的迷信色彩,以马克思主义法律观为法律人才政治意识培养的根本指导,在"四个伟大"的统一中把握法律法律人才政治意识培养的现实需求,通过强化习近平新时代中国特色社会主义思想教育、改革优化高校法律人才培养科程体系建设、借助"互联网+"手段提升教育培养效果、激发法律人才个人自我培养动力等路径,不断增强法律人才的政治意识。

关键词:新时代　法律人才　政治意识

"徒法不足以自行",法律人才是建设法治中国的第一资源,法律人才教育首要是要培养其"像法律人一样思考"的法律意识,这一点是毋庸置疑的。但近年来,"民主化"的政治环境、"市场化"的经济环境和"去政治化"的法律环境互相作用之下,法学界

---

* 杨建云,西北政法大学2015级博士研究生,研究方向:法治政府建设、公安队伍建设。

(包括法学家、法律从业者和法律教育工作者)的观察点更多的聚焦到了作为自由意志的主体之间的平等关系上,满足公民权利绝对化的呼声鼓励了某些层面的权利滥用。接受如此法学观点的法学界的教育“产品”,即各类法律人才或曰法律工作者,不自觉的为这种不良社会思潮推波助澜,一部分法学研究者刻板的依照西方理论构筑自身的法律理论体系,直接抨击我国现有社会制度,有的地方法律人甚至成了“异见者”的代名词:法学院作为讨论、批评政治议题的防护带而出现,法律学者作为公共知识分子出现,其中很多成为声望、闻名全国、言辞尖锐的批评家。① 政治意识是指政治行为主体对政治场域中的政治思想、政治理论、政治认知、政治情感、政治观念、政治信仰、政治态度以及政治现象、政治行为的态度评价和意识觉悟。本文认为,法律人才培养不仅是一项重要的教育工作,也是一项重要的政法工作,培养法律人才正确的政治意识是法律教育的应有之义。在中国特色社会主义步入新时代的今天,有必要重新梳理中国现代法律传统中一个非常重要的概念:“政法”,并以此为基点,使法律价值与政治意识有机结合,解魅西方法律概念,重新理解中国法律的理论和实践,重新提出加强法律人才政治意识培养这一议题并尝试寻找强化之策。

一、政法的政治本质是法律人才教育的逻辑起点

“政”的本义为纠之使正、匡正,从攴从正,正亦声。攴(p),甲骨文象以手持杖的形象,敲击的意思,“正”原指直对着城邑出发,这里与攴会意,也兼表声。法,从氵从廌(Chi)从去,以水之平、廌触不直者去之。后简化为法。表示法律、法度公平如水。当英文的“Politics”传入中国时,人们在汉语中找不到与之相对应的词。孙中山使用“政治”来对译,解释为“政就是众人之事,治就是管理,管理众人之事,即是政治”。按

---

① 参见[美]明克胜:《中国法学教育的潮起潮落》,李晓雪、汪婧译,载《法律和社会科学》第13卷第1辑。

照现代汉语词典的解释,"政法"是个复合词,为"政治"和"法律"两词合并后的简称。传统中国人的观念中,"法"很自然是"政"的一部分。在现实语境中,在处理法治同政治的关系方面,既要讲法治,更要讲政治,"法"作为治理手段,很自然与"政"密不可分,这样中国传统思维接很自然地和马克思列宁主义以及马克思列宁主义中国化的产物——毛泽东思想,有机结合起来,中国共产党的政法观由此形成。虽然在其后的发展历程中,政法观吸收了西方的法治文化有益成分,但其内核依然保持相当强的稳定性:"政"对于"法"而言的目的性以及由此产生的方向性;"法"对于"政"而言的工具性以及由此产生的制约性,"政法"逐渐发展为一个集组织机构、权力技术、成熟的法律实践三位一体的重要概念。

(一)政法合一是中华法系的重要传统,正确认识政治、法律关系是马克思主义法学的重要特征

政法合一是中华法系的传统,汉语语境下的"政法"二字并不是"政治与法律"的简单缩写,而是带有侧重,"政"与"法"之间是目的与手段关系,法律必须服从政治的要求,政治也要借助法律的技术。在古代中国,行政官员同时也是司法官员,所谓"行政兼理司法"。到了近代,1902 年 8 月张百熙主持拟定的《钦定学堂章程》大学专门分科中,"法律学"和"政治学"便分列于"政治科"之下;1904 年清政府颁布的《奏定学堂章程》政治科改称政法科,依然分为"政治门"和"法律门"二门。到了中华民国初年,法科分设法律学、政治学、经济学三门,依然维持"政""法"不分家的思维惯式。中华人民共和国成立后我国法律实践中"政"对"法"的领导,表现为执政党及政府对执法司法工作的全面领导;"法"对"政"的制约,表现在政府行为及政党的行为必须符合宪法、法律,要在宪法、法律范围内活动;"政"对"法"的目的性,表现为执法、司法工作必须实现法律效果与政治效果的统一;"法"对"政"的工具性,表现为执法、司法工作必须服从、服务于中国共产党的中心工作任务。"政法"日渐成为统领国家政治法律事务的"核心词":党领导协调相关职能机构的组织称之为"政法委",培养法律人才的专业院校称之为"政法大学(学院)",专司侦查、检察、审判、狱政等职能的机关合称"政法机关",相关从业人员称政法工作者，传媒领域的“政法频道”“政法视线”等，这一系列制度和组织实实在在地构成中国社会政治法律的基本骨架。

（二）育人辅政历来是法律人才培养的基本目的，为党的基层政权建设服务是政法干部培养的主要方向

历代的统治阶级为培养忠于自己的人才，都十分重视德育或者伦理教育，其中一个重要内容就是培养与当时时代要求和统治需要相适应的政治意识。在中国奴隶社会和封建社会的学校中，德育居于首要的地位。西周学校教育的内容“六艺”（礼、乐、射、御、书、数）中，“礼”教是居首位的。儒家主张“德治”和“礼治”，孔丘强调“以德教民”。中国近代意义上的法律人才培养始于甲午战败后的变法图强，1905 年 4 月，清末修律大臣沈家本与伍廷芳向清廷上了《删除律例内重法折》，奏称“新律修订，亟储备裁判人才，宜在京师设立法政学堂，专取各种属员入堂肄业，毕业后派往各省，为佐理新政，分治地方之用”②。1905 年 11 月，直隶总督袁世凯又以“改良直隶全省吏治，培养佐理新政人才为宗旨”，奏请在保定设立直隶法政学堂，各省之法政学堂亦纷纷建立。从 1905 年成立“改良直隶全省吏治，培养佐理新政人为宗旨”的直隶法政学堂到 1907 年成立“造就完全法政通才为宗旨”的京师法政学堂，清末法政学堂明确强调“育人辅政”这一办学目标，努力造就从政之才以适应清政府统治的需要，不少法政学堂附设专门招收各部院人员及举贡生监的别科，至 1909 年，全国“法政学堂”共达 47 所之多，占学堂总数的 37%，在校学生 13282 人，占当时“新学”学生总数的 55%③，是取消科举后补充官员的主要来源。

民国时期以《六法全书》为依托建立其法律教育，北京政府时期的《立法院编制法》还专门规定：法政学堂毕业的学生，可免试取得司法官、律师资格。当时受过法律教育的学生“出路很广”——“可以在立法机关当议员，可以在行政机关为官吏，可以在司法机关当法官，最低就者

② 伍廷芳：《奏请专设法律学堂折》，载《伍廷芳集》，中华书局 1985 年版。

③ 参见柯新凡：《实践——学习——实践：董必武早期法治思想形成的历史轨迹》，载《学术论坛》2012 年第 7 期。

也可以当律师。”[4]主要还是以普通意义上的“从政”为主。1949年北平和平解放以后,为培养中华人民共和国的法律人才,中共中央决定接管朝阳学院以创办一所自己的法科大学。中共中央法律委员会在考虑用何命新校之名时,有人建议称为“法政学院”,有人认为应当称“政法学院”。董必武赞同华北人民法院审判长、建校筹备委员会委员贾潜提出的“政法大学”建议,“法”置于“政”之前,该建议最后报经毛泽东批准通过。1949年8月,中共中央主席毛泽东亲笔题写了“中国政法大学”的校牌。[5] 中华人民共和国成立以后宣布废除六法全书,摧毁旧法制,但是干部尤其是政法干部缺乏的问题比较突出,董必武同志算了一个账:“全国有2016个县,每县需要有了解政法政策的人,县府秘书、民政科、法院、检署、监委各一人,这样就需要一万两千到一万五千人。”[6]1951年5月11日政务院政治法律委员会副主任彭真向政务院第84次政务会议的报告中也明确提出“应大批训练政法干部”。在着手进行旧大学法学院系课程改革的同时,以老解放区政法教育模式为基础,发展政法教育,培养中华人民共和国急需的掌握马克思列宁主义、毛泽东思想的新法律人才。1952年调整后的法学教育模式基本分为综合大学法律系、政法院校、政法干部学校以及政法干部轮训班四种。其中,北京政法学院、华东政法学院、中南政法学院、西南政法学院、西北政法学院均称为“政法学院”,由司法部领导,主要培养马克思主义政治理论教学或公安、司法工作干部等业务型法律人才,即为各级人民法院、人民检察院和公安机关培养业务干部,统称为“政法干部”;在北京大学、中国人民大学、吉林大学、武汉大学四家综合性大学相继设立和恢复了法律系(20世纪末,综合大学的法律系、政法系,大都改成了法学院),由教育部领导,着重培养法律教学和理论研究人员,这就是著名的五院四系。这次司法改革运动和法学院系调整,完成了法学教育在体制、规模和人员上的整顿与重构,改变了近代以来法学教育的发展方向。初步确立起社会主义政法教

④ 孙晓楼:《法律教育》,中国政法大学出版社1997年版,第374页。

⑤ 参见熊先觉:《熊先觉法学文集》,北京燕山出版社2004年版,第544~581页。

⑥ 董必武:《董必武法律文集》,法律出版社2001年版,第79页。

育体系。董节英认为,这一过程实际上是对法学教育进行社会主义改造的过程,使教育领域内的社会主义改造优先于经济领域内的三大改造而完成,并在实际上为经济领域三大改造的开展提供了干部和组织基础。⑦ 到了建设社会主义法治国家的今天,法律人才成为法治工作队伍的主流。我国的法治队伍主要包括在人大和政府从事立法工作的人员,在行政机关从事执法工作的人员,在司法机关从事司法工作的人员,这与"政法干部"的范围是高度重合的。此外,除了立法、执法、司法机关的工作人员之外,律师也是依法治国的一支重要力量。⑧

(三)"造士必以品行为先"是执政者的必然要求,政治意识是法律人才培养的首要问题

在晚清,西方的政治、法律和法律文件经翻译引入,并开始在中国蔓延。由于法政教育的特殊性,清政府从一开始就重视法政人才政治意识的培养,主要体现在三个方面:一是强调"造士必以品行为先"。1904年,清政府在张之洞等人的主持下颁行《奏定学堂章程》,对学校教育课程设置、教育行政及学校管理等作了明确规定,其中专设"学务纲要"一章,强调"盖科学皆有实艺,政法易涉空谈,最为防患正俗要领",规定"无论何等学堂,均以忠孝为本,以中国经史之学为基,俾学生心术壹归于纯;而后以西学,论其智识,综其艺能。务期他日成材,各适实用"。二是严格控制法律人才培养的规模。《学务纲要》专门规定"除京师大学堂,各省城设立高等学堂之外……其私设学堂,概不准讲习政治法律专科,以防空谈妄论之流弊",并要求"由学务大臣咨行各省,切实考察禁止"。后来清政府虽然放宽了对私法政学堂的限制,但仍然不忘强调:"各国法政之学,派别不同,各有系统,必折衷于一是,始可以杜岐趋而崇政体。故学术之所宗,必求与政治相应……"三是防止不注重中国实际空谈西方法律概念扰乱社会意识形态。禁止盲目引进、使用外国法律名

⑦ 参见董节英:《1952:新中国法学教育的整顿与重构》,载《中共中央党校学报》2007年第2期。

⑧ 参见中共中央文献研究室编:《习近平总书记重要讲话文章选编》,中央文献出版社、党建读物出版社2016年版,第215页。

词"戒袭用外国无谓名词",要求"参考西国政治法律宜看全文",避免把"政""法"割裂开来理解。《学务纲要》指出:"政法一科,惟大学堂有之,高等学堂预备人大学法政科者习之。……此乃成材入仕之人,岂可不知政法,果使全国人民皆知有政治,知有法律,决不至荒谬悖诞,拾外国一二字样,一二名词以摇惑人心矣""若不看其全文,而但举其一二字样,一二名词,依托附会,簧鼓天下之耳目,势不至去人伦无君子不止"。⑨ 甚至不厌其烦地解释:"我国各项法规多取则于日本,而日本实导源德国,德国法学之统系与英法诸国统系绝不相容。日本先采法国派,后乃悉弃之,而改用德国派。盖君主立宪政体之国,一切法制必择其与国体相宜者然后施行,无出格之弊,此则讲求政学者所必应共喻者也。"⑩到了民国初年,教育部明确将"法政教育"置为教育振兴之"首要对象",1912年1月发布《教育部令各省法政学校遵照部令办理布告》,强调"诚以法政人才,关系国家至为重大,非绳以严格,不足以培育英才""国民之所以需政法常识与时势之所要求者,端在有善良之学风,优美之知识,足以出为世用。与其博宽大之名而近于滥,不若留良汰莠,勿失法政教育之精神"⑪。此后又公布《专门学校令》《大学令》,规定"专门校以教授高等学术,养成专门人才为宗旨",强调"大学以教授高深学术,养成硕学闳材,应国家需要为宗旨",这与清末《奏定学堂章程》所确立的办学宗旨异曲同工。

如前所述,中华人民共和国的政法教育是以老解放区政法教育模式为基础发展起来的,而老解放区政法教育模式的代表正是西北政法大学的前身陕北公学(老延安大学),西北政法大学的发展轨迹反映了中华人民共和国政法教育的发展轨迹:1937年共产党独立自主创办了以培养抗日人才为目的的陕北公学,陕北公学强调革命的政治教育,教学的原则是突出政治,1938年4月毛泽东在第二期开学典礼上专门强调"坚

---

⑨ 张百熙:《学务纲要》,载《张百熙集》,岳麓书社2008年版,第39~61页。

⑩ 朱有瓛主编:《中国近代学制史料》(第二辑上册),华东师范大学出版社1985年版,第492~493页。

⑪ 教育部令各省法政学校遵照部令办理公告(1913年1月),教育新法令第四册。

定不移的政治方向”。1941年,陕北公学、中国女子大学与青年毛泽东干部学校并入延安大学(老延大),正式成立法学院,这是中国共产党法学教育的开端。老延大确定了“坚定正确的政治方向、实事求是的科学态度、公正无私的道德情操、艰苦奋斗的创业精神”的校训。中华人民共和国成立后,政务院政法委员会指出,“因为政法部门的任务主要是关于人民民主专政的具体实施,要指导群众的政治斗争,所以必须不断地与业务相结合,加强对干部的政治教育和政策教育”。此后,先后经过西北人民革命大学(1949～1952年)、西北政法干部学校(1953～1958年)、西安政法学院(1958～1962年)和西安政治经济学院(1962～1963年)时期,西北政法学院于1963年9月正式成立。⑫ 直到经历“文化大革命”后1978年西北政法学院和北京政法学院首批恢复招生,2006年升格为大学,这所学校始终坚持“政治坚定、实事求是、勇于创新、艰苦奋斗”的老延大优良传统,致力于培育拥有扎实专业功底、朴实工作作风、求实工作态度以及追求伟大人格的专门人才,为国家特别是西北地区的经济社会发展和民主法制建设作出了突出贡献。

二、学界的西方法律话语主导倾向是增强法律人才政治意识培养的现实需要

近40年来,在全球化推动的法律移植浪潮中,中国的法学和法学教育在摆脱原有的政法法学、法律阶级论、工具论和政策论等话语体系方面表现出某种坚决姿态,一些法学理论工作者以“言必称马列”“言必称尧舜”为落后,以“言必称希腊”“言必称罗马”为先进,而忽视本国发展条件、历史传承等因素的特殊性,对于某些“西方文明”的术语口号不假思索进行宣传推广。从某种程度上来说,一段时间以来我国的法学发展是以“区分和脱离政治的程度”为参照系的,有意无意地回避了“谁的法

---

⑫ 参见《西北政法大学图史(1937～2017)》编委会编:《西北政法大学图史1937～2017》,陕西人民出版社2017年版,第7～24页。

律”“法律阐释共同体是谁”这样的根本问题,因为这样的问题类似于马克思主义阶级意识形态的“政治现实”。在法律“去政治化”浪潮中,法治被塑造出了天生的“自洽的正当性”,只需要与其他观念的区分就可以论证自身的权利体系。有段时间这样的思想甚至成为意识形态领域的某种“政治正确”,并通过法律教育机构的正面灌输和社会文化的潜在熏陶,模糊了法律人的政治意识和法律思维,导致立法层面瞄准“与世界接轨”的目标而建立的某些法律制度,已经不自觉地带有“全球化意识形态迷信”的色彩,更进一步导致了法律执行层面在具体审判中出现了不同程度的混乱和迷茫,影响了法律社会治理功能的有效发挥。

在西方法律主导的语境中,法治通常被理解为“法律的治理”而与“法律的政治”无关,这一思想渊源可回溯至19世纪法律实证主义的兴起。法律实证主义的主要特点是法律与价值分离,法律的政治性和道德性因素都被剔除出去,诉讼证明手段不断走向形式化、理性化,人们将法治国家仅仅理解为了形式法治,不再关心法的善恶问题。从法治的英文“The Rule Of Law”来看,确实只有“治理”而无“政治”之意,但是,“治理”却是无法与“政治”绝缘的。首先,从概念内涵分析来看。单就概念层面而言,“法治”与“神治”“人治”都是政治学视域中治理模式之一。“法治”隶属于“政治”,“政治”包含“法治”,法律本身就是一种政治。在法治中,中心词是“Rule”,“Law”是工具和途径,法律就是有效的治理,政府的目的是服务于公共福利。只有服务于公共福利,对自由和政治自由的保护和促进才是有价值的。其次,从法治的历史发展来看。西方法治是不同主体缓慢、共同推进的,其形成有偶然性,任何一个国家欲通过复制西方的法治模式来推进本国的法治建设,几乎是不可能的。[13]而且,即使在“片面法治论”者推崇的古希腊,也只是在极小的社会层面建立了“法律下的自由”,由于此种秩序难以发展出一整套能够为全民接受的法律标准而归于失败。再次,从国家政治架构来看。司法也是作为国家政治架构的有机组成部分而出现的,无论何种形式的审判权,都

[13] 参见杨建军:《西方法治的文化成因》,载《法律科学》2017年第3期。

是在一定的政治架构下所进行的制度配置,司法机构最终在国家政权组织中成为一个专门部门,司法权也因而成为国家权力的重要组成部分。即使所谓"三权分立""司法独立"的西方国家也概莫能外:司法权是否以及如何独立行使,仍然是一个有关权力分立的政治性论题。就此而言,"司法独立"的理论与实践从其产生开始,既是一个法律问题,同时也是一个政治性问题,我们要做的其实是在司法权与国家其他权力之间划出适度的界限,以确保国家权力之间的合理和必要制约。最后,从微观的司法实务来看。所有的司法个例,都内在地发挥着维护既定的社会秩序和政治权威的功能。其中道理不言而喻:法院的活动无法彻底摆脱它所赖以存在的政治和社会环境。即使在美国,尽管常规司法决定看上去都是法条主义驱动的,但法官的政治偏好、个人特点以及平生阅历职业经验会塑造他的司法前见(preconception),进而直接影响他对案件的判断。而且,法院的层级越高,其行为的政治影响就越大,联邦最高法院的司法纠纷甚至必须有政治性考量,即使纯技术性处理,也会被社会赋予政治性考量。⑭ 美国数量众多的关于司法行为研究的论著都不否认,案件审理中法官的政治态度与他们在裁判是选择支持或者驳回当事人的诉讼请求之间存在较高的相关度。⑮

与法治概念的绝对化相类似的一个问题是权利的绝对化。从词源上看,英文的"权利"和"正当"是同一个词汇——Right。在国内伦理学界翻译的英文著作中,通常将 Right 译作"正当"。自 1988 年在长春举行的首次全国法学基本范畴研讨会上提出应"以权利与义务为基本范畴重构法学理论体系"以后,权利本位说基本成为通说,如张文显教授在《法哲学范畴研究》一书中指出:"法是或应当是以权利为本位的","在商品经济和民主政治发达的现代社会,法是以权利为本位的,从宪法、民法到其他法律,权利规定都处于主导地位。"⑯与此相对应的是义务之说

---

⑭ 参见[美]理查德·波斯纳:《法官如何思考?》,苏力译,北京大学出版社 2009 年版。

⑮ 参见[美]马丁·夏皮罗:《法院:比较法上和政治学上的分析》,张生、李彤译,中国政法大学出版社 2005 年版,第 42 页。

⑯ 张文显:《法哲学范畴研究》,中国政法大学出版社 2001 年版,第 345 页。

几乎销声匿迹,代之而起的是对各种政府管理行为众口一词的质疑与批评:一方面,要求政府当好"守夜人"即可,逼迫政府"让位",尽可能地放权依赖社会自治;另一方面,又把几乎所有社会问题都归咎于政府的不作为,在这样的指责中,包括众多法律人才在内的社会管理者左右为难。

法即权利、权利即法的观念是近代理性观念的产物。在希腊城邦,公民身份只限于少数有财产的男性自由民,15 世纪、16 世纪以后,随着西方商品经济的发展,适应新兴资产阶级要求的自由权利观念产生并指导了资产阶级革命,并进而在 20 世纪被阐发成人权学说。权利并非完美无瑕无懈可击,把它作为评判法律的唯一或者最高标准有可能导致希望破灭。虽然很多人在不断宣称人权是一个"绝对的"权利,但在实践中的实现却没有那么理想:历史上,英国的成文法主要由约束个人言行的禁令构成,直到 1998 年英国《人权法案》出台以后才有所改观;而美国《权利法案》并不能确保个人的自由得到完全的尊重:虽然 1870 年美国宪法第五修正案就赋予公民不受区别的选举权,但直到 20 世纪 60 年代,许多州的黑人才真正取得表决权。对此,恩格斯深刻指出:"现在我们知道,这个理性的王国不过是资产阶级的理想化的王国;永恒的正义在资产阶级的司法中得到实现;平等归结为法律面前的资产阶级的平等;被宣布为最主要的人权之一的是资产阶级的所有权;而理性的国家、卢梭的社会契约在实践中表现为而且也只能表现为资产阶级的民主共和国。18 世纪的伟大思想家们,也和他们的一切先驱者一样,没有能够超出他们自己的时代所给予他们的限制。"⑰从最朴素的辩证法也可以推导出这样的结论:权利和义务是同一个硬币的两面,某人拥有一种权利,则其他个人必须承担尊重这种权利的义务,如果公民只是权利的享有者,那么这些义务该由什么主体承担?公民权包含权利和义务的结合,而从传统上来说,其中最根本就是"政治义务",即公民有责任臣服国家的权威并遵守国家的法律。政治义务源于居住在某一个有组织的

---

⑰ 《马克思恩格斯选集》(第 3 卷),人民出版社 1972 年版,第 405 页。

共同体内而获得的益处,服从国家的义务是基于公民自愿选择留在其国境内这样一个简单事实而许下的不言自明的承诺。一个极端的、也许并不合时宜的例子是,苏格拉底在面临死刑判决时之所以不逃走,就是他认为自己享受着作为雅典居民的权利,实际上已经承诺遵守雅典的法律,哪怕以牺牲生命为代价。事实上,通过对公共意志的表达,政府实际上是为其每一位成员的"真实"利益而行动的。这样,政治义务就可以被解释成是个人服从更高的或"本真"的自我。但是,如果被物质和自私所蒙蔽,就可能借用"自由主义"的某些观念,仅仅接受"公民的权利身份"(citizenship of entitlements),而意识不到作为权利另一面的自身责任公民义务,导致自我约束感淡化,自私贪婪泛滥,以及对社会机构和他人尊重的缺失。同时,还可能在"资格"和"权利"信条的推动下对政府提出更多更高要求,对政府能力抱有不切实际的想法,臆想国家总会为此"埋单",为此,政府不得不提高税收、扩大财政赤字,最终必然诱发更大的对于政府的不满。

总之,法律是一种"定分止争"的技术,它总涉及利益的分配,法律过程从根本上来看依然是一个公共决策过程,从而也必然是一个政治过程。在某些法律规定不合时宜的情况下,依照法律的最高价值观念要求,正如博登海默所说的"用一种较合时宜的规则去谨慎的替代过了时的规则"。[⑱] 在特定场合下,要适当调整依靠简单形式逻辑和不合时宜的法律条文处理问题的思维模式。"如果缺乏有效的政治负责制而空谈司法独立,司法必然会异化为官僚政治的权力角逐场。而这同时也意味着,如不解决政治负责制问题,亦不会有真正之司法""当司法无法诉诸'依法审判'来证成其人民性,来自党的政治干预就变得不可避免"。[⑲] 可以说,支配形式逻辑在法律思维方式中所体现的价值观念是合法,支配逻辑思维或辩证思维在法律思维方式中所体现的价值观念是合理。

---

⑱ [美]埃德加·博登海默:《法理学——法律哲学和方法》,张智仁译,上海人民出版社 1992 年版,第 451 页。

⑲ 陈洪杰:《人民如何司法:人民司法的政治哲学反思》,载《华东政法大学学报》2015 年第 1 期。

合理与合法一般来说是一致的,但在特定条件下两者也可能发生冲突,出现“条清理不端”的现象,也就是说合理的而不合法或者合法的而不合理。在西方,解决这一冲突的方式是“法官造法”,而在中国,属于政治领域的政策是协调这一冲突的重要依据和重要方式,政法委员会是解决这一冲突的重要组织机构。这是中国特色社会主义法治的特点,也是中国特色社会主义法治的优势。在中国社会主义法治理念的五项内容中,“服务大局”和“党的领导”充分体现了法律的政治功能。这两项内容是在前三项作为法治普遍性要求的内容(依法治国、执法为民、公平正义)之上,添加的明显具有中国特色的政治要求。

三、新时代法律人才政治意识培养的指导原则及其实现路径

(一)马克思主义法律观是法律人才政治意识培养的根本指导

马列主义是中国当代法律观的核心思维方式、价值取向形成的重要因素。马恩列斯丝毫不掩饰法律工具论,认为,“统治阶级通过以维护法律为职责的权力机关即国家来维护它的统治”,“法律思想归根结底是为经济服务的”⑳,在法律与政治的关系上,列宁认为,“法律乃是那个已经得着胜利的掌握政权的阶级意志之表现。”毛泽东也说:“军队、警察、法庭等项国家机器,是阶级压迫阶级的工具。”㉑中国共产党历来重视思想教育、追求德才兼备,提高政治意识是思想教育的重要内容,更应该作为法律人才教育的重中之重。政治意识要求从政治上看待、分析和处理问题,毛泽东把正确政治观点比作人的灵魂,指出:没有正确的政治观点,就等于没有灵魂。强调要有“富贵不能淫,贫贱不能移,威武不能屈”的骨气来坚持这个方向,这“才算是真正的政治道德”,尤其强调“青

⑳ 王正萍:《马克思恩格斯列宁斯大林毛泽东论历史唯物主义(中)》,北京师范大学出版社1983年版,第1063页。

㉑ 毛泽东:《毛泽东选集:第3卷》,人民出版社1991年版,第1476页。

年应把坚定正确的政治方向放在第一位”[22]。邓小平指出:“改革,现代化科学技术,加上我们讲政治,威力就大多了。到什么时候都得讲政治。”十八大以来,习近平总书记多次就加强高等教育和法律人才培养提出明确要求,特别是2017年和2018年“5·4”前夕分别在中国政法大学和北京大学考察时的讲话,提出了许多重要的观点,可称之为“新时代的法律教育观”:一是在培养思路上,强调立德树人、德法兼修。习近平在考察中国政法大学时提出,“法学教育要坚持立德树人,不仅要提高学生的法学知识水平,而且要培养学生的思想道德素养”。二是在培养目标上,明确指出“古今中外,每个国家都是按照自己的政治要求来培养人的”,要求坚持办学正确政治方向,培养社会主义建设者和接班人。三是在理论遵循上,强调坚持以马克思主义法学思想和中国特色社会主义法治理论为指导。四是在学科体系建设上,强调要“努力以中国智慧、中国实践为世界法治文明建设作出贡献”[23],这些重要论述为提高新时代法律人才政治意识提出了更高要求,为做好新时代的法律人才培养指明了发展方向。

(二)在“四个伟大”的统一中把握法律法律人才政治意识培养的现实着力点

当前,中国正在推进着具有许多新的历史特点的伟大斗争、党的建设新的伟大工程、中国特色社会主义伟大事业、实现中华民族复兴的伟大梦想,这“四个伟大”明确了中国共产党在新时代治国理政的总方略、全局工作的总框架、谋划事业的总坐标、推进工作的总抓手,也必然成为法律人才政治意识培养的宏大背景和现实目标。其一,要把法律人才培养作为进行伟大斗争、推进伟大事业的重要力量进行培养。实施依法治国方略和法治中国建设是“四个伟大”的重要目标和重要保障,应该贯彻“四个伟大”全过程。同时,法治是治国理政的基本方式,“四个伟大”也要在法治的轨道下进行。依法治国需要更好地发挥法治引领和规范

---

[22] 王宇明:《毛泽东关于人全面发展的思想概要》,载《人民论坛》2010年第26期。

[23] 新华社消息:《习近平在中国政法大学考察》,载 www. xinhumane. com/politics/2017-05/03/c_1120913310. html,最后访问日期:2018年5月3日。

作用,坚持依法治国、依法执政、依法行政共同推进,法治国家、法治政府、法治社会一体建设,迫切需要培养和造就更多立场坚定、知识丰富、业务娴熟、具有良好法律职业道德的高素质的法律人才。这既为法律人才培养提供了历史机遇,同时也为法律人才培养提出了更高要求。法律人才培养要着眼"四个伟大"的现实需要,突出"中国特色、实践特色、时代特色",培养更多的治国理政的法律人才,把受过法治教育、有法治经验的人放在治国理政的关键岗位,实现由革命家治国到技术官僚治国,再到法律人治国的必由之路,培养更多合格法律人才投身"四个伟大",运用法治的思维和法治方式深化改革、推动发展、化解矛盾、维护稳定,推进中国社会的健康发展。其二,把法律人才政治意识培养作为党的建设伟大工程的应有之义贯彻落实。在统揽伟大斗争、伟大工程、伟大事业、伟大梦想中,起决定性作用的是新时代党的建设新的伟大工程。法律人才,无论是法学学术人才还是法律职业人才,都是法学教育"育人辅政"的重要产品,是掌握"济世之学""正义之学""安邦之学"、手握权柄的"关键少数",党的十八大以来强力反腐,处理的"老虎""苍蝇"中就有不少是原来的法律工作者,这就要求新时代的法律教育自觉把政治建设摆在首位,旗帜鲜明讲政治,重视道德教化,实行"德法兼修",培养法律人才忠诚的政治本色、坚实的法律素养、高超的法律技能、真挚的为民情怀,为建设法治中国、实现"四个伟大"提供优质的法律人才保障。

(三)法律人才政治意识培养的现实操作路径

法学院校是法律人才培养的主战场,要摒弃曾经一度存在的政治虚无观点,以教育者良好的政治意识处理好法律教育中的政治和法律的关系,再把培养受教育者的法律思维、提升受教育者的法律技能作为基本追求的同时,把培养受教育者的政治意识、增强受教育者的大局观念作为基本要求。一是规范引导,强化习近平新时代中国特色社会主义思想教育。在加强专业学科教学的同时,注重政治理论尤其是习近平新时代中国特色社会主义思想的教育,以习近平新时代中国特色社会主义思想统领法律教育的整个环节,采取课上老师讲解、课下组织讨论等形式,使学生增强利用马克思主义法学观点解决现实问题的能力,更进一步深入理解中国问题、中国法律问题,增强中国特色社会主义法学的理论自信、道路自信。二是要改革优化高校法律人才培养科程体系建设,使之同“四个全面”战略目标整体推进相协调,同中国特色社会主义法治道路、法治理论、法治体系建设相符合。采用国家统一的法律类专业核心教材,建立一支政治立场坚定、理论功底深厚、熟悉中国国情的高水平法学教师队伍。营造健康阳光、积极向上校园文化环境,确保中国特色社会主义法治理论占领高校法学教育教学阵地。三是要借助“互联网+”手段提升法律人才政治意识培养的效果。适应新媒体发展形势和受众心理的转变,注重发挥学校官网、学科专业网站、论坛、知网等平台在纠正偏差认识、提升法律人才政治意识方面的作用,利用微信公众平台、微博,学习 APP 特别是“学习强国”平台进行润物细无声的针对性政治教育,不断提高政治意识培养的科学性、有效性。四是要注重激发法律人才个人自我培养的动力,引导法律人才结合法律实践活动体会、感悟习近平中国特色社会主义法治思想的科学性、真理性,通过不断的学习、反思,不断增强自身政治意识。

On the Cultivation of Legal Talent's Political Awareness in the New Era

Yang Jianyun

Abstract: The political essence of the subject of politics and law is the logical starting point of legal talent education. The dominant tendency of the Western legal discourse in academic circles is the practical needs of the cultivation of legal talent's political awareness. At present, the socialist China with her characteristics has entered a New Era, objectively demanding the elimination of the superstitious color of "global ideology", taking the Marxist legal concept as the fundamental guidance for the cultivation of legal talent's political consciousness, and grasping the legal laws in the unity of the "Four Great". The realistic needs of cultivating talent's political consciousness, through strengthening Xi Jinping's New Era of socialist ideological education with Chinese characteristics, reforming and optimizing the construction of legal personnel training system in colleges and universities, using the "Internet +" means to enhance the effect of education and training, and stimulating the personal self-cultivation of legal talents, etc. to enhance the political awareness of legal talent.

Key Words: New Era, Legal Talent, Political Awareness

教育目标定位与法律硕士招生选拔*

郝晓明**　时延安***

摘　要:法律硕士专业学位研究生制度自1996年实施至今,为国家法治建设和经济社会发展培养了大批法律专门人才。法律硕士招生是人才培养工作的序章,直接影响和制约着人才选拔和培养质量。在法学教育实现"内涵式发展"的新形势下,进一步明确法律硕士教育目标,调整现有的招生考试方式和内容,以考察考生的综合法律素质为重点,真正选拔出具有培养潜力的学生,从源头上推动法律硕士专业学位研究生培养质量的提高。

关键词:法律硕士　教育目标　招生改革

习近平总书记在中国政法大学"5·3"讲话中指出"法治人才培养是全面依法治国重要的一环"。随着我国社会主义市场经济的发展和知识经济的来临,对于应用型高层次专门人才的需求在量上和质

---

* 基金项目:2019年度中国人民大学科学研究基金项目(中央高校基本科研业务费专项资金资助)"法律硕士招生考试改革实践与探索"(项目编号:19XNE008)。

** 郝晓明,中国人民大学法学院助理研究员,研究方向:教育管理。

*** 时延安,中国人民大学法学院教授,法学博士,研究方向:刑事法学,教育管理。

上都提出了迫切的、更高的要求。① 法律硕士专业学位研究生教育自1996 年第一批 8 个试点培养院校开始,截至 2018 年 3 月,全国法律硕士培养院校数量已经达到 243 所。招生选拔作为进入法律硕士教育的主渠道,其选拔效果对人才培养质量有着直接的影响。目前,以知识记忆为主的法律硕士招生考试制度,与"建立同培养目标相适应、有利于该层次应用型人才脱颖而出的专业学位研究生招生考试制度"②尚有一定距离。探索招生考试改革的新路径,选拔具有培养潜力的优质生源,是进一步推进法律硕士教育改革,落实法律硕士教育目标的重要任务。③

一、法律硕士教育认识上的问题

改革开放 40 年来,我国法学教育历经恢复重建、快速发展、改革创新,已经形成了以法学本科教育为起点和基础,实行多元化研究生教育的教育体系。④ 作为法学基础教育的法学本科,以人文与素质教育为主,强化基础理论与实践能力,让学生有一个完备的理论知识和基础能力⑤;而研究生项目的实施,目的在于培养高水平人才,与本科教育最大的不同点可以概括为:"专、深、精。"专,就是所学内容更为集中,并聚焦于更为狭窄的领域;深,就是比本科学习内容更深,要求对本学科知识的掌握更为系统、更为深刻;精,就是要对本学科中具体的问题要有清晰的

① 参见黄宝印、唐继卫、郝彤亮:《我国专业学位研究生教育的发展历程》,载《中国高等教育》2017 年第 2 期。

② 《教育部、国家发展改革委、财政部关于深化研究生教育改革的意见》(教研〔2013〕1 号),载中华人民共和国教育部网:http://old.moe.gov.cn/publicfiles/business/htmlfiles/moe/A22_zcwj/201307/154118.html,最后访问日期:2019 年 4 月 1 日。

③ 参见王红等:《深化专业学位研究生教育综合改革 提高专业学位研究生培养质量》,载《学位与研究生教育》2016 年第 1 期。

④ 参见张文显:《中国法治 40 年:历程、轨迹和经验》,载《社会科学文摘》2018 年第 11 期。

⑤ 参见徐显明、黄进、潘剑锋、韩大元、申卫星:《改革开放四十年的中国法学教育》,载《中国法律评论》2018 年第 3 期。

认识并有自己的分析判断。如此,即可以使学生能够具有一定的研究问题和解决问题的能力。

法律硕士自设立之初,就定位于区别学术型法学硕士的实务型专业学位,经过20多年的实践与探索,法律硕士教育的基本框架和制度体系已经形成并得到不断优化。⑥ 近年来,法律硕士招生院校逐年增加,学生培养规模不断扩大,在目前的法律硕士教育中出现了一些问题:其一,目前的招生考试方式,多数考生依靠死记硬背,对法律知识的理解和掌握流于表面;其二,由于法律硕士没有像法学硕士研究生那样具有明确的专业,在培养过程中缺乏必要的培养特色和针对性;其三,法律硕士(尤其是非法学)的教学内容与法学本科教学内容差异不大,学生对法律知识的理解和掌握仍停留于基本、基础层面,缺乏对具体法律问题的思考、关注和研究;其四,法学学术型研究生和法律专业学位研究生教育趋同的现象仍然存在,⑦没有达到凸显应用型、实践型人才的目目标;其五,复合型法律人才培养还不能满足社会经济发展的需要,复合型法官的短缺更为突出⑧。

随着我国法治建设步伐加快,法学教育要跟上形势发展的需要,还需要解决很多问题,其中之一是法学教育层次界定不清晰。首先,对法学本科生与法律专业硕士生的培养方式和目标还没有做出十分清晰的界定。⑨ 经过本科教育的人,无论专业如何,其认识能力、分析判断能力、语言理解能力等都有了很大的提升,而且很多本科毕业生已经具有了初步的研究能力。所以,无论他们本科学过或没有学过法律,但与本科新生相比,其理解和认识法律的水平要高得多,尤其法律的规则来自于经验生活,生活阅历也会使法律硕士学生能够更快地且更深刻地理解

⑥ 参见王利明:《我国法律专业学位研究生教育的发展与改革》,载《中国大学教学》2015年第1期。

⑦ 参见王新清:《论法学教育"内涵式发展"的必由之路——解决我国当前法学教育的主要矛盾》,载《中国青年社会科学》2018年第1期。

⑧ 参见公丕祥:《变革时代的司法需求与卓越法律人才就业培养计划》,载张文显主编:《中国法学教育年刊》(2012~2013)(创刊号),法律出版社2014年版,第3~12页。

⑨ 参见季卫东:《法治中国建设中的法学教育改革》,载《学习与探索》2014年第9期。

法律，要求培养学生的适应性、实践型更强。所以，法律硕士的培养环境应该与其所具有的能力水平相适应，以达到法律硕士教育的培养要求。其次，法律硕士培养与法学硕士培养趋同，这个问题实际上已经有过很多讨论，解决的路径首先是需要在认识上进一步明确培养目标，形成不同的培养模式，实现差异化的选拔和培养。

二、法律硕士教育目标定位

法律硕士专业学位研究生自1995年设立以来，就定位于以培养实践型、应用型、复合型高层次法律人才为目标的专业学位。从现实情况看，但凡从事过非法学本科法律硕士教学和管理的老师都能体会到，法律硕士学生本科知识水平对其法律学习的影响，可以说不同的知识背景对其学习法律有着明显且不同的促进作用，例如，本科学工科的学生学习专利法，其理解和分析能力是其比较优势的，同样，学过财政金融的法律硕士生，在学习财政金融法方面，也有比法学硕士研究生有更强的能力；而对于具有复合型背景的学生，能否在培养过程中发挥这种优势，就要看法律硕士教育本身的设计和实施了；如果仍认为，法律硕士学生应当与法学硕士研究生具有同样的培养标准，既抹杀法律硕士学生这种优势，也会造成人才培养的同质化，会进一步拉大与法律服务市场需求的差距。要充分体现法律硕士教育的“专、深、精”，就是要达到法律硕士教育始终强调的“复合型”人才培养的基本要求。简单地说，就是在培养过程中使非法学本科法律硕士生能够将本科所学与法学知识进行有机整合，进而成为在法律服务市场某一领域的高端人才。例如，目前有些财经类院校的法律硕士培养方式即很好地体现了这一要求，其培养的人才具备复合型优势，从而能够很好地满足法律实务部门的需求。

对法学本科法律硕士至今仍有不同认识。实际上，从创设之初，其目标设定就非常清楚，就是要培养高水平法律实践人才，而法学硕士研究生项目则是为培养法学研究人才进行准备。不过，由于多种原因，前者并没有很好地与市场需求结合起来,后者则没有与法学博士项目进行妥善衔接。这种错位现象至今仍存在着。由于一些培养院校培养目标不明确,在课程体系、培养流程上也就缺乏相应的设计和组织。全国法律专业学位研究生教育指导委员会曾组织过多次论坛,但一些培养单位仍无法彻底解决这个问题,究其原因,可能还是缺乏对法学本科法律硕士项目必要性的理解和认知。在2017年教育部发布的法学本科法律硕士指导性培养方案中,对培养目标、培养要求等做出了明确的说明,重点要培养学生的实践能力。这种能力的培养,无法单纯通过法律知识的传授来实现,需要与价值观教育、能力教育结合起来,加强教学与实践的联系和交流,加强实践教学与训练等加以培养和提高。有人认为,这种能力培养可以在学生毕业后由所在工作单位来培养,这实际上是在推卸责任,一则工作单位一般不会提供成体系的全面培养机制,二则法律知识的运用能力和解决纠纷的能力就应当是法律硕士教育的中心任务,不应该将这项工作交给他人并任由学生"听天由命"。

三、法律硕士招生选拔与培养衔接

在法律硕士整个教学培养体系当中,招生选拔是法律硕士培养的第一道环节,是要选拔出具备培养潜力的合格的培养对象,它直接关系法律硕士教育的规模,并进一步影响和制约着高级应用型人才培养的质量⑩。中肯地讲,法律硕士招生的目标不是将相应年龄段最优秀的人招入该项目学习,而是将适合的人招入该项目。这实际上是从法律硕士教育的"需求面"来反推"供给面",也就是从法律服务市场需求来设定法律硕士教育的供给。在这一点上,这和法学硕士研究生培养的逻辑有很大的不同,后者应当从法学研究的角度去设定。随着法律职业内部不断分化,不同业务对人的要求亦不同,但法律职业的特点对法律人的能力

⑩ 参见王健:《法律硕士研究生招生工作的组织与实施》,载《法学教育研究》2012年第2期。

要求有共同之处,即法意识能力、观察能力、分析能力、逻辑推理能力、批判思维能力、论证能力和沟通、应变能力等。其中有些能力的评测,需要较长时间的观察,如应变能力,而大多数能力是可以通过科学的考试制度设计给予较好地判断。

我国的法律硕士是在借鉴美国J.D.培养模式的基础上设立的专业学位,在美国法学院与之配套的LSAT考试,以及日、韩两国的法科大学院采用的与LSAT相似的考试模式中,采取的是一种法律职业适应性的考试,通过测试将那些适合学习法律的人才选拔出来。[11] 我国经济类和管理类专业学位研究生入学联考已经证明采取综合能力测试对于专业素质和培养潜力的考察更为科学有效。借鉴国内外专业学位成功的考试方式,需要对目前的联考内容进行调整,将现有的考"知识记忆"转变为"能力测评",即采取法律类综合能力考试,以全面考查学生法律常识、逻辑分析能力、专业写作能力等综合素质,选拔出具备法律硕士培养潜质、适应法律硕士培养目标、适合法律职业需求的优质生源[12]。过去三年里,在全国法律专业学位研究生教育指导委员会的组织和推动下,对这种新的考试方式和内容在部分培养院校进行了试点工作,从反馈的情况看,这种方式是更为可取,也更为符合法律硕士教育目标定位和培养要求。

四、结语

法律硕士教育是一门大学问。只有充分了解、准确把握法律硕士人才培养规律,才可能将法律硕士教育质量提升上来。本着对我国法治人才建设负责的精神,我们应该始终坚持正确的政治方向,坚持提高人才

---

[11] 参见戴一飞:《法律硕士联考的新路径——国家统一法律职业资格制度对法硕联考的实质类型化要求》,载《当代法学》2016年第5期。

[12] 参见王红等:《深化专业学位研究生教育综合改革提高专业学位研究生培养质量》,载《学位与研究生教育》2016年第1期。

培养质量的要求,积极、科学、稳妥地推动法律硕士教育的改革,从招生考试选拔制度到培养模式的完善,着力于提高法律硕士的综合法律素质、法治思维和法律实践能力,凸显高层次实践型、应用型人才的培养特色,更好地实现法律专业学位研究生培养目标,为全面依法治国建设法治国家培养更多更优秀的法治专门人才。

On the Education Objectives Orientation of Domestic Master of Laws and Its Enrollment Selection

Hao Xiaoming　Shi Yan' an

Abstract: Since its implementation in 1996, the Master of Laws degree program has educated a large number of legal professionals for our country's rule of law construction and economic and social development. The enrollment of Master of Laws is a preface to the cultivation of legal talent, which directly affects and restricts the quality of talent selection and training. Under the new situation of legal education achieving "connotative development", the authors of this paper suggest that a series of measures should be taken, such as, further clarifying the education objectives of the Master of Law, adjusting the existing methods and contents of enrollment examinations, and focusing on testing the comprehensive legal quality of candidates, and truly selecting students with potential for cultivation with the purpose of promoting the improvement of the quality of graduate students of law degree from the source.

Key Words: Master of Laws, Education Objectives, Recruitment Reform

法律专业学位研究生的实践教学改革

——以北京大学法律硕士(非法学)项目为例

徐晓颖*

摘　要:传统法律硕士的培养模式具有培养过程同质化、师资配备无特色、教学模式保守化、职业准入困难化、培养周期长期化等症结,这些情况导致了法律硕士培养模式的实践困境。北京大学法学院不断探索法律硕士的实践教学改革,推行以"有效教学"为核心的实践教学改革措施,具体包括全新分类课堂教学、丰富实践教学方式、革新考核检验机制。作为中国法学教育改革的先行者,北大法学院的实践教学改革已经取得了初步成效,具有推广基础、推广价值和可复制性,能够为各法律院校提供一种有益的借鉴方案。

关键词:法律硕士有效教学　实践教学

2017年伊始,由教育部、国务院学位委员会印发的《学位与研究生教育发展"十三五"规划》(以下简称《规划》)正式发布,勾勒出2020年以前我国学位与研究生教育改革发展的路线图,也就是说从高层

* 徐晓颖,北京大学法学院助理研究员,研究方向:法学教育。

制度方面给予法律硕士(非法学)培养更为明确的引导。① 规划指出,"'十三五'时期,学位与研究生教育改革发展要继续坚持以服务需求、提高质量为主线,把寓教于研、激励创新作为根本要求,把分类改革、机制创新作为主要驱动,全面提升研究生教育水平和学位授予质量,加快从研究生教育大国向研究生教育强国迈进"。规划提出,"积极发展硕士专业学位研究生教育,建立以职业需求为导向的硕士专业学位研究生教育发展机制。探索硕士专业学位研究生教育与应用型本科和高等职业教育相衔接的办法,拓展高层次技术技能人才成长的通道"。② "规划"的颁布对于引导我国全日制法律硕士(非法学)培养的持续健康发展以及解决以往政策对法律硕士培养目标界定不明的问题具有非常重大的意义。

一、传统法律硕士(非法学)培养模式的现实困境

传统的教学模式总是重理论轻实践,③长期以来,"一条腿"长,"一条腿"短,走起路来便会走形。而作为一名合格的法律人,除了要有基本的法律职业理念,还需要有理论转化实务的能力。④ 法律硕士(非法学)自 1996 年正式纳入高校专业人才培养科目以来,各培养单位一直以培养具有复合性、应用性的法律人才为己任,但"如何培养、怎么实现培养目标"需要不断的摸索与反思,因而造成 20 多年来法律硕士(非法学)

① 法律硕士(Juris Master,JM)属于专业学位研究生项目。法律硕士设有两个专业,分别是法律硕士(非法学)和法律硕士(法学);其中法律硕士(非法学)只能由非法学专业的本科生就读,法律硕士(法学)只能由法学类专业本科生就读。同时,本文所讨论的法律硕士(非法学)均是指全日制学生项目。

② 《就〈学位与研究生教育发展"十三五"规划〉答记者问》,载中华人民共和国教育部网:http://www.moe.edu.cn/jyb_xwfb/s271/201701/t20170120_295346.html,最后访问日期:2019 年 5 月 6 日。

③ 参见王晨光:《法学教育的宗旨——兼论案例教学模式和实践性法律教学模式在法学教育中的地位、作用和关系》,载《法制与社会发展》2002 年第 6 期。

④ 参见郜占川:《新时代卓越法治人才培养之道与术》,载《政法论坛》2019 年第 2 期。

培养的诸多问题。[5] 具体而言,主要表现为以下五点。

第一,培养过程同质化。就大类方向而言,专业学位教育与学术学位教育在学生培养过程中同质化现象明显,除修读年限等显性指标的差别之外,在评价体系、毕业模式等诸多重要环节并未体现出该类学位的应有特色,也未能很好地回应学生的所需所求。

第二,师资配备无特色。由于法律硕士(非法学)培养模式的不成熟以及培养方案的不完善,导致各大高校往往忽视对于实务经验丰富的师资力量的引进及储备,甚至有的高校出现了师资断层现象。[6] 此外,目前我国高校普遍存在导师"多重指导"的情况——同一导师既要辅导学术型硕士,也要辅导法律硕士(法学)和法律硕士(非法学)等多类别的学生。校内导师不可能凭借自身力量开辟出独具特色的法律硕士(非法学)指导路径,而校外导师也经常与学生处于"失联"状态,形式意义大于实质意义。

第三,教学模式保守化。法律硕士(非法学)采取的仍是传统的教育模式——大课堂教学,教学内容偏重理论,能够参与法律实践的机会少之又少。[7] 在教学任务分配上,法律硕士(非法学)也是偏重于学术水平的深入研究和探讨。因此,"填鸭式"的教学导致了法律硕士(非法学)失去了本身的定位,与之匹配的教学模式过于保守、毫无特色,与预想的高级法律人才的角色设计相去甚远。

第四,职业准入困难化。法律职业的显著特征在于,其具有统一的职业准入标准——法律职业资格考试。但高校却未能设置有针对性的课程予以指导与辅导,使法律硕士(非法学)研究生在通过职业资格考试方面并未表现出专业优势,甚至因其非法本专业背景而更添难度,凸

---

⑤ 参见郭雳:《中美一流法律专业学位研究生培养模式比较——以北京大学和哈佛大学为例》,载《学位与研究生教育》2018 年第 11 期。

⑥ 参见宁清同:《我国法学教育培养目标的偏失与矫正探析》,载《中国法学教育研究》2018 年第 3 辑。

⑦ 参见何志鹏:《论改革开放 40 年法学教育的观念演进》,载《中国大学教育》2018 年第 11 期。

显出法律硕士（非法学）教育与法律职业教育之间存在的衔接困难与龃龉。[⑧]

第五，培养周期长期化。职业教育以培养应用型人才为目标，毕业后以从事法律执业为主要工作方向。但是，目前看来，在工作中法律硕士（非法学）的实务操作能力仍亟待提升，意欲成为训练有素的法律人往往需要较长的执业周期，甚至需要用人单位的“再培养”，不符合应用型人才的培养初衷。

总体而言，上述问题贯穿培养方案、导师制度、教学模式、职业准入与执业周期等多个关键环节，共同形成了法律硕士（非法学）的培养模式之现实困境。而综观其他国家法律教育情况，美国表现出实务目标明确和社会实践深入的鲜明特点，这恰恰对我国法律硕士教育重理论轻实践的现象具有十分重要的借鉴意义；而德国更为侧重法律教育与职业教育之间的紧密联系，同样非常值得我国参考。日本的法科大学院教育则是受美国法律硕士教育模式影响，在其基础上构建了具有自身特色的高端法律教育，培养目标与我国虽无本质区别，但具体的培养过程和我们有较大差异。[⑨] 简单来讲，我国当前的法律硕士教育存在的显著问题是重理论轻实践，而这却与法律硕士培养目标相悖，亟须主管部门和培养单位加速改善。

二、北大法律硕士（非法学）实践教学改革的整体设想

上述法律硕士（非法学）的现实困境，实质上是两个基本问题的折射。其一，学科内涵建设不足，难以满足精细化分类及法律职业人才的实际需要。其二，培养环节流于形式，法律理论与法治实践的融合、互动机制尚未形成。一言以蔽之，法律硕士（非法学）培养模式困境的根本

---

⑧ 参见袁钢：《法学教育与法律职业资格考试衔接路径研究》，载《中国高教研究》2018 年第 10 期。

⑨ 参见刘佳：《法律教育学》，社会科学文献出版社 2012 年版，第 316 页。

原因在于其培养过程没有与自身的应用型专业定位相挂钩。为从根本上解决法律硕士（非法学）教育的现实困境与问题根源，北大法学院的教学管理部门开始着手进行法律硕士（非法学）的实践教学改革，具体则是运用“有效教学”这一理论框架指导我们的教学实践改革。在传统课堂教学中，我们推崇“有效教学”，即是通过教师一定时间的教学之后，学生能够获得明显的进步和发展。[⑩] 其实，伴随教学场域的延伸和发展，“有效教学”理念不再仅仅局限于理论教学、课堂教学，这一理念也被逐渐扩展到实践教学当中。[⑪] 在实践教学当中，通过“有效教学”的教学设计可以使学生更好地掌握应用性的法律职业技能，更快地适应法律职业发展规划的需要。

北大法学院法律硕士（非法学）的实践教学改革就是探索将“有效教学”理念融入实践教学当中，通过确立以有效教学为核心的实践教学改革，调整有关教师、导师教学指导的方式和策略，激发学生学习的主动性、积极性和有效性，进而增强实践教学的教学效果。不仅如此，将“有效教学”理念融入实践教学当中，可以使法律硕士（非法学）的实践教学更加规范化、体系化、科学化，并为实践教学改革提供理论指导和支撑。根据北大法学院教学实践改革的反馈，以“有效教学”为核心的实践教学改革可以具体划分成为三个环节，分为是以用代教和以用代学、学用相辅以及有效实践。

（一）以用代教和以用代学

以用代教、以用代学即是通过法律实践技能激发学生主动探索相关法律理论、知识的积极性，进而达到既掌握有关理论知识又获得法律实践技能的目的，通过法律的实际运用达到有效教学的目的。以用代学、以用代教可以使学生获得不同于“填鸭式”课堂学习的感受和体验，加深强化相关法律知识的理解和体会，同时也为以后走上法律职业岗位做出铺垫。以用代学、以用带教属于以“有效教学”为核心的教学实践改

---

⑩ 参见钟启泉：《有效教学研究的价值》，载《教育研究》2007年第6期。

⑪ 参见虞娅娜、张赫、林倩：《有效教学视野中的学习环境设计——记全国第七届有效教学理论与实践研讨会》，载《全球教育展望》2013年第5期。

革中的关键环节。

目前而言,北大法学院的教学管理者们能够形成一些一致性的观点,即必须厘清实践教学和理论教学的关系,充分认识实践教学的制度价值,充分重视实践教学在法律硕士(非法学)中的应用。毋庸置疑,对于每一位法律硕士来讲,宪法、刑法、民法、商法、民事诉讼法、刑事诉讼法等基础理论是最为重要的,学术水平达到相应程度才足以结合实务融会贯通,形成合力。而在形成合力的过程中,实践则成了关键因素。实践通过实景再现的方式使学生全面、系统地掌握理论知识并实现综合运用,在此过程中也强化了学生运用理论知识及实务技巧解决问题的能力,并且通过体验体会不同方面的职业角色,学生可迅速建立自信心与责任感,大大地提高了法律知识转化的效率。⑫

(二)学用相辅

在以有效教学为核心的实践教学当中,实践教学是达到有效教学目的重要因素,但是也不能忽略理论教学的重要影响。只有结合理论教学和实践教学,二者相辅相成,学生才能最大获益。⑬ 过于重视理论教学,忽视实践教学,学生对于法律知识的理解可能过于天马星空,无法进行。同理可得,过于重视实践教学,忽视理论教学,学生也可能也会将司法实践中一些不正确的实然状态当成应然状态,不利法治精神之塑造和养成。虽然,现在大多数观点都认为法律硕士(非法学)的培养应当注重实务教学,但在现实中却恰恰因为法律硕士(非法学)没有受过四年法学本科训练,专业知识不够扎实,使法律硕士(非法学)在实际操作中受到歧视,所谓"双学士"的称谓也因此而来。基于法律硕士(非法学)自身的特点,在推动实践教学改革、加强实践教学的同时,不能忽视理论教学的重要性,二者应做到协调发展、不可偏废。

总体而言,法律教学包括三个方面的内容,一是基本法律知识的传

---

⑫ 参见王晨光、陈建民:《实践性法律教学与法学教育改革》,载《法学》2001年第7期。

⑬ 参见黄莺、王敏:《法学理论教学与法律职业伦理教育契合模式研究》,载《法制与经济》(下旬)2013年第9期。

授,二是法治理念的传授,三是方法论的传授。法律知识及法治理念的传授可以通过普通授课做到,但方法论的传授则不然。实践证明,满堂灌的方式在方法论的传授上效果并不理想。近年来,主要培养单位也先后引入法律实践课程并将其作为同等重要的培养内容,以弥补“一条腿”短的弊端。因此,基础理论课程和法律实践课程都是法律硕士培养的必修课程,二者不可偏废。理论课程仍然以传统的课上集中学习和课下独立掌握为主,而实践课程更侧重于承担起方法论传授的功能,它需要以一种更具体、更细化的方式深化学生对基础理论的理解,同时强化学生理论联系实际能力,培养学生法律思维能力,锻炼学生法律分析能力等实践应用能力。它需要通过增设与法学基础理论课程配套的案例研习类课程,增加一些高级别的实务类课程,改变传统讲授式为主的教学方式,通过实践与理论相结合、并行推进的形式大力夯实并提升法律硕士(非法学)学生法律逻辑思维能力及其实践应用能力与水准,使学生能够真正学以致用,达到培养高层次职业实践应用型人才的目标。⑭

同时,通过实践与理论相结合的培养模式可以让学生具备以下五种能力:第一,具备非常扎实的法律知识结构,即很牢固的法律基础;第二,具备很强的思辨能力和研究能力;第三,能够熟练地将所学知识进行实际应用的能力;第四,应有一种全球化的视野和概念;第五,应具备法律职业道德和职业认同感。然而,上述这些能力的培养很难在同一门课程里全部实现,需要通过课程的区分及有效搭配协同实现。如果说我们传统理论讲授课的功能侧重于让学生掌握基础理论并接触学科前沿理论的话,那么实践课程在内容上所承载的重要功能则是通过不断的案例练习及演练帮助学生锻炼、熟悉法律思维,系统地将方法论传授给学生;同时通过传授实务操作技能让学生掌握基础且必要的应用技巧。可以说,基础课程与实践课程协同教学,是一种在夯实学生法学基础理论的同时训练并强化学生思辨能力以及将理论转化为实际的应用能力的综合性

---

⑭ 参见黄进:《创新法治人才培养机制》,载《人民日报》2014 年 11 月 12 日版。

改革,是一种由授之以鱼到授之以渔的改革。

(三)有效实践

在以实践教学为核心的有效教学中,学生有效学习的前提是学生必须得到有效的法律实践。有效的法律实践应当避免形式化、格式化的实习、实践或者实务参与,不仅仅是参与一些行政性的实务工作,而是需要相关实务导师进行有针对性的细心指导和沟通,需要让学生参与到法律实践的过程中来。有效实践能够真正让学生了解法律实践活动的精髓,以及法律理论知识和法律实践的差距,进而从有效实践达到有效教学的目的。⑮

至于有效实践的具体路径,我们可以通过从三个方面进行切入。第一,我们需要破除实务部门及其工作人员对实习生的偏见。诸多法律实务部门的工作人员通常觉得法律实习生都是只懂理论、不懂实践,不愿意手把手教一名"法律小白"从事法律实务工作,或者不愿意将实习生参与到自己的核心工作领域中来。对此,我们需要加强法律院校与实务部门的沟通和合作,保障学生充足的实习实践和实习机会,能进参与到法律实践的实质工作中。第二,我们也要增加实务导师的配置,或者辅以双导师制度。⑯ 法学院的在编老师大多从事理论教学活动,没有接触一线的司法实务。仅仅依靠法学院的在编老师指导学生的实习或者实践训练,不能为学生的法律实践活动提供充分的实务指导。对此,在实践教学中,法学院应当聘任专门的实务导师进行指导,或者辅以双导师制,保障实践教学的效果。第三,对于法律硕士的培养,我们应当将法律实践放到与理论学习同等重要的位置,并且纳入相同严格程度的考核标准,反向倒逼学生实质有效地参与到法律实践活动当中来。⑰

---

⑮ 参见姚利民:《有效教学含义初探》,载《现代大学教育》2004 年第 5 期。

⑯ 参见李骏、姚文韵:《日本法科大学院教育改革得失及启示》,载《学位与研究生教育》2019 年第 2 期。

⑰ 参见谭梅英:《高校法律专业实践教学质量评价体系的构建》,载《高教论坛》2018 年第 7 期。

三、北大法律硕士(非法学)实践教学改革的具体方案

北京大学法学院始终将法律硕士(非法学)项目定位为培养高端的应用型复合型和涉外法律服务人才,形成了特点鲜明的培养风格和人才培养标准:将专业和素质教育最好地融合,理论研究与实践应用结合,基础知识与前沿问题兼顾,能力培养与职业品格并重,关注中国现实、适应社会需求的发展变化,同时具有全球化的视野。在"回头看"法律硕士(非法学)培养实效的过程中,经过大量的调研分析,各主要培养单位在法律硕士(非法学)培养过程中存在诸如课程设置不够科学、教学方式方法较单一、考核体系不健全等问题。对此,在以"有效教学"为核心的实践教学改革当中,北京大学法学院确立了以下具体举措:在全面梳理原有课程库和课程体系的基础上,着手推进课程整体改革,在夯实学生法学基础理论的前提下,加强实践教学改革力度、注重提高学生应用型能力。

(一)全新分类课堂教学

全新分类课堂教学旨在科学设置各类科目,使不同类别的课程之间具有较好的区分度。在此基础上,各法律硕士(非法学)方向制定了有针对性的教学计划,培养不同类型的法律人才。这一举措有利于教师明确课程的教学内容和方法,按照课程性质而不是学生类别来确定各门课程的学分、讲授重点和方式。在"有效教学"为核心的实践教学改革语境下,北大法学院全新分类课堂教学的做法便是将实践案例、司法实务融入传统课堂理论教学当中,通过课堂理论教学方式直接培养、锻炼学生的司法实务能力。

首先,完善案例研习系列课程。截至目前,北京大学法学院的案例研习系列课程已日臻成熟且得到进一步完善。基本上形成了以民法案例研习、刑法案例研习、刑事诉讼法案例研习、民事诉讼案例研习为核心和龙头的案例研习系列课程。其中,北大法学院的案例研习系列课程主

要具有以下特色:第一,加强模拟真实诉讼的对抗分组训练。传统授课课程习惯于从法官视角进行静态分析,案例研习课程为了引导学生更加深刻地体会诉讼过程,加强了对抗分组训练,积极引导学生从律师视角观察和剖析案件,使法学院的案例研习训练更加切合实战。第二,加强了法律资源的检索训练。传统授课课程更加侧重于思维训练和写作训练,这能使法学院学生的法律思维和知识储备得到提高,但是学生的法规检索能力和材料论证能力比较薄弱,大多依靠教授和助教给定的参考文献。第三,加强真实案例的分析训练。一般传统授课课程只会在特定的一节课中引入真实案例,让学生在学有所成的情况下感受解决真实案例的便捷。但是,对于法律硕士(非法学)而言,他们的培养方向属于实务方向,因而可以更多地增加真实案例,增加相应的操作技能和流程训练。

其次,增加实务讲座类课程。从实现应用型人才的培养目标考虑,应加强法律硕士(非法学)法律实务方面的训练,增强学生综合运用已学知识的能力、将法律知识应用于实际的能力以及对法律纠纷的解决思路形成框架性理解、掌握和提高的能力,方能为参加实务工作奠定基础。[18] 其中,北大法学院的实务类讲座类课程主要具有以下几点特点。第一,以培养研究生的实践能力和职业技巧为导向,兼顾理论提升,便于模拟实务操作。第二,鼓励"场景"教学或"浸入式"教学方式,注重理论与实践紧密结合,锻炼学生分析和解决实际问题的能力。第三,鼓励在案例事实的基础上进行适当的事实演化和思维拓展。

(二)丰富实践教学方式

传统的实践教学过于机械化、形式化、虚置化,不能满足以"有效教学"为核心的实践教学改革的应有内涵。因此,北大法学院尝试丰富实践教学改革方式,从而达到有效实践的目的,进而实现有效教学。

首先,增设法律诊所课程教学。法律诊所课程将专业学习与法律实务操作相结合,引入真实案件到课堂,由学生感受"真枪实弹"的氛围,

---

⑱ 参见黄晓霞、方印:《高校法学教育改革路径研究》,载《教育文化论坛》2017年第6期。

并使其能够在教师的指导下自主代理真实案件抑或从事其他法律实务工作。法律诊所课程在解决现实社会问题的基础上,进行法律思维和实务技能的训练,并注重培养其职业意识、职业理想和职业道德。⑲ 就目前而言,北京大学法学院法律诊所的改革举措包括以下几项:第一,设立力量强大的师资队伍。第二,建设多样的、专门的实践场所。第三,完善教学课程的安排,尊重实践教学规律,区分不同课程的方向、时长与学分。第四,丰富实践教学的内容与形式,组织实践交流活动。第五,不断总结教学经验,编写专业的实践教学材料,不断丰富、创新教学内容。

再次,鼓励模拟法庭演练。模拟法庭是法学教育中一种理论与实践相结合的教学方法,在法学教学活动中,在教师的指导下,学生通过扮演不同的角色完成真实或虚拟的案件,全方位参与诉讼程序,打破了传统的以教师讲解为主的教学方式,使攻读法律硕士的学生更关注现实司法程序,大大提升了其司法实践能力。⑳ 近年来,北大法学院为学生开设了"模拟法庭基础"和"模拟法庭实训"等系列课程,聘请外教和全职教授进行讲授和带队训练。"基础"课程主要是训练学生的法律检索能力、诉状写作技巧及辩论技巧,定期进行实训模拟;"实训"课程主要是辅导和训练各支模拟法庭队伍参加比赛,进一步提升学院的模拟法庭建设水平。

最后,开设国际商事争端解决的实务训练。如何选择恰当的国际仲裁机构,如何通过国际商事仲裁解决经济纠纷,如何处理国际仲裁与诉讼的衔接,已成为国际商事法律实务的当务之急。㉑ 为培养国际商事仲裁领域的顶尖法律人才,北京大学法学院开设了国际商事争端解决的实务课程,旨在系统、重点训练学生解决国际商事争端的能力与技巧。国

---

⑲ 参见郭明瑞、王福华:《创新法学教育推进依法治国——"现代法学教育论坛"综述》,载《法学论坛》2001年第5期。

⑳ 参见翁里、李洋:《法律硕士专业学位研究生培养机制改革初探》,载《现代企业教育》2013年第16期。

㉑ 参见高菲:《入世:中国国际商事仲裁向何处去?》,载《中国对外贸易》2002年8月;张磊:《海外投资的争端解决途径与中国应对》,载《探索与争鸣》2017年第8期。

际商事争端解决的实务课程由北京大学法学院和香港大律师公会联合开设，本课程邀请了业内资深的律师、仲裁员以及法律专家进行授课。国际商事仲裁、调解等作为解决国际商事争端的重要方式，已被越来越多的企业和高端法务人士关注并应用。

（三）科学设置考核检验机制

科学设置考核检验机制也是达到有效教学的一种重要方式。考核检验机制是核查法律硕士是否满足复合性、应用性法律人才要求的最后一道关卡，是法律硕士教育的终点，也是选拔高质量人才的关键，是培养高素质人才的基础和保障。要保障法律硕士人才质量，就必须完善革新其考核检验机制，科学设置各种教学考核指标。[22] 此前，法律硕士往往完成毕业论文即可结束其学习生涯，虽然一定程度上亦能检验其学习成果，却未能体现法律硕士实践类课程之意义。只要潜心钻研书本即可写出满足毕业要求的论文，那么模拟法庭等授课效果又该如何检验，又该如何验收案例研习等课程成果？通过调研和座谈，法学院还发现以往法律硕士的毕业实习往往流于形式，达不到实习单位和学生双赢的效果，基于此，考核检验机制亟待尝试如下革新。

首先，试水实习毕业报告。经过长时间的研究讨论，法学院决定在课程改革推进的基础上对实习和毕业论文做出重大改革——率先在某些法律硕士培养方向进行改革试点，取消传统意义上的毕业论文，代之以"毕业报告"的形式，将实习与毕业报告相衔接。实习报告要求学生在实习的基础上完成，运用基础理论知识结合实习资料，进行比较深入地分析、总结；学生在撰写的过程中反思其实习目的，介绍其岗位职责并对实习过程作层次分明、内容翔实的报告，有利于其反复琢磨、吸收本次实习经验，使学生打消浑水摸鱼之心思，严肃认真对待实习工作。

其次，辅以双导师制。实行双导师制，学生在实习单位指导老师和校内导师的共同指导下，本人独立完成毕业报告的撰写。学生应积极联

---

[22] 参见王利明：《我国法律专业学位研究生教育的发展与改革》，载《中国大学教学》2015 年第 1 期。

系自己的两位导师,按照规范要求认真完成实习报告的撰写。在双导师制度的配合下,学生能够与校内校外导师保持紧密联系。校外导师具有丰富的职业经验、强大的表达能力以及创新的实践思维,在指导学生完成实习报告的过程中,可让其搭建起具有现实意义的毕业报告雏形;而校内导师具有扎实的理论功底、缜密的逻辑思维以及细腻的细节处理能力,能够帮助学生厘清体系漏洞、完善实习报告,使报告兼具实践与理论意义。且在报告撰写过程中,学生与各实践领域的专家建立了良师益友关系,将来还可以为学生提供就业的机会与信息,充分将实践领域的资源引入法律硕士培养的体系中。㉓

四、北大法律硕士(非法学)实践教学改革的推广价值

作为一系列具有创新性、前瞻性、实践性的改革举措,北大法律硕士(非法学)实践教学改革不但能够造福于北大师生,而且富于推广价值,具有惠及其他法学院校的必要性、可行性以及可复制性。

(一)实践教学改革推广的必要性

就推广必要性而言,北大法律硕士(非法学)实践教学改革,既是统筹推进"双一流"建设背景下,提升人才培养质量的重要举措;亦为深化法律专业学位研究生教育综合改革的应有之义。具体而言,一方面,"双一流"学科建设的有序推进与长足发展,需要全国所有法学院校共同努力,勇于革新,积极探索,从而提升我国法学学科建设的整体水平与综合实力。而提升法学学科建设水平与实力的关键之处,在于抓好高质量法律人才的教育与培养,着力提升法律专业研究生的创新能力与实践能力,发挥好研究生教育在"双一流"学科建设中的支撑与引领作用。㉔ 法

㉓ 参见林敏喜、于世忠、金亮新:《以需求为导向的应用型卓越法律人协同培养机制探析与实践》,载《辽宁大学学报》(哲学社会科学版)2018 年第 4 期。

㉔ 参见《学位与研究生教育"十三五"规划》,载中华人民共和国教育部网:https://yz.chsi.com.cn/kyzx/kydt/201701/20170122/1580023975.html,最后访问日期:2019 年 5 月 6 日。

律硕士（非法学），作为法学专业研究生培养中的重要组成部分，其教育质量的提升对于我国高端法律人才队伍的构筑与发展壮大具有重要意义。因此，各培养单位均应当在法律硕士（非法学）的教育培养中有所思考，有所行动，努力探索实践教学改革的新方法、新途径。另一方面，前文述及，我国研究生专业学位设置二十余年来，在取得迅速发展的同时，也产生诸多问题，如培养模式单一、培养思维滞后、培养机制不健全等。因此，专业学位研究生教育改革成为各培养单位、主管部门，乃至社会各界普遍关注的议题。[25] 针对法律专业研究生学位教育，其改革重点应在于回归与坚持其学位设置之“职业性”初衷，在人才培养的过程中，坚持以提升实践能力为导向，服务于学生对知识与能力并重的渴求，服务于社会对高层次应用型人才的需求。是故，在“双一流”学科建设的宏大背景，以及专业学位研究生教育改革的切实引领下，全国所有招收法律专业学位研究生的相关院校亦需以实践教学改革为突破点，积累、借鉴有益经验，研究、完善学位改革的具体内容与举措，坚持有所革新，有所作为。

（二）实践教学改革推广的可行性

就推广可行性而言，北大法律硕士（非法学）实践教学改革不但是经过实践验证的成功经验，富于现实意义，而且改革聚焦于教学领域，对经费划拨等物质资源的依赖性相对较小，可操作性强。除此之外，作为中国法学教育的引领者与推动者，北大法学院也一直致力于优质教育资源的共享与传播，积极推动全国法学院校之间的经验交流与切磋，为实践教学改革的有序推广奠定了现实基础。

详言之，其一，北大法学院以“有效教学”为核心的实践教学改革经过多年的探索、实践和总结，已经取得了预期成果，其现实效果得到了检验。据最新公布的 QS 世界大学法学专业榜单显示，北大法学院以总成绩80.5分（包括学术声誉、单位教职的论文引用数、雇主评价、指数引用四项指标）连续 5 年稳居大陆地区第一名。其中，全球雇主评价指数一

---

[25] 参见郑晋湘、王莉：《关于专业学位研究生教育改革的若干思考》，载《学位与研究生教育》2012 年第 4 期。

项,更是以87.5分位列全球法学专业第九名,展示出法律人才培养的强劲优势。㉖ 而在北大法学院的优秀毕业生中,不乏大量法律硕士(非法学)专业学位校友的身影,得益于重实践、强理论、全方位、全过程的长效育人机制,法律硕士(非法学)毕业生在实务工作中将跨学科学术背景转化为多元的知识结构、开阔的思维视域、复合的实践技能,形成强劲竞争力,在法律界日益发挥出重要的影响与作用。此外,就内部反馈而言,据我院2012年、2015年先后两次内部问卷调查结果显示,在校学生对我院近年来陆续推出的教学改革措施满意度颇高,认为"案例研习课、实务类课程、法律写作及英文类等系列课程的开设非常有必要,自己从中受益匪浅"。由是观之,北大法学院教学实践改革的理念导向及具体举措,已经在社会实践中证明其价值,在受教学生中赢得广泛认可,具有推而广之的理论可行性及现实意义。

其二,教学实践改革,主要着力点在于教学方法的革新与完善,其不同于科研成果的厚积薄发,也与经费划拨、物质资源的统筹聚合没有必然关系,而是主要依赖教学、教务工作者的悉心观察、耐心摸索与精心策划。所以,在一定条件下,全国所有相关院校均具备施行教学实践改革的实际基础,一方面,毋庸讳言,就院校自身而言,其能够获得设置法律专业学位研究生的招生资格,本身即证明该单位具有相应的师资水平与培养能力,而教学实践改革的关键,在于破除固有思维,革新教育理念,探索研究人才培养模式的新内涵与发力点。因此,在改革过程中,培养单位对教学事业的责任感,对教育事业的使命感将起到关键作用。另一方面,教学实践改革中所需要的学生学习及实习的新途径、新场合,也无需完全依赖校园资源,而应更多地借助社会资源,增强与所在地域的政府部门、公检法司、律师事务所等实务机构的深度合作,形成有机的供需互动机制,在为实务部门输送源源不断的专业人才的同时,亦能够满足学校的实践教学需求,构筑多层次实践平台,更可增进学生的社会认可

㉖ 参见《2019QS世界大学法学专业榜单出炉北大法学院连续五年稳居大陆地区第一名》,载北京大学法学院网:http://www.law.pku.edu.cn/xwzx/xwdt/90903.htm,最后访问日期:2019年5月6日。

度,增加其潜在就业机会。[27] 据此而言,北大法律硕士(非法学)教学实践改革的体制机制与培养途径,具有推广的结构性基础、现实可行性及动力源泉。

其三,北大法学院也一直致力于将教学实践改革中的经验心得和实践反馈同各大高校进行分享与交流。我们认为,无论是我国法学学科的建设,高端法治人才的培养,抑或研究生实践教学改革的推进,均需要相关高校广泛合作、勠力同心、凝集智慧、寻求共识。因此,我们推动并号召院校之间重新审视合作与竞争的关系,力争在资源共享与经验交流层面,打通关节,互联互鉴。截至目前,北京大学法学院已经连续成功举办五届"法学教育高端论坛",并通过举办讲座、公开课等多种形式,积极传播优质教育资源及相关经验,为实践教学改革的推广提供了智识支撑。

(三)教学实践改革的可复制性

实践教学改革的具体举措具有可复制性。所谓可复制性,并非是千篇一律、千人一面的机械复制,而是指在教学改革的过程中,相关院校可以依据自身实际需求,以北大法学院的教改经验为参考、对比,结合自身定位与优势资源,有机复制,灵活借鉴,差异发展,共同繁荣法学教育事业。当前,全国法律院校均已意识到教学实践改革的重要性和必要性,均已开始着手或者已然从事相应的改革,具有改革的内生动力。因此,本文所介绍的理念、经验与举措,并非自上而下、"高屋建瓴"的指导,而是在各院校已经具备改革意识之情景下真诚地提供心路与经验。但是,必须指出的是,教书育人,使命艰巨,需要因材施教,因地制宜,因势利导,百花竞放,所以并不存在也不应存在放之四海而皆准的改革方案与培养模式。因而,各相关院校在探索教学改革的路途上,应秉承"各美其美,美人之美"之理念,结合自身的历史传统、区位优势、人才培养定位等诸多因素,制定出符合学生期待的、满足区域人才市场需求的,个性化、特色化、差异化改革方案,避免低端同质化现象。同时,在举国法治人才

---

[27] 参见郑晋湘、王莉:《关于专业学位研究生教育改革的思考》,载《学位与研究生教育》2012 年第 4 期。

的培养与发展上,秉承“美美与共”之理念,共同探索、实现教学改革的纵深发展与法学学科建设的厚重积淀,为学生实现出彩的法治人生搭建多层次、多元化的扎实舞台。

未来,北大法学院将持续深化法律硕士(非法学)的实践教学改革,在稳步推进案例研习课的同时,法学院将不断发掘实务课题资源,开设实务研究性课程,以实现提升学生综合运用法学知识分析实际问题的能力,力争实现让专业学位硕士成为名副其实的高层次实践应用型人才的最终目标。

The Research on Reform of Practical Teaching for Postgraduates Majoring in Law

—Taking the Master of Laws of Peking University as the Example

Xu Xiaoying

Abstract: The traditional cultivation mode of the Master of Laws has a series of problems, such as, the homogenization in the education process, the lack of characteristics of the teaching staff, the conservative teaching mode, the difficulty of occupational access, and the long-term training cycle. These phenomena have combined to form the practical dilemma of the model of Master of Laws in China. Peking University Law School begins to explore the practice teaching reform of the Master of Laws, and established the practical teaching reform measures with "effective teaching" as the core, including the new categorized classroom teaching, rich practical teaching methods, and innovative examination and testing mechanisms. As the forerunner of China's legal education reform, the practice teaching reform of Peking University Law School has achieved initial results, with promotion foundation, promotion value and reproducibility, and can provide a meaningful reference for domestic law schools.

Key Words: Master of Laws, Effective Teaching, Practical Teaching

粤港澳大湾区背景下广东法学教育面临的挑战与对策*

——基于对基本法及港澳法教育重大需求下的探讨

邹平学** 冯泽华***

摘　要:广东作为粤港澳大湾区建设的重要参与者,有必要改革创新法学教育,以符合国家战略要求和与时俱进的教育模式,为大湾区建设输送优秀的法律人才。目前,广东整体的法学教育面临巨大挑战,如同质性法学教育模式消解广东特色、从事基本法及港澳法教学与研究的师资队伍缺口大以及传统跨境法律人才培养模式不接地气等,不能适应大湾区对基本法及港澳法教育的重大需求。因此,广东高校可通过创新差异化法学教育模式彰显广东特色、扩充基本法及港澳法教学与研究的师资队伍以及鼓励法科学生到港澳实地调研等路径完善广东跨境法律人才培养模式,从而在大湾区平台上提升广

---

* 基金项目:本文系2014年国家社科基金重大项目"港澳基本法实施的相关机制研究"(项目编号:14ZDC031)的阶段性成果。

** 邹平学,深圳大学港澳基本法研究中心主任、法学院教授,博士生导师,研究方向:宪法学、港澳基本法学。

*** 冯泽华,中国社会科学院大学(研究生院)博士研究生,研究方向:台港澳法、马克思主义法学原理。

东法学实力与影响力。

关键词：粤港澳大湾区　广东法学教育　跨境法律人才　基本法　港澳法

粤港澳大湾区(以下简称大湾区)建设业已成为助推港澳融入国家发展大局、全面推进内地同港澳互利合作的国家战略。百年大计,教育为本,①而法律是治国之重器,良法是善治之前提。② 这意味着法学教育的成败在一定程度上决定着大湾区建设实效的大小。基于"一国两制"的安排,大湾区呈现"三法域三法系"的法治格局,即广东实行社会主义法系,香港实行普通法系,澳门实行大陆法系。粤港澳三地形成不同的法域和关税区,没有共同的最高司法机关。随着中国区域经济发展格局的不断形成和自我发展,区域经济必然带来对区域法治人才的需求。广东作为大湾区建设的前沿阵地、重要参与者,有必要加强法学教育创新,以符合国家战略要求和与时俱进的教育模式,为大湾区建设输送优秀的跨境法律人才。鉴于此,本文从广东法学教育在助推大湾区建设中的特色定位出发,诠释其在大湾区对基本法及港澳法教育的重大需求上面临的巨大挑战,最后根据大湾区建设的实际情况设计若干应对策略,以期为提升广东法学实力与影响力提供有益思路。

一、广东法学教育在助推大湾区建设中的特色定位

改革开放以来,广东的经济总量一直雄踞全国各省、自治区和直辖

---

① 参见习近平:《习近平向全国广大教师致慰问信》,载《人民日报》2013 年 9 月 10 日,第 1 版。

② 参见《中共中央关于全面推进依法治国若干重大问题的决定》,载《人民日报》2014 年 10 月 29 日,第 1 版。

市之首。但尴尬的是,“五院四系”③无一在广东,2017 年才出现一名广东本土培养的法学领域“长江学者”特聘教授,这在某种程度上折射出传统法学学科④并非广东法学教育的强项。囿于法学教育资源长期不足,在短时间内,广东难以强力扶持传统法学学科。从广东近年来法学学科建设的实际情况来看,多数前瞻性强的高校是通过倾斜性的扶持政策聘请国内著名法学家到校任教,希冀通过这些法学家在学界强大的号召力与资源配置能力在短时间内增强本校法学学科的综合实力。这种现象在 2017 年申请一级法学博士授予权的过程中表现得非常明显。不可否认,这一现象无可厚非,与当前广东推行高水平大学建设计划以及面对国内双一流高校建设的竞争压力有关,亦折射出广东法学教育开始得到重视的良性趋势。无论是广东抑或其他省市的多数高校采取聘请著名法学家的方式确实在申请博士点、教育部法学学科评估等方面起到一定的推动作用。然而,强者恒强,传统法学院系之所以强,并不在于高度依赖某一法学家,⑤而在于它们走出了一条有特色的、良性循环的道路,并且有一支非常出色的、学科门类齐全和均衡发展的师资队伍。另外,著名法学院系具有一个共通点,即法学生生源好,这些优秀的生源与优秀的师资教学相长,奠定了所在院系的学科建设与人才培养的良好基础。

回顾广东法学教育的嬗变史可知,广东省如果遵循传统法学学科的发展道路是无法弯道超车的,因为名牌法学院是需要历史积淀的。广东是经济大省,长期以来,教育发展与经济地位不相匹配,以高考重本率为例,广东高考重本率长期远低于全国平均水平。在 2009 年前后,广东为扭转这一局面,特意将一些二本高校的重点学科纳入一本招生后,广东

---

③ “五院”是指北京政法学院(现中国政法大学)、西南政法学院(现西南政法大学)、中南政法学院(现中南财经政法大学)、西北政法学院(现西北政法大学)、华东政法学院(现华东政法大学);“四系”是指北京大学、中国人民大学、吉林大学、武汉大学这四所高校的法律系。

④ 本文所言的“传统法学学科”特指法学理论、法制史、宪法学与行政法学、民商法学、刑法学等法学二级学科目录上载明的学科。

⑤ 过于依赖某一个或某几个法学家难以可持续地支撑一个学院的法学学科发展,这在撤销博士点或者停止一些院系继续招收博士生的事例中得到验证。

高考重本率才有所提升,但仍低于全国平均水平。2014 年开始,广州医科大学、广州工业大学、广州大学相继成为一本高校后,广东高考重本率才勉强接近全国平均水平,但远低于北京、上海、天津、江苏、福建等省市。在这一演进的过程中,广东法学教育所需的后备人才亦逐渐得到满足。广东许多优秀高中生“勉强”不像以往那样,因广东能够提供一本学位少而被迫远赴他省求学。综上所述,当广东法学教育所需的后备人才逐渐得到满足,在此种情况下聘请众多法学家前来任教,从长远发展而言,是有利处的,但法学学科建设尚需耗费大量的人力、物力与财力,绝非一个法学家即能支撑整个学科建设。实践中,往往过度依赖某一法学家的高校来发展法学教育难以可持续,容易出现一个人的出走即导致一个学科的沉没现象。因此,广东高校除了以优厚的待遇吸引著名法学家加盟外,更应该抓住大湾区建设这一背景,走内涵式发展道路,因地制宜创新法学教育模式,科学厘清广东法学教育的特色定位,全面提升广东的法学水平与影响力。

那么,广东法学教育的特色定位为何？这就需要详细诠释广东的法学教育与经济发展的关系。不可否认,广东今日的经济地位与其高度开放的经济有关。改革开放造就广东的“经济神话”。作为支撑广东经济飞得更高的重要平台——大湾区是国内对外开放程度最高、市场经济发展水平最高、金融最发达、贸易最自由的地区。易言之,与国内其他兄弟省市相比,广东作为国内重要的经济引擎,最引以为傲的是它的高度开放,即涉外性强。按照国家的战略性部署,广东不但是大湾区建设的中坚力量,而且是“一带一路”的重要参与者。习总书记在 2018 年“两会”期间还强调“希望广东做到‘四个走在全国前列’”。⑥ 然而,站在新时代的发展形势下,江苏、上海、浙江乃至福建的涉外经济发展程度不断增强,能与广东“一决雌雄”。广东的涉外经济发展必然需要准确定位“与众不同”的增长点。从纵深层面来看,广东能成为经济大省,与其毗邻港澳有着直接关系。而港澳最为鲜明的特点是“一国两制”。二十多年来

⑥ 《习近平李克强栗战书汪洋王沪宁赵乐际韩正分别参加全国人大会议一些代表团审议》,载《人民日报》2018 年 3 月 8 日,第 1 版。

港澳繁荣稳定与港澳基本法得到严格遵守有关。广东毗邻港澳的优势在于更为便捷地学习借鉴以港澳基本法为核心的港澳法治成就,⑦并以此推动广东的法治建设。鉴于此,广东应充分利用港澳法律资源,尤其是判例法地区、葡语国家等潜在的法学教育资源不断完善自己的跨境法律人才培养模式,增强广东跨境法律人才的法律软实力,服务粤港澳大湾区建设及“一带一路”倡议,助推中国掌握国际法规制定的话语权。

诚然,广东法学教育的发展不但受到大湾区一体化发展的影响,而且受到全球化、国家法制统一与地方法治特殊性之间互动关系的多维影响。但当前对广东而言,最为紧迫的问题是如何在新时代下成功地建设大湾区,推动大湾区成为内地与港澳深度合作示范区。2019年2月,中共中央、国务院还首次印发中央级别的粤港澳合作规划纲要——《粤港澳大湾区发展规划纲要》,足以折射出中央期待广东在大湾区建设发挥出色的作用。而粤港澳区际间的法律冲突问题严重制约大湾区的深度建设,广东传统的法律人才培养模式又无法适应以“一国两制三法域”为核心特征的大湾区的重大建设需求,亟须广东法学教育资源往港澳法方向整合与分配。鉴于此,广东要秉承“人无我有、人有我优”的发展思维,法学教育模式的特色定位应是培养服务大湾区建设乃至“一带一路”倡议的跨境法律人才,即培养既能接轨港澳及“一带一路”沿线国家,又能服务广东,链接内地的法律人才。总体而言,广东以大湾区建设为背景的跨境法律人才培养模式主要有三大方向:一是基本法与国际法;二是粤港澳知识产权与科技法;三是基本法与粤港澳区域法治。⑧

---

⑦ 由于“港澳法”作为一个概念所容纳的意蕴较多,可包括“港澳基本法”在内的与港澳法律制度有关的法律事项,故本文没有特别说明的情况下,港澳法的概念大于港澳基本法,但为了突出基本法在港澳法的核心地位,故文章的表述将采用“基本法及港澳法”的方式笼统表述港澳法律。

⑧ 关于特色方向的定位,此处仅作初步设想,下文将详细展开,参见第三章及表6的相关内容。

二、广东法学教育模式难以适应大湾区对基本法及港澳法教育的重大需求

诚然,全球化、国家法制统一化等因素均对大湾区建设造成一定的影响,大湾区建设对广东法学教育的挑战所表现出来的问题将呈多元化发展。然而,对大湾区建设而言,基本法及港澳法教育是法学教育的基石,《粤港澳大湾区发展规划纲要》亦多次强调“严格依照宪法和基本法办事”。若基石在尚不牢固的情况下,过度强调广东法学教育的国际化、内地教育模式的趋同化,犹如人“未学会走就想跑”的心理,终将大湾区建设的法律人才培养需求建筑于流沙之上。港澳社会经济发展的一些深层次矛盾亦要求传统的教学模式重视基本法教育以适应国家管治港澳大局的需求。⑨ 就法学教育的比较优势而言,基本法及港澳法教育本应是广东法学教育的特色方向,广东跨境法律人才培养模式应倾向于此。然而,事与愿违。就当前广东各法学院系的整体情况而言,广东法学教育模式难以适应大湾区建设对基本法及港澳法教育的重大需求,主要表现为以下六个方面。

(一)同质性法学教育模式消解广东特色

自改革开放以后,中国法学教育蓬勃发展,民商法等传统法学学科在广东陆续生根发芽。改革开放四十年来,多数传统法学学科已经在广东高等教育领域站稳脚跟,有力地促进了法治广东的建设。然而,站在全国法学教育的比较优势角度而言,广东法学教育尚未显现后发优势。在全国法学教育发展水平不平衡、资源配置不均衡的现状难以打破的情况下,广东一方面要大力推动传统法学学科,另一方面则要发掘自身优势,发展特色法学学科。长期以来,广东法学在全国的影响力与其经济影响力尚未形成一种正相关关系。但广东多数高校尚未对此引起足够

⑨ 参见邹平学、刘海林:《突破与创新:基于〈香港基本法〉MOOC 的教学实践》,载《法学教育研究》2018 年第 2 期。

的重视,依然只注重发展同质性法学教育模式,致使广东法律人才难以彰显广东特色与优势,更难以让更多的广东法学学子获得中国法学界的青睐。⑩

应当看到,除传统十六门核心课程(包含国际法、国际私法、国际经济法)作为全国法学院系必修课程外,广东要发展的是除此以外的特色课程。据统计,截至 2019 年 3 月,全国共有 611 所高校开设法学专业,其中,广东开设法学专业的高校共有 35 所(见表 1)。⑪ 综观全省绝大多数高校的法学课程设计方案,合同法、证据法、婚姻家庭继承法、侵权责任法、法律英语、区域法治等课程为绝大多数高校所设置,而以基本法及港澳法课程为核心要素的跨境法律人才培养的高校相对较少(见表 2)⑫。

表 1　广东省开设法学专业的高校概况

高校	所在城市	高校	所在城市	高校	所在城市
中山大学	广州	汕头大学	汕头	东莞理工学院	东莞
暨南大学	广州	南方医科大学	广州	广东石油化工学院	茂名
华南理工大学	广州	广州医科大学	广州	佛山科学技术学院	佛山
深圳大学	深圳	广东警官学院	广州	东莞理工学院城市学院	东莞

⑩ 与此相反的是,福建法学界一直致力于台湾法研究工作,并取得丰硕成果,受到国内外学界的高度认可。

⑪ 数据来源于学信网中的院校库(https://gaokao. chsi. com. cn/sch/search—ss-on, option-qg, searchType-1, start-0. dhtml),本文指称的法学专业,特指法学(法律)本科及以上的专业,不包含挂靠法学学位但并非法律专业的专业或者专科院校中的法律文秘等涉法专业。

⑫ 绝大多数高校以 WTO、国际商法、法律英语等课程为核心要素建构跨境法律人才培养模式,对大湾区建设虽有一定的促进作用,但不能直接满足大湾区对基本法及基本法教育的需要,偏离了广东的特色与优势。对国内多数高校而言,国际法亦并非广东强项,在全国而言,广东的国际法学科并不占有优势,甚至尚未出现该学科享誉全国的高校,而湖北、北京、福建、上海等省市均存在国际法教育资源充足、享誉全国的高校。

续表

高校	所在城市	高校	所在城市	高校	所在城市
广东外语外贸大学	广州	广东金融学院	广州	中山大学新华学院	东莞（法学系在东莞校区）
广州大学	广州	广东技术师范学院	广州	广州商学院	广州
广东财经大学	广州	五邑大学	广州	北京理工大学珠海学院	珠海
华南师范大学	广州	岭南师范学院	湛江	广东培正学院	广州
华南农业大学	广州	嘉应学院	梅州	北京师范大学珠海分校	珠海
广东工业大学	广州	肇庆学院	肇庆	广州大学松田学院	广州
广东海洋大学	湛江	惠州学院	惠州	电子科技大学中山学院	中山
韩山师范学院	潮州	韶关学院	韶关		

表 2　广东高校基本法及港澳法课程设置概况⑬

高校	本科层次	硕士研究生层次	博士研究生层次
中山大学	港澳基本法	港澳基本法	港澳基本法
华南理工大学	香港基本法	香港基本法的理论与实践	
暨南大学	港澳台法律制度、港澳基本法、香港法概论、澳门法概论	港澳基本法	

⑬　本表情况来源于广东一些高校法学院系官方网站所公示的培养方案以及部分高校的在校法学学子的答复。

续表

高校	本科层次	硕士研究生层次	博士研究生层次
深圳大学	香港基本法、香港法概论	港澳基本法	马克思主义法学理论与“一国两制”研究前沿问题研究、中国特色社会主义公法(宪法行政法基本法)重大理论与实践问题研究
广东外语外贸大学		区域法治与港澳基本法	
广州大学	港澳基本法		
广东财经大学	港澳基本法、内地与港澳区际冲突法实务	港澳基本法	
汕头大学	香港法律与政府制度		

综上可知,基本法及港澳法的教学和研究作为广东特色,尚未在本省高校得到足够的重视。基本法的教学置于宪法二级学科之内的某个教学内容来展开,在本科层次开展专门的基本法教学不多,有条件的高校在硕士研究生层次设置基本法研究方向,至于基本法作为独立的博士生招生专业(方向)亦是新近之事。中山大学审时度势,根据内地与港澳即将高度融合发展的时代需要,先后推动立法学、港澳基本法等特色学科的发展,在法学一级学科博士点中独立设置这两个学科的二级学科招生计划。⑭ 其中,港澳基本法是国内首次被视作目录外二级学科,这一举措将有力保障熟悉“一国两制”和基本法的高端跨境法律人才的培养实效,对以基本法作为核心要素的“一国两制法学”(或者基本法与港

⑭ 笔者曾作为评审组组长参加了中山大学法学院和粤港澳发展研究院联合申报“港澳基本法”的法学一级博士点目录外二级学科设置,据悉这是全国高校迄今为止唯一的一个基本法博士学位二级学科。

澳台区域法)尽快成为法学二级学科具有助推作用。⑮ 中山大学、暨南大学是广东较早从事港澳法教学和研究工作的高校,在长期的实践中积累了大量的跨境法律人才培养经验。比如,暨南大学探索出具有全球视野的“中国法+港澳法+国(区)际法与外国法”的“三三制”课程体系,取得了良好的教学与法律人才培养效果。⑯ 这一模式值得广东其他高校学习。

(二)基本法及港澳法教育资源与传统学科教育资源形成内在张力

除深圳大学、中山大学、广东财经大学拥有一支为数不多的专门从事基本法及港澳法教学与研究的师资队伍外(见表3),广东绝大多数高校这方面的师资队伍缺口大。大部分广东高校人才招聘并不重视基本法及港澳法学术背景的人才,还是围绕传统法学学科进行人才招聘工作。造成这样的原因主要有以下几个方面:

第一,在整个法学学科的地位而言,无论是基本法抑或港澳法,均不是法学的二级学科,不是法学的专业门类。其他内地省市并非如广东那样毗邻港澳,对基本法和港澳法的法学教育与人才培养需求自然低得多,使基本法及港澳法还是一个十分小众的研究方向。

第二,近年来,立法学的蓬勃发展在一定程度上分散了基本法及港澳法研究的力量。2013年以来,广东省人大常委会分两批在中山大学、

---

⑮ 设置独立的“一国两制法学”学科具有许多理由:第一,有助于吸引更多的教师研究“一国两制法学”,培养更多的学生研习“一国两制法学”从事港澳事务,对解决港澳法律问题颇有裨益。第二,设置“一国两制法学”作为法学二级学科,既是深化港澳基本法研究的需要,亦是基于对台湾问题的考量。当前,港澳基本法研究多限于对基本法的研究,研究范围较为狭隘无法满足内地与港澳在各个领域的往来需求,“一国两制法学”的外延远大于“港澳基本法”,延伸性和包容性更高。第三,当下研究两岸统一的法学方向一般被称为“海峡两岸关系法学”。港澳基本法与海峡两岸关系法学在研究方法、研究对象、研究基础、研究价值等核心因素上极为一致,均以特殊的政治立场、特殊的历史背景作为法理阐释的依托,两者均为中国特色法学学科的重要组成部分。总之,港澳基本法学与海峡两岸关系法学的重合交叉之处即“一国两制法学”,研习“一国两制”法学有益于推动海峡两岸关系法学的兴盛,最终有助于推动海峡两岸的和平统一。有学者也同样表达了“一国两制法学”这一学科概念的科学性,参见陈友清:《论“一国两制”法学及其形成和发展》,载《中国法学》2006年第2期。

⑯ 朱义坤等:《CEPA条件下跨境法律人才培养模式的创新与实践》,载《法学教育研究》2015年第1期。

华南理工大学、暨南大学等9所高校设立广东省地方立法研究评估与咨询服务基地。2014年,由中山大学牵头,成立广东省地方立法研究高校联盟,联盟由成立初期仅有9所高校成员,发展至今已有22所高校成员。《立法法》自2015年修改后,广东许多设区的市获得了地方立法权,纷纷委托广东各高校研究立法起草课题。据调查,设有广东省地方立法研究评估与咨询服务基地的高校,其从事立法起草工作的法学教师年均普遍接受5项以上的立法起草课题。面对庞大的立法需求,广东高校随之重视立法学研究背景的人才,中山大学为此在法学一级博士点目录外二级学科设立"立法学"招生方向。2016年,广东省人大常委会还与中山大学共建博士后工作站,并成立"广东省立法研究所""广东省立法研究所博士后创新实践基地"与创办《地方立法研究》期刊。事实上,立法学与港澳法研究从本质上并不冲突,但从传统学科配置来看,从事基本法及港澳法研究的主要是法学理论、宪法学与行政法学、国际法学专业背景的学者,而当前的立法学研究力量亦主要从前述专业背景的学者汇聚而生。立法学人才大量服务于广东发展需要,这就在一定程度上分散了基本法及港澳法的研究力量。总体而言,立法学尤其是广东法学界日益热衷的地方立法学在于协调国家法制统一与地方法治的特殊性之间的互动关系,广东法学教育必然在运作上受到该互动关系的持续影响。如何在大湾区建设背景下贯通立法学与基本法及港澳法间的教育资源是广东法学教育创新的重要命题。

第三,基本法及港澳法核心论文发表难、课题申请亦然。广东拥有的21个C刊来源刊中,⑰只有《广东社会科学》有专门的港澳研究栏目,且这些栏目主要刊发的是港澳经济、港澳历史与文化相关的题材,而基本法及港澳法方向的论文寥寥无几。除此以外,其他C刊来源刊绝非不刊发基本法和港澳法论文,但相对于其他部门法而言,这方面论文屈指可数。⑱ 基本法及港澳法核心论文发表难的现象在全国C刊中属普遍

⑰ 此外,CSSCI集刊中的《当代港澳研究》亦刊发为数不多的港澳法论文。

⑱ 以《华南师范大学学报》(社会科学版)2017年刊发的153篇论文为例,涉及港澳问题研究的文章仅有8篇,且无一篇为港澳法论文。

现象,但基本法及港澳法作为广东法学特色之一,广东自身的C刊如此对待基本法及港澳法论文令人捉摸不透,一个可能的解释在于这类论文政治性强、比较敏感,同时由于研究队伍不大,论文被引用率不高,很多刊物不愿意发表这类论文。据此,众多高校法学教师也不轻易从事基本法及港澳法研究工作,避免投入与回报不成正比。

第四,培养基本法及港澳法方向的博士生的高校少。除了港澳5所高校港澳法方向的博士生外,极少数高校招收基本法及港澳法方向的博士生。绝大多数高校招收法学教师时往往要求求职者要有博士学位,且具有一定数量的权威性论文。基本法及港澳法博士生发表C刊或者北大核心期刊论文毕业后求职的过程中,相比于其他专业的博士而言处于劣势。若一些高校没有专门招聘基本法及港澳法方向的名额,他们的劣势更加明显。

表3　广东省内基本法及港澳法研究的科研机构

高校	一级机构	二级机构
中山大学	粤港澳发展研究院	港澳基本法研究中心
华南理工大学		港澳基本法研究中心
暨南大学		港澳基本法研究中心
深圳大学	港澳基本法研究中心	粤港澳大湾区青年发展法律研究所
广东外语外贸大学	粤港澳大湾区研究院	
广州大学		澳门法制研究中心
广东财经大学	法治与经济发展研究所	粤港澳大湾区法律研究中心

(三)法学硕士点少且分布不均衡,法学博士点寥若晨星

从跨境法律实务所需的法律人才要求来看,一般的法学本科生难以满足巨大的市场需求,故广东高校需要立足于法学研究生,不断提高跨境法律人才的学历。然而,广东高校培养法学研究生的实际情况注定这并非易事。首先,广东省内拥有法学一级学科硕士点的高校仅有8所,绝大多数集中于广州,拥有法律硕士点仅有11所,通过挂靠其他专业形式招收法学研究生共有3所(见表4)。其次,法学博士研究生培养高校

凤毛麟角。2017 年至 2018 年两年间,广东仅剩下中山大学招法学博士生。2017 年 9 月起,深圳大学依托中国社会科学院马克思主义学院的"马克思主义理论骨干人才计划"招收联合培养的法学理论专业博士生,⑲至今已有两届博士生且多数为省外在职学生。2018 年 8 月起,深圳大学与澳门大学联合培养法学博士生,这标志着大湾区背景下法学教育资源的跨境流动正式成为现实。自 2019 年起,暨南大学正式招收法学博士生,但尚未有招收基本法及港澳法方向的计划。

总体而言(见表 5),无论是硕士点,抑或博士点等重要指标,大湾区内的广东区域的数量远低于沪杭甬、京津唐等国内经济发达的地区,这对广东法学高端跨境法律人才培养是一种先天的不足,亟须扭转。

表 4　广东省内法学研究生招生概况⑳

高校	法学(法律)硕士生招生情况	法学(方向)博士生招生情况
中山大学	法学硕士、法律硕士	法学一级学科博士点
暨南大学	法学硕士、法律硕士	法学一级学科博士点
华南理工大学	法学硕士、法律硕士	挂靠马克思主义学院马克思主义中国化研究专业、工商管理学院技术经济及管理专业招生
深圳大学	法学硕士、法律硕士	与中国社会科学院大学(研究生院)、澳门大学、武汉大学联合培养
华南师范大学	法学硕士、法律硕士	挂靠公共管理学院教育经济与管理专业、马克思主义学院思想政治教育专业等专业招生

⑲ 该招生计划的依托单位现改为中国社会科学院大学(研究生院)。

⑳ 本表情况来源于广东各大高校研究生院近年来博士或者硕士研究生的招生简章及其目录。

续表

高校	法学(法律)硕士生招生情况	法学(方向)博士生招生情况
广东外语外贸大学	法学硕士、法律硕士	挂靠广东国际战略研究院文学专业招生㉑、与中南财经政法大学联合培养
广州大学	法学硕士、法律硕士	
广东财经大学	法学硕士、法律硕士	
汕头大学	法律硕士	
华南农业大学	法律硕士	
广东海洋大学	法律硕士	
广东工业大学	挂靠行政管理、社会工作专业招收硕士(行政管理法治、社会管理法治方向)	
南方医科大学	挂靠公共卫生政策与管理、马克思主义中国化专业招生硕士(卫生法学、卫生监督方向)	
广州医科大学	挂靠管理科学与工程专业招收硕士(卫生法学方向)	

表5　国内湾区㉒拥有一级法学硕博士点及"高水平"大学数量概况㉓

湾区名称	硕士点	博士点	双一流大学建设高校	"211"、"985"高校	教育部第四轮法学学科评估C－及以上
粤港澳大湾区的广东区域	8	2	2	4	8
沪杭甬大湾区	24	7	5	13	15
环渤海大湾区	45	12	12	31	21

㉑　2019年以前,该专业招生的专业名称为"欧洲学"(研究方向为欧洲法律研究),自2019年起,该专业名称改为"国别和区域研究"(含政治与外交研究、法律研究、经济研究三个具体的方向)。

㉒　除粤港澳大湾区作为国际性湾区纳入国家战略外,表中提及的两大湾区是近年来所在区域的地方政府准备筹划的一个概念。为更好地反映大湾区法学教育资源的缺乏,本文从笼统的角度进行对比。

㉓　本表情况来源于教育部学位管理与研究生教育司官网和中国研究生招生信息网。

不过,大湾区有一个很大的优势,即存在两个特别行政区,特别是香港特别行政区有十分发达的高等教育,其中普通法的法学教育质素相当高,这对大湾区加强合作培养熟悉大陆法和普通法的复合型法律专业人才是一个很好的条件,值得广东各高校重视并充分利用。

(四)基本法及港澳法的高级专门人才培养不能满足"一国两制"基本方略及大湾区国家战略建设需要

就全国而言,专门从事基本法及港澳法研究的队伍还很弱小。以基本法研究和高级专门人才培养为例,基本法的研究水准和高层次专门人才的培养力度远远不能适应"一国两制"实践的形势发展和港澳实际工作决策的需要,也不能满足基本法学科建设发展的需要。基本法研究实践性很强,也需要学术理论的系统研究,还涉及一支高层次专门人才队伍的学科建设。按照"一国两制"的方针和基本法的规定管理好香港、澳门两个特别行政区是党和政府新时期治国理政的重大课题,是一项长期、艰巨、复杂的战略任务。港澳回归祖国二十多年以来的实践提出了一系列复杂、敏感和重大的学术理论和实践对策问题,需要高校奉献出高水平的、针对性强的、拿得出、用得上的理论成果。目前国家专门从事港澳基本法研究的队伍特别是高层次人才队伍还很薄弱,现有的基本法研究成果远远不能适应形势发展和港澳实际工作决策的需要,不能满足基本法学科建设发展的需要。迄今在全国四十多个法学一级学科博士点单位中,在二级学科宪法学之下能够招收培养基本法研究方向的单位甚少,只有中国社会科学院法学研究所、北京大学、中国人民大学、清华大学、中国政法大学、武汉大学、中山大学等少数几家单位,毗邻港澳的华南地区只有一家,布局十分不合理。这是与目前熟悉港澳情况、长期跟踪和专门研究基本法的指导教授偏少有关。从人才队伍建设和学科区域合理布局角度看,这一状况亟待解决。

党的十九大报告确立了"坚持'一国两制'和推进祖国统一"为全党需要在各项工作中全面准确贯彻落实的十四条基本方略之一。中央也确立了大湾区建设、促进港澳融入国家的发展大局的国家战略,2018 年 8 月,中央成立粤港澳大湾区建设领导小组,中共中央政治局常委、国务院副总理韩正任组长，港澳两位行政长官分别担任组员。这是第一次有港澳特首被纳入中央决策组织。之前国家的“十二五”“十三五”规划纲要均规定了把港澳特区发展纳入国家发展战略的功能定位、发展目标和政策方针，提出要坚定不移贯彻“一国两制”“港人治港”“澳人治澳”、高度自治的方针，严格按照基本法办事，全力支持特区行政长官和政府依法施政，支持香港、澳门充分发挥优势，在国家整体发展中继续发挥重要作用。国家“十四五”规划编制中，延续“十三五”做法，设置港澳专章，反映港澳的重要诉求。《内地与香港关于建立更紧密经贸关系的安排》《内地与澳门关于建立更紧密经贸关系的安排》《粤港合作框架协议》《粤澳合作框架协议》《深化粤港澳合作推进大湾区建设框架协议》等都提出了发挥祖国内地坚强后盾作用、提高港澳自身竞争力以及深化、创新粤港澳合作方面的发展战略和重大目标。深圳前海、广州南沙、珠海横琴三个新型区域的开发建设对粤港澳深度合作具有创新探索的意义，因此，在基本法框架下，探索建立港澳与内地、港澳与广东深化合作的法律机制及其制度也需要熟悉基本法、港澳法的高层次人才的智力支持。但无论是全国还是广东本地，有关的学科建设和人才培养还相当滞后，亟待研究解决。

（五）传统跨境法律人才培养模式不接地气

在广东，现有以基本法及港澳法为核心要素的跨境法律人才培养模式存在不熟悉港澳情况、不接地气的问题。研习基本法及港澳法的本科生、硕士生，甚至数量不多的博士生，几乎没有到过港澳实地调研、实习的经历，[24]也没有接触港澳人士，对课堂上的基本法及港澳法知识仅停留在纸上谈兵的阶段，至于法学教师授课的理论逻辑推演是否符合港澳实际情况，作为法学生也无法作出有效的评价和独特的见解。造成这一尴尬局面与广东传统跨境法律人才培养模式不接地气存在直接关系。由于基本法及港澳法课程并非必修课程，许多高校将这些课程仅设置为选修课。在“非重点课程”的理念指导下，无论法学教师，抑或法学生，

---

[24] 学生普遍到港澳进行旅游、购物等休闲活动。

对课程所能发挥的深远影响认识不足,自然对课程的重视程度不够,往往满足于完成课程考核需要而不深挖课程对个人长远发展的影响。

三、广东法学教育助推大湾区建设的路径设计

强调基本法及港澳法在大湾区建设的基石作用,并不意味着大湾区建设可完全忽视全球化、国家法制统一等因素的影响,事实上,基本法及港澳法内在的规范资源即具有国际性和国家法制统一的意蕴,如判例法地区、葡语国家的法律制度,宪法理论、区域法治理论均可成为大湾区建设的挖掘对象,这也是增强广东跨境法律人才培养模式的国际性以及满足国家法制统一建设需要的重要进路。特别地,广东法学教育在满足大湾区建设对基本法及港澳法教育重大需求的道路上,亦可强化国际法、比较法学、区域法治等方向与港澳法、基本法的结合,既有效彰显广东特色又衔接基础法学的教育之路。同时,广东法学教育也要通过法学教育的改革来实现对三地法治发展的良性融合以及通过法学教育改革来均衡三地法治发展格局,充分发挥跨境法律人才在大湾区法治化发展中的中坚作用。

(一)创新差异化法学教育模式彰显广东特色

广东法学教育与其他省市的法学教育定位可以有相似之处,但须有自己的个性,实行差异化发展,方能更好地彰显广东的法学教育智慧。综上所知,广东法学教育最大的特色定位是与基本法及港澳法相关的法律人才培养。尽管立法学在新近取得蓬勃发展,但相对于北京、上海、福建等立法学教学与研究早已走在学界前列的省市而言,广东从事立法学研究的优势并不明显,但立法学仍然可以依托大湾区法治化建设平台而拓宽研究方向,诸如探讨广东在大湾区法治建设中的作用、大湾区中的广东九市地方性法规如何融入大湾区法治建设中等,从而回应国家法制统一与地方法治的特殊性之间的关系;又如在全球化的背景下,将大湾区建设作为中国推行“一带一路”和人类命运共同体的支撑平台,这些

都需要基本法及港澳法学者与传统学科(国际法、立法学)的学者共同努力方能成效。

综上所述,跨境法律人才培养只是一个适合大湾区建设的教学方向,倡导广东高校按照这一模式进行法学教育方案设计,并不意味着全省高校要千篇一律地仅研究基本法及港澳法,广东各大高校可根据自己学校的性质定位,从大湾区建设所需的三大研究方向中择优其一并大力发展(见表6)。根据大湾区建设实际情况,跨境法律人才大致可从基本法与国际法、粤港澳知识产权与科技法、基本法与粤港澳区域法治共三大方向中着力培养。如大湾区业已被定位为国际科技创新中心,这一定位无疑与知识产权、科技法等学科有关,一些理工医学类的广东高校可根据自身的优势设计适合培养这方面人才的教学方案。一些不具备条件的高校可在十六门法学专业核心课程中设置若干课题专门讲授与港澳法的内容,如知识产权法,可讲授港澳知识产权法;再如刑法,也可讲授港澳刑法。

表6　大湾区建设拟需的跨境法律人才的方向

一级方向	二级方向	三级方向
基本法与国际法	港澳基本法、比较法学、区际法律冲突、国际经济法、国际商法、国际仲裁法、跨境法律实务	区际行政法律冲突、区际民商事法律冲突、法律查明、跨境公证与商业调解
粤港澳知识产权与科技法	港澳专利法、区际卫生法学、区际社会法学、人工智能与大数据法、跨境电子商务法	跨境福利携带问题、大湾区知识产权法律协调问题、国际科技创新中心的法治保障、智慧湾区法治保障
基本法与粤港澳区域法治	基本法与大湾区法治建设、自贸区法治建设、港澳台法、地方立法学	广东在大湾区建设中的法治作用、广东九市地方性法规与大湾区法治建设、大湾区立法的精细化研究

(二)扩充基本法及港澳法教学与研究的师资队伍

大湾区建设绝非一蹴而就之工程,需要耗费几代大湾区法律工作者的辛勤汗水方能实现保驾护航之愿景。大湾区建设的背景下,为培养更多的基本法及港澳法的高级专门人才,形成一支高素质的、高层次的专门研究人才队伍,广东高校应大力扩充基本法及港澳法教学与研究的师资队伍。以中山大学粤港澳发展研究院为例,近年来,该研究院大量招聘以基本法及港澳法为研究方向的中青年教师、博士后,有港澳或者普通法地区留学经历的优先考虑。这一人才引进方式值得广东其他高校借鉴。同时,加强基本法及港澳法师资队伍的教学培训工作及大湾区建设战略需要的服务亦是保障基本法及港澳法教学与研究质量的重要措施。广东省教育厅可借助“香江学者计划”“澳大濠江学者计划”等境外人才培养计划,大力鼓励广东法学教师到港澳进修和交流。特别地,为更好地营造大湾区的法治建设氛围,经各方协调后,这些境外交流计划可适当为广东法学院系的教师设置多一些专项名额。值得注意的是,从事基本法及港澳法研究的学者在发表权威性论文上远远劣势于其他传统法学学科的学者。为了鼓励广大法学教师服务于大湾区建设战略需要,广东高校有必要创新教师职称评比方式,将一定级别国家机关或者领导认可的内参、时评、调研报告、立法项目以及致力于创新基本法、港澳法人才培养模式等对港澳社会发展具有重大实践价值的事项纳入评价范围。此外,有条件的高校可借鉴暨南大学在法律硕士上由港澳法律界人士担任导师之一的经验,逐步推行港澳法律界人士担任法学硕士、法律硕士的导师之一的双导师模式,从而充实基本法及港澳法师资队伍,使研习基本法及港澳法的法学生有机会接触港澳人士,加深对港澳情况的认知,自觉投身于融合粤港澳三地不同法制的实践,这也是通过法学教育的改革来实现对三地法治发展的良性融合以及均衡三地法治发展格局的重要进路。

(三)扩容法学一级学科硕博士点且分布须均衡

硕博士研究生是基本法及港澳法高素质、高层次专门研究人才队伍的后备军。由于广东多数高校缺少法学硕士点且拥有法学博士点的高校较少,当前培养的高端跨境法律人才不能满足大湾区建设的需要,有必要在广东省教育厅的推动下,在高水平大学建设的计划中,加强广东高校法学一级学科硕博士点的建设工作,在未来 5 ~ 10 年内,再增加 4

所拥有法学一级学科硕士点的高校以及2所拥有法学一级学科博士点的高校。[25] 同时，广东省教育厅可鼓励已有法学硕博士点的高校制订一些专门从事基本法及港澳法研究的招生计划。这里特别需要强调的是，深圳目前仅有深圳大学培养硕博士研究生，这与深圳急速发展的需求不相适应。因此，深圳有必要增加培养硕博士研究生的高校数量，如其他高校在深圳开设分校区时，可鼓励其参考暨南大学在广州和珠海同时培养法学生的模式，在深圳校区进行或者开展法学硕博士研究生培养工作。

（四）加大与港澳或者国内外高校联合培养法学研究生的力度

囿于广东省跨境法律人才中的研究生培养数量过少，而广东高校与港澳、国内外高校联合培养法学研究生的力度还不够强，故广东高校有必要增强这一力度。[26] 内地与港澳高校联合培养研究生早已有运作成熟的模式，如国家法官学院与香港城市大学自2011年9月起联合举办"中国高级法官法学博士"项目，培养法学博士（JSD）。而广东法学一级学科博士点、硕士点相对较少，故具备博士生培养条件的高校可在省教育厅的协调下，逐步与内地著名高校、港澳高校、普通法地区、葡语国家、"一带一路"沿线国家的高校联合培养法学博士、法学硕士。广东与国（境）外高校联合培养的博士生、硕士生经费可由大湾区相关的基金会[27]或者省教育厅、广东高校、港澳高校各出三分之一，有助于减少国（境）外高校培养经费，提高它们联合培养的积极性。特别地，为拓宽联合培养经费的渠道以及培养更多的基本法及港澳法和通晓大陆法与普通法的高级专门人才。大湾区管理机构亦可鼓励黄廷方慈善基金安排适当名额供广东高校学子赴英国留学深造，参评程序与条件可参照"黄廷

---

[25] 在定位为经济大省之余，实际上，广东各地的经济差异较大。鉴于此，为了避免教育资源过度集中于某一城市，从而导致经济差距的拉大，法学一级学科硕士点和博士点的安排不应过度集中于某一城市。

[26] 本文之所以不提倡在法学本科中进行联合培养的模式，是因为内地学子还面对着毕业后参加国家统一法律职业资格考试（原司法考试）的压力，在没有系统对内地法律制度进行研习的情况下，无论是"2+2"模式，抑或"3+1"模式，均容易造成法学学子"半桶水"的知识储备。

[27] 如广东粤澳合作发展基金、澳门基金会等。

方·法学奖学金”项目。

(五)积极开展丰富多彩的教学活动

实践出真知,沙盘推演式的法学教育模式早已备受诟病。跨境法律人才培养是一项极具有实践性的工作。若法学生无任何到港澳实地调研的经历,那么,他们对港澳问题的领悟便显得空洞无力。因此,任课教师可通过以下方式积极开展丰富多彩的教学活动。

第一,鼓励学生到港澳实地调研。首先,任课教师可组织学生到港澳法院听审,或者到港澳的法律部门参观访问、实习,提高学生对港澳法律运作的认识。其次,鼓励学生通过各种途径多认识港澳同胞,尤其是认识爱国的港澳法律界人士,开拓广东跨境法律人才的视野和扩容跨境法律人才的知识储备,掌握更多的跨境人脉资源。最后,有条件的高校可积极与港澳法律实务部门共建法学生实践基地。

第二,鼓励学生参加各类港澳法研讨会,领略专家学者对港澳问题的真知灼见。无论是广东省法学会港澳台法学研究会的年会,抑或广东省法学会港澳基本法研究会的年会,均可邀请大湾区法律界人士参与,包括法学硕博士研究生、法学本科生、律师、企业法务、公检法人员等。同时,任课老师亦可鼓励广东省内的有条件的学生参加国际法学研讨会。

第三,重视与学生的互动交流。任课教师需要密切关注学生对课程学习的积极程度,适时与学生探讨港澳问题。任课教师可创建微信群或者公众号,将一些港澳问题的最新动态上传至群里、公众号与学生分享,鼓励大家在群上或者公众号参与讨论。鉴于港澳问题颇为敏感,任课教师要嘱咐学生使用个别字眼讨论港澳问题时需要转换成不敏感的文字,并要求学生不能发表过激的言论。

从法学教育改革的长远目标来看,受丰富多彩教学活动所影响的学生成为后备跨境法律人才队伍的一员后,他们自然在自己的岗位上(如立法机关、司法机关、行政机关、法律服务业等)运用自己的智慧,不断实现对三地法治发展的良性融合和均衡三地法治发展格局,从而促进大湾区的法律协调。

（六）推行基本法及港澳法、比较法学的网络课程

共享网络课程有助于三地法学学子在文化大餐中感悟粤港澳三地不同法律制度，在研习中自发形成消解法域间法律冲突的后备方案，并在日后工作中加以运用进而实现对三地法治发展的良性融合以及均衡三地法治发展格局。例如，深圳大学的《港澳基本法》《香港法概论》两门 MOOC 课程推出后，便受到了全国多数高校的广泛关注。[28] 为推动内地以及港澳高校法学学子加入港澳法的研究浪潮中，有条件的广东高校可牵头成立基本法及港澳法、比较法学[29]的 MOOC 课程联盟，开设能够让大湾区所有高校学生[30]都能选修的基本法及港澳法、比较法学课程，并适时将选修课程的学生逐步扩大至全国各高校，增强基本法及港澳法教学与研究的社会认受性。同时，为调动学生选修基本法及港澳法网络课程的积极性，联盟要积极开发移动客户端，让学生通过手机、平板电脑等移动设备随时随地享受基本法及港澳法的文化大餐。特别地，在每年的广东省法学会港澳台研讨会或港澳基本法研讨会的过程中，可同时举办基本法及港澳法 MOOC 课程联盟研讨会，定期研讨各高校在基本法及港澳法教学与研究过程中存在的问题，让各高校的教师分享破解这些问题的心得。

（七）构筑粤港澳法律职业对接机制

构筑粤港澳法律职业对接机制是实现对三地法治发展的良性融合和均衡三地法治发展格局的重大举措。《粤港澳大湾区发展规划纲要》明确指出："加强法律事务合作……加快法律服务业发展……促进粤港澳在与服务贸易相关的人才培养、资格互认、标准制定等方面加强合作。"当前，尽管内地已恪守 CEPA 的承诺，对港澳开放许多法律服务业，但港澳特区政府在义务对接方面仍显得缩手缩脚，并未对内地完全开放法律服务业，内地法律服务者无法直接为在港澳的投资者提供法律服

---

[28] 参见邹平学、刘海林：《突破与创新：基于〈香港基本法〉MOOC 的教学实践》，载《法学教育研究》2018 年第 2 期。

[29] 这里的比较法学的内容应尽可能设置与大湾区建设密切相关的法律制度比较，如美日湾区建设的法律制度、"一带一路"建设等。

[30] 这里的学生不仅包括法学生，还可以包括所有对港澳法有兴趣的学生。

务,CEPA 颁布至今,新设合伙联营律师事务所也是屈指可数。质言之,粤港澳法律职业对接存在重大障碍,形成单向开放的奇特局面,[31]这在一定程度上挫伤了广大法学生研习港澳法的积极性。正因如此,广东法学教育进行创新的过程中不可避免地需要推动有关部门构筑粤港澳法律职业对接机制。具体而言,粤港澳可在法律服务方面的高度合作基础上,达成横跨三地执业范围的跨境法律职业对接协议,以律师为例,通过三地跨境法合作培养后的法学生经过特定部门考核合格后,在粤港澳三地均有过实习或者学习经历的,可同时获得三地的执业资格,而这执业资格可仅限于涉及跨境纠纷,例如一项涉及内地与香港个人间的法律纠纷,拥有三地执业资格的律师便可进行这种类型的纠纷的代理服务,若一项纠纷只涉及内地或者香港或者澳门,则这个律师还须拥有当地普通律师执业资格方能代理。这种类型律师的具体考核方式参照内地国家统一法律职业资格考试的运作模式,经中央授权,由大湾区管理机构负责大湾区统一法律职业资格考试,粤港澳三地的法律职业工作者均可参加考试。考试合格后,由大湾区管理机构颁发准予跨境执业证书。

四、结语

在全面推进依法治国和高校双一流建设的新时代下,广东高等法学教育面临巨大竞争压力,只有走特色之路方能在中国法学教育上占据一席之地,更好地助推大湾区的深度建设。囿于广东法学教育长期坚守传统法学学科教育模式,普遍缺乏大湾区建设背景下的课程改革敏感性,难以适应大湾区建设对基本法及港澳法教育的重大需求。为有力回应全球化、国家法制统一与地方法治的特殊性之间的关系,新时代下的广东高校有必要围绕大湾区建设的实际需求,着手改革现有的法学教育模式,以基本法及港澳法为基石,增强国际法、立法学与区域法治等方向的

---

[31] 参见郭燕明:《推进粤港律师业从单边开放走向双边合作》,载《广东外语外贸大学学报》2017 年第 4 期。

协调力度,大力推动跨境法律人才培养,加强粤港澳高校法学教育的合作,为提升广东整体法学教育水平奠定良好的基础。

Challenges and Countermeasures of Legal Education in Guangdong Province under the Background of Guangdong, Hong Kong and Macau Bay Area

—A Discussion Based on Important Demand for Education in Basic Law of Hong Kong and Macao & Hong Kong and Macao and Laws in the Area

Zou Pingxue　Feng Zehua

Abstract: As an important participant in the construction of the Guangdong, Hong Kong and Macau Bay Area, it is necessary for Guangdong to reform and innovate legal education to meet the national strategic requirements and progressive education mode, and to provide excellent legal personnel for the construction of Greater Bay Area. At present, the overall legal education in Guangdong is facing enormous challenges. For example, homogeneous law education models dispels Guangdong's characteristics, the big shortage of teachers engaging in the teaching and research of Basic Law of Hong Kong and Macao and law of Hong Kong and Macao, and the traditional cross-border legal talents training model is not down to earth, which is unable to meet the major needs of the Area for legal education in Basic Law of Hong Kong and Macao and law of Hong Kong and Macao. Therefore, universities in Guangdong can improve the training mode of cross-border legal talents by innovating the differentiated legal education models to highlight the characteristics of Guangdong, expanding the teaching and research teams of Basic Law of Hong Kong and Macao and law of Hong Kong and Macao, and encouraging law students to go to Hong Kong and Macao for field research, so as to enhance the strengths and influences of law in Guangdong on the platform of the Area.

Key Words: Guangdong, Hong Kong and Macau Bay Area, Legal Education in Guangdong Province, Cross-border Legal Talent, Basic Law of Hong Kong and Macao, Laws of Hong Kong and Macao

教学研究

法本科生为什么要精读原典?

——基于对当下中国法学本科课程体系的反思*

刘小平**

摘　要:法学本科课程设置根本上取决于法学教育要培养什么样的人。法学职业教育不只是培养单纯的法匠,更是社会秩序的维护者、建构者乃至缔造者。由此,法学教育兼具职业培训和更深层的人文社会素养的二重性,这亦构成了法学教育的内在复杂性。目前我国法学本科课程强调理论和实践兼顾,专业课程和通识课程并举。这种兼顾式思路不但没能弥合法学教育之二重性所带来的问题,反而可能加剧二者之间的冲突。在法学本科生中开设原典精读这类研讨性课程,由此极具必要性和重要性。以吉林大学法学院本科生"法律的概念"英文原典精读课程为例,原典精读课程能造就本科生问题视野、思想结构、分析、批判能力,引领学生跟着大师进入"知识""观点""思想"的生产过程。原典精读重点在于"比慢""较真",必须在课程组织和制度设置上

---

* 基金项目:本文系2016年度教育部重点研究基地重大项目"权利视野下法治政府建设的理论与实践研究"(项目编号:16JJD820005)的阶段性成果。

** 刘小平,吉林大学理论法学研究中心/法学院副教授,法学博士,研究方向:西方法哲学、法治、权利理论。

探索一种适合于本科生的教学模式,从而实现真正的师生互动研讨。

关键词:原典精读　专业教育　素质教育　法学本科　课程框架

一、导言:何以设置法本科课程体系?

2018年4月,教育部发布《普通高等学校法学类本科专业教学质量国家标准》,对法学类本科生专业课程做了一定的调整和改革。法学类专业课程框架总体上包括理论教学课程和实践教学课程两大类,其中法学专业核心课程由原来的16门专业课改为采取"10+X"①分类设置模式;除专业课以外,还规定各专业应根据本专业的特点和社会实际需要,设置一定数量的通识课程学分。

教育部对法本科生课程体系的相关布置和调整,反映了对中国法学教育及其方向、目标的整体性思考。法学教育要培养什么样的人?对这个问题的思考从根本上决定了开设什么样的法本科课程。无论是专业课程还是通识课程的设置,都要围绕法学教育的目的加以考量。那么,法学教育的目的又是什么?"作为制度的法学院",②其首要制度性目的无疑是致力于法律职业人才的培养,即"能将一个门外汉培养成胜任于法律事务的新生法律人,塑造他们基本的职业理念,形成职业的使命感和价值取向,并掌握那无法用单纯的记忆获得的'像一个法律家那样思考'的秘诀"。③

应当说,经历过若干年的摸索和发展,在很大程度上我国法学本科

---

① "10"指法学专业学生必须完成的10门专业必修课,包括法理学、宪法学、中国法律史、刑法、民法、刑事诉讼法、民事诉讼法、行政法与行政诉讼法、国际法和法律职业伦理。"X"指各院校根据办学特色开设的其他专业必修课,包括经济法、知识产权法、商法、国际私法、国际经济法、环境资源法、劳动与社会保障法、证据法和财税法,"X"选择设置门数原则上不低于5门。

② 翁开心、孙笑侠:《作为制度的法学院》,载《法律科学》2002年第5期。

③ John J. Bonsignore, Ethan Katsh, peter d' Errico, Ronald M. Pipkin, Stephen Arons, Janet Rifkin, eds., *Before the Law*(six edition), Haughton Milfflin Company, 1998. 转引自翁开心、孙笑侠:《作为制度的法学院》,载《法律科学》2002年第5期。

生的课程体系无疑是契合于法律职业教育这一目的的。从总体上来说,目前法本科课程的教学,既包括对中国现行法律体系的研习——无论是16门主干课,还是10+X的专业课程设置,基本上覆盖了中国现行各主要法律部门;也包括法学知识体系的传授,将法学作为一种普遍的知识体系,出乎欧陆,入乎英美,横跨两大法系,涉及法学基本概念、范畴、观点、学说。法学院的法律职业教育培养模式,结合国家法律资格考试的选拔机制,已为各个法律实践部门输送了大量的法律人才。

然而,对于法律职业教育这一目的,我们仍然不能简单视之,需要深入地进行思考。至少涉及两个深层问题值得进一步加以考量。第一个问题是关于目的本身的。法律职业教育究竟培养什么样的法律人?是纯粹技术性的法匠,还是社会秩序的维护者、建构者、乃至缔造者?这就涉及对"法律职业"以及"法律人"的不同理解。法律职业是否意味着和其他职业和工种一样,只是一个特定的行业;法律人由此是否也不过是掌握法律知识、法律技能乃至特定法律思维,提供法律方面的专业服务并以此为生的人?法律究竟是一种什么样的事业?显然,如果把法律职业看成与其他职业没什么两样,那么,这种理解基本上没有把握住"法律职业"和"法律人"的根本特征。实际上,即便把法律归为一种职业,那么,这种职业的存在和分化,也构成了现代社会的一个根本特征,是现代文明的标志和重要表征。法律人的事业涉及的是社会秩序的建构、维护和良好运行的问题,并不能够简单地与其他职业或者行业加以类比。如果这样理解"法律职业"和"法律人",那么对于法律职业教育及培养什么样的人的问题就具有更深层和更为复杂的含义。第二个问题是关于手段的。在更深层地理解法律职业教育这一目的的情形下,如何更好地实现这一目的?技术性、专业性的教育模式是否足够?如果不够的话,应当采取什么样的教育模式?在对这一目的的深层理解下,目前法学本科课程体系的设置是否合理?应当如何设置法学本科课程体系?这些都是需要深入加以思考的问题。

本文并不准备依据对法律教育目的的深层考量,从整体上反思法本科课程设置之适当性,乃至全盘推翻和重新设计。这一问题过于宏大,非一篇小文所能完成。而试图以吉大法学院本科生实验班开设的“经典阅读课程”为例,从一个具体侧面触及目前法学教学模式和课程设置上可能存在的缺失与不足之处,由此折射对法学课程体系设置的整体思考。因此,在第二部分,我将基于法学界专业教育与素质教育论争背后所呈现的中国法学教育的基本问题,反思目前法学本科教育及课程设置,并由此思考法本科生精读原典课程的必要性和重要性;第三部分我将具体说明原典精读课程能给法本科生带来什么;第四部分将具体探讨一种适合本科生特点的原典精读课程形式;最后是简短的结语。

二、精读原典为什么重要?透视中国法学本科课程设置存在的问题

通常而言,人们对法学教育划分出不同的阶段:法学本科阶段,侧重于职业型人才的培养;而到了硕士和博士阶段,更注重深层次的学术型人才的培养。那么,这一划分是否有道理?本科生阶段要不要开设诸如“原典精读”这样的研究性课程?其比重应该如何?这类研讨性课程对于本科课程设置来说究竟有何意义?要回答此类问题,我将首先进入法学界关于专业教育与素质教育的论争,基于对这一论争背后所呈现出来的法学教育之内在问题的把握,来寻求此类问题的答案。

1. 法学教育的内在复杂性:对专业教育与素质教育论争的审视

关于什么是“理想的法学教育”④,法学界历来讨论不休,形成了专业教育和素质教育两种不同的观点,对于法学教育之理念、模式、内容和方法等提供了不同的看法和路径。

大体而言,专业教育论者的主张包括以下几个方面:首先,强调法学教育应定位于职业教育。孙笑侠教授明确指出,法学不是通识,而是职业专门知识,“把法律教育定位为职业知识的传授,意味着什么?它意味

④ 参见葛云松:《法学教育的理想》,载《中外法学》2014年第2期。

着我们‘法学教育’应当是一种法科职业能力的教育,而不是把法学当作通识来教育。它是一种注重职业方法与能力的教育,而不是注重法律知识的教育。”⑤其次,主张以市场为导向。在很大程度上,市场需求和竞争决定了法学教育应当培养什么样的人。“法学教育界存在两大压力:国际竞争的压力与就业竞争的压力。前者要求中国的法科院校走专精化路线,着力于提高教学质量;后者则要求各院校拓展教学范围、促进学科交叉,让学生具有更宽的知识面以适应不同工作岗位的要求。”⑥由此,法学教育应当直面市场,“在法学本科生、法学硕士生、法律硕士生中的绝大多数以法律实务部门、政府部门及企业为择业取向的现实状况下,无论是哪一种培养模式,都必须承载法律职业教育的功能,不能再打着所谓‘学术型教育’的幌子来推卸这一历史责任”。⑦ 最后,法学教育应当具有应用性。法律是一门“经世致用”之学,它融合着人类的法律经历与法律经验,技术性是其中突出的内容。⑧ 正是由于其应用性取向,法学教育应当与司法考试接轨,甚至司法考试构成了法学教育的“指挥棒”⑨和“风向标”⑩。

与专业教育论不同,素质教育论者首先主张一种通识教育。在通识教育的大力倡导者甘阳看来,商学院、法学院尽管涉及专业知识,但是应该摒弃专业教育模式,转向通识教育,“大学人文教育必须理顺人文教育与职业教育的关系,问题的关键在于商学院、法学院会对整个大学本科教育产生决定性的影响”。⑪ 其次,素质教育论者认为,法学教育应以理

---

⑤ 孙笑侠教授甚至认为,法科学生首先是学习成为“法匠”——职业职能,然后才能谈成为所谓的治国之才。参见孙笑侠:《法学的本相:兼论法科教育转型》,载《中外法学》2008年第3期。

⑥ 季卫东:《中国法学教育改革与行业需求》,载《学习与探索》2014年第9期。

⑦ 孙学致:《论我国法学教育的趋势与高校法学教育改革的方向》,载《高教研究与实践》2011年第4期。

⑧ 参见胡玉鸿:《卓越人才培养与法学教育模式的转轨》,载《法学教育研究》第9卷。

⑨ 参见季卫东:《中国法学教育改革与行业需求》,载《学习与探索》2014年第9期。

⑩ 参见周详、齐文远:《法学教育以司法考试为导向的“合理性”——以司法考试刑法卷为例》,载《法学》2009年第4期。

⑪ 甘阳:《通识与道德:法学教育的人文之维》,载《21世纪商业评论》2005年第11期。

论为导向。“法学教育中的素质教育，内容比较广泛，其中包括人文教育、科学教育、法律知识传授、就业和生活能力教育等。但其核心是科学的、理性的、民主的、法治的、不断创新的法学理论教育。”⑫最后，素质教育论者指出，在中国，法律人承担的是建设“法治国家”这一更大的历史和时代使命。由此，法律人不仅仅指向一种法律职业，更承担着通过法律变革促进社会变革的重要任务。而这也是符合法学院毕业生的现实就业情况的。实际上，中国法学本科毕业生就业，进入法律职业界的并非全部，甚至所占份额还相当低。⑬

毋庸置疑，无论是专业教育论还是素质教育论都提出了各自关于“理想的法学教育”的样式。但是，对于这一论争不能做出非此即彼的理解和选择。实际上，法学应是专业教育还是素质教育，正反映了法律职业教育的内在复杂性，体现了法学教育自身所内含的不同层面。正如我在导言中所论述的，一方面，法律的确是一门职业；而另一方面，法律事业又不能简单地为“职业”二字所能框定。正是由于“法律职业”“法律人”具有着更深层意义上的复杂内涵，法学教育才在“培养什么样的法律人”上呈现出了一种内在的复杂性和多层次性。有学者体认到了法学教育的这种内在复杂性乃至矛盾之处，称之为法学教育的二重性⑭：“即法学教育的职业技能培训性和学术研究性。从法学在大学教育中的地位上看，它表现为职业教育和人文学科的理论教育的二重性；从其培养目的性上看，它表现为实践型人才的训练和学者型人才的培养的二重性；从其教学内容上看，它表现为法律职业的特定技巧、道德和思维与法学的知识体系和人文理论培养的二重性。这种与生俱来的二重性一直伴随和困扰着法学教育的发展。”⑮由此，正是法学教育的这种内在复杂

⑫ 曾宪义、张文显：《法学本科教育属于素质教育——关于我国现阶段法学本科教育之属性和功能的认识》，载《法学家》2003年第6期。

⑬ 参见李桂林、叶林：《当代中国法学本科教育的定位》，载《江淮论坛》2003年第4期。

⑭ 相关论述参见周汉华：《法律教育的双重性与中国法律教育改革》，载《比较法研究》2000年第4期；王晨光：《法学教育的宗旨——兼论案例教学模式和实践性法律教学模式在法学教育中的地位、作用和关系》，载《法制与社会发展》2002年第6期。

⑮ 王晨光：《法学教育的宗旨——兼论案例教学模式和实践性法律教学模式在法学教育中的地位、作用和关系》，载《法制与社会发展》2002年第6期。

性,使人们在专业教育和素质教育的论争中各执一端。

2. 对当下法本科课程框架的反思

由此,法学教育的重要问题毋宁在于,如何面对和处理所谓职业技能培训性和学术性之间矛盾和冲突的问题。并且,这种二重性并非能够通过在法学教育不同阶段强调不同培养取向就可以加以消解的,在法学本科阶段就面临着如何处理法学教育二重性之关系和矛盾的问题。从教育部新发布的《普通高等学校法学类本科专业教学质量国家标准》来看,其课程框架既包括理论教学课程又包括实践教学课程;既要求相对固定的专业课程设置,又要求一定的通识课程学分。结合当下各法学院系课程设置的实际情况,我把它称为一种兼顾式的思路,即试图兼顾法学教育的职业培训性和学术研究性。

问题是,这种兼顾和并举式的课程框架安排能否解决法学教育二重性上的矛盾呢?从实际情况来看,这种兼顾式思路难言成功,不仅不能弥合法学教育二重性之间可能存在的内在冲突,甚至有可能固化这种矛盾。

首先,目前各法学院无论是专业教育课程还是通识教育课程,都是以 introduction 式的讲授课程为主体。Introduction 式课堂讲授的特点在于:第一,班级规模较大,有的法学院甚至二三百人一起上课,教学效果难以保证;第二,以老师讲授和灌输为主,互动程度不够;第三,教学方式是依据一定的教学纲要和进度,使学生概括性地掌握某一课程的总体知识体系。由此,这种 introduction 式课程的问题在于,一方面,从专业课教学来看,由于关注固化知识体系的讲授,而使学生缺乏对问题语境、原理理由、精神理念和思想方法的深层把握,由此不仅难以培养出灵活运用规则、将抽象知识联系现实的合格职业人,更不用说难以培养出通过法律变革推进社会变革、政治变革的深层次的法律人了。而另一方面,从目前通识课程的设置来看,[16]同样采取这种 introduction 式课堂讲授为

[16] 以吉林大学法学院为例,从大一开始,就开设了人文通识课和社科通识课这两门主要的通识教育课程;在师资方面,主要请哲学、社会学、经济学等其他学科的老师为学生讲授,辅以法理学教研室的老师。目的是希望通过让法本科生更广泛地接触人文社科方面的知识,使他们能够超越狭隘的学科视野和专业限制,具备更为综合的问题视野和素质能力。

主,由此即便有再广泛的学科涉猎,也最多造就了更多的“知道分子”,而难以达成设置通识课程所意图实现的目的。

其次,许多法学院也认识到了课堂讲授式教学存在的问题,越来越青睐并着重推广“实践式”教育方法。那么,这种实践性教学能否弥合法学教育二重性所带来的问题呢?可以说,introduction 式的专业课程讲授,体现了我国法学教育一贯所受的欧陆式教学模式的影响,即以知识传授和法律规则条文的解释为主;而实践性课程的设置则很大程度上体现了英美教学模式的特点。实践性教学关注法学的应用性面向,采取判例教学、法律诊所、模拟法庭、法律辩论等多种教学形式,乃至聘请法官、检察官、律师等实务界人士指导学生,以加强对学生专业技能及应用能力的培养。

对于这种实践性教学,我们首先要区分“应用”和“实践”的不同。“应用”与“实践”的区别在于,“应用”更多地强调规则的技术运用和操作层面,并且与市场需求联系在一起,市场需要什么,就培养哪方面的专长人才。由此,在“应用”取向下,法学教育通过案例教学、法律诊所、模拟法庭等,重视规则的实际运用,轻视乃至排斥理论上的学习。而真正的“实践”虽然主张法律应当面对现实,但是却并不一定排斥理论,甚至是以理论为取向的。实践式教学虽然关注法律的实际应用和操作层面,但真正指向的却是法律运作背后的理由和原理。因此,“实践”关注现实,但是更关注如何解释现实。目前我国法学院主张的实践教学,更注重“应用”取向,在很大程度上误解了“实践”与理论之间存在的内在勾连,片面主张市场导向下的“应用”,因此,这种“实践”教学模式不但没有弥合法学教育之二重性所带来的问题,反而可能加剧二者之间的冲突。

最后,目前我国法学基本课程体系之所以不能弥合二重性之间的矛盾,根本原因还是出在其采取的兼顾式思路上。表面上看,兼顾理论和实践课程、专业课程体系和通识课程体系,这对应了法学教育的专业性和学术性两方面的要求,但实际上,这种兼顾式的课程结构强化而不是弥合了二者之间的对立。理论课程和实践课程,以及专业课程和通识课程的并存，掩盖而不是解决了内在于法学教育之中的复杂问题，实际上使法学教育处于“两张皮”的状况当中，理论与实践严重脱节，专业性与学术性两极对立。其根本原因在于这种兼顾式的课程设置，缺乏一个整合性的思路，没有一个统一的理念把整个法学课程体系整合起来。由此，当下法学课程体系的设置及实际安排，并不能够真正地应对法学教育的二重性问题。

除此以外，目前法学院以考试为中心的导向愈发明显。考试成绩决定了评奖、评优，且与考研和保送指标直接挂钩。这使法本科生越来越封闭，越来越追求考试成绩。这种考试导向很大程度上放大了这种兼容式课程设置的缺点。

3. 原典阅读与以“法理”为中心的法学本科教育

吉林大学法学院自 2012 年以来，就以实验班的形式在大三本科生中开设“原典精读”课程，阅读的文本是哈特“法律的概念”英文原版。而随着教育部推出卓越人才培养计划，本科生“原典精读”课程更是进一步常规化、建制化。那么，在本科生阶段开设“原典精读”之类的研讨性课程，其目的和意义究竟何在？对此应当结合上文讨论的关于目前法本科课程设置所存在的不足、乃至于从法学教育目的的高度上来思考这一问题。

首先，我国目前兼顾式的法本科课程结构，实际上反映了当前对待“理论”的偏颇认识。这种法本科课程设置的兼顾式思路，最大的问题实际上在于把“理论”和“实践”对立起来；更有甚者，通过把“实践”等同于“应用”，在认识和对待法学教育的职业培训性和学术性之二重性上，很大程度上把它理解成为要“应用”还是“理论”的二分和对立。由此，对于法学本科教育的认识，就演变成了一个要不要“理论”的非此即彼的选择问题。中国法学教育应用取向的大行其道，导致对理论越来越轻视乃至排斥。

其次，要克服法本科课程既有的兼顾式思路所存在的问题，需要一个统合性的思路。而统合的根本建立在正确认识和思考法学教育中实践和理论的关系上面。这就要求：第一，在法学教育中要为“理论”正名。并不是只有与“应用”或者现实相关,才是实践的;一切在理论上思考和解释人的行为、制度的正当性、合理性,思考其规范性理由,都是实践的。如果我们认识到实践与理论之间存在内在勾连,那么,在法学教育的专业性和学术性之间就不一定存在根本冲突,在法学课程设置上也不是要多少理论课程和实践课程、专业课程和通识课程的比重问题。由此,法学是实践之知,并不妨碍法学教育将重心放到“理论”上面,甚至以“理论”来统合整个法学教育。第二,关键是法学教育如何对待“理论”的问题。是一种抽象的、僵化的以及灌输意义上的“理论”教学,还是围绕法学这一实践之知对“理论”的主动探索?张文显教授近来主张“法理”概念,倡导以“法理”为中心。[17] 实际上,当张文显教授主张“法理泛在”时,他是把“法理”看作一个统合性概念,其所指的“法理”,不仅仅是法理学学科意义上的“法理”,甚至不单纯是学术研究意义上的“法理”,而是超出了学术研究层面,无论是法学研究、法律实践乃至法学教育都要围绕“法理”展开。

在本科生中开设原典精读这类研讨性课程,体现了对当下法学教育的深层反思。表面上,原典精读面对的是学术性文本,实际上却以文本所探讨的问题为中心;表面上,面对的是理论,实际上通过精研理论所解释的对象和产生的语境,而间接面对现实;表面上,面对的是关于人之行为及制度设置的正当性、合理性等抽象问题,实际上通过对法之道理、原理、理由的探究,而直面实践。在本科生阶段,目前研讨课的比例,相对来说还是太少了。要真正地培养学生直面问题,学会思考,具备原创性的思维能力,需要的不是更多的技术和应用,而是真正的理论能力和思维方法。在这个意义上,也许理想的法学教育,是芝加哥模式意义上的、更多的核心精品研讨课程;即便在中国语境下很难实施这一模式,但是原典精读这样的研讨课程的开设,对于突破目前僵化的兼顾式课程结构来说,也是必不可少的。

---

[17] 参见张文显:《法理:法理学的中心主题和法学的共同关注》,载《清华法学》2017 年第 4 期。

三、精读原典能带来什么？以精读哈特《法律的概念》课程为例

何兆武先生在《上学记》一书中提到杨振宁在西南联大求学时期的一则轶事。杨振宁、黄昆、张守廉当时被称为西南联大三剑客。有一次，杨振宁和黄昆在茶馆边喝茶边高谈阔论。黄昆问：爱因斯坦最近又发表了一篇文章，你看了没有？杨振宁说看了，黄昆又问觉得如何，杨振宁把手一摆，一副很不屑的样子，说："毫无 originality（创新），是老糊涂了吧？"[18]作为当时尚在西南联大读书的本科生，杨振宁等人经常阅读和争论的是爱因斯坦、玻尔等人的最新著作、论文，耳熟能详的是相对论和量子力学等前沿理论。[19]

本科生为什么要精读原典？因为有像杨振宁这样特别优秀的本科生需要一流的教育，本科阶段不能够仅仅按照庸常模式进行专业教育，否则难以识别和培养出那些有着卓越潜力的学生；此外，大学本科时期可以说是一个人兴趣最广泛、最有冲劲、对各种理论和知识最具好奇心的时期。如果在本科生阶段不培养学术兴趣、奠定学术基础和方向，何谈硕、博阶段的研究型教育？在本科生阶段就精读经典乃至外文原著，至少有以下最直观上的好处：第一，尽早接触和阅读英文学术文献；第二，原汁原味的理论，能够奠定本科生的理论眼界和国际视野；第三，鼓励和培育他们学习兴趣、理论冲动和学术自信，说不定会培养出一个像杨振宁那样的读书种子。

以吉林大学法学院本科生精读哈特《法律的概念》（*The Concept of Law*）英文原著课程为例，这门课程能给本科生带来什么？它至少能够培养学生以下几个方面的能力。

---

[18] 何兆武口述，文靖撰写：《上学记》，生活·读书·新知三联书店 2008 年版，第 128 页。

[19] 朱邦芬：《西南联大的"三剑客"》，见"中国科学院学部·院士口述故事"，载中国科学院学部网：http://www.casad.cas.cn/doc/17562.html，最后访问日期：2018 年 11 月 16 日。

1. 造就基本问题视野

中国的法科学生一开始就直接进入专业教育,既没有其他学科的知识作为基础,也缺乏直接生活经验和现实体认,如何培养学生的独立思考能力?或者,更关键的是,他们要思考的问题从何而来?林毓生曾指出,每一个具有成规的学科,都有它们约定俗成的范围和面对的问题;而任何一个时代都有少数具有原创能力的思想家提出新的观念来界定与指引这个时代的学术与文化,这种新的思想往往是源自新的问题的提出。[20] 因此,对于法科学生来说,掌握和进入法学最基本问题,其最重要的方式就是通过阅读经典著作而直接感受和获得。

阅读哈特《法律的概念》一书,首先面对的就是哈特在书中所提到的"三个反复出现的议题":法律与以威胁为后盾的命令何以进行区分和关联?法律义务和道德义务何以加以区分和关联?什么是规则,以及在何种程度上法律是属于规则的问题?[21] 围绕这三个议题而产生的关于"法律的性质"的争论,构成了现代法学最为根本的争论,它既涉及法律实证主义与自然法思想、法律现实主义之间的论争,也涉及法律实证主义内部的分野。

这三个议题的重要性毋庸置疑:整个法学知识体系可以说都是对这三个基本问题的回答和体系性展开;而法律实践中的诸多重大分歧,乃至对规则的运用和解释上具有的不同思路和立场,也是由于对这三个问题的不同解答而产生的。

可能有人会认为,要进入此类法学基本问题,采取一种introduction式教学方式介绍一下不就足够了吗?尤其在当今信息时代,有着海量的介绍性资料可以快速地获得这些知识乃至了解这些问题本身。然而,在这样一个快速消费的时代,原典精读对于问题的把握有着不可替代的作用。第一,只有自己真正地精读原典,才能进入问题的脉络,理解问题从何而来,以及问题提出的背景、意义以及解答思路为何。汪丁丁曾经有

---

[20] 参见林毓生:《中国传统的创造性转化》,生活·读书·新知三联书店1996年版,第298页。

[21] H. L. A. Hart, *The Concept of Law*, New York: Oxford University Press, 1961, p. 13.

一篇文章“付费只能购买三流知识”，其实就是同样的道理，真正的智慧，以及对问题加以深入把握使之成为自己的问题，是不可能通过介绍性的方法得以掌握的。第二，对于中国读者这些非英语母语的学习者来说，直面原典还有特别的意义。我们不能够迷失于海量的二手解读性文献以及各种前沿理论当中，英语作为第二外语让我们不可能像母语那样，阅读和了解所有的文献。而最经济的方法反而是回到经典文献，回到最基本的问题本身。这更有助于直指根本问题层面，来反观中国的现实和自身的问题。

2. 深入“知识”“观点”“思想”的生产过程

不必讳言，当前法学本科教育主导性的教学方法，还是在课堂上对相关法学知识、观点甚或思想的讲授，而对于这些知识、观点或思想所处理的问题，以及知识、思想的生产过程和背景却甚少追究。由此，这种固化了的知识体系就流于抽象、晦涩的概念、逻辑与理论层面，不仅让学生提不起任何兴趣，反而逐渐磨灭了他们的学术好奇心与思想冲动。

原典精读课程同样面对的是对于本科生而言甚为高深的理论，但精读的方式强调的不仅是把握作者的基本观点，更注重引领学生进入“知识”“观点”“思想”的生产过程。在强调精读乃至逐字逐句阅读的方式下，原典精读首先是一个大师学术的示范场。对于本科生来说，学习和模仿的对象很重要，这涉及他们整体思维层次可能触及的高度。“取乎其上，得乎其中；取乎其中，得乎其下；取乎其下，则无所得矣。”通过精读而不是泛泛而过，能够深入体会甚至代入进学者思想展开的整个过程中去，这好比是由最一流的学者手把手地教授如何提出观点、建构理论。这种方式绝非泛读和介绍的方式所能取代。其次，原典精读更是一个思想的演练场。从阅读一本书来说，重要的不是要记住书中的观点和主要内容。这也是大学本科生乃至硕士、博士生经常面临的一个困惑，在经历了大学之前的灌输式教育后，他们往往会困惑于为什么总记不住作者的观点。问题恰恰出在把书本当作“死记硬背”的对象这一点上。任何一本著作都是一个思想的演练场，围绕特定的问题，不同的观点在展开交锋。就哈特《法律的概念》来说，围绕“法律的性质”这一经久不休的问题，奥斯丁、边沁、霍姆斯、阿奎那等不同流派的古今学者，带着他们的观点粉墨登场，哈特在书中与他们的观点进行无声的辩论。精读原典，就是要还原出这么一个“活生生”的论辩过程。把书读“死”还是读“活”，取决于能否认识到经典著作之“思想演练”的性质。如果能够认识到这一点，一本经典著作就能够“厚”“薄”由心了。

此外，在本科生阶段开设原典精读课程、进行学术训练，能够充分说明一点，对于本科生来说，关键的问题不是该不该接触高深、艰涩的理论的问题，而是如何接触和训练他们进入理论思考的问题。

3. 培养分析、论证与批判能力

对于法律人来说，重要的不是熟记多少法律条文，掌握多少种思想、观点，而是能否利用所学会的专业知识进行自己的判断，并且在这一过程中展开分析、进行论证、提出理由、做出结论。所以，何美欢教授才在“理想的专业法学教育”一文中指出：“如果律师需要原创性，需要思考能力，专业法学教育就应该培育能思考的人才。”㉒

精读原典，其重要的目的之一，就是要通过精读培养学生这方面的能力。以精读哈特的《法律的概念》为例，首先，哈特采用的语义分析方法对于法科学生来说具有极为重要的意义。哈特指出：“唯有透过对相关语言之标准用法的考察，以及推敲这些语言所处的社会语境，始能将这些差别呈现出来。特别是因为使用语言的社会语境，往往不会被表明出来，更显出此研究方式的优越处。……我们确实可以借由‘深化对词语的认识，来加深我们对现象的认识’。”㉓法律人所从事的工作，本身需要精确地把握和区分规则的不同含义、不同社会情境和社会关系之间的差别，对语义分析方法的把握可以构成法科生的一个重要的技能和工具。

其次，除了其分析上的极度清晰性和论证的严谨性以外，哈特的《法律的概念》一书具有的另一个非常明显的特点是，其观点是通过批判其他学者的观点而建构起来的。在主张和捍卫自身“法律作为初级规则和

㉒ 何美欢：《理想的专业法学教育》，载《清华法学》2006年第3期。

㉓ H. L. A. Hart, *The Concept of Law*, New York: Oxford University Press, 1961, p. v.

次级规则的结合”的基本观点时,哈特是在同奥斯丁的“强制性命令说”和关于“法律与道德”的联结命题的自然法思想两面作战。只有通过精读原典,学生们才能够充分体会到哈特如何从“奥斯丁理论失败的记录当中”建构出自己的理论,由此有可能通过学习和模仿,进入反思性理论工作中去,学会如何分析、批判和形成自己的观点。

当然,培养法本科生的分析、论证和批判能力,不一定非得要通过原典精读的方式,其他的一些课程比如“案例研讨”同样也能培养这方面的能力。但必须指出的是,分析、论证和批判具有不同层次,最终层面的论证和交锋都会由浅入深到理论前提的层面,就此而言,原典精读所提供的学理层面的思维训练,对于相关能力的培养是不可或缺的。

4. 认识结构与原创力的养成

原典精读课程最后涉及的是培养学生思考的独特性和原创性的问题。在当今的专业分工和知识脉络之下,思考的独特性和原创性绝不意味着“平地起高楼”,相反,其最重要的前提是必须要有着详尽的知识地图和认识结构。也就是说,只有了解前人讨论的思想史坐标,才能清楚自身的观点及其原创性和意义所在。朗·富勒曾提出一个著名的“思想实验”:洞穴奇案,并设想了针对这一虚拟案件的五种不同的判决,这五种不同判决对应实证主义、自然法、法律现实主义等不同的理论立场。后来又有学者在这五种判决之外,又发展出了九种判决乃至二十四种不同判决观点。这意味着,针对同一问题,已经形成了不同的解释路径乃至不同的学派、观点。这些不同的解释路径和学派就构成了我们进一步思考的重要认识结构,只有在对这一思想史坐标的把握的基础上,才有可能做出进一步的观点和理论上的推进。

通过精读原典,以及在对原典所涉问题的扩展性阅读当中,首先,我们能够真正把握和进入对这一问题进行解释的认识结构,这种认识结构,不是简单地通过介绍性读物所能获得的。其次,原典精读最重要的意义就是,阅读原典提供了思想和理论工作的基本训练方式,通过对别人的解释加以批评,进而可能产生自己的解释。由此,培育青年学生原创能力的最主要途径,不是在他学术生涯中使他尽早变成一个对几件事情知道很多的"学者",而是使他能够在他学术生涯的形成时期产生广阔的视野与深邃的探究能力。[24] 这就是精读诸如哈特的《法律的概念》这样的经典著作所着力培养的能力。

当然,除了上述所论的四个方面的能力以外,原典精读课程还可以在很多方面有助益于法本科生能力的提升。在这里我只额外强调阅读原典的另一重要意义,就是阅读原典有助于法律人突破自身作为专业法律人士的视野和思维局限,能够真正的从一种具有历史广度、思想深度的大视野来面对和思考人类规则、制度乃至文明方面的大问题。

四、如何"精读原典"?"比慢""较真"的制度形式

"原典精读"课程的首倡者邓正来教授曾指出,"原典精读"的基本态度和精髓所在是"比慢"和"较真"。[25] 对于精读哈特"法律的概念"而言,这同样构成了这门课程的基本理念。精读哈特"法律的概念",不仅仅是要让法科学生在本科阶段就涉入大师的思想、问题和理论建构的过程中去,更重要的就是在他们一开始就养成一种"比慢"的功夫和"较真"的态度,这在当下一切都讲究快速消费的时代显得尤为重要。因此,"原典精读"课程的制度安排,首先是要围绕如何"比慢""较真"而展开的制度设计;其次,也要结合本科教学的特点,探索一种适合本科生精读原典的课程形式。

1. 课程形式:作为研讨课的原典精读及其制度设计

首先,必须要确定原典精读课程的性质,才能决定采取什么样具体的课程组织形式。原典精读课程是一种研讨课,而不是依托哈特"法律的概念"这一文本展开的另一种形式的名著精讲课程。在本科生的课堂

㉔ 参见林毓生:《中国传统的创造性转化》,生活·读书·新知三联书店 1996 年版,第 299 页。

㉕ 邓正来先生自 2003 年就职于吉林大学法学院大力推行"原典精读"课程,对邓正来先生"原典精读"课程基本理念的介绍,请参见邹立君:《"比慢"的功夫与"较真"的态度——"原典精读"课感言》,载《中国法学教育研究》2006 年第 3 期。

上，无可否认绝大多数的课程都是 introduction 式的讲授课程，但原典精读课程必须要开成一门真正的研讨课，才能够最大限度实现这门课程设置的初衷。研讨课和 introduction 式课程的根本区别在于，是单向的传授知识还是双向的学习探讨，是被动地学习还是主动地研究。

作为一门研讨课，由此在基本制度设计上，第一，在规模上必须有一定的要求。从理论上来讲，当然规模越小效果越好。但是，作为一门本科生课程，却不能够过于单纯强调小众，否则就会失去作为一门建制性课程存在的意义。吉林大学法学院精读哈特“法律的概念”，依托法学卓越人才培养这一模式，采取相对精英化的理念，在本科生中选取一定数量品学兼优且对学术有一定兴趣的学生，人数原则上不超过 40 人，这构成了原典精读课程的学生规模。第二，分组讨论。40 人的规模相对于研讨课来说，人数还是比较多，因而精读“法律的概念”课程采取了分组讨论的形式，基本上可分为 6 个小组。平时的课前准备以小组为单位，课堂讨论也以小组为单位。第三，研讨的不同层次。课前的讨论和准备，每一小组都得提前阅读文本，基于一定小组内部的分工，形成一个讨论文本，作为参加课堂阅读和讨论的基础；课堂上老师与学生之间的讨论与互动，提倡在老师的引导之下，学生对于课堂的主动参与；学生与学生之间也相互辩论和互动，每一组基于提前准备和形成的文本，就不同的认识和观点进行讨论，小组内部也可以允许不同的意见和观点，学生之间的互动，从同伴中学习，这构成了原典精读课程的一个重要的主张。

2. 学生的课前准备：准备什么？

如前所述，研讨课与 introduction 式讲授课之根本区别在于学生从单纯的学习者向一定程度上的研究者之身份上的转变。由此，研讨课效果的好坏，很大程度上取决于学生对课程的参与程度，这种参与不仅仅包括课堂上的参与，还包括课前的准备。而课前准备及其充分与否，是研讨课不会沦为一堂讲授课的关键所在。如果学生不提前阅读、准备，或者准备得充分以至于不足以应对课堂讨论，那么研讨课就不会达到应有效果，甚至会沦为实际上老师单方面的讲授课。问题是，作为一门研讨课的原典精读课程，学生们应该如何准备？怎样才能准备得更加充分？

在精读哈特《法律的概念》课程中,学生们以分组为单位的课前准备主要包括三个方面:一是对文本所涉的重要句子、重要段落和重要内容的翻译。作为一门课程,其关于进度及课程整体性目标方面的要求,使不可能做到让学生对《法律的概念》这一文本的逐字逐段翻译。但是,最起码需要对文本中每一章、每一节涉及哈特重要观点和论证的文字进行精读和翻译,否则就失去了原典"精读"的意义。然而,为了克服这种重点选择性的翻译可能导致的片段性、不连贯的缺点,学生们在对重要部分翻译的同时,必须明确说明选取部分翻译的理由,及其对于理解哈特整个思路的重要性所在。因此,原典翻译不是停留在翻译本身,而是必须打通重点翻译和整体理解之间的隔离。

二是对关键概念的背景阅读和准备。对于哈特文本中的一些重点概念,作为本科生来说,如果对这些概念的背景有一定的了解,可能单凭对哈特《法律的概念》一书的阅读不足以理解这些概念,由此反过来影响对哈特整个观点的理解。因此,学生提前准备工作的一个重要方面就是对这些关键概念做出背景性阅读和梳理。比如说,对于"主权者"这一概念,学生们就可以做出拓展性的阅读,以此加强对哈特文本中相关问题的理解。

三是对哈特章节论述整体思路的把握。在整体意义上掌握哈特的观点及其论证的整个过程,这是学生提前准备的一个重要方面。事实上,学生们通过认真准备,做得比我们想象得都要出色,比如有些小组的学生就会在把握哈特论证的思路的基础上做出了非常出色的思维导图,加强对哈特论证的直观把握。

除此之外,学生们在分组讨论时,可以列出一些讨论中感到困惑的问题,以备在课堂加以提出,进一步进行研讨。

3. 如何引导原典精读?团队教学与教师的角色

原典精读课程,除了强调学生的高度参与以外,教师的角色也显得尤为关键,总体上而言,它对教师提出了更高的要求。在原典精读课程中,教师必须从传统的讲授者的角色转变为一个引导者的角色。作为一个引导者,要完成引导学生深度参与的任务,促使学生从单纯的学习者走向自己研究和思考的学术门槛,这本身对教师就提出了相当高的要求。

首先,这一任务很难靠单个老师来完成。要引导学生进行原典精读,第一要求教师本身具有相当高的英语水平,英语水平不仅仅是一般意义上的听说读写的能力,更是在研究的意义上要求授课老师平时经常性地使用英语进行学术阅读和研究。第二要求老师在研究领域和取向上与阅读文本所涉的领域相近。由此,精读哈特《法律的概念》采取的教学形式是团队教学,常规配备三名到四名教师,教师的学术背景都和法理学、西方法哲学相关,甚至有两位老师直接研究分析法学领域的,对哈特的文本非常熟悉。

其次,这种团队教学主要体现在教师课前的团队研讨和准备上。这是一种真正的团队教学而不是人数上的混搭。第一,原典精读作为一门研讨课对教师的高要求首先体现在教师的课前准备上。当下有很多的研讨课,往往片面强调翻转课堂,反而成了教师推脱责任的借口。而要实现高质量的研讨效果,教师就必须进行高质量的课前准备。对于原典精读课程来说,如果教师课前缺乏准备和阅读,就会变成学生的读书课程。第二,团队研讨和沟通。教师的提前准备不是单独进行的,而是彼此交流和沟通。在精读《法律的概念》课程上,主要体现在教师们就课堂问题的设计展开讨论。

最后,问题的设计和课堂引导。《法律的概念》精读课程强调通过问题来引导学生进入对哈特观点和论证过程的讨论,由此来激发学生思考的兴趣和主动学习的热情。而问题的设计在很大程度上就决定了这种引导是否成功。在问题的设计上,首先强调全面性,能够基本覆盖哈特每一章节的论证思路,而在遇到关键概念和基本观点时,也需要从不同的角度设计问题反复触及重要观点;其次,不同的问题之间要有彼此呼应,并且体现一定的递进关系;最后,问题的设计要兼顾学术性和生动性,既能把握住哈特的学术思想,又不宜过于直接、抽象,最好能够结合本科生易于理解的情境乃至案例来设计问题。

对于原典精读的课堂讨论来说,教师提前设计的问题构成了引导讨论的基本线索。当然,这并不意味着整个课堂讨论就完全围绕这些问题进行。实际上,这些问题仅仅构成了思考的起点,而对问题的回答必须严格依据对文本的理解和分析。这些讨论有时必须精确到每一句、甚至每一词,有时又必须回到上下文及哈特整体的论述当中去把握。

五、结语

毋庸讳言,吉林大学法学院针对本科生所开设的"原典精读"课程,很大程度上还只是一门具有实验性质的课程。它针对的是本科生所选拔中相对精英的群体,目的是培养卓越法学人才,甚至还承担着为研究生阶段选拔优秀学术人才的任务。但是,不能据此认为"原典精读"课程是特殊目的下的阶段性产物,而不具有一般性意义和推广的价值。实际上,对于当下中国各法学院系而言,开设更多的"原典精读"之类的真正的研讨课程,培养和激发学生的理论兴趣和思维能力,可能是弥补当下僵化的本科课程设置的一种行之有效的方式。

Why Should Undergraduates in Law Schools Read the Classis of Law?

—A Reflection based on the Current Curriculum of Law Majors in China

Liu Xiaoping

Abstract: The undergraduate curriculum of law major is fundamentally dependent on what kind of person is to be cultivated in legal education. Legal professional education is not only the cultivation of simple "craftsmen", but also the defender, constructor and even the founder of social orders.

Therefore, legal education should integrate the duality of vocational training and deeper humanistic social literacy, which also constitutes the inherent complexity of legal education. At present, China's undergraduate curriculum of law major emphasizes both theory and practice, and both professional courses and general courses are stressed. This kind of balanced thinking not only fails to solve the problems caused by the duality of legal education, but may intensify the conflicts between the two. It is extremely necessary and important to open the original intensive reading among law undergraduates. Taking the intensive reading program, "The Concept of Law", the English classics of law for undergraduates of the Jilin University as the example, the intensive reading can create the vision, ideological structure, analysis and critical ability of undergraduates of law, and lead students to follow the masters to enter "knowledge", "view" and "thought". The intensive reading focuses on "slow but seeking for truth". It is necessary to explore a teaching model suitable for undergraduates in curriculum organization and institutional setting, so as to realize real teacher-student interactive discussion.

Key Words: Intensive Reading of the Classics of Law, Professional Education, Quality-oriented Education, Undergraduates of Law Majors, Curriculum

为什么法科生上课必须重视法条？*

——基于法解释学/教义学立场的解读

薛　波**

摘　要：受历史和现实等多重因素的影响和制约，当前，我国法科生对法条/法律规则重要性的认识依然存在严重的欠缺和不足，最直观的表现就是学生上课忽视/不重视法条的存在价值。这种现象因袭不改导致的恶果就是，通过四年的本科教育之后，学生不会对法律规则展开精细化的分析，最终也难言培养起严谨、周密的法解释学/教义学和法律思维能力。法条在法科生学习过程中具有十分特殊的地位和价值，法条是法律人思维能力培养的文本依据，是法科生身份识别的重要标志，亦是锻造学生职业荣誉感的起点。因此，强调学生上课重视法条具有十分重要的意义。当然需要强调的是，法学理论课也必须重视法条，带法条的目的不是记忆/背诵法条，网络查询不能取代法条，法条至上/中心亦非本本/教条主义。

---

* 基金项目：本文系国家社科基金青年项目“大数据视野下社会治理法治建设评估方法及其应用研究”（项目编号：18CFX002）的阶段性成果。

** 薛波，深圳大学法学院助理教授，法学博士，研究方向：民商法、案例指导制度和法学方法论。

关键词：法条　法解释学/教义学　法律思维

一、忽视/不重视法条的因由及其负效果考量

只要是稍习法律之人，就知道法条/法律规范/法典之于法律学习的重要性。[①] 无论是初入法学之门的求学者，抑或是研习法律经年有余的学者/法官/检察官/律师/仲裁员，对于法条/法律规范/法典重要性的认识和理解，理应具有高度的一致性和统一性。倘若一个自称是资深法学家/法官/检察官/律师/仲裁员的法律从业者，在面对系争案件事实的时候，只是大而无当、纵横捭阖的谈玄理、叙学说，而绝口不提、不问涵摄具体案件事实的法条/请求权基础/规范依据的话，那么就可以当然地判断，其没有法律思维。没有法律思维者，混迹于法律这个行当是可怕甚至是粗鄙的。因此，初入法学之门的法科生上课必须/应当重视/带法条，[②]似乎本该是不言自明的金科玉律。

遗憾的是，现实总会超出我们的期待和想象。在笔者最近一年的教学实践过程当中，常常惊愕地发现，学生上课不重视/不知法条、听天书的现象简直比比皆是，更遑论分析法规范、培养法解释学/教义学和法律思维能力了。本科生如此，研究生亦如是。在笔者为本科生所讲授的经济法总论/经济法分论和为研究生所开设的商法总论/物权法的课堂上，就多次发现了这一问题，并在后续教学中意识到其可能会引致的严重后果。许多学生在课间/课后，拿着厚厚的理论教材、法学专著、学术论文甚至案例分析报告，和我交流、探讨某一具体法律问题。当我问及案涉

① 国内法理学界有学者对法条、法律规则、法律规范的意义做了严格区分。本文不做这种法理意义上的区分，文中可能会交叉使用。参见舒国滢主编：《法理学导论》，中国政法大学出版社2012年版，第101、104、105页。

② 首先需要强调并郑重声明的是，本文个别地方言及的要求法科生上课“带”法条既是物理意义上的，但更多时候意在说明，法条在法科生法律思维能力培养及法解释学/教义学能力形塑过程中的“支柱”和“核心”地位。文中个别地方强调要求学生携带法条/法律汇编/法典的目的，也是为了确立学生对法律规范的分析能力和对法律的信仰。因此，对全文中的“带”不能仅仅做携带、拿等字面意义的僵化理解。

的法条/请求权基础/规范依据的时候,却马上就含糊其辞、不知所云了。这使我真切地感受到,在我国当前法学本科教学过程中,无论如何强调法条的重要性依然不为过。

上述问题也激发了我进一步的思考,为什么改革开放恢复法学教育已经 40 年了,我们的法科生对法条/法律规范重要性—这一原本看似已无须强调的问题—的认识,还依然如此的欠缺和不足呢?造成当前这种困局的原因到底何在呢?在经过一段时间反复思考之后,笔者发现,造成这种问题和困局的根源,恐怕和我国法学教育的模式以及教学方法存在莫大的关联。

长期以来,政治法学、工具法学、功利法学在我国风行不衰;立法中心主义的法律发展路径占据了我国法制/法治建设进程的主导地位;一大批活跃在法学教育队伍中的中坚/骨干师资力量,青年时代曾经经历过“文革运动”的冲击和影响;③中华人民共和国成立后,我国的法学教育模式又长期师法苏联国家主义法学,并一度成为法学研究的主流;法学教师在知识储备上的缺陷和学术视野上的褊狭,种种因素的叠加阻碍/消解了法解释学/教义学在我国法学教育和法学研究中的传播、运用以及发展。④ 我们的多数法学教材/学术专著/课堂讲授偏重于对基本概念、意义特征、历史沿革、流派之争、价值理念等静态知识的介绍,局限于从理论到理论、用概念去解释概念的自说自话,⑤缺乏案例研究和法解释学/教义学等“动态/立体”方法的展示和运用。这样导致的结果就是,通过四年的法学学习和专业训练之后,学生对法学知识/原理的理解和掌握依然是“扁平化”和“单线条”式的,依然止步于“背诵”和“应付

---

③ 典型如民商法学界前辈江平教授、谢怀栻教授、寇志新教授。据江平教授回忆称,他和谢怀栻先生那一代人研习法律最好的时光都因政治运动而荒废掉了。参见江平:《沉浮与枯荣:八十自述》,法律出版社 2010 年版,第 132 页。

④ 值得欣慰的是,近年来一大批留学欧美的青年民商法、法理学、刑法学、行政法学者归国后,极力倡导案例/判例研究方法,给国内法学研究和法学教育带来了一股清新的风气。国内一些主流/重要的法学刊物如《法学研究》《中国法学》《法律科学》《法学家》《法商研究》《法学》《华东政法大学学报》《中德私法研究》等也积极倡导实证解释、案例分析的研究方法。

⑤ 参见冯果:《大数据时代的法学教育及其变革》,载《法学教育研究》2018 年第 2 期。

考试”的水平,多数学生对案例分析、规范解释以及法律论证方法的运用,仍然显的相当的陌生和吃力。在这样的历史背景和现实的约束之下,课堂不重视法条、学生忽视法条,不会分析和解释、适用法条就显得不足为奇了。

学生上课不带/不重视法条,长此以往导致的恶果就是,学生忽视/不重视法条的存在意义和实际价值,甚至有相当的一部分学生认为,法条不如教材、学术专著和学术论文。我们的授课老师可能在课堂上饶有兴致的向学生“推销”其学术观点和学术创新,却忽略了学生基础能力和核心素质——法解释学/教义学——的训练和培养。久而久之,这种习惯因袭不改,学生不会对法条/法律规则展开精细化的分析,经过四年本科教育的学习和磨炼后,亦难言掌握了一套纯熟的法律解释技艺和论证技术。相反,只会泛泛而谈一些法律概念、法律原则、意义价值之类的静态知识和原理,最终也难以培养其严谨、周密的法解释学/教义学能力和法律思维能力了。

二、要求法科生重视法条的意义及价值透视

为什么要强调法科生应当重视法条呢?这看起来似乎有些“老调重弹”的味道。笔者对这一问题的深切忧思,恐怕也不能简单地从端正学习态度等方面予以妥当、周延的解释。依笔者的拙见,要求法科生上课带/重视法条/法典,既不是为了应付课堂一时之需的无谓“摆设”,亦非法学教学过程中的“本本主义”或“法条至上”观念束缚下的直观映射和体现。相反,要求初入法学之门的法科生上课带/重视法条/法典,理应成为当前法学本科教学过程中的重要内容和关键环节,这主要是由“法条”在法科生教育、培养过程中所具有的特殊地位和重要价值所决定的。

第一,法条是法律人思维能力培养的文本依据。我们通常意义的法律人(职业者),指包括法官、检察官、律师、仲裁员、学者在内的法律职业共同体/群体。法律职业者/群体区别于普通人最显著的特征,就在于

其所特有的法律思维。何谓法律思维呢?所谓法律思维系指法律从业者在法律知识结构的影响和支撑下,依据现行有效的法律规范和法律逻辑、以价值取向的思考、合理论证,解释适用法律的理性思维方法和思维过程。[⑥] 法律思维本质是一种动态的流程模式,而非静态的结构模式。[⑦] 法律思维的运行过程,就是以掌握的法律知识结构为基础材料、运用法律解释技术和法律论证方法解决案件事实的思维经过。[⑧] 当案件事实出现之时,能够准确的找到"从事法律判断以及形成终局案件事实之基础的法条"。[⑨] 然后将系争案件事实涵摄/归纳于法条的事实构成之下,最终妥当得出法律结论。[⑩] 在这一动态思维链条过程中,是否能够及时地找到并且准确地解释、适用系争案件的法条/法律规则/请求权基础的意义,是彰显法律从业者法律思维之有无以及法律思维能力强/弱的核心标志。对法条/法律规则/请求权基础的解释、适用能力,则是法律人(职业者)区别于普通人的典型特质和特殊技能。[⑪] 而请求权基础的找寻以及对法条/法律规则的解释和适用活动,显然均必须围绕在现行有效的实在法的基础上展开。因此,可以毫不夸张地说,法条/法律规则/法典就是法律人(职业者)手中"教义""圣经""尚方宝剑",是法律人思维能力塑造以及法解释学/教义学能力培养的文本依托和依据。可以预见的是,如果我们的法学教育/课堂完全脱离了具体法条/法律规则/法典的讲解和传授,去奢谈法律思维能力的塑造和培养,近乎是一句没有文本依据的空话、套话和假话。

---

⑥ 参见薛波:《论公司法改革中商法思维的引入和运用》,载《北方法学》2017年第1期。

⑦ 参见王泽鉴:《民法思维——请求权基础理论体系》,北京大学出版社2009年版,第193页。

⑧ 参见薛波:《论公司法改革中商法思维的引入和运用》,载《北方法学》2017年第1期。

⑨ 参见[德]卡尔·拉伦茨:《法学方法论》,陈爱娥译,商务印书馆2005年版,第121页。

⑩ 仅仅就法律逻辑三段论而言,法律思维的运行过程还包括漏洞填补、价值判断和利益衡量方法的运用。

⑪ 参见王泽鉴:《民法思维——请求权基础理论体系》,北京大学出版社2009年版,第1页。

第二,法解释学/教义学能力是法科生身份识别的标志。倘若一个专门学习了四年(硕士、博士甚至更久)的法科毕业生,在具体的规范解释、案件分析过程之中,仍然不能娴熟的运用法律解释方法和法律论证技术,准确的理解法条/法律规范的意义,不能及时地找到系争案件的请求权基础,我们能将之称为法律人(职业者)吗?笔者至今犹记得,当年,在母校西北政法大学读本科、硕士学习之时,笔者的导师郭富青教授⑫就不止一次的教导和鞭策我们,一个法科生最重要的能力就是法律思维能力,而法律思维能力最核心、最基础的环节就是对法条/规范解释技术的训练和培养。在学习《物权法》《合同法》《担保法》《公司法》《合伙企业法》《证券法》等民商事单行法的过程中,对规范解释/理解能力的培养一直贯彻始终。每当我们学习一部单行法或者有新的司法解释出台的时候,老师总是不厌其烦的要求我们反复理解、揣摩其中核心条文的立法旨意。至今,我至今依然清晰地记得,我们集中对《公司法》第16条第1款对外担保条款、第71条股权转让规则、第74条异议股东优先购买权的规范意义探讨的场景。可以说,正是对这些《公司法》(当然不限于《公司法》)核心条文扎实、深入的理解和掌握,才使我能够逐渐领悟到法解释学/教义学分析方法的精奥之处。也正是这一阶段的学习,才使我打下了比较扎实的法律基础和法律思维能力,也才使我后来的博士阶段学习以及论文写作过程中,在许多问题上能够略显得游刃有余。就笔者的个人经历而言,可以毫不夸张地说,重不重视法条/法律规则以及对法条/法律规则的解释、适用的水平和能力,是法科生身份识别的重要标志。一个专业法学院校毕业的法科生,区别于其他学科学生的核心标志就在于其法解释学/教义学的水平和能力,这种法解释学/教义学的水平和能力,也即我们通常意义上的法律思维能力。毋庸讳言,法科生法律思维能力的培养是一个历史的、渐进的、累积的过程,但是,这一过程的起点往往是从重视法条/法律规则开始的。法条/法律规则是法科生法学学习过程中的“骨架”和“脊梁”。法科生始终应当将“法条”

⑫ 郭富青教授系西北政法大学民商法学院教授,博士生导师,兼任中国法学会商法学研究会常务理事。

作为整个本科四年学习过程的“中心”和“支点”，然后辅之以理论学说和典型案例仔细研读，经年累月、来回穿梭在“法律规范”和“案件事实”“抽象”和“具象”之间，唯有如此，方可渐次培养良好的法律思维能力和法解释学/教义学能力。

第三，法条是锻造学生职业荣誉感的起点。法学作为一门科学，法律规则是科学立法的产物。法律规则不但包含着深厚的人文主义精神和思想，而且还包含着复杂而且精细的分析和裁判规则。⑬ 尊重和运用/理解法条/规范的旨意，亦是培养法科生职业荣誉感的起点和基点。当前，法律工具主义/功利主义/虚无主义在我国依然存在着广阔的市场和生存空间，以公平、正义为价值导向的法学荣耀的守望愈发艰难。⑭ 法律职业共同体亦面临着前所未有的压力和挑战。呼格吉勒图案⑮、聂树斌案⑯、唐

---

⑬ 参见孙宪忠：《中国物权法总论》（后记：法学家必须讲真话），法律出版社2009年版，第460页。

⑭ 参见沈岿：《法学荣耀的艰难守望》，载《法制资讯》2011年第5期。

⑮ 1996年4月9日，一名女子在呼和浩特市第一毛纺厂家属区公厕内被强奸杀害。公安机关迅速锁定犯罪嫌疑人系报案的呼格吉勒图。在移交检察院、法院公开审理后，1996年6月10日（前后仅隔61天），呼格吉勒图被内蒙古高级人民法院核准并执行死刑。但是2005年10月23日，该案的真正凶手赵志红落网，交代的第一起案件便是这起“4·9”杀人案，此时距呼格吉勒图被执行死刑已逾9年。直至2014年12月15日，内蒙古自治区高级人民法院对呼格吉勒图故意杀人、流氓罪一案作出再审判决，撤销内蒙古高级人民法院1996年作出的关于呼格吉勒图案的二审刑事裁定和呼和浩特市中级人民法院1996年对呼格吉勒图案作出的一审刑事判决，宣告原审被告人呼格吉勒图无罪。该案几经周折，引发了舆论的广泛关注。该案的形成及依法纠正的过程和结果，对于推动法制建设意义重大，是一个里程碑式的案件。

⑯ 1994年8月10日，康孟东向公安机关报案称其女儿失踪。公安机关经侦查认定，康某系被聂树斌强奸杀害，并于1994年10月1日对聂树斌实施刑事拘留。河北石家庄中级人民法院于1995年3月15日作出刑事附带民事判决，以故意杀人罪和强奸妇女罪判处聂树斌死刑。2005年1月18日，河南省荥阳市公安局索河路派出所抓获河北省公安厅网上通缉逃犯王书金。王书金供述其曾多次强奸杀人，其中一起即1994年8月10日的石家庄西郊奸杀案，此时聂树斌已被枪毙。王书金落网后，包括著名律师张思之先生在内的四名律师担任聂树斌家属申诉代理人。从2007年开始就向河北高级人民法院审监庭提出复查聂树斌案一、二审死刑判决卷宗。2014年12月12日，最高人民法院指令山东省高级人民法院对聂树斌案进行复查。2016年12月2日，最高人民法院第二巡回法庭对原审被告人聂树斌故意杀人、强奸妇女再审案公开宣判，宣告撤销原审判决，改判聂树斌无罪。该案开启了中国异地复审的先河。

福珍案[17]、孙志刚案、[18]等典型个案的频发,不仅考验着司法的良知和司法的公信力,亦衬射出优质立法和优良司法对于公民权利保障及社会秩序良性运转的重要价值和意义。初入法学之门的法科生,代表着国家法治发展和法学研究的未来/生力军。如何培养他们对法律职业的职业操守和使命感,培养他们对法治的信念和信仰,理解法律规则之精髓、通晓法理之要义就显得至关重要,而这一切都首先得从"重视法条""解释法条"这一基础性工作做起。如果通过大学本科四年的法学专业学习和专业训练之后,我们的学生能够法条/法典不离手/离口,按照王泽鉴老师的说法,常常口中念念有词案件的请求权基础/规范基础/裁判依据的话,[19]那么,我们就可以骄傲地宣称,我们的法学教育是成功的。总而言之,要求法科生上课带法条是锻造学生职业荣誉感的起点和基点。

---

⑰ 2009年11月13日,四川省成都市金牛区城管执法局对一处"违章建筑"进行强拆,为了抗拒暴力拆迁保护自家三层楼房,成都市金牛区天回乡金华村居民唐福珍在自家楼顶天台自焚。2009年11月29日晚11时,唐福珍因救治无效死亡。成都唐福珍为对抗拆迁而自焚的事件发生后,引发了广泛的社会争议。2009年12月7日,北京大学法学院沈岿教授、姜明安教授、王锡锌教授、钱明星教授和陈端洪教授联名致书全国人大,要求审查《城市房屋拆迁条例》以决定其修改或者废除。

⑱ 2003年3月17日,广州某公司湖北青年孙志刚在前往网吧的路上,因缺少暂住证被警察送至广州市"三无"人员(无身份证、无暂居证、无用工证明)收容遣送中转站收容。次日,孙志刚被收容站送往一家收容人员救治站。孙志刚在这里遭到工作人员及收容人员的殴打,于3月20日死亡。孙志刚因其身份特殊(大学生)而产生了极大影响,许多媒体竞相披露了这一事件。该案直接掀起了对收容遣送制度的大讨论,包括贺卫方、盛洪在内的8位著名学者上书全国人大,要求对收容遣送制度进行违宪审查。2003年6月20日,国务院总理温家宝签署国务院令公布《城市生活无着的流浪乞讨人员救助管理办法》,6月22日经国务院第12次常务会议通过《城市生活无着的流浪乞讨人员救助管理办法》公布,并于2003年8月1日施行,同时废止1982年5月12日国务院发布的《城市流浪乞讨人员收容遣送办法》。"孙志刚案"被认为"以生命为代价推动中国法治进程"。孙志刚的墓志铭这样写道:"人之死,有轻于鸿毛者,亦有重于泰山者,志刚君生前亦有大志,不想竟以生命之代价,换取恶法之终结,其死虽难言为舍生取义,然于国于民于法,均可比重于泰山。"

⑲ 王泽鉴:《民法思维——请求权基础理论体系》,北京大学出版社2009年版,第2页。

三、要求法科生重视法条存在的可能误区及消解

当然,上述所言可能有些过于绝对。上课“重不重视法条”和“能不能学好法律”之间没有必然逻辑关系。这样的质疑具有一定的道理。但是,笔者依然认为,要求法科生上课重视法条仍然具有十分特殊的价值和意义。对于要求法科生上课重视法条可能会存在的这些(当然不限于)质疑和诘问,有必要在此澄清并释明。

第一,法学理论课可以不重视法条吗？在笔者认识的许多部门法学者、甚至不乏著名学者之中,有相当一部分学者对于法理学/法哲学的认识,存在天然的偏颇甚至误解。他们认为,法理学/法哲学就是脱离了具体实在法和具体法律规则的纯粹的“玄思”之学。法理学/法哲学是以法的理念为研究对象的,涉及法的规范形式和价值,不涉及具体法律规则的理解和适用。应当说,这种看法目前在国内还有着相当的市场。如果按照这种观点进一步推论,似乎法学原理/法理学/法学导论课堂就可以不重视/分析法条/法律规范了。在笔者看来,这种看法颇值得商榷。在笔者近十三年研习法律的过程中,在仔细研读一些域外法理学名家的著述后,惊奇地发现,域外诸多法理学大家往往在部门法领域也有着十分精湛的造诣。例如,德国伯恩·魏德士的《法理学》⑳在国内被誉为经典之作,但是,伯恩·魏德士本人就精通劳动法、法社会学,还曾担任过德国联邦政府“劳动法典起草委员会”的成员、德国公会联合总会劳动法咨询专家等职务。再如,卡尔·拉伦茨虽然是公认的民法学大家,但只要拜读过他的名著《德国民法通论》㉑和《法学方法论》㉒,想必谁也不

⑳ 中文译本参见[德]伯恩·魏德士:《法理学》,丁晓春、吴越译,法律出版社 2013 年版。

㉑ 中文译本参见[德]卡尔·拉伦茨:《德国民法通论》,王晓晔、邵建东、程建英、谢怀栻译,法律出版社 2013 年版。

㉒ 中文译本参见[德]卡尔·拉伦茨:《法学方法论》,陈爱娥译,商务印书馆 2005 年版。

会否认,他亦是一位优秀的法哲学/法理学家。其实,在笔者看来,真正的法理学/法哲学家也应当通晓一两门甚至多门部门法,这才符合法理学/法哲学和各部门法的关系逻辑和原理。毕竟,一般法理学的知识是从各部门法中概括、抽象和提炼出来的。法理学/法哲学原本就是各部门法中基本理念、基本问题的凝练和提纯。[23] 如果法理学/法哲学不以部门法知识为来源和皈依,就成了无本之木、无源之水。[24] 所以,笔者一直固执地认为,一个真正的法理学/法哲学家,如果只懂得高深的法哲学理论/原理,而不能将这种法哲学理论/原理具化到对部门法知识的理解和运用之中,具化到对具体法条/法律规范的解释和适用之中,那么,他掌握的法理学/法哲学理论/原理的可信度是值得怀疑的。同样,一门真正高质量的法理学/法哲学课堂,除了应当详细爬梳自然法学、分析法学、历史法学、社会法学等法学流派的历史脉络、详述柏拉图、康德、黑格尔、韦伯、凯尔森、哈特、边沁、耶林等名家学说之外,尤为重要的是,最终要能够将学说理论/原理运用到对法条/法律规范的解释和适用过程中来,体现在对案件事实和裁判结论的论证推理过程之中去,真正做到"既能上天、也能入地"。因此,在笔者看来,即便是法理学/法哲学这样和法条/法律规范看起来似乎"距离有点远"的学科,也应当重视法条/法律规范的功用和价值,也应当法条不离身、法典不离手。[25]

第二,重视法条不是为了记忆/背诵法条。务必要厘清并声明的是,要求学生课堂重视法条/法律汇编的目的不是为了背诵/记忆法条。笔者在教学过程中也发现,每当课堂回答问题或者期中、期末考试之时,许多学生总是口中念念有词,亦有学生在晨读之时,手端一本厚厚的法律

㉓ 参见陈兴良:《部门法理学之提倡》,载《法律科学》2003 年第 5 期。

㉔ 同上。

㉕ 当然,对于法学导/绪论、法理学、法哲学这些基础性学科,是否应当课堂常备法条以及如何利用法条,可能有学者会提出质疑。不过笔者认为多数时候也是必要的。例如,对于法理学的核心概念"权利"的理解,即可以从《民法通则》第五章"民事权利"《民法总则》第五章"民事权利"的规定入手,逐一分析和掌握私法上权利的概念、语义和类型;对于何谓"正义"的理解,也可以通过规范适用,在具体个案中衡量不同法律主体之利益谁更值得保护,理解何谓正义,何谓非正义。

汇编/法典,反复地朗诵和记忆,似乎沉醉其中不能自拔。笔者常常怀疑,这类学生是不是真正弄懂了法条/法律规范的存在价值,理解了法条/法律规范背后的精义。笔者一贯坚决反对背诵/记忆法条的讲授/学习方法。对于初学者而言,对于各部门法中的一些核心条文,在还尚未完全理解和领会的情况下,稍加记忆是有益的。但是,这种背诵/记忆法条的方法却未必符合法学学习的内在规律和基本要领。法学作为一门实践技艺和实践科学,法律规则不是绕口的文字游戏和文本堆砌,以体系的形式将法规范之间的意义脉络表现出来,乃是法学最重要的任务之一。[26] 法律规则和规则之间要遵循基本的法律逻辑和法体系之要求。并且,只有当抽象的法律规范和具体的法律事实遭遇、在具体的权利义务关系当中分析法律规范适用之时,法律规范的价值和实际效用才能得以凸显。因此,对法条/法律规范的学习应当是立体的、动态的而非扁平化的。法科生教育的重心应当在于对法条的理解、感知以及体系化解释能力的培养和塑造,而不是死记硬背。要求学生带法条的目的是在课堂讲授过程中,当针对特定的内容部分、分析典型案例或者疑难案例的时候,能够快速、准确地找到系争案件的法条/请求权基础/裁判依据,理解法规范的意旨以及规范之间意义脉络和体系关联,唯有这样,才能学到法律解释学/教义学的精髓。

第三,网络查询能取代法条吗?要求法科生上课带/重视法条面临的最直接的质疑和拷问就在于,在当今这样一个互联网和电子信息普及的时代里,只要用手机等信息工具随便一查,便可以找到相应的条、款、项以及条文的详细说明和解释,还需要学生随堂带一本纸质的法条/法律汇编/法典吗?笔者不否认网络查询的快捷性和全面性,但是,笔者在教学过程中也曾多次发现,当要求学生寻找系争问题/案件事实请求权基础的时候,许多学生查找到的法条却是不完全、表述不准确,甚至条文序号和条文内容不相符的法条,这让笔者哭笑不得。而在课堂讲授的过程中,有相当一部分学生却利用网络聊天、刷剧、看小说、看电影、听音

---

[26] 参见[德]卡尔·拉伦茨:《法学方法论》,陈爱娥译,商务印书馆 2005 年版,第 316 页。

乐、打游戏。[27] 你无法准确地知晓他/她在课堂上是将手机作为学习工具还是娱乐工具在使用。当我问及具体的法条/法律规范的时候，常常不知所云。互联网上的信息排山倒海，未经充分的筛选、甄别、过滤，可谓泥沙俱下。恰如老子所云："五色令人目盲，五音令人耳聋。"[28]对于刚刚迈入法学课堂的本科生而言，过于提倡/鼓励其在课堂教学中采用网络查询方式，恐怕最终只会"异化"为学生自我堕落的工具，丝毫起不到辅助/帮助学习之作用。与其以拿手机查法条为由混淆视听，不如恰当的做法是，要求法科生上课之时，根据该门课程的性质、课程内容以及设置进度，常备一本权威纸质版的法条/法律汇编/法典，以备听课内容之需（如民法总论课就应当常备《民法通则》《民法总则》及其司法解释；公司法课就应当常备《公司法》及其司法解释；证券法课就应当常备《证券法》《证券投资基金法》及其司法解释），以尽量减少网络查询带来的海量信息筛选和误导之可能性。将网络查询仅仅作为一种临时工具或辅助工具使用，从而渐次培养学生"规则至上"的观念以及法解释学/教义学的素养和能力。

第四，法条至上/中心不是本本/教条主义。为什么法科生上课必须带/重视法条？这种强制性要求背后的目的和初衷是什么？前文已述及，如果仅仅从"带法条"这一行为/举措而言，"带法条"和"学习法律"显然是两码事。带法条不一定能培养起良好的法律思维能力和法解释学/教义学能力。应当说，这样的质疑和诘问是有力的。但是，从另外一个角度而言，对于一个初入法学殿堂的法科生而言，课堂上强制要求带/重视法条还有更深层、更真切的意义和价值。笔者认为，从初入法学之门的那一刻起，法学课堂就应当始终以培养法律至上/中心主义的观念/思想为圭臬。要求法科生带/重视法条不是目的，而是手段，是良好的学习习惯以及法律思维和法律至上观念培养的基点和起点。一个刚走入

---

[27] 当然，也可能是笔者的修为有限，课堂讲授内容的趣味性不强、吸引力不够才导致学生注意力的转移。对此笔者深深自省并在后续教学、研究中逐步改进。

[28] 老子《道德经》第十二章。原文为："五色令人目盲；五音令人耳聋；五味令人口爽；驰骋畋猎，令人心发狂；难得之货，令人行妨；是以圣人为腹不为目，故去彼取此。"

大学的法科生,其心智和思想等各方面还处于成长和型塑过程之中。因此,从他们入学的第一堂课起,就应当在部门法的学习过程当中,牢固地树立起重视法条的意识,尽管这是一个看上去似乎有些形式化的举措,但是从长远来看,对于学生的法条至上/中心的意识和法律思维能力的型塑和培养,却具有不可估量的意义和价值。

四、结语

最后,需要声明并强调的是,本文言及的要求法科生上课重视法条是有探讨视域界限和前见的,即完全是从学生的法律思维和法解释学/教义学能力培养的立场考虑的。也许按照常人理解观之,这样的要求看起来有些"蛮不讲理""苛刻""一刀切"甚至存在"僵化"之嫌。但是,在法律这样一门逻辑严谨、错综复杂的学科面前,我们多一些要求——当然前提是正当、合理的要求——对于法科生的学习以及法律思维的培养当然是有益的。虽然从要求法科生重视法条这一简单甚至无须赘言的要求/举措,似乎并不能真正说明什么实质问题。但本文依然认为,对于一个法科生而言,法律思维和法解释学/教义学能力的培养,首先应当从重视法条这一简单的行为和要求做起。因此,法科生上课应当重视法条不仅是必要的也是必须的。

Why do Law Students Have to Emphasize Laws in Class Teaching?

—The Interpretation Based on the Position of Hermeneutics/Dogmatics

Xue Bo

Abstract: At present, affected by the multiple factors such as history and reality, there are still some serious shortcomings and deficiencies in the understanding of the importance of law/legal rules among Chinese law students. The most direct manifestation is that students' ignorance or negligence of the existence and value of laws in class teaching activities. The consequence of this phenomenon is that after four years of undergraduate education, students still cannot carry out a refined analysis of the legal rules, and ultimately it is difficult to cultivate rigorous and thorough hermeneutics/dogmatics of law and the ability of legal thinking. Laws have a very special status and value in the process of law students' learning. Laws are the textual basis for the cultivation of lawyers' ability to think, an important symbol for the identification of law students, and the starting point for forging the professional sense of honor of students. Therefore, it is greatly significant to emphasize students' attention to the law in class teaching. Of course, it should be noted that even in jurisprudence class laws should also be emphasized. The purpose of emphasizing laws in teaching is not to memorize/recite the law. Online inquiry cannot replace the existence of laws, and the law-centered teaching idea is not pure rigid and dogmatic.

Key Words: Law, Hermeneutics/Dogmatics of Law, Legal Thinking

我国知识产权高等教育四十周年：成就、问题及其解决对策

冯晓青[*]　周贺微[**]

摘　要：我国从20世纪80年代年末开始知识产权高等教育，至今已经有40个年头。在此期间，我国在知识产权高等教育及衍生教育上取得了巨大成就。但与此同时，知识产权高等教育发展与我国知识产权事业的发展目标还不大吻合，这不仅带来了诸如知识产权高等教育理念与知识产业发展理念相脱钩、知识产权高等教育人才培养不能满足知识产权事业发展需求等问题，还因为长期固化的知识产权高等教育带来改革困难。为使我国知识产权高等教育更好地服务我国经济社会和科技文化发展，应当提高知识产权高等教育改革的力度，科学化知识产权高等教育目标、建立独立的知识产权学科、丰富知识产权课程设置、建立多源头的财政支持体系，并增强实践中知识产权人才的宽容性。

关键词：知识产权　高等教育知识产权　事业改革

---

* 冯晓青，中国政法大学教授、博士生导师，研究方向：知识产权法学。

** 周贺微，北京工业大学讲师，研究方向：知识产权法学。

较早的高等教育概念及构想出现在柏拉图的理想国中，其教育对象为20～30岁的年轻人，并以政府高级管理为培养目标。① 随着社会发展高等教育的功能及理念也逐渐发生转变，其20世纪之后高等教育发挥着知识传播与扩散的功能，并服务于国家发展需要。② 中华人民共和国知识产权高等教育起源于20世纪80年代，至今已有40个年头。③ 我国知识产权高等教育在此期间为我国知识产权事业的发展、经济文化的发展提供了强有力的支持。但是，较之于其他国家及社会对它的期待，仍然有非常大的优化空间，值得大幅度改进。

一、我国知识产权高等教育40周年之成就

自20世纪80年代中国开展知识产权高等教育至今，我国知识产权高等教育取得了丰富的成果，为我国经济社会发展贡献了大量人才，并极大地推动了我国知识产权事业及相关领域的发展。在此期间我国也从精英高等教育转向了大众高等教育阶段，④形成了新的知识产权高等教育局面。

（一）培养了大批高等教育知识产权人才

我国知识产权高等教育作为知识产权教育的最初始模式，为我国知识产权事业输送了大批人才。这不仅包括为我国高等教育事业提供教育服务的高校教师，还包括新涌现的知识产权司法实务的法官和律师、知识产权中介机构的知识产权代理人员等，并且很多早期知识产权高等教育培养出的人才已成为业界翘楚、业界发展引领人等，⑤还有知识产

---

① 参见徐辉等分卷主编：《高等教育》，吉林教育出版社2000年版，第1页。

② 参见黄建如：《比较高等教育——国际高等教育体系变革比较研究》，社会科学文献出版社2008年版，第1页。

③ 参见金海军：《20年回眸中国知识产权高等教育》，载《中国发明与专利》2007年第11期。

④ 参见姚加惠：《高等教育学制比较研究》，厦门大学出版社2014年版，第1页。

⑤ 参见金海军：《20年回眸中国知识产权高等教育》，载《中国发明与专利》2007年第11期。

权学人为国际知识产权方面做出了杰出贡献。[⑥] 可谓我国知识产权高等教育对社会的人才贡献。

我国2008年《国家知识产权战略纲要》序言中提及“知识产权服务支撑体系和人才队伍建设滞后,知识产权制度对经济社会发展的促进作用尚未得到充分发挥”,并在第60条提及“建设若干国家知识产权人才培养基地。加快建设高水平的知识产权师资队伍。设立知识产权二级学科,支持有条件的高等学校设立知识产权硕士、博士学位授予点。大规模培养各级各类知识产权专业人才,重点培养企业急需的知识产权管理和中介服务人才”。在此之后的十年里,我国知识产权高等教育人才招收规模大大增加,并且随着知识产权法专业从传统民法专业分离,知识产权法专业的人才招录规模也大大增加。仅以中国政法大学为例,从2008年到2018年,高校知识产权法专业的硕士每年输出将近30人,法硕知识产权人才每年输出将近50人,知识产权法专业博士每年输出将近7人。此外,法律卓越人才实验班法硕每年输出知识产权法专业方向人才近15人,中欧法学院每年输出知识产权法专业方向硕士4名。

(二)知识产权高等教育结构逐渐分布合理

从20世纪80年代的知识产权高等教育的探索,到当今知识产权本科教育、硕博士教育及博士后研究项目的遍地开花,我国知识产权高等教育取得了丰富的学历及层次分布,综合形成了相对较为完善的教育体系分布。[⑦] 截至2018年,我国已经有35所高等院校成立了知识产权学院,[⑧]并实行本科生、研究生、博士生开始正规招生的成绩。依托于知识产权相关的研究机构和中心,我国还在知识产权相关的项目上建立了博士后研究项目,为我国当前知识产权最高等的研究合作层次。在职教育中,知识产权专业备受欢迎,很多已经工作的同学开始返校学习知识产

---

⑥ 如刘春田教授于2018年获美国商会知识产权教育杰出成就奖。

⑦ 参见周园:《高等知识产权本科人才培养的路径探寻——以知识产权服务业需求为导向》,载《重庆理工大学学报》(社会科学版)2018年第8期。

⑧ 参见陶鑫良:《35所高校建知识产权学院(系)+76所高校设知识产权(法学)本科专业》,载 http://wemedia.ifeng.com/55617889/wemedia.shtml,最后访问日期:2019年4月10日。

权相关专业知识。

在高等教育课程设置上，我国知识产权高等教育已经完成基本课程的设置，并有大量相关基本教材等产出，为人们了解、学习知识产权内容提供了大量资源。在高校知识产权法律诊所也崭露头角。[⑨] 同时，通过协同创新知识产权人才培养模式、产学研模式等尝试，成功建立了知识产权应用型人才及知识产权综合型人才培养模式的探索。在具有理工科背景知识产权人才的高等教育问题上也取得了喜人的成绩，他们构成了专利相关工作的中坚力量。

我国虽然在知识产权事业的发展及高等教育上存在较大的区域性差异，但是近年来基于地方政府及地方知识产权部门对知识产权高等教育的支持力度增大，中西部地区也开始在地方高校成立知识产权学院。如以河南省为例，中原工学院于2014年成立知识产权学院、郑州大学在2015年成立知识产权学院、河南师范大学于2017年成立知识产权学院、河南财经大学在2018年成立知识产权学院。地方高校对知识产权高等教育的热情并不低，越来越多的中西部地区知识产权高校将成立知识产权学院以服务当地知识产权事业的发展。

（三）有效支撑了我国知识产权事业的发展

知识产权高等教育为我国知识产权事业的发展输送了大量的优秀人才，他们中部分成为我国知识产权事业发展的中坚力量，并引导我国知识产权事业的进一步发展。知识产权高等教育贡献的人才，他们投入知识产权行政管理、知识产权司法审判、知识产权企业参与、知识产权科研教学、知识产权中介服务等各行各业的建设中去，为我国知识产权事业的发展提供了专业的服务和鲜活的力量。

通过高校与政府及企业的产学研结合项目建设，有力疏通了我国知识产权的科研与成果转化，为我国知识产权转化率低等问题提供了可解决路径。我国知识产权高等院校承担了大量国家知识产权科研项目，并为我国知识产权相关事业的发展贡献了大量可用智慧。知识产权高等

---

⑨ 据统计，截至2016年只有50余所高校开设法律诊所，其中开设知识产权法律诊所者更少。参见秦勇：《“法律诊所”教学评价模式探析》，载《教育评论》2016年第9期。

教育事业为我国知识产权为中心辐射的综合国力的提升,贡献了不可估量的价值。

除此之外,我国知识产权高等教育的发展,也对我国知识产权文化的培育提供了肥沃的土壤。知识产权保护理念深入人心,普通民众及单位对知识产权的尊重态度与日俱增。这对我国日后在知识产权事业上获得进一步的成果提供了坚实基础与成功经验。

知识产权高等教育的显著成果也使我国知识产权事业的发展逐步取得了国家和政府的重视。结合我国知识产权事业发展需要,知识产权高等教育也将在未来取得进一步的繁荣。

二、我国知识产权高等教育仍然存在的问题

(一)知识产权高等教育培养模式存在问题

知识产权高等教育问题首先体现于培养模式满足不了学生的需求及社会的需求,这是一个很多国家共同存在的问题。⑩ 截至 2018 年年初,我国已经有 35 所高校成立了知识产权学院,有 76 所高校设立了知识产权(法学)专业。⑪ 我国知识产权相关专业高等教育人才规模逐渐扩大,硕博士招生的多元化培养模式也扩大了知识产权高等教育招生数量。⑫ 但是,我国高校包括知识产权在内的高等教育,在培养学生上花费的精力过少,这造成学生走出高校仅仅局限于书本或者课堂知识,并没有培养出他们的能力。这对于其他学科来讲可能在工作中,这些毕业生能够有进一步学习的机会,但是对于知识产权相关领域的毕业生来

---

⑩ Steven Brachmann,"The State of IP Education Worldwide:Seven Leading Nations", Accessed April 2019. http://www. understandingip. org/wp-content/uploads/2016/05/CIPU-State-of-IP-Education-Worldwide. pdf.

⑪ 参见陶鑫良:《35 所高校建知识产权学院(系)+76 所高校设知识产权(法学)本科专业》,载 http://wemedia. ifeng. com/55617889/wemedia. shtml,最后访问日期:2019 年 4 月 10 日。

⑫ 参见杨涛等:《试论我国知识产权人才培养的时代背景和基本模式》,载《工业和信息化教育》2018 年第 2 期。

讲,他们在工作中的学习机会并不能弥补在高等教育阶段知识产权能力弱的不足。因为知识产权相关的工作不仅要求工作人员具有宽的知识面,更需要对相关的具体问题兼具法律与其他学科的知识。追究其背后,仍然是现在的知识产权学院设立欠缺合理性。如有的学校是知识产权学院,有的学校是知识产权法学院,还有的学校建立的是知识产权管理学院。在这些学院背后仍然存在大量的"两套牌子,一班人马"的现象,也即知识产权学院的建立在很多情况下并没有独立出来,构建独立的师资和教学培养设计,而是挂靠或依附于如法学院、管理学院等。这导致学院在独立性及独特性发展上有一定的障碍,现实中也存在知识产权相关的课程设计仍然是传统的课程设计,只是招生结构转变而已。这对培养出新的、全面的知识产权人才仍然是不足的。知识产权课程设置不深入也是造成知识产权人才培养不能够满足需求的重要原因。知识产权本科教育不在于专业,而更多地在于知识的全面接触及认知。现在很多知识产权学院已经开始招录知识产权本科生,这也就意味着必须构建知识产权产业社会需求的知识体系和课程才能够满足知识产权本科生的求学目的。但是,基于目前知识产权专业分类来看,以知识产权法为例,有的学校课程丰富,不仅有传统的知识产权法总论、著作权法、专利法、商标法课程,还有专利检索分析、知识产权法案例、知识产权国际保护等课程,充分实现了课程的多元化和理论结合实践的示范效应。但是,有些学校知识产权本科课程较为单一,有的学校还仅仅对本科生传授知识产权法入门课程。此外,知识产权硕士研究生的课程与本科生课程"雷同"也是问题所在。知识产权硕士生与本科生的定位差异化并没有引起足够的重视。

与此同时,教学方式也存在相当大的问题。知识产权是兼具理论与实践的学科,甚至比起传统学科其具有更强的实践需求。在构建学生实践能力提升方面,东部发达城市相对来讲具有天然的优势,而在中西部地区当地的知识产权业务本身就不足,这难免造成学生实践机会欠缺的后果。对于热衷于实践能力培养的学校对学生实行"放养"是问题的另外一个极端,这种情形下很多学生主动将大部分时间花费在外出实习实践上,以致对学校的课堂等关注度不足。此外,高校设置的培养方案或设计也并没有被学生深知、践行,更像是流于形式的学校文件。甚至可以说,比起教育机构制订出的培养计划的丰富性,对学生来讲更为重要的是教育机构和教师对学生多些培养和指导机会,避免学生接受高等教育无效的尴尬局面。师资是教学的重中之重,师资力量不足也是成因之一。师资力量不足包括师资数量不足和质量不足。师资数量少是当前我国知识产权高等教育招生规模扩大面临的最重要难题。此外,要培养出符合社会要求的学生,高校教师有必要增强培养意识,自己的实践能力有必要增强,或通过引进外部资源来增强学生的实践能力,争取为学生能力的提升创造机会。我国知识产权高等教育招生规模的扩大,但是教育的师资力量与资源并没有有效跟进,颇有盲目追求规模大和层次高的姿态,⑬这不仅造成教育资源的浪费,也影响了我国知识产权高等教育在社会运作体系中为社会供应人才的功能发挥,有必要对此问题认真对待。

(二)我国高等教育人才"走出去"困难

"走出去"困难分为两种层面,第一层面是我国知识产权高等教育人才走出"校门"困难,第二层面是我国知识产权高等教育人才走出"国门"困难。走出校门与走出国门是两个维度的知识产权人才输出渠道,这两个维度共同构成了我国知识产权高等教育人才输出的两个重要战略渠道:我国知识产权国内事业和知识产权国际事业。

据统计,我国知识产权人才就业率实际上并不十分理想,在 2014 年知识产权本科还被列入教育部就业率低专业前 15 名单,⑭但是在此之前有学者表示"知识产权专业大学毕业生就业紧俏"⑮仿佛与前观点相反。究其原因在于,乐观者看到的是发展良好城市的知识产权高校毕业生就业,并没有将全国的知识产权就业考虑进去。这与高校知识产权人才培

---

⑬ 参见姚加惠:《高等教育学制比较研究》,厦门大学出版社 2014 年版,第 1 页。

⑭ 参见吴佳坤:《公布低就业率专业名单,"中枪"的是谁?》,载《科技日报》2014 年 10 月 23 日,第 7 版。

⑮ 周大正:《知识产权专业大学毕业生就业紧俏》,载《温州商报》2013 年 9 月 18 日。

养与当地的人才需求不相匹配有关。随着我国对知识产权发展的重视，知识产权就业岗位的提升也缓解了这种就业难的状况，但是仍然不可忽视毕业生不能够有效满足用人单位需求的局面。

我国知识产权高等教育人才走入实践困难主要在于企业认为人才难以满足他们的标准。这不仅与高等教育的培养计划有关，还与高校及企业坐落的地域有关。如在北京等一线城市，知识产权实践资源和机会较为丰富，如相关的学生可以去知识产权相关的审判部门、检察部门、律所等实习，也可以选择到公司实习，还有机会到相关政府部门及事业单位实习、挂职等。他们毕业之际就已经掌握了丰富的实践经验，在用人单位的招聘中很容易脱颖而出。再者，发达城市的招聘机会也更多，他们被录用的机会也更加广泛。

就业难的问题，不仅在于客观的知识产权高等教育的课堂等安排不足和科学性欠缺，更在于当前尤其是坐落在大城市的高等教育本科生、研究生，他们热衷于实习，并没有充分利用在校时间多涉猎相关知识。基础知识的广度与深度的不足，间接导致了他们在走出校园后在实践中不能够举一反三，而实习单位所学的实践技能，他们在工作中初开始会有优势，但是在后续的工作中很可能会因知识产权知识的欠缺而导致优势和潜力不足。当然，这种学生过多介入实习的现象，与我国当前很多人鼓励的所谓提升实践能力有关，更与学校对人才的培养能力及监督能力不足有关。放养式的中国高等教育给直觉能力不足的本科生、研究生、博士生大量空余时间，他们走出去的能力及后续的发展潜力与他们怎么利用大量空余时间紧密关联。

培育出的人才走出国门是我国知识产权高等教育的一个目标。随着我国知识产权的发展，社会上也越来越需要具有国际视野和国际经验的人才。他们的技能及经验对我国国内知识产权事业的发展发挥着输入新鲜血液的作用。我国知识产权高等教育人才走出去困难，与语言不过关、知识产权体系有差异等因素相关。国家对知识产权高等教育走出去的支持并没有特殊之处，甚至在国家留学基金委的支助中并没有认识到知识产权专业人才也是国家急需人才种类。因此，机会的有限性及相关因素的综合,使我国知识产权人才走出去相对有限。

(三)知识产权高等教育之下的就业“歧视”

我国知识产权事业的发展及知识产权文化培育均起步较晚,国内对知识产权的重视更是在近十年才有起色。即便通过这些年高等教育发展带来了知识产权的广泛普及,但仍有很大一部分人对知识产权不熟悉、不学习、不关心,在就业过程中对待知识产权高等教育出来的人才,也存在以“有色眼镜”对待的情形。如在公务员招聘专业限制中,有的并没有知识产权法或知识产权专业,同时有些公务员招聘单位也不认为知识产权隶属于民商法范围,因而知识产权法、知识产权专业的毕业生,并不如传统法学学科就业优势明显。当前市场还认为,知识产权专业、知识产权法专业的毕业生可能掌握知识产权专业知识,但是并不能确保他们能够胜任法务岗位,因为在他们眼中,知识产权法毕业的学生并不具备民商法、经济法等知识,而他们法务岗位却需要处理公司内包括知识产权、合同等多元化内容的法律事务。这就造成市场有需要知识产权人才的,但同时又欠缺精确的知识产权人才定位与输送渠道。此外,置于管理学院下的知识产权学科缺乏足够的知识产权法课程,使知识产权专业的学生走向社会将面临对知识产权法陌生、对知识产权法和程序等理解不足等现象,这同样会使人才输出与社会期待形成一定的差距,而这些差距如若在短时间内难以看到弥补的空间,知识产权人才就会面临一定的质疑。这种就业“歧视”,本质上并不是真正意义上的“歧视”,而是我国社会对知识产权、知识产权教育理解不够,对知识产权相关岗位职责构建模糊、重叠等带来的,加之知识产权岗位在相关的公司存在一定的稀缺、但是又有很多的知识产权相关问题,因而这些单位对知识产权的人才寄予较大的希望。因此,知识产权高等教育并没有被社会充分理解,也没有充分实现社会对之予以的期待,这有知识产权高等教育的问题,当然也有社会对知识产权教育理解的问题,不可否认,这也从侧面显示了知识产权高等教育的广泛普及仍有待加强,知识产权文化的培育仍有待提升。

(四)知识产权高等教育区域差异化严重

我国知识产权高等教育机构分布严重失衡,如根据相关统计,地方越发达、知识产权高等教育机构就越多，反之亦然。⑯ 知识产权高等教育培养出的知识产权人才，一般会在大城市工作、生活。在地方城市和边远地区，知识产权发展有限、工作机会有限、工作待遇有限等条件限制，共同限制了在当地知识产权高等教育发展。⑰ 与此同时，也正是因为知识产权高等教育人才当地自给不足，当地的知识产权事业发展潜力欠缺挖掘。双向的信息及有效沟通不足，带来这些地区知识产权高等教育的落后。即便是从外地调入知识产权人才，也因为不适应当地的相对落后条件及对待知识产权态度等问题，很可能造成进一步的知识产权高等教育滞后。

（五）知识产权事业反哺知识产权高等教育不足

我国知识产权高等教育的发展，为我国知识产权事业的发展输送了大量人才。我国知识产权高等教育的发展也需要除国家教育财政之外的资金等相关的支持，但是我国当前知识产权事业对知识产权高等教育的反哺并不充足。这主要体现为，知识产权高等教育得到的外界资金支持不足，知识产权高等教育得到的外界提供的人才培养支持不足两个方面。在发达地区，知识产权高等教育事业反哺知识产权高等教育相对充分，如步入社会、发展良好的知识产权人才，他们会通过向母校捐款、建立知识产权高等教育基金、奖学金、提供实习岗位、就业岗位、提供讲座等多种形式，实现其对知识产权高等教育的有效反哺。但是在大多数场合，这种反哺力量还十分欠缺，尤其是地方知识产权高等教育，他们从政府部门得到的财政有限，如果要得到良好的发展，有待于社会知识产权事业的反哺。

---

⑯ 参见冯晓青等：《我国知识产权学历教育及教学科研机构研究》，载《武陵学刊》2015 年第 2 期。

⑰ 如据统计，2017 年知识产权人才招聘需求广东占据 25%，北京占据 17.15%，上海占据 15.03%，超过 3% 的省份有江苏、浙江、四川，其他均在 3% 以下，充分现实了我国知识产权人才需求的地域性差异。参见广东智诚知识产权研究：《2017 年全国知识产权人才招聘及薪酬分析报告》。

三、我国知识产权高等教育完善之对策

(一)建立因学历层次而宜的知识产权高等教育目标

应用型人才、复合型人才,是知识产权事业发展对知识产权高等教育人才培养的需求;研究型人才也是知识产权事业发展必不可少的类别。因此,在讨论知识产权高等教育的完善时,理应将知识产权高等教育的目的明确,避免仅仅以培养实务型人才为中心或仅仅以培养理论型人才为目的。我国知识产权高等教育应当建立相对明确的不同等级知识产权高等教育目标。第一,对于本科知识产权高等教育,应当以通识教育与专业教育相并行,⑱并不能将本科知识产权高等教育作为向社会输出对口员工的工具。甚至可以认为,向社会输出对口员工的任务应当由专科教育或职业培训来承担。所谓的通识教育也即面向公众的广泛教育,不具有排他性,⑲专业教育也即以学科为中心进行专业培养的模式;相比较之下,通识教育的深度不及专业教育,而专业教育的知识面广度小于通识教育。第二,对于研究生教育,应当契合研究生教育的种类及生源的主要特点予以分别培养。如有的专业类别是跨专业的知识产权综合型人才,在他们的培养模式上理应增强他们对后专业类别的学习吸收,并辅助提升他们的研究能力。对于学术型的研究生教育,应当着重他们的知识产权专业素养的培育,提升他们在学科科研能力上的优势发挥。“尺有所短,寸有所长”,对于研究生的教育应当给予学生充分的选择机会,虽然在培养方向上有所侧重,但是并不能限制他们在选择自我提升上的可能性,如提供给他们丰富的可选择课程。第三,对于知识产权博士生的培养,应当在专业研究能力的培养之外,避免他们过窄限

---

⑱ 参见康全礼:《我国大学本科教育理念与教学改革研究》,中国海洋大学出版社2012年版,第1页。

⑲ 参见刘冰:《论中国法学本科人才实践教学模式的优化》,载《法学教育研究》2018年第4期。

制自己的研究范围。现在流行的以毕业论文为研究方向的培养模式，虽然可以使他们在某些问题上成为未来的“专家”，但是忽略他们其他方面科研能力的培养可能会导致他们在日后的发展中“路”越走越窄，对社会的贡献力度有限。

对于通识型人才，多向他们提供知识拓展机会，尊重他们个人发展意愿。对于偏应用型人才，可以充分利用产学研、法律诊所、实验室等方式，多建立他们参与实践的机会。对于偏科研型人才，多建立相应的科研项目及机会，尊重他们的科研偏好。对于综合型人才的培养，最具难度，因为所谓的综合型人才很容易落入看似“什么都懂”却“什么都不懂”的尴尬境地。因此，对于综合型人才的培养，必须加强他们的优势点挖掘。

（二）丰富知识产权高等教育学科/课程建设

当前的知识产权法学、知识产权管理学等二级学科很难满足知识产权专业内容，其知识产权学科、专业之间的交叉融合设置也成为难题。[20]因此，在未来可考虑设置知识产权更高学科等级，以配合知识产权学院成熟发展及知识产权高等教育培养人才、为我国知识产权事业发展贡献更多的潜力。况且，学科不独立的情况下，当前很多知识产权学院的成立并不能对知识产权高等教育的发展提供最大的贡献。因为当前很多知识产权学院都是挂靠于法学院或者管理学院等，并没有独立的开展工作的条件，他们的财政等资源都要受制于其他学院。然而，这种受制并不能得到充分的资源共享，如将知识产权学院挂靠于法学院，法学院的领导并不认为知识产权仅仅是法学内容，事实上知识产权法学也的确仅仅是知识产权的一部分。因此，资源的分享性有限。再如，知识产权挂靠于管理学院，基于知识产权的非独立学科性质，知识产权学院与管理学院“一套人马，两个牌子”，知识产权高等教育的独立性及活动的展开，仍然要依附于管理学院。但是，知识产权高等教育事业的发展毕竟与管理学院具有不同的内容，院领导的思维并不一定能够理解知识产权

---

⑳ 参见杨涛等：《试论我国知识产权人才培养的时代背景和基本模式》，载《工业和信息化教育》2018 年第 2 期。

发展需要的思维。因此,学科建设的独立性,将有助于学院独立和学科发展的独立。只有建立独立的知识产权学科,才能够有效保障知识产权高等教育事业的独立发展。

目前我国知识产权高等教育基本可以分为本科教育、研究生教育、博士生教育、在职教育等。我国知识产权高校课程设置以学历为标准,分别设置本科课程、硕士课程、博士课程、在职教育课程。这不仅造成课程选择上的困难,也造成老师授课重复性高的特点,造成授课资源浪费严重。更为严重的是,这种课程分离设置,使课程并不是以人的选择为标准,而是默认学历与知识需求一致。但是,现实中有知识产权法的博士,他们可能并不具有本科知识产权教育基础,故此他们也可能需要去上本科课程。这种情形可以借鉴国外的以学生选择为导向的授课模式。如美国加州大学伯克利分校法学院课程,对所有法学院学生开放选课,并不因其学历层次而有所限制。如其开设的知识产权入门课程"intellectual property law introduction",博士生也可以选择。但是,这并不意味着所有的课程参加没有标准,如对于研讨性质的课程,其选课条件是上过知识产权基础课程"intellectual property law introduction"。在课程选择和设置上,高校应当引导和鼓励教师开展多元化的课程类别与课程内容。教师创新及传授知识和理念创新是引导学生进行创新的最有效方式。传统我国知识产权高等教育课程对我国培养创新型知识产权人才来讲,略显不足。如加州大学伯克利分校的知识产权课程除了传统的知识产权法、国际知识产权法、跨国知识产权法、著作权法、专利法、商标法课程之外,还有中国知识产权法、商业秘密法、娱乐法、游戏法、知识产权与创业、专利诉讼等。当然,跟随课堂优化的同时,也应当注重参考教材的优化、上课所用材料的优化。

只有独立知识产权学科建设、丰富知识产权课程,才能够真正建立起我国独立的知识产权高等教育成果培育体系。知识产权高等教育资源可接触性强,有利于知识产权人才培养。充分吸收知识产权知识、并在学习机会充分的情况下,知识产权人才能够在日后工作过程中可以胜任多种知识产权有关的工作，避免知识人才流失向非知识产权行业。[21]如果没有独立的知识产权学科，很难在实践中建立科学可用的资源体系。

（三）建立与知识产权高等教育期待值相适应的财政支持

无论是国家还是民众均对知识产权高等教育期待良多，但是任何教育的展开和发展都离不开财政支持，可以说经费是知识产权高等教育工作的重要保障。[22]目前我国知识产权高等教育经费大多数来源于国家及政府的教育经费划拨。但是，知识产权高等教育的发展及相关工作的开展，需要比公共教育经费划拨更多的经费。尤其是对于教育部划拨经费过少的高校来讲，基于马太效应他们发展知识产权高等教育更是"巧妇难为无米之炊"。故此，拓宽知识产权高等教育经费来源，具有重要的意义。

首先，教育部及国家知识产权行政管理部门，可以相应地提升我国知识产权高等教育的经费支持力度。知识产权高等教育事业利国利民，对我国"中国制造 2025""万众创新、大众创业""国家知识产权战略"目标等促进具有重要作用，对我国的综合国力提升具有关键作用，因而其发展也应当得到社会的广泛支持。其次，呼吁社会力量对知识产权高等教育事业予以支持。在有些高校已经实现了企业对高校知识产权高等教育事业予以支持的稳定合作，如微软与清华大学知识产权携手创立的创新与知识产权联合研究中心、万慧达在包括中国政法大学在内的高校为知识产权专业学生设立奖助金、黄金智慧知识产权代理公司在郑州大学为优秀学生设立奖学金等。企业对知识产权高等教育的资金支持与参与不仅扩大了他们在未来年轻知识产权人才中的影响力，还能够有效支持我国知识产权高等教育事业的发展。最后，可以充分利用知识产权高等教育优势、尤其是知识产权高等人才储备优势，建立高校知识产权

---

[21] 据统计，我国知识产权人才流失，最主要的是知识产权法学人才的流失。参见智诚知识产权：《2017 知识产权行业人才流动报告》。

[22] 参见杨涛等：《试论我国知识产权人才培养的时代背景和基本模式》，载《工业和信息化教育》2018 年第 2 期。

研究中心与实验室,为社会提供知识产权咨询等服务,将收入用于知识产权高等教育的展开。

社会对知识产权高等教育有多少期待,就应当有多少投入与参与。知识产权高等教育事业不仅仅是高校师生的事宜,更是国家和社会需要有效参与的大事。在未来知识产权高等教育优化过程中,更需要相关方面“解囊相助”,共同推动我国知识产权高等教育事业的发展。

(四)增强对知识产权高等教育知识产权人才的宽容性

知识产权高等教育的目的并不是培养全能型的知识产权业务机器,更不是为知识产权企业培训对口员工。知识产权高等教育的目的应当定位为为我国知识产权事业的发展提供有独立思考能力的大众高等教育人才+具有知识产权专业研究能力的研究型精英人才。而对于培养符合知识产权公司业务能力的知识产权人才,不应当作为我国高等教育的首要目的,但是可以作为丰富我国知识产权高等教育的一个部分,如通过建立丰富的产学研模式,提升知识产权高等教育人才对社会实践的适应能力,建立高校教育与工作实践的有机结合与衔接机制。

值得强调的是,现在的知识产权高等教育不足带来的对人才独立思考和专研能力培养不足,貌似被人误解为是知识产权高等教育不能直接为企业输送可适用人才。这一现象的错误点在于,迷惑了知识产权高等教育与企业人才培养的角色。企业需要的人才,企业可以自己单独培养;司法需要的人才,司法单位可以单独特色培养。只要经过知识产权高等教育的人,理当具备的不是直接在实践中娴熟的技能,而是相关的知识与思考研究能力,他们内在的这些知识与能力的储备足够他们在步入社会之后迅速适应社会需求。社会对高等教育人才培养的结果应当予以一定的宽容性,对相关的人才素质应当有理智、科学的理解。

(五)充分鼓励知识产权高等教育对外合作

我国知识产权高等教育走出去现存困难,与知识产权高等教育可用资源有限有关。虽然有些学校在对外交流上取得了非常成功的经验,如北京大学知识产权学院与斯坦福大学、牛津大学共建的国际知识产权会议,国家留学基金委每年都选派研究生、博士生及教师去国外交流访问等。但是必须值得反思的是，这些可利用的机会仅仅惠益了极少数高校的知识产权高等教育，这与我国发展知识产权事业的勃勃雄心是极不相匹配的。必须充分建立与国际交流的项目，多进行互访活动，才能够促进国内知识产权高等教育不断向其他发达国家学习，并在一些知识产权国际事务的参与上培养更多的可利用人才。

知识产权的问题，本身就是一个与国际联系较为紧密的问题。要向更好地发展好我国知识产权事业，必须有计划"知己知彼"，鼓励我国知识产权高等教育对外合作。甚至在知识产权合作办学、办院上国家可以给予一定的支持力度。

四、余论

根据我国《知识产权人才"十三五规划"》的目标，我国准备在2030年组建成全国知识产权从业人员超过100万人，其中还对高端人才、急需人才的培育有强烈的需求目标，这些目标的实现都离不开我国知识产权高等教育的贡献。但是，当前知识产权高等教育的不足与问题也是现实存在的，而且其解决也不仅仅是知识产权界的事情，更是镶嵌在我国高等教育板块中的一块宝石，要完善相关的机制，必须从我国高等教育体系上着手，仅仅从为了知识产权高等教育事业发展从而对之予以改革可能会出现重重阻碍。但是，知识产权事业的发展也的确是有赖于知识产权高等教育发展的。因此，如何对相关的对策予以践行，仍然有待于组织与个人的共识凝结、官方与社会的共同努力。

The Fortieth Years' Intellectual Property Teaching in Chinese Higher Education: Achievements, Problems and Solutions

Feng Xiaoqing Zhou Hewei

Abstract: China began intellectual property higher education at the end of the 1980s, which has been 40 years. During this period, China has made great achievements in intellectual property education and relevant education and training. At the same time, however, the development of intellectual property education is not in line with the development goals of China's intellectual property industry. This not only brings about the de-coupling between the concept of intellectual property education and the development of intellectual property industry, and the cultivation of intellectual property higher education talent cannot be satisfied. Such problems in intellectual property have caused difficulty of reform due to the long-term rigidness of intellectual property education. In order to make China's intellectual property education better serve Chinese economic, social and scientific and technological development, the author suggests that the reform of intellectual property education should be improved, scientifically targeting the practical objectives in intellectual property education, establishing an independent intellectual property discipline, enriching intellectual property curriculum, establishing a multi-source financial support system and enhancing the tolerance of intellectual property talents in practice.

Key Words: Intellectual Property, Higher Education, Intellectual Property Undertaking, Reform

知识产权专业见习教学模式改革与创新*

张　曼**

摘　要：为尽早实现“卓越法律人才培养计划”和法治国家法治人才迫切的需求，知识产权专业见习教学模式必须进行改革和创新。基于对西安地区四所高校知识产权专业学生的问卷调查和访谈，发现当前专业见习实践运行中存在课程设置不规范、实地基地建设滞后和见习评估机制不健全的问题，提出以应用型法治人才培养为目标，规范见习课程的目标、模式和培训，坚持协同创新为核心的见习基地建设标准，通过多渠道良性互动和三方打分互为监督。最后，在完善见习评估机制的内容、方法和思路的基础上，切实做到以师生为本而非以校为本，才是破解知识产权专业见习困境的根本法则。

关键词：知识产权　法治人才　见习课程　见习基地　见习评估

* 基金项目：西北大学2017年教学改革研究项目“知识产权见习课程教学模式改革与实践”（项目编号：JX17051）；2016年陕西省教育科学十三五规划项目（项目编号：SGH16H033）。

** 张曼，西北大学法学院副教授，法学博士，研究方向：民商法学。

当前,党的十九大报告中再次强调了全面推进依法治国理念,而法治国家基础要素之一,就是涌现大量优质的法学素养人才。高校作为法治人才培养主要的承担者,无论是"卓越法律人才培养计划"还是"双师制"的推行,都反映出社会各阶层对法治人才的重视。① 因此,必须加强在校知识产权专业学生的实践能力培养,建立科学有效的见习机制。为实现这一目标,众多学者从知识产权见习意义、方式、价值和存在的问题入手,对如何加强和提升见习教学质量提出了较为可行的对策和意见。不过,现有的研究中,实证研究较少,并且较多针对具体学校的个案考察,而关于大学见习的普遍性调查偏少。在国家逐步消除教育水平地区差异的背景下,更需要关注不同大学之间对于知识产权专业见习中的共性与个性问题,关注地方大学知识产权见习教育的总体状况。不仅如此,已有研究也缺乏对"以人为本"的学生群体满意度和质量评估问题的探讨,在强调知识产权应用型和"双创"教育时代语境下,如何把握学校、见习基地、社会和学生之间见习教育评价标准,如何认识和解决现阶段存在的主要问题,是完善我国知识产权专业见习教学改革的重要环节。

一、研究设计

如前所述,我国学界对知识产权专业见习的研究现状不容乐观,截至 2019 年 4 月 16 日,本文在中国知网上以"知识产权专业见习"和"法学专业见习"为名进行搜索,文章篇数均为零。因此,关于法学专业见习和法学专业见习,法学专业见习和知识产权专业见习之间的区别也未作区分研究。总之,现有研究对法学实习总结的问题为:首先,见习前高校法学专业实习课程设置缺乏体系化。譬如,见习宣传和培训缺位,见习时间长短不一以及见习目标设定不清。② 其次,见习中"双向交流"不

① 参见张守文:《法治人才培养的目标和路径》,载《中国高校社会科学》2017 年第 4 期。

② 参见刘俊:《法学本科教学见习课程开设的问题与对策》,载《中国大学教学》2010 年第 9 期。

畅,学生见习缺乏有效监督。这种双向交流不畅不仅是指学生与见习单位之间的"教"与"学"之间的衔接,也涉及高校与见习基地之间的沟通与协调,[③]使法学见习流于形式,严重挫伤了学生见习积极性。最后,见习后对见习效果的质量评估标准不科学,出现"双脱钩"现象。也就是说,评价结果既没有与学生就业导向相挂钩,也没有与见习老师个人绩效考核相挂钩,造成学生应付甚至逃避见习以及老师不愿意承担见习课程任务的窘迫局面。[④]

基于此,作者于2018年11月~2018年12月对西安四所高校(分别为X大学,Z大学,G大学和J大学)进行知识产权专业在校学生调查,调查对象全部为大学三年级和四年级的学生。为确保调研结论有效性,通过查阅各个大学知识产权见习课程教学大纲和电询院系辅导员,作者确定本次调研对象均为参加过法学见习,并且大多数为学校集体安排的学生。同时,为确保调查样本的科学性,以学校为单位集中对学生随机发放问卷。调查共发放问卷120份(按照每个学校30份),回收问卷106份,有效问卷101份,有效率达到95%。

二、知识产权专业见习课程设置不规范的现状

2011年,教育部颁发的《关于实施卓越法律人才教育培养计划的若干意见》中"主要任务"第四项已经提出"加大实践教学比重,确保法学实践环节累计学分(学时)不少于总数的15%",但是直到2014年有学者指出本科法学教育中,实践教学(论文和见习)依然占课程设置比重不足5%。[⑤] 因此,本次调查首先从四所大学知识产权实践教学比重入

---

③ 参见高晋康、杨春禧、徐冰:《法学专业本科见习的检讨与实践探索》,载《社会科学研究》2002年第2期。

④ 参见张邦铺:《法学专业实践教学模式存在的问题及改进策略》,载《教育评论》2016年第7期。

⑤ 参见王太芹:《法学本科实践教学改革探索》,载《中国政法大学学报》2014年第3期。

手,发现这一情况得到了明显改善,X 大学、Z 大学、G 大学和 J 大学的知识产权专业实践环节累计学分占总学分的比例分别为 15%、18.3%、17.5%和 16.6%。虽然总体形势趋好,但是知识产权专业见习课程设置仍存在较多障碍,以下分别从三个方面进行调研。

(一)学分和时间设置

通过查阅四所大学的教学大纲,知识产权专业见习学分大致在 4 ~ 5 个学分,按照目前学分与课时换算公式约等于 72 ~ 90 课时,相当于一门法学基础核心课程的课时(如民法等)。因此,客观上讲各个大学都十分重视专业见习。另外,总被众多学者诟病的见习时间安排僵硬,时间过短的问题,在本次调查中发现见习时间最短为 4 周,最长为 8 周半(如图 1 所示),不但没有统一标准,而且从每个学校平均 4 ~ 5 个学分设置来看,庞大的课时量对应较短的见习时间,这种配比明显是不合理的。

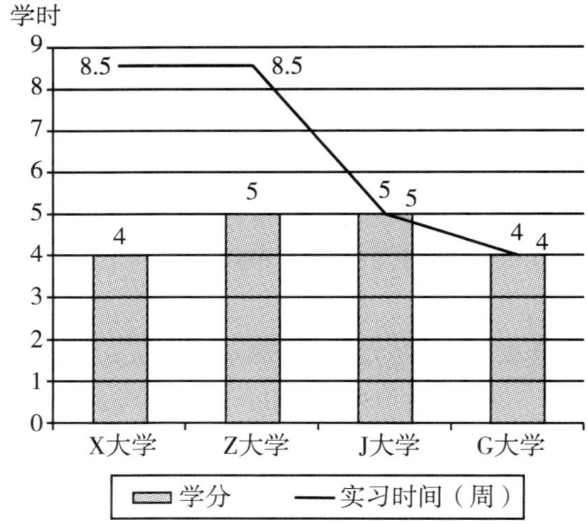

图 1　四所大学知识产权专业见习课程学分和时间

此外,据图 1 观察可知 J 大学和 G 大学作为综合性大学(以理工科为主)对知识产权专业见习时间安排较短,仅为 4 ~ 5 周,而 X 大学和 Z 大学作为以人文学科为主的综合性大学则设置了较长的 8 周半见习时间,因此见习时间长短与大学学科总体规划和发展有一定的关联度。

(二)学生对见习课程学分的了解

由于四所大学对知识产权专业见习的学分设置在4～5分,但是相对于一般教学课程会由代课老师在开学课程简介中对学分以及课时(如上课周数)的介绍,然而实践教学课程中学生是否知晓见习的学分,则由课题组通过问卷方式调查研究。

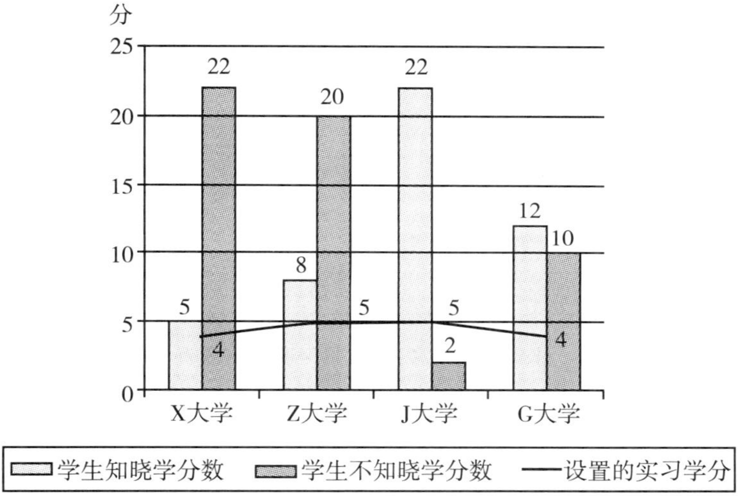

图2　四所大学的学生对见习课程学分的了解情况

由图2可知,见习时间较短的J大学和G大学的学生十分清楚见习学分,分别占到了见习总人数的92%和55%。反之,见习时间较长的X大学和Z大学,知道见习学分的学生仅为19%和29%。

(三)院系对见习课程的说明

由于我国高校知识产权人才培养缺少正式工作前的专门系统性的职业能力训练,因而知识产权专业学生只能借助见习课程来了解法律实践活动,将书本的理论知识与法律实践相结合。在此过程中,需要法学院(系)通过开会、培训和讲座的方式告知学生见习课程的主要内容和流程,帮助学生提前熟悉专业见习的学习目标和任务,从而增强专业见习的效果。本次调查中,西安四所大学是否做到这一点,也是通过问卷见习学生来完成的。

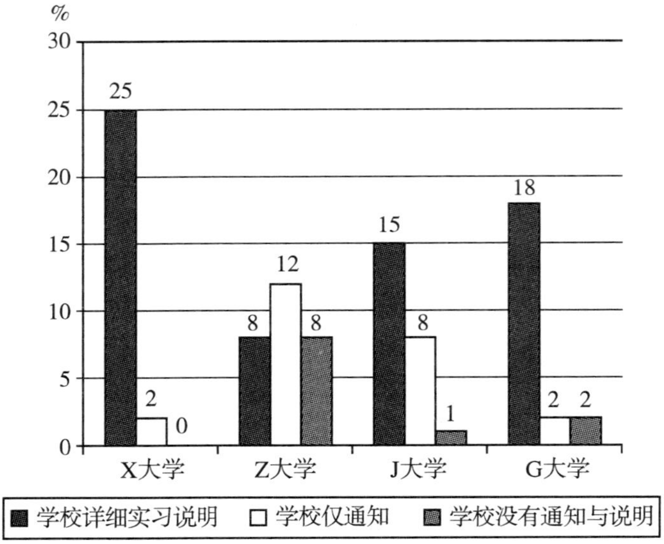

图3　法学院（系）对见习课程的说明

结果显示，图3与图2调查呈现正相关的关系。即X大学仅有7%学生反映有收到院系关于见习的详细说明，而Z大学的学生比例为28%；这一结果与图2中这两所大学的学生普遍不了解见习学分的情况是息息相关的；反之，由于J大学（96%）和G大学（91%）院（系）在见习说明方面的工作做得比较扎实，因此这两所大学的学生对见习学分的掌握就不难理解了。

三、知识产权专业见习基地建设滞后的问题

知识产权专业见习基地建设是高校法学教育一个老生常谈的话题，譬如随着高校招生人数激增，突破了专业见习基地的接纳能力，学校组织和安排学生见习十分困难。同时，相关经费不到位，导致见习单位无法向见习学生提供较为满意的工作环境和生活保障，学生只能收到院系有限的交通补贴，这在一定程度上也打击了学生见习的热情。此外，学

校与见习单位交流和沟通较少,在有效监督学生见习方面出现“真空”地带。上述问题是否存在,以及严重程度是本次问卷调查的一个重要内容。

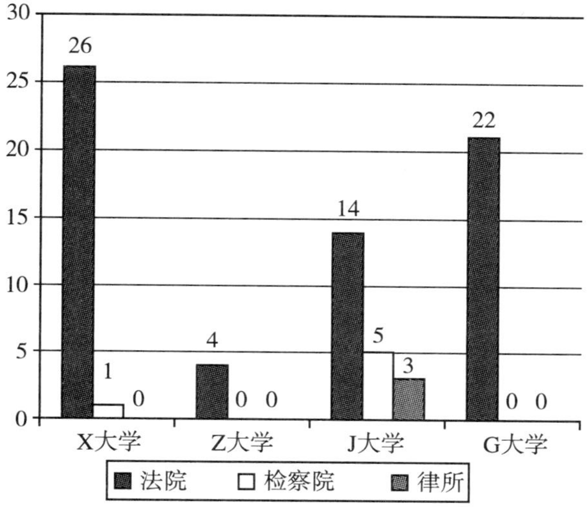

图4　知识产权专业见习基地结构

(一)知识产权专业见习基地结构单一

由图4可知,本次调研的四所大学知识产权专业见习基地呈现以下特点:第一,法院是专业见习的主要接收单位。第二,律所等法律实践场所的占比极少,法学院(系)与著名律所在见习基地建设合作较少。第三,非法律事业单位作为见习基地的比重极小,仅有Z大学23%的学生选择了事业单位,其他大学则根本没有出现这一选项。

(二)知识产权专业见习中监督缺位

本次调研主要针对的是学校统一安排集中见习的情况,因此学校在见习中的监督角色尤为重要。由于见习单位分散,见习学生数量较多,相应的见习监督难以落实,这也是影响最终见习效果的关键因素。

问卷结果反映,一方面四所大学法学院(系)在整个见习期间对学生的监督率在50%~81%,说明法学院(系)也意识到见习监督的重要性;另一方面,在本次问卷中课题组随机访谈了四所大学的受调查学生,了解到

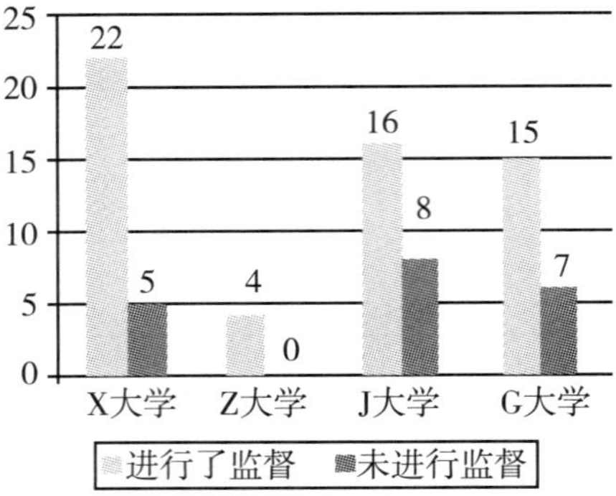

图5 法学院(系)对见习学生的监督

见习监督的形式主要为法学院(系)见习老师电话访问、工作检查、定期开会等方式;因此,见习监督的力度仍有待提高,监督的方式有待创新。

(三)见习学生对见习效果满意度较低

“以人为本”的和谐观念贯彻在教育理念中就是以学生为核心,以全面促进学生才智和品德教育为目标。因此,学生在见习结束后的见习效果满意度是考察见习基地建设的一个重要指标。

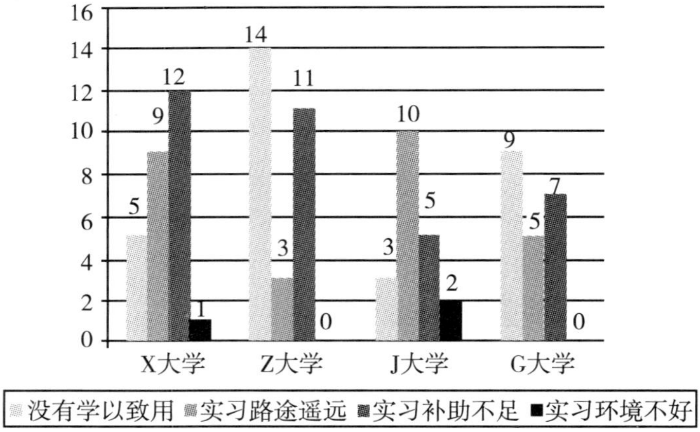

图6 见习学生对见习效果满意度

在本次调研中,虽然课题组在统计对见习效果满意度(十分满意、较为满意和不满意)中,受调查学生总数中有68人表示较为满意,占比为

67.3%。但是,在询问见习有何需要改进时,约有30.7%的学生表示没有学以致用,36.6%的学生表示见习路途遥远,34.6%的学生觉得见习补助不足。如果按照客观条件来看,总共约有71%的学生对见习补助的单位远近提出了不满意。有意思的现象是,学者们较为热议的见习基地硬件建设,在本次调研中仅有3%的学生觉得见习环境不好。因此,未来见习基地建设的研究方向应有所调整。

四、知识产权专业见习评估机制不健全

如前所述,见习课程的学分并不亚于法学本科课程中一门基础核心课的学分,因此,如何建立一套科学合理的见习课程的考核评价标准也是学界积极讨论的重要内容。本次调研从四所大学各自颁布的本科见习管理办法出发,得出以下初步判断:一方面,四所大学在各自的管理办法中都规定了本科专业见习必须进行考核;另一方面,四所大学均规定专业见习成绩若不合格,必须进行重修以及经费自理,这在一定程度上加强了见习纪律,提高了学生的重视程度。但是,关于见习考核具体方式和是否进行见习评优的问题,由问卷调查完成;而成绩评定标准和考虑因素,则结合各个大学的见习管理办法以及随机学生访谈完成。

(一)知识产权专业见习的考核方式多为书面报告

表1 知识产权专业见习的考核方式

	见习验收方式	见习验收内容
X大学	书面报告	见习过程表现、见习总结、见习效果
Z大学	书面报告	见习鉴定表、见习日志、见习总结、见习效果
J大学	集中式见习以书面报告形式;分散式见习以答辩形式	未明确
G大学	书面报告	工作态度、思想表现、见习报告及考试成绩

由表1可知,四所大学知识产权专业见习的考核方式均包含了书面的见习总结,而在见习验收环节见习学生在见习结束后必须提交的材料也大多为书面材料,主观感受为主,客观评定较少。导致的后果为,一方面见习效果评估标准难以统一,另一方面评估结果容易失真。

(二)知识产权专业见习的成绩评定标准模糊

从本次调研可以看出,除J大学没有明确专业见习成绩评定方式之外,X大学、Z大学和G大学均采取百分制或四级制(优秀、良好、合格和不合格)进行评定。在判定分数或等级高低时,只有Z大学给出了四个评判标准,即第一,是否圆满完成各项见习任务;第二,见习材料是否齐全,撰写是否认真、真实;第三,是否自觉遵守学校见习纪律、见习单位工作纪律;第四,见习出勤率高低。

(三)知识产权专业见习的评优做法不一

法学院(系)对知识产权专业见习学生的评优是见习成绩评定之后的一个补充措施,其目的是从精神或物质方面奖励见习表现优异的学生,通常不在课程设置体系之内。但是,随着大学毕业生就业日益困难,学生在校期间的各种表彰成为学生求职简历的一个重要内容。从调研情况来看,X大学、Z大学、J大学和G大学均设置了"见习评优"环节,但形式不统一。首先,X大学和Z大学为评选优秀见习学生,而J大学和G大学则为评选优秀见习团队;其次,Z大学和J大学采用颁发荣誉证书方式奖励优秀学生或团队,而X大学和G大学则为开会口头表扬和鼓励;再次,四所大学均未将"见习评优"作为学生入党、保研和评奖的考量因素;最后,四所大学均未评选优秀见习老师,更谈不上将评优加入老师个人绩效和教学成果考核因素中去。

综上,以西安地区四所高校为例进行的知识产权专业见习调查结果表明,学校在课程设置、基地建设和效果评估方面均存在不足和缺憾,这对学生见习效果产生了较大的负面影响。其实,这不仅是知识产权专业见习的特殊问题,而是整个法学专业见习和实习的普遍困境。以本文作者所在学校为例,知识产权专业见习开始于2016年7月,针对的是大二在校生,其目的在于加大实践课学分,增强法学(知识产权)专业学生实践动手能力，避免以往大四学生实习时间不够，与找工作、考试冲突以及实习流于形式的事实。然而，如果不改变上述调查的现状，就算增加见习这一新型实习形式，对于法学(知识产权)专业学生的实习课程改革也是徒劳无功。

五、以“应用型”法治人才为目标完善知识产权专业见习机制

从宏观角度看，2018 年 1 月 30 日教育部发布了《普通高等学校本科专业类教学质量国家标准》(以下简称《标准》)，这是我国发布的第一个高等教育教学质量国家标准。其中针对法学专业，《标准》对高校专业课程见习提出了新的要求和期望，表现在以下几个方面：第一，延长了专业实习时间，即专业实习时间不得少于 10 周；第二，见习基地建设的全面性，即囊括了国家机关、企事业单位和社会团体等，扩大了接收单位的范围；第三，见习评价标准的社会化。区别于以往单纯以高校教育评估，鼓励行业企业深度参与专业见习的教学标准和评价制定。最后，见习目标的应用性，即从产学研联合培养见习基地建设转向优势学科产业集群化建设，将单一见习变为“实验实训见习”的三合一模式，为人才培养和产业关键技术研发提供必要条件。

从微观方面看，结合应用型法治人才要求和西安地区四所高校的调研结果，未来知识产权专业见习机制的完善需要从以下几个方面入手。

(一)知识产权专业见习课程设置规范化

首先，明确专业见习的课程目标，即培养应用型法治人才。将这一目标进一步解读，即能够解决法律实际问题，适应多样化法律职业要求的应用型的优秀法律实务人才。⑥ 在多元化和职业化的基础上，王晨光提出还应给“卓越计划”的属性增加创新性，也就是说各大高校可以从

⑥ 参见王利明：《卓越法律人才培养的思考》，载《中国高等教育》2013 年第 12 期。

学校特点、见习项目要求和社会需求弹性地设计课程体系和培养方案。⑦ 鉴于诸多学者提出应重视法学本科专业见习学生思想认识,要求学生从主观能动性上意识到见习的重要性,贾宇认为应“深化社会主义法治理念教育,培育学生法治信仰”。⑧ 这与国家当前提出全面依法治国和培养应用型法治人才的理念是相一致的。只有让学生从内心认同优秀的中国特色社会主义法治理念,内化于心外化于行,才能更好地在司法、执法和守法实践中恪守以马克思主义为指导的法治理想。

其次,优化专业见习的课程模式。包括:一方面,灵活安排专业见习时间。既可以在学生完成专业基础核心课之后进行专业见习,如第6~7学期(根据西安四所大学的实地调研,在第6学期安排见习的占比约为59.4%,而第7学期的则为32.7%,两者相加约占总数的92.1%),也可以在第2~4学期利用时间相对宽裕的暑假安排难度较低的见习,提早让学生接触和了解法律实践特点和规律。另一方面,合理匹配学分和见习时间。如前调研所示,无论专业见习为4周还是8周,学分大致都在4~5个学分,这种“一刀切”的模式显然是行不通的。因此,解决的思路是:针对司法实践特性(简易程序案件审查完毕至少需要3个月)在第6~7学期安排一次较长时间的综合性专业见习,在2~4学期分阶段安排短期见习,这与法学教育规律也是相一致的。

最后,加强专业见习的课程培训。法学本科专业课程设置中学分、学时以及学时分配都是必备的要素,专业见习也不例外。因此,按照目前调研所知的4~5个学分计算,专业见习的学时应为72~90学时,那么在学时分配时就不能简单区分为讲课多少学时和实验多少学时,况且专业见习并非专业课程,不存在讲课部分,故应增加专业培训这一环节,由见习带队老师上课对见习的学分、纪律、目标、任务和考核标准分别进行讲解,也可以请实地基地的岗位见习导师到学校给学生讲解日常工作

---

⑦ 参见王晨光:《卓越法律人才培养计划的实施——法学教育目标设定、课程设计与教学安排刍议》,载《中国大学教学》2013年第3期。

⑧ 贾宇:《坚持社会主义法治道路 创新卓越法律人才培养》,载《中国高等教育》2015年第6期。

内容、流程和职责，将“双师制”提前到见习课程的学时分配中，切实帮助学生理解专业见习课程的重要性。

（二）知识产权专业见习基地建设标准化

所谓的专业见习基础建设标准化，是指以“协同创新”为核心开展校企、校法、校检、校所以及学校与事业单位（如政法委、法制报社等）的专业见习合作新模式，尽一切可能扩大学生专业见习面，纠正以往专业见习就是去公检法的旧观念，吸引更多新型从事法律相关事务的社会团体（如知识产权代理、中介公司）接纳见习学生，扩大学生就业面，避免单一的“公务员考试”就业思维。

此外，建立学校、基地和学生之间良性互动机制。这种互动应该覆盖专业见习的“全过程”，从调研情况来看，西安四所大学的教学大纲中都有提及在见习前制订见习计划，但是存在的不足是见习计划基本都是大学法学院（系）自行设计和安排的，是否与见习基地进行过沟通和协调，是否进行每年实时更新，这些在人才培养方案和见习管理办法中都没有提及。另外，具体沟通中学校仅要求见习单位与见习基地落实见习师生的食宿、工作条件，以及向见习基地介绍学生基本情况，而没有涉及见习期间见习学生工作操作规程、守则、职责和考核问题，导致见习单位和见习基地之间权责不清，监督缺位。因此，一方面，双向见习监督。不仅见习单位的负责老师应通过信函、网络、电话和实地等方式随时关注学生见习，见习基地也应该定期向见习单位汇报见习动向，避免出现监督真空；另一方面，全程见习监督。⑨ 从制订见习计划到完成见习考核的整个过程中，都需要调动学校、基地和学生三方积极性，群策群力，征求各方意见，使见习计划日趋合理可行。

最后，试行三方打分互评体制。以往的监督只侧重学校对学生的单向监管，其实际效果并不理想。只有让参与见习的三方主体均进行相互打分和评价，才能更好地促进良性互动，进而建立三方互信。第一，学校对见习基地打分，可以督促见习单位注意和纠正见习中存在的管理疏漏

---

⑨ 参见王瑾：《法学专业“分阶段全过程”见习模式初探》，载《佳木斯教育学院学报》2014年第3期。

和工作失误,定期进行实地基地评优和嘉奖,有利于在学校与见习基地之间建立长久稳定的合作关系;第二,学生对见习基地打分,这样既可以明确见习基地是否有能力对学生专业见习提供有效帮助,又可以让学校了解到学生对见习的现实渴求,切实提高学生见习满意度;第三,见习基地对学生打分。实践中常用的见习鉴定表就是见习基地对学生的一项主要评价结论,但其内容偏主观,保密性差。改进的办法是细化鉴定表的打分选项,让岗位指导导师可以从学生能力、纪律、品德等方面进行评价,同时由见习单位统一密封邮寄或派专人投递,从而实现评价的客观公正。

(三)知识产权专业见习评估机制科学化

知识产权专业见习评估机制是当前学界和教育界关注的一个焦点问题。规范的见习课程设置和标准化的见习基地建设固然重要,但是离开科学合理的见习成绩评定体系,以培养应用型法治人才的目标就会落空。成绩评定看似简单,但是里面包含非常重要的信息。首先,见习评估机制的完善与否关乎整个专业见习管理体系的成败。换言之,见习评估与见习管理之间存在目标管理的关系,而目标管理又是专业见习体系的核心。[10] 其次,将“以人为本”的思想贯彻到见习评估机制中,这就要求必须重视大学生人格差异,根据个体差异因材施教,真正做到有教无类的教育理念。最后,专业见习评估标准“职业化”或“准职业化”,这既是基于当前司法改革中“员额制”的反思,也是加快在校学生尽快向法律人才转变的重要环节。因此,科学合理的专业见习评估机制应注意以下几个方面:

第一,建立“德才兼备”的见习评估考察内容和标准。按照应用型法治人才的培养要求,对知识产权专业见习学生以“职业能力”锻炼为重点,从专业基础知识、沟通与协调、问题的发现与解决以及语言和文字表达能力四个角度进行专业考评。相比职业素养,“德育”更为重要,坚持法律职业道德、拥有健康心理和身体素质和热爱学习的综合能力是评

---

⑩ 参见张华:《法学本科专业见习障碍及释困途径》,载《长春教育学院学报》2010 年第 4 期。

估法律人才的关键因素。当然,“德才兼备”并不仅仅局限于上述提及的职业能力和综合能力范畴,但一定是要与以往只看重学生见习表现的考核方式相区别。

第二,构建常态化见习评估考察方法。如本文调研所示,西安四所大学的专业见习的考核均为见习结束提交书面报告的方式,弊端在于结果既太过主观化又忽略了过程管理。因此,常态化见习评估克服了一次性评价的不足,又能准确反映学生见习全过程的真实情况。具体而言,可以考虑建立“两分法”测评,即见习单位与见习基地两分,见习期中和见习期末两分。区分见习单位和见习基地,可以让见习评估更加全面和有效,而区分期中和期末,可以全程督促学生,避免懈怠和逃避。

最后,探索引导鼓励型见习评估考察思路。这是本文自调研结果反思所得,在当前大学毕业生就业竞争如此激烈的背景下,以及大学老师重科研轻教育的环境中,如何更好地解决学生“唯分数至上”和老师“唯科研至上”的问题才是彻底扭转现有困局的根本办法。如果学生承担4~8周甚至更长时间的见习,即便取得优异成绩,也与保研就业毫无关联,就无法让学生从主观上激发兴趣;如果见习带队老师花费精力进行沟通协调,全程监管和事后评价反馈,而在其职称晋升和课时待遇毫无起色,那么设计再好的见习管理体制,其长效性也无法得到保障。因此,从“双脱钩”入手,必须思考“双挂钩”的必要性和可行性,将见习评估结果(如评优)与学生评奖、就业推荐、保研等挂钩,同时也与见习教师个人绩效和职称相关联,而不单单只关注学生或老师全国竞赛或讲课评选这种偶发性和罕有性的评选标准,将学生和老师置于学校排名之上,这种教育理念的整体转变,才是知识产权专业见习进一步实质性改革的基础。

The Reform and Innovation of Practice Teaching Model for Undergraduate Intellectual Property Major

—An Investigation Based on the Surveys at Four Universities in Xi'an

Zhang Man

Abstract: In order to realize the urgent demand for the "Excellent Legal Talent Cultivation Program" and the rule of law talent in our country, the practice teaching model for undergraduate intellectual property major must be reformed and innovated. Based on the questionnaire surveys and interviews of intellectual property undergraduates in four universities in Xi'an, it is found that there are problems in the current professional practice teaching activities, such as irregular curriculum, lagging construction of the practice bases and imperfect evaluation mechanism. The author proposes that intellectual property teaching should aim at the cultivation of applied rule-of-law talent as the cultivation objective, standardize the teaching goal of practice courses, models and trainings, adhere to the quality standard of practice base construction with collaborative innovation as the core and supervise the participating parties with various interactive channels and the third party involvement and evaluation. Finally, on the bases of improving the content, methods and thoughts of the evaluation of practice teaching, the author also proposes that the fundamental idea of teaching should be teacher-and-student-centered, rather than school-centered, which is the fundamental factor of overcoming the difficulties of the practice teaching model for undergraduate intellectual property major.

Key Words: Intellectual Property, Rule of Law Talent, Practice Course, Practice Base, Practice Evaluation

美国卫生法课程体系设置及其启示*

孟彦辰**

摘　要：卫生法在美国也是一门新兴的交叉学科，进入美国法学院的课堂也不过短短半个多世纪的历史。当前全美已经有几十所高校的法学院开设了与卫生法相关的课程，提供的学位主要是 J. D 以及 M. D 和 J. D 的双学位等。根据美国卫生法律师协会的要求，卫生法课程体系包括理论课和实践课，从全美排名靠前的部分法学院卫生法的特色课程来看，不同高校法学院的卫生法课程在课程名称和教学内容方面还是有一定差别。我国卫生法教学需要优化课程体系和学位设置，完善实践教学，将跨学科的卫生法课程有机融合，培养复合型的应用人才。

关键词：卫生法　课程体系　实践教学

1996 年，东南大学（原南京铁道医学院）在国内率先开设了卫生法学专业。截至目前，我国开设卫

---

* 基金项目：首都医科大学教学模式与方法推进项目"美国卫生法课程体系与教学现状研究"（项目编号：2018JYJX042）；北京高师培训中心项目：教师队伍建设——北京市属高校教师职业发展支持项目 2017 北京市属高校优秀青年骨干教师国外访问学者培训项目（项目编号：067175315000）。

** 孟彦辰，首都医科大学人文学院副教授，首都医科大学卫生法研究中心研究员，法学博士，研究方向：卫生法学、国际法学。

生法学教育的院校已达 50 余所,包含本科、硕士、博士三个层次。但是与美国等发达国家相比,我国卫生法专业教育在培养方案、培养理念、课程设置、实践教学等方面还存在明显差距。党的十九大提出了健康中国的伟大战略,培养优秀的卫生法律人才、建设社会主义法治国家是实现健康中国战略的有力保障。2017 年 10 月,我在北京市高师培训中心的资助下,来到位于美国中部的印第安纳大学麦肯尼法学院任访问学者。麦克尼法学院下属的霍尼尔卫生法研究中心(William S. and Christine S. Hall Center for Law and Health)早在 1987 年就开设了多门卫生法课程,是全美较为著名的从事卫生法律研究与教育的机构之一。在访学期间,我通过文献研究、旁听课程、参与学生实践教学活动,了解到了美国卫生法学科发展的历史和在法学院开设的情况,同时,我也与法学院霍尼尔卫生法研究中心的部分教授和学生进行了座谈,对美国卫生法学位设置和课程体系有了较为全面和系统的认识。

一、美国卫生法学科的定义和研究对象

卫生法作为一门新兴的交叉学科,进入美国法学院的课堂也不过短短半个多世纪的历史。根据美国卫生法律师协会提供的定义,在美国,卫生法一个复杂的法律体系,这其中,既有联邦政府、州政府和地方政府为管理医疗卫生行业而颁布的各类成文立法、地方性法规,同时也包括美国各级法院裁决的判例法,即法官造法。① 但从总体来看,美国卫生法以各州颁布的成文立法和判例法为主。

卫生法研究的领域非常广阔,那些在医疗服务、公共卫生服务、生物医学研究、医院治理和在医疗服务市场中的竞争行为、医疗保险,医患关系中产生的法律问题都属于卫生法研究的研究对象。就涉及的部门法而言,卫生法涉及宪法、行政法、民法、经济法、诉讼法、刑法、国际法等不

---

① George J. Annas, "Health Law at the Turn of the Century: From White Dwarf to Red Giant", 21 *Conn. L*, 1989, pp. 551 – 570.

同法律部门。例如,美国宪法中的第一修正案(宗教信仰自由)和言论自由原则都可以应用在卫生法中。② 2010 年美国前总统奥巴马签署的《患者保护与平价医疗法案》(Patient Protection and Affordable Care Act, PPACA)要求所有美国公民以及合法居住在美国的外国人需要有涵盖基本医疗服务(minimum essential coverage)的医疗保险,否则将会被追缴罚款。针对法案的此项规定,包括美国弗吉尼亚州在内的美国十几个州都对该条款提起了违宪之诉。2012 年 6 月 28 日,美国联邦最高法院做出判决,认为奥巴马医改法案中针对没有医保的人员进行的罚款可以视为税收,而宪法赋予国会有征税的权利,因此该条款符合宪法的规定。③

卫生法学科的复杂性不仅在于它涉及不同的部门法,也是由于卫生法在实践中要处理医生与患者之间、与保险公司之间、与制药公司和医疗器械公司之间的复杂的法律关系,这其中会涉及很多专业的知识、专业的术语,正像美国著名卫生法教授尼科尔·赫伯菲尔德(Nicole Huberfeld)指出的:"如同美国医疗服务市场的复杂和碎片化一样,美国卫生法也是由立法、行政法规、普通法判例而组成的复杂体系。要成为一名卫生法的专业律师,不仅要精通法律,还要对医疗卫生领域涉及的专业知识和专业术语所有了解。"④正因如此,另一位著名的美国卫生法学者劳伦斯·辛格(Lawrence E. Singer)教授才感慨:"卫生法是美国法学院里最为复杂的一门课程之一。"⑤

---

② M. Gregg Bloche, "the Invention of Health Law", 91 *Cal. L*, 2003, pp. 247 – 322.

③ 围绕着《患者权利保护和平价医疗法案》的违宪之争一直风波不断。2018 年 12 月 15 日,美国德克萨斯州一名联邦法官再次判决该法案核心条款违宪,并判定整个法案都无效。参见《美国联邦法官判定"奥巴马平价医疗法案违宪"》,载新浪财经频道:http://finance.sina.com.cn/roll/2018 – 12 – 15/doc-ihmutuec9419945.shtml,最后访问日期:2018 年 1 月 21 日。

④ Randy E. Barnett, "the New Health Care Federalism on the Ground", *Indiana Health Law Review* 2018. Vol. 15:1, 2018, pp. 212 – 215.

⑤ Lawrence E. Singer and Megan Bess, "Teaching Health Law", 37 *J. L. Med. & Ethics*, 2009, p. 852.

二、卫生法学课程在法学院开设的历史与现状

在20世纪五六十年代,美国部分法学院开始开设“法律与医学”名称的课程。这些课程主要是研究法医学方面的问题,在课程体系上,属于刑法课程领域。⑥ 到了20世纪60年代后期,法律与医学课程的内容开始拓展,不再局限于之前的司法精神病鉴定,法医病理学等内容,而是扩展到了医疗过失、医院责任、执业许可、处方药规制、堕胎、知情同意权以及一些生物伦理学领域讨论的问题。从课程体系上,很多法学院将其纳入侵权责任法课程里进行讲授。与此同时,卫生法的实践课程也逐渐在部分法学院中开设起来。到20世纪70年代,法律和医学的关系越来越引起人们的重视。法学院开始把医疗服务领域的准入、资质问题以及医疗服务的质量监管等问题以专题的形式进行研究和讲授。同时,随着医疗技术的发展,一些新的法律问题产生了,如脑死亡、器官捐献、人工辅助生殖技术领域产生了一些敏感的法律问题,这方面的司法判例也开始出现,并以判例法的形式纳入法律和医学的课程体系内,卫生法课程体系初见雏形。在判例法发展的同时,卫生法领域的联邦立法也开始出现,1973年,《健康维特组织法》颁布,这部法律对第三方支付进行了规制。1974年《国家健康规划与资源开发法案》颁布,这部法律设立了医疗需求证明制度(CON制度)。⑦

---

⑥ 需要指出的是,法与精神病学(law and psychiatry)是法学院较早开设的课程,它在课程体系上具有相对的独立性,有明确的研究范围和独立的体系框架,并未受到这些年卫生法快速发展的影响。

⑦ 管理式医疗起源于20世纪前期,其前身是预付制医疗服务。它通过与特定的医疗服务提供者达成协议,向加入系统的患者提供预防疾病和治疗疾病的一系列医疗保健服务,其核心是通过医疗资源的合理使用来达到控费的效果。《健康维特组织法》的颁布对健康维特组织的发展起到了巨大的推动作用。《国家健康规划与资源开发法》把美国划分成为200个健康服务区(Health Services Areas),每个区设立独立的健康体系评审机构,该机构负责评审所有医疗机构的扩张、现代化改造和超过15万美元的资本采购。没有获得“医院投资许可证”(Certificate of Need,CON)就擅自建设的医疗机构会得不到医保的偿付甚至被吊销医院执照。

在此背景下,1978 年,来自法学院、医学院、公共卫生学院和管理学院的从事卫生法研究和教学的教师们,在波士顿大学召开了首届全国卫生法的学术会议。1987 年,美国法学院协会开始资助第一个卫生法学的教学研习班(First Teaching Workshop),当时有 60 位教师参加,此时卫生法学逐渐成为法律学科的一个新的分支领域。⑧ 在 1987 年的研修班上,学者们将卫生法分成三个分支,第一个分支是医疗保健服务的经济学研究;第二个分支是卫生政策和卫生法,第三个分支是生命伦理学。卫生法的研究对象是医疗卫生领域内的法律关系和法律问题,从性质上看,是一门应用法学(applied law)。从开设卫生法的学校来看,在医学院和公共卫生学院开设卫生法课程较多。其中,波士顿大学公卫学院要求将卫生法的课程列入必选课。⑨

目前美国法学院开展的应用法学课程,除了卫生法外,还有包括体育法、教育法、能源法、交通法、传媒法等在内的其他学科。与这些学科相比,卫生法还是有自己的一些特殊性的:首先,卫生法的研究对象是在医疗卫生领域内的法律关系和法律问题,其他的应用法学在研究的广度、深度和复杂性上不及卫生法;其次,医学技术的发展不仅影响人类本身,也影响人类如何看待和认识自己最基本的权利和义务的问题;再次,在美国文化体系中,公众的健康和安全是极为重要的问题,因此,如何利用法律去维护公众的健康和安全就是重中之重;最后,在医疗卫生领域实现社会的公平正义和资源的公平分配远比在其他领域显得更为迫切。而且,随着医疗费用的开支占 GDP 的比例越来越高,医药服务产业链越来越大,卫生法在整个法律课程体系中的重要性逐渐增强。卫生法及卫生法教育存在的价值并不仅仅是将时下流行的一些法律规则(如保护患者隐私权利、尊重患者的知情同意权等)强加给医生,或者建立和完善当前的对医疗领域的各种监管规则,卫生法这一学科存在的最重要的意义和价值在于它深刻理解了医疗领域的文化和背景,为法学和医学之间的

⑧ Marshall B. "Kapp, Teaching Health Law", 38 *J. L. Med. &Ethics*, 2010, p. 863.

⑨ George J. Annas, "Health Law at the Turn of the Century: From White Dwarf to Red Giant", 21 *Conn. L. Rev*, 1989, pp. 551 – 570.

鸿沟架起桥梁。[10] 2017 年美国《法学家》(National Jurist)杂志将全美最热门的律师执业领域进行了排名,其中卫生法专业律师位列第四名。[11] 美国对卫生法律师有旺盛的需求,不仅出现了医院律师(Hospital Counsel)这样相对新的职位,许多政府部门、大型律师事务所也设立了专门的医疗保健法律事务部,其中很多做得相当专业化。

三、美国部分法学院卫生法学的理论课程与实践课程设置

目前,美国大约有 20 多所高校的法学院设立卫生法的 J. D. 和双学位。各大法学院也在美国卫生法律师协会的指导下,结合本校实际,不断创新和完善课程体系,在课堂教学和实践教学中形成了自己的特色。从总体上看,美国卫生法的课程体系包括理论课程与实践课程两大类,笔者分别予以说明。

(一)理论课程设置

法学生一年级的必修课程是比较一致的,这些必修课程包括宪法、行政法、刑法、公司法、家庭法、法律写作等课程。其次,从二年级开始,对卫生法感兴趣的学生可以选择一些卫生法的特色课程。从笔者调研的法学院的卫生法特色课程来看,不同高校法学院的卫生法课程在名称和授课内容方面还是有较大差别。[12] 卫生法的特色课程差别较大,其中一个原因也是学者们对卫生法的研究对象和研究内容有不同的认识,卫

---

⑩ 参见[美]Arthur E. Petersilge:《以往与来者——美国卫生法五十年》,唐超等译,中国政法大学出版社 2012 年版,第 49 ~ 50 页。

⑪ 《法学家》杂志对美国最热门的律师执业领域排名依次是:财产法、网络法、老年人法、卫生法、能源法、移民法、知识产权法、劳动与雇佣法、保险法、房地产法。参见《法学家》期刊官网:http://www.nationaljurist.com/smartlawyer/hot-legal-jobs,最后访问日期:2018 年 1 月 3 日。

⑫ 作者检索了《美国新闻与世界报道》所发布的美国最佳法学院卫生法项目排名,一共有 24 所高校法学院上榜,作者从中选取了十所高校法学院的卫生法项目课程体系进行了研究。这十所高校分别是:圣路易斯大学、波士顿大学、马里兰大学、休斯敦大学、乔治城大学、凯斯西储大学、佐治亚州立大学、印第安纳大学、华盛顿大学、哈佛大学。

生法的体系较为庞杂。卫生法的特色课程根据研究方向的差异，大致可以分为以下课程：

卫生法学导论。这门导论性质的课程在授课内容上包括卫生法的概念、特点、发展历史；同时，这门课也会对学生未来有可能在卫生法执业的几个重要领域：医疗保险、医疗服务、医疗机构、公共福利等领域涉及的法律制度进行讲解。判例法是其主要形式，重要的联邦立法包括2010 年的《患者保护和平价医疗法》；在医疗保险领域，作为社会保险法第十修正案的美国老年人医疗照顾法 Medicare 和针对低收入人群的Medicaid；《反虚假申报法》等。

美国卫生法联邦成文立法较少，最重要的联邦成文立法当属 2010 年的《患者保护和平价医疗法》。如前所述，这部法律在通过的过程中波折不断，困难重重，通过后仍然被不断提起违宪之诉。除了这部联邦立法，《反虚假申报法》也是重要的联邦成文立法。该法案鼓励普通民众举报大公司或者相关人员的虚假申报行为，普通民众如果发现某医生或者医院有骗取医疗保险的行为，可以向美国司法部举办。司法部接到举报后必须要进行回复，如果证据充分就可以向法院提起诉讼；否则，可以通知举报人证据不充分，司法部不起诉，但是举报人可以选择自己起诉。如果举报成功，举报者可以最多获得罚款或和借款的最高达到25% 的奖励。除了联邦立法，美国还有超过 30 个州和哥伦比亚特区都制定了“反虚假申报法”。⑬

卫生政策与卫生管理课程。这门课是美国卫生法律师协会要求的必修课程。美国卫生法律师协会认为，卫生法与卫生管理学科密切相关，如果学生不了解医疗卫生领域的筹资和服务提供的基本规律，是无法成为一名优秀的卫生法律师的。无论学生未来在哪个具体领域执业，必须要了解医疗卫生领域的基本知识，包括医疗服务市场的特殊性，医疗服务市场的筹资、管理、补偿方式，不同类型的医疗服务提供者和保险公司之间的关系，不同医疗费用的支付方式和控费方式等。这些课程是

⑬ Paul Starr, “Law and the Fog of Healthcare: Complexity and Uncertainty in the Struggle over Health Policy”, 6 *St. Louis U. J. Health L. & Pol’ y*, 2013, p. 213.

学生在学习卫生法之前的基础课。在学习这些内容后,学生才会对医疗卫生产业有一个宏观的了解(Big Picture)和知识结构。

公共卫生法。公共卫生法是卫生法课程体系较早开设的课程之一。这门课程的主要授课内容包括公共卫生导论、联邦政府和州政府在公共卫生方面的权责划分、传染性疾病的防治法、慢性非传染性疾病的防治、控烟、药物和酒精成瘾的防治制度等。

医疗过失法。在美国,在大多数情况下,医疗过失案件是判例法,最常见的几种医疗过失索赔诉讼包括产科的分娩事故、外科医生的手术医疗事故、诊断延误和错误以及药品不良反应等。根据纽约州的《法律杂志》统计,2010年纽约州判决的十大赔偿中6项是医疗诉讼,其中最高的两例分别是外科手术和分娩并发症。⑭ 当然,也有一些医疗过失的案子涉及各州的成文制定法。尽管医疗标准总的原则是一样的,但是在最多可以得到多少赔偿以及什么样的证人可以出庭作证等问题上,各州的法规很不相同。可能也正是这个原因,目前美国还没有出版全国版本的《医疗过失法》的判例法教材。

医疗保险法。美国健康保险的各种类型和各项法律制度,既是美国保险事业发展过程中的历史性选择,也凝聚了美国历届政府、保险业界精英,尤其是保险法律工作者的心血与智慧。医疗保险法这门课程的授课内容包括重要的联邦医保 Medicare 和面向低收入人群的 Medicaid 的制度设计以及针对联邦医保的各种保险欺诈行为的法律规制。联邦政府有许多专门针对医疗保险欺诈和滥用的法律,包括《反回扣法》《斯塔克法》《虚假报销法》、各种民事罚款条例等。联邦和各州制定的反欺诈法律从不同角度可分为民事责任、刑事责任和行政责任,由此构成一套系统的反欺诈法律制度。

医疗机构管理的法律制度。这门课程主要讲述美国从联邦和州不同层面对医院监管的各种法律制度。美国医院受到政府严格的法律和行政监管。医院的监管大致开业分为三类:联邦政府、州政府以及地方

⑭ 参见田穗荣:《我在美国当医生》,科学普及出版社2018年版,第123页。

政府,还有行业内部监管。从法律制度上看,包括1946年国会通过的《医院普查和建设法案》,1965年《社会保障法》(修正案)、1974年《全国医疗规划和资源发展法》、1969年《医疗保险转移和责任法案》。

数字时代隐私权的保护法律制度。近年来,网络与大数据的发展使我们进入了数据驱动型社会,但数据的收集、处理与应用,必然涉及个人隐私,难免对隐私权产生冲击。在网络与大数据时代如何保护患者隐私?如何合法地利用医疗健康大数据?此门课程旨在探讨这方面的法律问题。在名称上有的法学院也叫信息隐私法、卫生信息技术与隐私权等。

食品与药品安全法。美国目前至少有30部涉及食品、药品安全保护的法律制度,形成了一整套严密复杂的法律体系。食品与药品安全法也是卫生法课程体系的重要组成部分,几乎开设卫生法方向的法学院均有设立。

精神卫生法。如前所述,精神卫生法是法学院最早开设的卫生法课程,有自己独立的研究范围和结构体系。美国在联邦和州一级都有涉及精神卫生的成文立法和判例法。判例法教科书的经典教材法律与精神卫生体系(民事与刑事)(Law and the Mental Health System, Civil and Criminal Aspects)已经出版到第6版。这本判例法教材介绍了法律系统如何应对来自精神障碍患者提出的挑战,同时在精神卫生法律监管方面进行了复杂的跨学科的研究。

法医学课程。涉及残疾认定、验尸官的工作、从血型和其他物证痕迹的检验到测谎仪和催眠术的应用等。这类课程的授课内容也会因案件是刑事案件还是民事侵权案件而有所差异。美国凯斯西储大学(Case Western Reserve University)法律与医学中心的就开设法医学特色课程。

致力于解决因为科学技术的重大发展而给医学带来的法律与社会挑战问题的课程。器官移植、代孕母亲、基因工程、克隆技术、生命终止期间的法律问题。很多伦理学家与神学家也参与授课,他们的重要性与法学教授不相上下。

如何防范医疗领域内潜在的人权侵权问题。如人体试验只能针对成年人而不能用于未成年人,堕胎问题,老年人法、残疾人保护、儿童权利保护法。

国际卫生法。国际法在卫生法领域有很多具体的应用。例如,公共卫生问题目前就是全球性的问题,需要各国密切合作,在国际层面上加以解决。此外,人体医学研究在世界范围内展开,用于这种研究的药物与设备也面向全球销售,这就需要国际社会在此方面制定相关的统一规则。乔治敦大学奥尼尔卫生法研究中心和圣路易斯华盛顿大学等都有国际卫生法方向的课程,包括全球卫生法、国际药品管理法、全球卫生法与人权、全球卫生的国际协助等。⑮

(二)实践课程设置

除了上述课程,根据美国律师协会的要求,法学院必须开设法律实务课程,如法律诊所、模拟法庭等。也有部分高校开设了自己独具特色的实践课程项目。如带薪实习,指导学生参与当地立法项目和公共卫生项目的调研等。从培养目标上来说,法学院的课程只要不是为了传授知识,而是有三个目的:传授基本的法律规则;锻炼学生适用这些规则的能力;教授学生如何自学法律。⑯ 法学院并不会只教授学生对待相应法律问题的正确答案,而是要求学生能够学习发现问题、解决问题的能力、方法和步骤。因此,只有课堂课程的学习是远远不够的,法学生必须在真正的法律实践中去磨炼各项技能。

1. 法律诊所

印第安纳大学麦肯尼法学院设立有健康与人权法律诊所(HHRC)主要处理卫生法相关案件。该诊所在校内有办公室,同时也在合作的印第安纳州的维斯哈德公立医院(Wishard hospital)医院设立接待室。医院有专人接待患者,对那些有潜在法律需求的人员,比如申请医疗救助

---

⑮ 乔治敦大学奥尼尔卫生法研究中心的戈斯汀教授认为,全球卫生法是一个动态、复杂的领域,它远远更具有包容性。从更广泛的角度看,全球卫生法包含了健康是人类基本权利的概念,并且涵盖了多个卫生领域之外的法律制度。参见[美]Lawrence O. Gostin:《全球卫生法》,翟宏丽、张立新译,中国政法大学出版社2016年版,第53页。

⑯ 参见[美]特雷西·E.乔治(Tracey E. George)、苏珊娜·雪莉(Suzanna Sherry):《到法学院学什么——美国法入门读本》,何帆译,北京大学出版社2014年版,第9页。

项目或者残疾人医疗项目被拒,医院会将该患者介绍到法律诊所,由法律诊所为其提供服务。参加法律诊所的学生首先需要进行为期一天的培训,了解和掌握法律诊所运作的方式,处理问题的流程和要点;其次,要求学生每周有几天有固定的时间在法律诊所办公室工作。在法律诊所工作结束后,学生也会把在法律诊所遇到的问题带到课堂里,与师生进行讨论,寻求解决方案。学生在法律诊所提供的服务包括法律咨询、法律文本的翻译和制作(很多患者是西班牙裔,母语是非英语)。同时,也会对那些已经进入行政听证程序或者诉讼程序的患者提供法律服务。这些工作对学生的锻炼是全方位的。举例而言,如果一个被终止Medicaid(美国针对低收入人群的医疗援助)的患者来到法律诊所寻求帮助,那么学生不仅要了解目前她的基本情况,起草重新获得Medicaid资助的法律文书,同时也要与医院的社工联系,确保患者在失去Medicaid资助后的这段时间如何获得其他项目资助,以便支付处方药的费用。HHRC要求学生每周提交学习汇报,学期中间提交个人评价。学习汇报要求写明学生对法律实践教学的认识,个人在此过程中遇到的主要法律问题以及未来改进的方案。学生课堂讨论以及提交的汇报材料也有助于教师及时发现实践教学中存在的问题并加以针对性的指导。⑰

佐治亚州立大学(Georgia State University)法学院也非常重视学生的实践教学。该校的卫生法法律诊所(Health Law Partnership Legal Services Clinic,HeLP)建立于2004年。早在20世纪90年代,该校就积极联络部分医疗机构,主张将与医疗机构联合,为低收入人群提供法律服务,但是这种想法在当时还是非常超前的,很多医疗机构和医生担心律师的介入会导致发生更多的医疗纠纷,就是拒绝了这种合作。直到2004年,该校法学院才与亚特兰大一家儿童医院合作,建立了卫生法的法律诊所(HeLP)。该诊所在秋季和春季课程中为学生开设4个学分的课程,在法律诊所中,学生会接触到儿童权利保护、老年人权利保护、医疗过失、医疗救助等不同类型的案件。这要求学生必须进行跨学科的学习,锻炼发展基本的律师技能。

---

⑰ Christine Nero Coughlin, "Legal Methods for Medical Professionals Year 2: Shifting Negative Attitudes", 9 *Ind. Health L*, 2012, p. 535.

在法律诊所里,学生将参加每周一次的面授课,教师会教授学生卫生法实体法和程序法方面的理论知识,并组织学生讨论目前诊所接诊的案件。学生每周与指定的主管会面,讨论和评估案件的进展情况。该诊所自成立以来,已为申请服务的客户回收了 120 多万美元的福利,并在 2014 获评全美 25 大最具创新性的法律诊所之一。[18]

2. 带薪实习

美国东北大学开设的 Co-op 项目(Cooperative Education)在法学院实践教学中非常有名,东北大学法学院与 700 多个机构订有合作协议,涉及美国 28 个州和世界上 14 个国家。在这些与法学院签订合作协议的机构中,既有知名律师事务所、各级法院、联邦和各州的政府机构,也有各类非营利性组织。[19] 学生毕业后,在这些曾经实习过的机构里有更多工作的机会。对于参与卫生法项目的法学生来说,该校跟美国管理医疗卫生的几个重要部门都有合作协议。如美国卫生与公众服务部(United States Department of Health and Human Services,HHS)下属的法律部门办公室(OGC)和美国食品药品监督管理局(FDA)。OGC 在华盛顿有 400 多名律师为其工作,在全国设立有 10 个地方分支机构。在 OGC 工作的很多律师都参与联邦法院涉及医疗卫生质量方面的诉讼,或者协助美国司法部参与到类似的诉讼中。每年 OGC 都会招聘暑期法律实习项目和不定期的一些实习项目。

3. 模拟法庭

全国卫生法模拟法庭竞赛是全美比较重要的模拟法庭比赛。南伊利诺伊大学法学院、南伊利诺伊大学医学院医学人文系、美国法医学院、美国法律医学基金会、美国国立卫生院共同赞助了模拟法庭竞赛。该竞

---

⑱ Kathleen G. Noonan and Sarah Davis,"Law in Action:Learning Health Law Through Experience with Stakeholders at the patient and System Levels",*Indiana Health Law Review*, Vol. 9:2,2012,pp. 560 – 566.

⑲ 参见东北大学法学院官网:https://www. northeastern. edu/law/experience/index. html,最后访问日期:2018 年 1 月 3 日。Michele Mekel,"Putting Theory into Practice:Thoughts from the Trenches on Developing a Doctrinally Integrated Semester-in-Practice Program in Health Law and Policy",*Indiana Health Law Review*, Vol. 9:2,2012,pp. 506 – 520.

赛每年在南伊利诺伊大学法学院举行，目前已经举办了25届。2017年的卫生法模拟法庭比赛有30支参赛队伍，来自全国三十所开设卫生法项目的法学院。[20] 为了在模拟法庭比赛中获得好成绩，各参赛队伍一般都会聘请执业律师指导参赛队员，使学生获得更多的法律实践经验。除了参加模拟法庭精彩，很多法学院也在平时安排多种模拟法庭审判的实践教学活动，不仅请法学生，也请医学生参加，在熟悉法庭规则的同时，也对卫生法的专业知识和医学专业知识进行学习和了解。

4. 在课堂教学中引入各种实践教学方法，培养学生发现和解决实际法律问题的能力

加州大学法学院的琳达·莫顿（Linda Morton）教授开设了一门"卫生法律问题解决与预防"课程。她与她校外的合作伙伴（医生与公共卫生专家）合作，发现了很多圣地亚哥地区存在的公共卫生问题，比如流动餐车的食品安全，吸烟人群的低龄化等。她将学生分组，让学生模仿有人付费给他们去解决这些公共卫生问题，为居民们提供更好的公共卫生服务，他们会如何去做。同时，莫顿教授也开设了44小时的训练课程供学生选修。在这个训练课程里，她会继续讲解解决实际法律问题的方法论，如何倾听客户的倾诉，如何进行创造性思维。在课程中间，莫顿教授会组织不同组的学生进行讨论，让学生提交口头和书面的汇报，说明本人和本小组项目的进展情况。[21]

佐治亚州立大学（Georgia State University）法学院还开设了一门"卫生领域的立法与倡议"的课程（上下两个学期，一学年的课程）。选修这门课程的学生分为多个小组，每组2～3人，在第一学期，他们与当地社区合作，通过调研发现可能需要立法的卫生法问题，然后与社区合作共同制定法律草案。在这一学期，授课教师将邀请美国民主党和共和党的

---

[20] Bernstein Anita, "Themes, Doctrine and Pedagogy in the 2013 – 2014 National Health Law Moot Court Competition Problem". Accessed January 21, 2019. https://papers.ssrn.com/sol3/papers.cfm?abstract_id=2724134.

[21] Michele Mekel, "Putting Theory into Practice: Thoughts from the Trenches on Developing a Doctrinally Integrated Semester-in-Practice Program in Health Law and Policy", *Indiana Health Law Review*, Vol. 9:2, 2012, pp. 506 – 520.

议员、政府说客以及相关行业代表为学生讲解影响卫生立法的经济和政治问题,以及起草法律需要注意的事项。第二学期,学生们将有机会来到本州的立法机构进行实习,如果幸运的话,他们上学期起草的法律条文草案将真有可能进入州议会进行审议。此时,学生们就需要准备议会在讨论法条时所需要的各种材料,如相关证据,社区意见简述,参加法律听证会和追踪立法的进展等。㉒

从以上对美国卫生法课程体系的分析,我们可以看到法学院在设置卫生法课程、培养卫生法人才几个重要特点:首先,卫生法基本课程的设置非常宽泛,不仅涵盖法学核心课程,还包括了卫生管理与卫生政策学、公共卫生法学甚至医学的课程,卫生法课程的专业化程度越来越高。其次,卫生法教育的目标不仅仅是培养未来可以在卫生法领域进行执业的律师人才,更注重吸收不同教育背景和职业背景的优秀学生,以培养未来卫生事业的领导者和专家。再次,美国在培养卫生法人才方面,非常注意与其他院系,包括管理学院、公共卫生学院和法学院的联合,目标就是通过多种途径培养复合型人才。最后,我们看到,美国对卫生法人才的培养,是与学生就业和社会需求密切联系在一起的。各种形式的实践教学,让学生了解和熟悉现实世界中的卫生法问题,并在实践中培养和锻炼应用发来的各种技能。

四、美国卫生法课程设置对我国卫生法课程设置的启示

从总体来看,我国的卫生法教育与美国相比起步较晚,在卫生法学课程设置、教学内容、教学方法等方面都是出于摸索和起步阶段。近半个多世纪来,美国法学院的卫生法课程从无到有,逐渐形成了各具特色的课程体系,并日臻完善。未来我们可以借鉴美国部分高校开设卫生法学的课程设置,更好地完善我国卫生法学专业的课程设置和教学内容。

㉒ JoNel Newman, "Miami's Medical-Legal Partnership: Preparing Lawyers and Physicians for Holistic Practice", 9 *Ind. Health L*, 2012, p. 473.

(一)优化卫生法学的学制和学位设置,培养卫生法研究方向的复合型人才

据教育部公布的数据显示,我国有50余所高校开设了卫生法学专业,涵盖本科、硕士、博士三个学历层次。从招生院校的种类看,其中医学院校居多,全国共有30所医学院校开设卫生法专业,占55%;设法学院的院校十几所,占19%;其他综合性院校占13%。此外,还有部分独立学院和高职院校开设卫生法专业。目前卫生法学类专业方向依托的专业主要是法学、预防医学和公共事业管理,从检索情况看,设置卫生法学类专业方向并授予法学学位的高校数量最多;近年来,也有部分高校授予法学、医学双学位,培养年限多为4~6年。从研究生教育看,目前招收卫生法研究方向的研究生的高校有10多所,有的高校在行政法学下方向招生,有的则在民法学上招生。

由于美国法学专业招生的特点,学生都是在获得一个本科学位后才有资格申请法学院,因而法学院的教育相当于研究生阶段的教育。我国卫生法专业的招生以4~5年制的本科培养方式为主,学生在毕业后获得法学专业的学士学位。考虑到卫生法学专业的交叉性,学生在本科阶段除了学习法学的主干课程、卫生法学的特色课程,还要学习医学、卫生管理学、公共卫生学等专业课程,学制过短会造成每一门课程的课时数减少,教师无法全面地讲授,学生也不能深入系统地掌握专业知识。笔者建议可以考虑开办学制为6年的本硕连读课程,毕业后学校为学生颁发法学硕士学位,这样一方面可以解决学时和课时过短的问题,另一方面也凸显学生在卫生法方面的专业特色,更好地培养复合型、应用型人才。对于那些在医学院校中开设法学专业的院校,可以参考杜克大学、芝加哥法学—医学双学位课程的做法,让学生首先是在医学院里开始学习医学知识,两年后学生再接受法学课程的训练。在法学院修完指定学分后,学生的医学知识难免生疏,为了避免这种情况发生,杜克大学的做法是在法学课程结束后,学生必须参加夏季辅导班,在辅导班上集中完成18个学时的医学课程温故知新。芝加哥大学的法学—医学双学位的做法则是在法学院学习的最后3个月让学生集中强化医学知识。

(二)将跨学科的卫生法课程有机融合,优化课程结构的设计

从美国部分高校设置的卫生法课程来看,其跨越法学、管理学、公共卫生卫生学等多个学科,其交叉性和应用型的特征很明显。意大利刑法学家卡里米亚曾经谈到了学科之间联系的重要性:“把自己局限在自己学科范围内,忽略相似和相邻学科的人,在自己的学科中绝不会是伟大和杰出的。一个广阔的大网联结着所有真理,这些真理越是狭窄,越受局限,就越是容易变化;而当它扩展到一个较为广阔的领域并上升到较高的着眼点时,真理就越简单、越伟大、越确定。”㉓因此,从课程体系看,卫生法学专业课程除了开设传统法学课程外,还可以适当开设医学、公共卫生学和管理学的适当课程。如何将这些跨学科的内容做到有机融合,并使之凸显出课程主线的总体要求,实现学生对卫生法知识的宏观理解和具体细节的把握是非常有挑战性的。在此问题上,要处理好两方面的关系:首先是法学传统课程与卫生法学特色课程的关系。卫生法学是一个开放的学科体系,与传统的法学学科,与行政法、民法等学科,都有交叉和融合。因此,在开设法学传统课程的同时,可以适当开设卫生法的特色专业课程,如卫生法概论、药事法、医事法、精神卫生法、医疗保障法、医疗过失法、全球卫生法等;同时,也可以在传统的法学课程下,对涉及卫生法的内容进行扩充和重点讲述。例如,可以在宪法中讨论生育权的性质;在行政法中讲授强制隔离与强制治疗;刑法里不仅有非法行医罪、组织出卖人体器官罪这样的罪名,还有医疗行为非罪化之类的理论争鸣;在民法总论中,“人”的部分会涉及个体诊所,“物”的部分则离不开人体器官;合同法讲到有名合同与无名合同的分类时,医疗合同乃是再恰当不过的例子;婚姻法当然会牵扯到强制婚检;至于医疗侵权,更是侵权法不可或缺的一块等。㉔

其次是要处理好法学课程与医学课程、管理学课程、公共卫生学课程的关系。如前所述,由于美国医疗服务体系的复杂性、碎片化,卫生法

㉓ 参见[意]贝卡利亚:《论犯罪与刑罚》,黄风译,中国法制出版社2005年版,第163页。

㉔ 参见唐超:《中美卫生法教育面临的难题》,载《医学与社会》2013年第3期。

不仅与法律相关,也与医生、医院、保险公司、医药公司、医疗器械公司等相关,涉及非常专业的术语和知识,因此美国许多开设卫生法课程的高校也将卫生管理学等课程作为必修课,并提供法学和公共卫生法、医学双学位。我国卫生法专业在课程开设中,也有必要适当引入卫生管理学、医学和公共卫生法的课程,拓宽法学生的学术视野和知识面,提高学生医疗、法法律方面的综合素质。

根据我国目前卫生法学课程设置的实际情况,要达到上述目标还存在一定的困难。首先,跨学科的课程对于师生双方都是一个挑战。对于学生而言,法学专业的学习和教育不但是为了掌握法律知识、培养法律技能,而且要获取职业资格,完成职业身份的塑造。在越来越严峻的就业压力下,那些与执业资格考试和职业身份塑造"较远"的课程,往往难以引起学生的重视。对于教师而言,跨学科的教学往往是以问题为导向的研讨式小班教学,而非传统的满堂灌的大班授课,要求教师更多地使用启发式、任务驱动式、案例研讨式的教学方法;复合型的课程设计要求教师也要具备跨学科的学术视野和知识体系,这对教师自身的综合素质也是一项挑战,而现实中那些从事法学跨学科教学工作的教师则可能会有被边缘化的感受。因此,在现有的师资条件下,如何能切实保障跨学科的教学效果,提高学生跨学科的学习兴趣,仍然是当前卫生法课程不得不面临的难题。

(三)加强卫生法实践课程的建设,提高学生的各项法律能力

实践教学在美国卫生法课程体系中占有重要地位,是培养方案中极其重要的一环。我国卫生法教学以培养医法结合型的复合型人才为目标,也需要高度重视实践教学。

1. 对部分卫生法课程强化和完善案例教学法。如前所述,美国卫生法研究以案例法教育为中心,通过对案例的研讨,让法学生掌握运用案例的法律技术,培养学生批判思考的能力、谈判辩论的技能、沟通协调的技巧以及起草法律文书和合同的能力等。我国卫生法的部分特色课程,如医疗过失法、医事法、药事法案例来源非常丰富,可以建议将课程在教学大纲上设置为理论和实践两部分,实践课程可占课时总数的三分之一,在理论课程授课结束前,教师就可以提前布置实践课程中涉及的典型案例,在实践课程的教学中,教师就以学生为主导,通过教师诱导式的提问与学生辩论,在课堂上开展案例的研讨与分析,着重培养学生谈判、辩论、庭审、起草法律文书的事务技能和法律思辨能力。法学不同于自然科学,法学是规范科学,因而对于同一个法律问题存在多种论证思路乃至多种见解是极其正常的。对于卫生法领域的一些热点和焦点案件,比如医师协助自杀、基因编辑婴儿等,背后涉及不同价值观念的冲突,更加需要法律人运用自身的理性思维能力加以判断、甄别并最终得出结论。在案例讨论课上,教师还可以邀请部分医学专业、医学伦理学专业的学生来共同参与讨论,激发学生从不同学科的视角来认识和分析问题,从社会与法律之间的关系角度理解法律条文,并为具体的法律问题提供科学合理的应对方案。

2. 扩展课堂空间,充分利用校外实务资源,实现与实务部门的双向互动。诊所式法律教学类的实践课程在美国法学院是必修课,但是这种教学课程和方法在我国法学院起步较晚。囿于财力、物力和人力资源的限制,很多开设卫生法专业的高校没有开设法律诊所。考虑到时间条件的限制,笔者建议卫生法的法律诊所未必非要在校本部开设,可以学习美国部分高校,将法律诊所开设在附属医院。以笔者所在的高校为例,该校临床医院资源非常丰富,有十多所附属教学医院,这些附属教学医院也多设有医患办公室。高校可以考虑与临床医院建立合作关系,在接诊患者、处理纠纷等流程中让部分选修课程的学生参与,实际参与到案件的处理过程中,在本专业授课教师和医院带教老师的指导下,不断提高法律实践的水平和能力。

3. 增加以模拟实践教学为主的选修课,同步完成法律知识学习和职业技能的培养、法律职业意识和职业素养的培养。

模拟实践教学是指通过模拟法庭辩论、法务谈判、法庭调解等司法活动参与法律实务工作而进行的教学方法。[25] 模拟教学法能够很好地

---

[25] 参见肖鹏:《研究生法律英语教学方法及其应用刍议》,载《广东外语外贸大学学报》2011年第4期。

提升学生的思辨能力和语言表达能力,高度逼真的角色扮演可以使学生快速进入特定的语境状态,找准自己的角色定位,提高学生的临场应变能力和解决问题的能力。模拟教学教学可以以选修课的形式在高年级中开设,即学生在学习了诉讼法的核心课程,对法律程序、法律术语较为熟悉,具备独立的判例查找、阅读、分析能力后开展。模拟法庭讲究高度的逼真性,但是绝不能走极端,变成普法表演。因此,作为模拟法庭使用的案件,可以是现实中诉讼程序已经终结的案件,也可以是现实中正在审理的案件,更可以是“模拟”那些未来有可能发生的案件。为了保证模拟法庭的授课效果,授课教师可以邀请实务部分的专家,如法官、检察官、律师参与模拟法庭,并在同学们模拟庭审结束后从不同角度给予总结和点评。

2017 年 5 月 4 日,习近平总书记在中国政法大学考察时讲到,我国的法学教育要立足于我国的历史文化、体制机制以及具体国情,要突出中国智慧与中国实践;也应当学习、积极借鉴世界先进的法治文明成果。[26] 在经济全球化和中国改革开放深入发展的背景下,研究法学教育发达国家改革的背景与实践,总结其经验,对深化我国法学教育改革具有重要的借鉴意义。与美国一样,我国卫生法学科一直也是以“交叉学科”为特色,但是到底是与哪些学科在交叉?卫生法的课程体系应当如何设计,才能将跨学科的卫生法课程之间进行有机融合,更好地培养复合型、应用型人才?目前困扰我国卫生法教学的这些难题,在理论和实践中并没有完全得以解决。医疗产业是美国第一大产业,医疗经济的高度繁荣也带来了卫生法教育教学的发达。我们今天在卫生法教育教学中所遇到的困惑和迷惘,在大洋彼岸的美国同行也曾经遭遇过。即使无法一一对应寻找问题的答案,也能给我们当代卫生法教育教学以一定的启迪和思考。

㉖ 参见《习近平在中国政法大学考察时勉励青年在激情奋斗中绽放青春光芒》,载人民网:http://politics.people.com.cn/n1/2017/0504/c1001-29252347.html,最后访问日期:2018 年 12 月 31 日。

Study on the Curriculum System of American Health Law

Meng Yanchen

Abstract: Health law, as an interdisciplinary new subject, has entered the classroom of American law schools for more than half a century. Dozens of law schools in the United States have offered health law-related courses with degrees in J. D. ,M. D. ,and J. D. According to the requirements of the American Association of Health Lawyers, the course system of health law includes theoretical and practical courses. According to the characteristic courses of health law in some of the top law schools in the United States, there are still some differences in the names and contents of the courses. The teaching of health law in China needs to optimize the curriculum system and degree settings, improve practical teaching methods.

Key Words: American Health Law, Curriculum System, Practice Teaching Methods

行政法翻转课堂教学策略初探*

杜国强**

摘　要：法学教育在新时代面临着新的任务，教学方法上有必要积极导入翻转课堂。翻转后的行政法教学在诸多方面出现明显转向，教师角色亦会发生重大变化。教师应当具备课程规划、信息技术应用、师生交往、课堂管理、教学评价等多个方面的教学能力。教师应探索与翻转课堂相适应的教学策略，主动促进自身的能力提升。

关键词：翻转课堂　行政法课程　教师学生

党的十八届三中全会提出："全面推进依法治国，必须大力提高法治工作队伍思想政治素质、业务工作能力、职业道德水平，着力建设一支忠于党、忠于国家、忠于人民、忠于法律的社会主义法治工作队伍，为加快建设社会主义法治国家提供强有力的组织和人才保障。"十九大后，在中国特色社会主义进入新时代的形势下，习近平总书记进一步指出："法

---

* 基金项目：陕西省教育厅2017年高等教育教学改革研究项目"基于翻转课堂的公法类课程混合式教学模式研究"（项目编号：17BY062）；西北政法大学行政法学院高等教育教学改革研究项目"PBL教学法在行政法学课程中的运用"。

** 杜国强，西北政法大学行政法学院副教授，法律与行政专业博士，研究方向：行政法与政府规制。

治人才培养上不去,法治领域不能人才辈出,全面依法治国就不可能做好。"作为法治人才培养主要阵地的高校,应当积极响应党的方针政策,探索出一个既符合现代教育理念又体现新时代要求的教学模式。教师是高校教育职能的主要履行者,如何有效促进其教学能力具有重要意义。

人类社会进入新千年以降,随着信息技术的突飞猛进,"按自己步骤学习"成为引领时代的教育理念,教学过程经历着从"以教师为中心"向"以学生为中心"的剧烈转变,教师既是知识的传递者,更应该是学生迁移知识的引擎器与促动者,创新教学方法是促进教师教学能力发展的核心。诸多教学方法创新中,翻转课堂颇受瞩目。

前述背景对法学教师而言,既是机遇,更是挑战。全面推进依法治国的时代主旋律下,法学教育迎来了最广阔的发展空间。然而,诸多法学课程的教学效果难言满意,以笔者承担的行政法课程为例,因为形式的非法典化、内容的广泛性,被普遍认为是学习起来最无头绪、气氛最为烦闷的课程。关于行政法教学方法的探索从未停止,①但具体到翻转课堂领域,不仅讨论不够充分,已有的一些冠之以"翻转课堂"之名的做法,似乎与其本质存在不同程度的偏离。如何科学地认识翻转课堂以及法学教师为有效推进翻转课堂应具备哪些能力是本文的研究主题。

一、翻转课堂的基本原理及其对行政法教学的转向

翻转课堂的初始含义是,"课堂的知识,家里学习;课后的作业,课堂完成"。② 这不仅颠覆了以往"先教后学"的步骤,更使教师有了更多的时间与学生进行面对面的交往,学生有了更多的机会实现对知识的深化

---

① 代表性研究成果有高秦伟:《行政法学教学的现状与问题》,载《行政法学研究》2008年第4期;林华:《论行政法教学的困境与革新》,载《云南大学学报》(法学版)2016年第5期。

② Bergmann. J. & Sams. A. ,"Flipping for mastery", *Educational Leadership*, 4, 2013, p. 24.

与转化,进而"改变了传统课程中的直接教学,关注如何带领学生运用知识并达到更高水平的学习目标"。③

关于翻转课堂的认识存有一定差异,例如有人认为,"翻转课堂就是学生课前收看视频而后使用课堂时间解决复杂概念、回答问题,学生被鼓励在寻求教学内容与日常生活的联系中主动学习"。④ 但也有人提出,课前自我学习的途径不局限于收看视频或者借助于互联网阅读文献,只要教师能够在课前为学生提供合适的教学素材与恰当指引,这就是一种翻转。⑤ 尽管如此,关于翻转课堂的阶段以及每个阶段的主要任务,仍然存在基本共识(见图1):

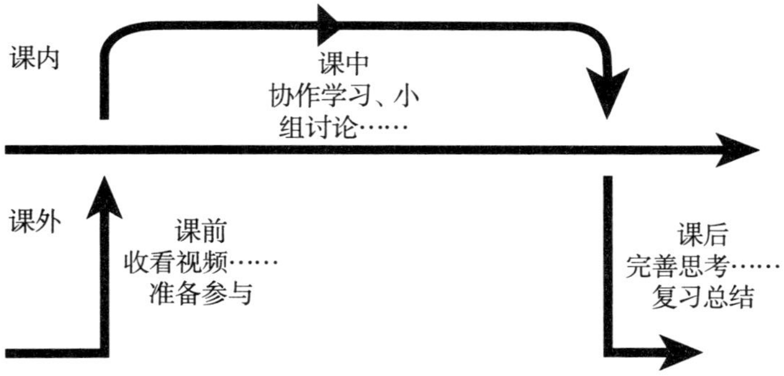

图1 阶段任务

按照Bloom等人对教育目标的分类,学生的认知水平从简单到复杂、从低级到高阶分别是:记忆、理解、运用、分析、评价、创新。前一目标

---

③ Hwang, J., L. Lai & Y. Wang, "Seamless flipped learning: A mobile technology-enhanced flipped classroom with effective learning strategies", *Computer Education*, 2, 2015, p. 449.

④ Stone, B. B., "Flip your classroom to increase active learning and student engagement", *Proceedings from 28th annual conference on distance teaching and learning*, Madison, Wisconsin, USA, 2012.

⑤ Kim, M. K., Kim, S. M., Khera, O., & Getman, J., "The experience of three flipped classrooms in an urban university: An exploration of design principles", *Internet and Higher Education*, 2014, p. 37.

是后一目标的实现,目标之间具有连续性与累积性。传统的法学教育主要培养学生的记忆与理解能力,复杂的高阶认知一般交给学生在课后甚至是家里自行探索。考虑到前述目标的难度以及学生课后学习的个体性,高阶认知目标往往难以落实。翻转课堂旨在将记忆与理解活动,借助于视频等素材由学生课前完成,课中与课后则通过协作学习、小组讨论等方式关注对高阶认知目标的培养(见图 2)。

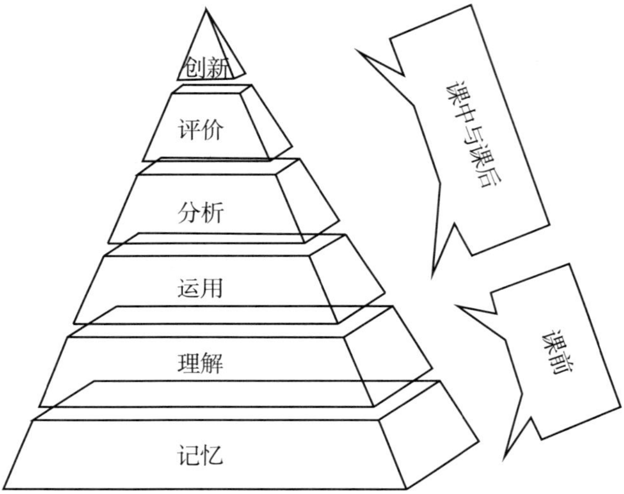

图 2　翻转课堂

翻转课堂的实施必然会对法学教学产生影响。以行政法课程的教学为例,将出现下列转向。

(一)学习内容的生成性

行政法的传统教学是内容预设性的,教师教什么,学生学什么,二者是输入端与内存的关系。此种预设性的教学内容正面临着猛烈冲击:从行政法自身的发展看,不仅总论内容的重点随着时代演变与时空转换而不断推移,分论更是朝气蓬勃,行政法与其他学科也在不断地交融,行政法政策学、政府规制等交叉性研究领域已经出现,学科体系日益开放;从外界环境看,信息技术的飞速发展意味着学生可以根据自己的需求随时在云端调取行政法相关的知识,因此没有必要过分强调知识储存的功能。通过调取、整合相关知识,以恰当方法去发现我国在建设社会主义法治政府中的真问题,例如党管干部、行政审批清理、简政放权、权力清单等,并积极地去探究,才是最重要的教学活动。

翻转课堂使此种冲击从可能转变为现实,教师会在课前规定课中任务的大致范围,却不可能完全掌控学生完成任务的具体过程与相应结果,在不能放弃自身作为教师的角色的情况下,教学内容在很大程度上是教师、学生、外部资源等多种因素相互作用中动态发展起来的,这就为学生在教师的指导下运用知识,进而积极地建构知识,实现自我超越与持续发展奠定了基础。

(二)教学方式的混合性

随着行政国家的降临,以规范行政权为旨归的行政法得到空前发展,甚至有学者断言,人类社会将挥别刑法时代与民法时代,进入行政法时代。尽管如此,行政法学仍是"一门发展中的学科",⑥这种定位虽然意味着理论基础薄弱、研究视角单一等不足,却也暗含着可观的增长空间。事实上,行政法的面貌正在发生着深刻的变化,如果行政法的教学方法不因应改变,紧密追踪前沿发展,学生对行政法的认知将是滞后或残缺的。不过,行政法的体系亦未因上述变化而彻底崩解,学习仍然需要夯实基础,重视对基本概念、基本范畴与基本观念的掌握。不同的教学内容对应不同的教学方法,学科前沿适宜开展研究性教学,基础理论可以继续进行讲授性教学。在学时相对有限的情况下,不同教学方法的运用存在着紧张关系。

翻转课堂提供了一种缓解此种关系的方案。课外尤其课前环节,学生收看视频、阅读文献,并通过在线测试强化、巩固学生对基础知识的掌握,这仍然是一种讲授性教学,只不过讲授的时间移至上课之前、课堂之外,讲授的形式由线下转变为在线,前移后的在线讲授有利于学生根据自身不同情况自主掌握学习的快慢节奏;学生对教师提前布置的主题或

---

⑥ 参见姜明安主编:《行政法与行政诉讼法》,北京大学出版社、高等教育出版社2011年版,第39页。

问题进行自主学习,进而尝试寻求解决问题的方案,原先漫无目的、很难刚性要求的预习时间被充分激活。课中,不同小组在与教师及其他同学的互动中展示观点、接受评价,感知不同视角的冲击,最后在课后修正、完善自己的见解,形成更深入的认识,这一过程具有强烈的研究性。翻转课堂通过延伸与拓展教学时空的方式,实现了讲授性教学与研究性教学的结合。

(三)学习过程的可见性

行政法的传统教学模式下,教师对学习效果的检视主要依赖于考试。问题在于,考试通常讲求试题的标准化与评定成绩尽可能地客观化,难以对个体真实的学习过程进行准确测量。此种做法忽视了学生为实现预定目标而在过程中的付出,没有看到学习过程产生非预期的成绩的可能。同时,即便是检视学习的过程,也会面临一个"耳听为虚、眼见未必为实"的困境,学生在小组讨论中的一个人"包打天下"、其他人磨洋工等现象时有出现。美国学者约翰·哈蒂提出的可见性学习的理论,将检视重点聚焦于学习过程的真实世界。

可见性学习,顾名思义,即教师能够看见学生学习的过程与结果。支持可见性学习的学习方式主要有三种:理解性学习、测量性学习、促进性学习。⑦ 三种学习方式在行政法的翻转课堂中都可以发现到:其一,理解性学习一般发生在个人或小组的学习过程中,学生通过数字工具与教师相互作用达到学习目的。课程翻转时,教师会在课前通过网络教学平台等多种方式回答不同学生的提问,并能够观察到学生观看教学视频的次数以及在线测试的成绩,进而判断学生对基本知识点理解的程度,这是教师在交互式环境中接收学生状况的过程。其二,测量性学习强调学生在课前一般已经形成关于课程的认知,并被编码成记忆作为进一步学习的基础,注意力系统需要在课堂教学中及时选择与特定内容相关的模块,这一过程中,学生"在教室里的持续关注与自律"是关键。在翻转后的课堂上,教师并非被动地观看学生"表演",而是循环检视整个课

⑦ 参见李振权、黄祎婷:《可见性学习:兴起、内涵与实践价值》,载《现代教育科学》2018年第8期。

堂,观察并发现学生在思考过程中可能出现的方向偏离,为其提供一定的信息回馈。其三,在促进性学习下,教师的角色更为能动,采取包括协调协作、角色对话、同学和老师的回馈等在内的干预措施,帮助学生解决深度学习即研究过程中遇到的问题,促进其兴趣与能力。行政法课程的翻转,不是简单停留在“学生讲、教师听”的层面,而是力图提高学生的公法素养与能力,帮助其以研究者的视角尝试阐释行政法概念、构建行政法体系、适用行政法规则。

翻转课堂是可见性学习中倡导的一种有效的教学方式,有助于学生对学习内容产生更深层次的理解并且参与其中,师生的注意力从单向的信息传播转向更多时间的一对一交流或小组交互式讨论,实现了在线与线下的结合。

(四)教学重心的能力导向性

大学法学教育的目的,历来就有法学理论与法律技能的争议。考虑到“课程在学校教育中处于核心地位,教育目标、价值主要通过课程来体现和实施”,⑧对行政法的课程学习而言,必然面临一个知识传授与能力培养的关系处理问题。主张知识传授的一方强调学习行政法知识的重要性,行政法是法科生必须掌握的基本知识之一,对于职业发展具有重要意义,至于能力,则是进入司法或行政部门以后历练的问题;主张能力培养的一方强调教学应以实践为核心,因为知识是静态的,实践是发展的,只有在实践中提高能力,才能形成并深化对知识的理解。

传统的教学模式主要围绕知识的理解与记忆,一些教学方法上的改革也更为关注如何在课堂上更好地传授知识,此种方式的优点在于学生能够在较短的时间内获取知识,因而是一种知识导向性的教学。翻转课堂后,行政法教学仍然存在知识传授环节,但在具体形式上转变为学生课前自主观看视频、阅读文献、在线测试等,该环节不受人数与时空的限制,并可以反复操作,达到对知识的记忆与理解。课中与课后环节,则以培养能力为导向,在完成不同的教学任务中,学生自我学习的能力、口头

---

⑧ 参见袁振国主编:《当代教育学》,教育科学出版社2004年版,第130页。

表达能力、写作能力、团队合作能力都会得到持续的锻炼。行政法既然是一门实践性学科，就应充分重视对学生获取新知识的方法以及运用知识解决问题的实践能力的培养，相比“学会”，“会学”与“会做”才是目标，这是翻转课堂的重要任务。

二、翻转课堂对法学教师教学能力的要求

翻转课堂后，法学教师的角色发生重大变化，如何在翻转课堂形塑一个“学习共同体”，教师合理安排、学生高效学习，是亟待破解问题。为适应新的角色，教师应当具备以下教学能力。

（一）课程规划能力

翻转课堂不仅能够提高学生的认知水平，还有助于促进学习的积极性与参与度。但是，全部课程内容的翻转几乎没有，“替代方案是仅仅翻转课程内容的一部分”。[⑨] 这不仅因为翻转所要求的材料准备与课中活动安排会明显增加教师的工作负荷，更因为就教学内容的内在本质而言，也并非只有通过翻转的方式才能够学习。教师需要对教学内容进行具体分析与合理拆解，预先作出是否翻转、翻转什么以及翻转程度的决定。其一，是否翻转。教师负责的法学课程中，有些是专业必修课，有些是专业选修课。前者大多发展较为成熟，录制视频相对方便，学生能够接触到较为丰富的网络资源，因而适宜翻转；后者中的某些课程与教师的研究旨趣相关，学生课前无法轻松地获取相关资源，整体上就不适合翻转。这类课程仍应坚持讲授式教学，需要研究的仅仅是如何在讲授中实施一些有效策略，以促进学生的积极参与。Pickering 等人疾呼，某些课程“不要翻转课堂，要积极的讲授”，[⑩]并提出了一个可资借鉴的五步

---

⑨ Stephanie Burgoyne and Judy Eaton，“The Partially Flipped Classroom：The Effects of Flipping a Module on Junk Science in a Large Methods Course”，*Teaching of Psychology*，2，2018，p. 154.

⑩ James D. Pickering，David J. H. Roberts，“Flipped classroom or an active lecture”，*Clinical Anatomy*，1，2018，p. 120.

式讲授路径。其二,翻转什么。根据前述由 Bloom 等人提出的认知目标,不同的教学内容对应着不同的认知目标。一般而言,如果教学内容较为简单,学生通过观看视频、阅读文献等方式能够实现对基础知识的记忆以及对知识背后原理与规律的初步领会,例如法律概念、法律制度的发展等,不宜出现在翻转后的课堂;如果教学内容涉及现象本质的揭示、复杂事务的分解、观点的反思与评估、新知识的形成,例如对复杂案例基本事实与主要焦点的归纳、法律原理与法律规则的适用、解决案例问题的最佳方案的寻找等,可以通过翻转的方式达成高阶认知目标。其三,翻转程度。就翻转的教学内容而言,还存在弱翻转与强翻转的划分,二者区别在于教师是否将课堂时间整体交给学生。如果某一问题理论与实务存在较大争议,尚未形成定论或正在发展过程中,因而具有较强的开放性,可以实行弱翻转,采取对分课堂——"一半教学、一半讨论"的方式展开。反之,如果学生通过自己对教学素材的消化,基本可以形成自己的论述与研究进路的,则可以尝试进行强翻转,给学生更大的自主性。

(二)信息技术应用能力

从国外经验看,视频并非翻转课堂的标准配置,除此之外,另有文献、PPT 演示、在线模块、网络探究、音频讲座等,但研究同时发现,79%的学者认为视频是学生课前获取知识最为有效的方式。[11] 这与视频本身的直观性以及因为具备暂停、重复、快进功能产生的便捷性相关,故应作为课前环节的首选。翻转课堂使用的视频,也并非一定要亲自录制,名校上传的微视频或者网络公开课都可供选择,不过考虑到不同学校的办学层次、专业培养的特色以及学生的实际水平,仍应以教师自行录制为主。

用于翻转课堂的法学教学视频应具备以下特点:其一,长度适中。视频不能太长,否则可能淡化重点,而且在缺乏有力约束的课外环境下,很难使学生保持高度的专注力,同时也不能太短,否则覆盖面有限,难以合理、完整地呈现知识点及相互关系,长度上一般不超过 15 分钟。其

---

⑪ Gokce Akcayir, Murat Akcayir, "The flipped classroom: A review of its advantages and challenges", *Computers in Education*, 126, 2018, p. 341.

二,内容具有吸引力。视频的目的是向学生讲授深度学习所需要的基本知识,但在讲授的方式上仍要避免技术式的"多媒体灌输",为此教师需要熟练掌握视频编辑软件,运用包括动画特效、录屏软件在内的多重手段激发学生的学习热情,使学生在课前的学习中能够保持轻松愉快的心态。其三,声音具有感染力。为防止学生对教师个人穿着与姿态的关注,教师一般不出现在视频之中,但声音仍然必不可少,而且应该娓娓道来、抑扬顿挫,具有感染力。总之,教学视频的制作既需考虑知识展现的重点性、完整性及内在的逻辑顺序,也要顾及学生的心理特点与认知规律。

(三)交往能力

教学是发生在师生之间的一种特殊的实践活动,具有典型的交往性,"师生以知识、智能、情感、价值等为经纬在编织相互的生活"。[12] 正是通过交往,师生能够实现知识的分享、精神的共鸣、灵魂的交融。翻转课堂固然需要视频等教学素材的技术支持,但是,"翻转课堂不等同于在线视频本身,其要点在于,教师与学生面对面之时通过行为展现出的相互吸引。它不是用视频代替教师,也不是学生坐在计算机前耗费课程的全部时间,更不是学生一个人的学习"。[13] 翻转课堂意义上的交往,既可以表现为课堂之外借助于网络教学平台与手机APP实现的实时沟通,也可以表现为课堂之中的循循善诱,教学因而成为不同主体展开对话、达成理解的过程。

翻转课堂中师生间的交往具有多方面的内容:其一,人格的交往。"教师的职务是用自己的榜样教育学生。"[14]教师的道德风貌、文明习惯、人生观与价值观不可避免地影响着学生。翻转课堂为教师向学生的示范与引导提供了更多的机会,对每一位学生的平等对待、对每一种观点的冷静分析、对每一起案件的理性思考都在潜移默化地影响着学生,使

---

⑫ 王国己:《师生交往是教育教学的核心》,载搜狐教育:http://www.sohu.com/a/125324505_608443,最后访问日期:2019年1月22日。

⑬ Fezile Ozdamli, "Flipped classroom approach", *World Journal on Educational Technology*, 2, 2016, p. 98.

⑭ 袁振国主编:《高等教育学》,教育科学出版社2004年版,第85页。

其感受着来自教师的关爱与启迪,学生的情感、态度、价值观将在与教师交往中的经验中逐步形成。其二,观点的交往。教师在翻转课堂中不仅仅是观察者、静听者,更要在民主、和谐、理解、尊重的氛围中与学生相互交换观点,这当然会印照出学生观点的错误,但即便是错误的,经过深入的讨论后,学生也会调整进而重新构建自己的知识体系。经过教师的分析,学生将形成知识领悟中的个人体会,在枯燥的知识与愉悦的精神世界产生连接。其三,思维与方法的交往。法律思维与法律方法,意味着"以一定量的社会通识知识、法律专业知识组成的合理知识结构为基础,运用有效力的法律规范和法律逻辑推理对一个社会具有法律意义的行为的合法性进行判断。"⑮是否具备法律思维与法律方法是法律人与非法律人的根本区别。教师在课堂上要尽可能地了解每一位学生的知识架构、观察视角及优势,帮助其逐渐确立法律思维与法律方法,具备对涉法问题的敏锐观察力、法律命题的概括力、法律案件的推理力、法律术语的表达力等,这些将成为学生分析问题的有力武器。

(四)课堂管理能力

建构主义认为,学习是获取知识的过程,但知识不是通过教师传授得到,而是学习者在一定的情境即社会文化背景下,借助于其他人(包括教师和学习伙伴)的帮助,利用必要的学习数据,通过意义建构的方式而获得。⑯ 翻转课堂中的学习,固然强调学生应该有能够深度参与的机会,但此种参与并非学生的"单兵突进",而是在与教师、同学的协作中个性化地学习新的知识、发展知识迁移能力,这是翻转课堂的灵魂。

对教师而言,翻转课堂的挑战在于:从消极的方面,如何在原有课堂流程被翻转后避免失控甚至是混乱,进而影响教学目标的实现;从积极的方面,如何设计一个有组织的、结构化的途径,形成积极、良性的协作氛围,促进教学目标的达成,这直接影响到预定目的能否达到。有意在法学课程中开展翻转课堂的教师,应该适应翻转课堂的此种要求,做好

---

⑮ 高晋康:《培养学生法律思维方式是法学教育的基础》,载《财经科学》2008 年第 10 期

⑯ 参见袁振国主编:《当代教育学》,教育科学出版社 2004 年版,第 184 页。

课堂管理工作。例如,在翻转课堂的课中环节,教师要结合教学内容以及学生在课前线上学习中存在的问题,开展种类不同的活动,每一种活动都存在如何有效管理的问题。经常需要处理的是,小组成员的构成及对其内部成员行为的调控。在小组成员的构成上,教师既可以尊重学生个人意愿,由其自由组合,也可以以更为积极的角色介入,尝试将不同的禀赋与特点的学生安排在一组,使他们能够相互补充、碰撞思维,进而提出创新性观点,达到共同成长的目的;在小组讨论中,教师应当密切观察,适时发声,对带有人身攻击性或者极端情绪宣泄的观点予以叫停,发现学生难以理解问题的,作出提醒或对问题加以分解,发现个别学生参与意愿不强的,要有针对性采取措施进行激励。

(五)教学评价能力

教学评价是教师准确掌握翻转效果并及时调整翻转策略的前提,可以分为对学生学业表现的评价与对自身教学质量的评价两个方面。

一方面,对学生学业的评价应重视形成性评价、个体内差异评价。传统的法学课程存在评价环节,但基本是以测验、考试进行的终结性评价。翻转课堂后,学生的学习贯穿于课外与课内全过程,每一过程对应着不同的任务,有必要进行单独评价,再根据不同权重计算最终成绩。课外环节评价重点针对学生课前的准备的充分与否,国外学者发现,"由于缺乏自律,许多学生不能自觉安排时间观看视频、理解教学内容,在随后的课内活动中难以有效学习"。⑰ 我国也存在同样的问题。课内环节是评价学生的主战场,教师要制定客观、公正的评价标准,结合个人自评、同伴评价对学生的完成任务的情况进行评定;评价还需要充分考虑学生的个体差异,翻转课堂就其目的而言,原本就是对学生个性化学习能力与方式的满足,因此在评价学生上,要充分关注个体。不但对不同学生在学习中表现出的不同方面的知识与能力做出横向评价,而且对某一学生不同学习阶段的成就表现进行纵向评价。横向评价有助于教师

⑰ Mason, G. S., Shuman, T. R., & Cook, K. E, "Comparing the effectiveness of an inverted classroom to a traditional classroom in an upper-division engineering course", *IEEE Transactions on Education*, 4, 2013, p. 430.

了解每位学生的擅长与不足,从而精准改善,纵向评价能够让教师把握学生的进步或退步,做到及时激励。

另一方面,对教师教学效果的自我评价。翻转课堂最初源自中学教育,后逐步向小学教育与大学教育拓展,在理工科课程的应用较为广泛,如何在高校法学课程中推进翻转课堂,有一个逐步探索的过程。教师在翻转课堂结束后,应及时进行自我评价,例如教学视频是否优良、教学活动是否得当、学生积极性与高阶认知是否提高等,并反思原因、寻找对策,为下一次更好地推进翻转课堂积累经验。

三、翻转课堂实施的基本策略

翻转课堂对法学教师的教学能力提出了更新与更高的要求,"对教师最为艰巨的困难不是准备或录制视频,而是安排课程活动并将其整合到翻转课堂之内"。⑱ 教师应积极探索与翻转课堂相适应的教学任务与活动设置,边实践、边总结、边优化,促进自身的能力提升。

我们在行政法的教学实践中,按照翻转课堂的原理,对行政主体、行政立法、公务员制度、行政许可等内容进行了模块化处理,使学生课前有准备,课中有活动、课后有工作,同时借鉴 Hwang 等人提出翻转课堂教学模型,⑲采取了如下措施。

(一)问题探索

问题探索意味着,教学不再像过去那样,以单纯感知为出发点,更不是直接传递现成的知识,而是创设一个能够产生问题的情境,由学生自己发现问题并寻求解决。对教师而言,不仅要在课前精心选择与问题

⑱ Mason, G. S., Shuman, T. R., & Cook, K. E, "Comparing the effectiveness of an inverted classroom to a traditional classroom in an upper-division engineering course", *IEEE Transactions on Education*, 4, 2013, p. 99.

⑲ Hwang, J., L. Lai & Y. Wang, "Seamless flipped learning: A mobile technology-enhanced flipped classroom with effective learning strategies", *Computer Education*, 2, 2015, p. 449.

相关的教学素材，更要组织学生进行充分的开题论证，帮助学生对问题本身形成准确的理解，凝练问题、修正问题，再去寻求问题的可能解决。

行政法的行政主体一章，存在诸多学理概念与法律概念：行政主体、行政组织、行政机关、行政机构等，教师要求学生课前收看视频、阅读文献，厘清各自内涵，学生需要在此基础上自行提出问题，供课中讨论之用。我们发现，在学生提出的问题中，有的侧重于初级的概念对比，例如行政组织与行政主体的关系，有的倾向于深度的理论思考，例如作为舶来品的行政主体理论，为什么要引入？引入后给中国行政组织法的研究产生了什么影响？有的源自实践中的疑惑，例如同为国务院工作部门，为什么教育部称为“部”，发改委称为“委”？让学生自己发现问题、理解问题，既激发学生的求知欲，又能使他们在压力下自主学习，逐渐实现高阶认知目标。

（二）知识建构工具的运用

概念图、数据库、语义网络、电子表格、专家系统、系统建模工具、微型世界、意向信息搜索引擎等知识建构工具，已经在国外教学中得到广泛应用。它能够促进学生自主地回顾其学习内容并在此基础上作出新的学习，因而被认为是组织知识并发展出逻辑思维的有效方式。以我们最为熟悉的概念图为例，图上有许多的结点与连接线，结点代表的是不同的概念，而连接线传递着概念之间的联系，连接线上经常被标注特定语词进一步说明概念之间联系的具体内容。绘制概念图是一个对不同概念内在关系进行整理的过程，这不但有助于学生对教学内容的全景化认识，而且给教师过程性地评价学生对知识的理解程度提供了工具。

我们要求学生在行政立法一章的课前准备阶段结束后，绘制出一幅概念图在课中展示，系统确立对行政立法整体框架的认知，教师据此判断学生在进入讨论自我学习的效果。图 3 是一位学生绘制的概念图，较为清晰地反映了概念之间的关系。

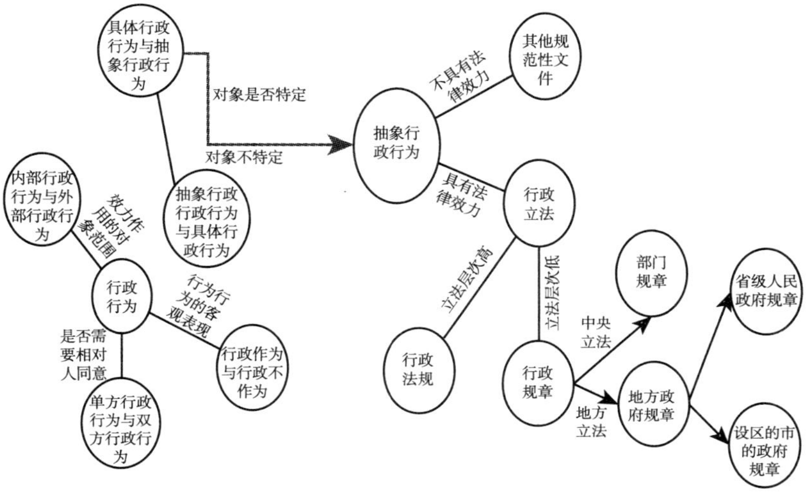

图 3　概念图

(三)同伴竞争

对教师而言,经济学上的“鲇鱼效应”的最大启示在于如何在课程管理中运用激励性的手段以促进竞争。课堂翻转后,如果仅仅是特定个人或者某一小组单方面的讲解,而缺乏对比及相应的激励措施,翻转的效果将大打折扣。

为了提高学生学习的积极性,有必要探索课堂教学中竞争机制,促进学生学习的积极性。以往的教学策略不乏竞争性做法,从师生熟悉的学期考试、测验,到实践教学中广泛运用的模拟法庭、小组辩论等是竞争性机制的体现,智慧教室出现后,借助于手机 APP 进行的知识竞赛、题目抢答也属于此类。我们在翻转课堂实践中,将竞争内嵌于翻转课堂的理念与步骤之内:竞争需要的知识由学生课前自主学习、竞争秩序交给学生维系、竞争结果允许学生适当参与。但是,教师在竞争中的作用仍然是突出的,例如竞争只是有效学习的手段,为了避免出现“目标替换”现象,即为了竞争而竞争,需要教师精心选择适合引入竞争的教学内容并拟定具体的竞争方案。

(四)基于问题解决的研究

基于问题解决的研究,即教师提供一项需要完成的任务,要求学生在收看视频后收集相关信息,再与小组成员进行讨论,寻求可能的解决方案,在课堂上,各小组需要展示学习过程中的方案与发现,并在接受教师与同学的回馈后作出修正。

此种教学策略鼓励学生运用已有知识进行积极探索,在试图解决问题的过程中习得新的知识,不但可以扩展学生的知识面,而且能够促进学生的高阶认知。对教师而言,重要的也许不是学生是否发现了问题的正确解决方案,而是培养学生在面对问题时的思维与方法。在问题设定上,我们的经验是,问题难度应该适宜,不但以学生能够理解的方式呈现出来,而且应考虑学生是否具备寻求解决问题的能力,更要允许学生根据不同的方法或路径得出不同的答案。这些都需要教师预先作出合理的安排。

(五)基于项目的个体学习

基于项目的学习是一种旨在完成特定项目的学习活动,它可以由个人独立推进,也可以以小组协作的方式展开。前者意味着承担项目的学生单独面对项目研究中一系列的挑战,例如清楚地界定问题、积极思考问题解决的方案、寻求获取新知识的途径、决定项目成果的具体方式等。因为项目由学生独自推进,教师需要考虑完成项目的难度和复杂性。

例如,在教学中讲到行政许可时,我们让每位学生尝试分析我国的相对集中行政许可权的现状与问题,然后写一个研究报告,再在课堂上与同伴进行分享。结果发现,虽然学生接受的项目相同,但学生对项目的研究是在课前相对独立的环境中展开,故其处理方式往往不同,有的去行政服务中心调研,有的作法规政策的梳理,有的进行文献上的综述,很难笼统地比较其优劣,教师可以通过点评或者学生互评的方式尽力达到不同路径之间相互补充、彼此印照的效果。

(六)基于项目的协作学习与知识分享

基于项目的协作学习与知识分享聚焦于整体性学习活动中协作的重要性。学生先将项目进行内容的切分,然后通过合作完成学习任务。

相比基于项目的个体学习,协作学习的项目具有一定的复杂性,往往超越某一特定学科,学生在此种教学策略下,充分利用各自的学科优势与同伴完成某一活动,他们获得的不仅是多方面的知识,而且能够掌握工作分工、管理、团队以及沟通方面的技巧。

授课过程中,我们将公务员法律关系的内容作为有待研究的项目提供给不同组别的学生讨论。有管理学背景的学生会强调公务员作为管理人员的一般性,其行为应该追求效率与经济效能的最大化;从政治学维度出发的学生强调公务员不但应该保证其行为面对公共利益时具有高度的回应力,而且其本身内嵌于现代基本政治制度之中,对执政党的政策与法规亦需承担遵守义务;如果以法律视角观察公务员的行为规范,学生倾向于重视公务员作为一般公民的权利与自由,强调国家机关应对公务员提供平等对待、正当程序等方面的保护。三种不同角度背后有着不同的价值,而且暗含着冲突,这就为把握公务员法律关系的丰富性提供了多样化的视角。

(七)同伴评价

翻转课堂实施中,同伴评价是教学评价的重要方法,是教师评价学生的重要参考。评价的标准一般由教师预先设定,该标准的意义不是告诉学生成绩本身如何重要,而是给学生提供一个思考与改进的方向。学生在运用标准评价同伴时,一方面,能够观察到同伴的具体表现与评价标准是否契合以及契合程度,并反思自己项目或任务的完成质量;另一方面,则在观察与反思中深入理解知识的要点与意义,从而提高学习效率、改善学习效果。

授课中,作为翻转课堂素材的案例或新闻事例,通常与行政违法存在密切关系,学生比较容易出现情绪化的表达。因此,在同伴评价的标准设定上,我们不但注意概念准确、理论扎实、表达规范、推理严密等方面的内容,而且将理性作为重要的评价指标,例如,表达的过程是否体现了法治思维,表达的观点是否充分考虑纷繁复杂的现实、是否尊重社会发展规律与基本国情、是否能够实现对问题及其解决的合理化建构等。

(八)运用应用软件和补充材料进行观点完善或扩展讨论

该环节一般在课后进行,即教师向学生提供一些与教学内容相关的应用软件或者补充材料,例如进一步阅读的书目、最高人民法院公布的行政指导性案例或诸如北大法宝、Westlaw、LexisNexis上的文献等,以此作为课程的延伸。我们实施该项活动时,为了激励学生围绕内容深入学习的积极性,注意教学内容、补充的学习材料或应用软件与真实世界情境的关联度,力图学生从补充的素材中获得更广泛的知识并且在真实世界中去运用这些知识。

前述教学策略的使用,不但在过程上保证了学生的精力投入,而且有助于其真正从教师布置的任务中受益,对教师自身的教学能力更是一种锤炼与检验。

"师资队伍是新时代中国法学教育的重要力量,也是法治人才成长的母机。"[20]法学教育的发展与变革,教师是关键。翻转课堂有助于促进学生高阶认知目标的实现,但对教师也提出了更高的要求,不仅要密切关注翻转课堂的理论研究,更要在教学实践中积极找寻适合中国国情与法学课程特点的具体策略,主动提高自身能力,最大限度地发挥翻转课堂在培养法治人才方面的积极作用。

Study on the Teaching Ability of Law Major Teachers Based on Flipped Classroom: Taking the Course of Administrative Law as the Example

Du Guoqiang

Abstract: Chinese legal education is facing new tasks in the new era. It is necessary to actively introduce the flipping classroom in teaching methods. After the adoption of flipping classroom, the teaching of administrative law will change in many aspects, and the role of teachers will also undergo major

[20] 周叶中:《新时代中国法学教育的问题与使命》,载《人民法治》2018年第16期。

changes. Teachers should have the teaching ability in many aspects such as curriculum planning, information technology application, teacher-student communication, classroom management, and teaching evaluation. In daily teaching, teachers should explore the teaching tasks and activities that are appropriate to flipping the classroom, and actively participation in the promotion their teaching abilities.

Key Words: Flip Class, Administrative Law Course, Teacher, Student

基于 BOPPPS 教学模式下的翻转课堂实证研究*

田静婷**

摘　要：本文基于新时代的法学本科教育教学改革背景，对翻转课堂的教学模式开展研究。首先从教学本质理论、教学目标理论和教学指导理论方面分析翻转课堂的可行性和有效性，其次对翻转课堂与传统课堂进行比较，为准确界定翻转课堂的教学理念奠定基础，同时对 BOPPPS 教学模式下的翻转课堂进行实证研究，为高校教师实施翻转课堂教学提供具体的可操作性方案。

关键词：翻转课堂　BOPPPS 教学模式　教学方法

2018 年教育部、中央政法委联合发布的《关于坚持德法兼修实施卓越法治人才教育培养计划 2.0 的意见》中明确指出，要积极探索实践教学的方式方

---

* 基金项目：西北政法大学 2018 年教学改革项目“基于智慧教学背景下经济法翻转课堂教学模式的实践”（项目编号：XJY201817），西北政法大学经济法学院 2018 年现代教学方式改革项目“经济法翻转课堂教学模式的实践”（项目编号：18JG08）。

** 田静婷，西北政法大学经济法学院副教授，经济学博士，研究方向：经济法学。

法，切实提高实践教学的质量和效果。课堂是教育教学的主阵地，教育改革只有深入课堂，才能进入教育改革发展的核心地带。翻转课堂作为一种新兴的教学模式，不仅成为近年来全球关注的热点，也引起了我国课堂教学的重大变革。翻转课堂体现了先进的教学理念和技术优势，从根本上颠覆了传统的教学模式，为信息技术深层介入教学过程、实现技术与教学的深度融合提供了重要的着力点和突破口，受到了广大教学一线工作者的欢迎。但是，与翻转课堂在网络和实践中的流行相比，学术界对于翻转课堂的研究主要集中在理论层面，如何准确理解翻转课堂的教学理念，特别是如何在教学实践中有效应用翻转课堂模式，突出学生在课堂中的主动角色，将传统教学中的"以教师为中心"转变为"以学生为中心"，是目前进行教学改革和创新的首要问题。

一、翻转课堂的理论基础

（一）教学本质理论

翻转课堂作为一种新型的教学模式，对其有效性的理论分析，应该首先从课程学习领域中最基本的问题，即学习的定义和学习的本质入手。Hilgerd 认为学习是通过与特定情境的互动而导致活动的产生或改变的过程。Bigge 指出学习是人类性情或能力持续一段时间的改变，是行为如何通过经验得到的改变①。总结上述学者的观点，可以把学习定义为：由经验引起的行为或行为潜能的相对持久的变化。与学习的定义相比，关于学习的本质的研究更为重要。对学习本质的探讨最早是由哲学家提出来的，以柏拉图、笛卡尔、弗洛伊德、康德为代表的理性主义者认为，知识是与生俱来的，内在知识和概念是理性本质的一部分，人通过知觉和推理获得知识，经验可以激活我们的意识，但并不是知识的来源。学习不是对外在世界的探索，而是对内在知识的回忆和唤醒。以亚里士

① 1L. Bigge, "Motivation and cognitive load in the flipped classroom: definition, rationale and a call for research", *Higher Education Research Development* ,1 ,2015,

多德、洛克、休谟、米勒等为代表的经验主义者对学习本质的看法与理性主义者不同,他们认为感觉经验是所有知识最终的来源。19 世纪末现代心理学出现后,心理学家取代了哲学家成为研究学习的主导。行为主义者反对研究人的思维、意识和心理表征,主张研究可观察的刺激和行为反应,把学习简化为刺激——反应的条件反射,认为学习是行为的改变,这种改变是由于练习、偶然的非条件和条件刺激,或者有计划地强化引起的。现代认知心理关于学习本质的观点可归纳为"学习是获取"的学习观。无论是认知主义者认为学习是人脑被动地接受知识,还是个人建构主义者认为学习是个体主动建构,或是社会建构主义者认为学习是个体对社会活动的内化,从本体论的角度上,学者们都认为学习是获取外在世界的知识,并把知识储存在人脑中。目前国际教育心理学界关于学习的本质有两种观点,分别是"获取观"和"参与观"。1996 年卡梅隆大学的 Anderson、Reder 和 Simon 在国际权威学术期刊 Educational Researcher 发表"Situated learning and education"一文,针对"参与观"在学习与情境的关系、知识的迁移、抽象教学的作用、社会环境在教学中的作用四个问题上进行阐述。关于学习本质的观点表现在教学活动本质的认识和教学方法的选择上。首先,表现在教学认识论和教学交往论上,教学认识论认为教学是一种认识活动。教学交往论则认为教学是一种交往活动。该说认为,师生在教学中参与到共同活动体中,并有着多边多重、多种形式的相互作用。教学是师生个体生命价值和自身发展的体现。因此,教学认识论基本上持学习的获取观。根据以上学术界的理论,现代教育的一种重要特征就是多样综合,任何一种本质观都有一定的理论局限性,因而我们应该采用包容、开放的态度,把教学的重点放在更好的综合各方的优点,兼容并蓄,研究不同理论所适用的条件,建设更具实践指导导向和价值的教育理论。

翻转课堂教学模式正是体现了这种多样综合的教学理念和方法。翻转课堂中采用教师视频讲授的方式,以知识获取为主要目的。课堂问题的解决和师生活动部分则主要反映了学习的"参与观",是以能力培养为目的,以探究法为主的教学方法,强调教学是一种共同体活动的参与。在课堂活动中,教师会随时进行指导,学生的情况会直接反馈到教师手中。因此,从教学的本质理论进行分析,翻转课堂能够综合多种教学理念和方法,从而更加符合教学实际。

(二)教学目标理论

教学目标是学生在学习之后需要达到的目标,对整个教学过程具有统领的作用。教学目标决定教学方法、问题设计、活动组织和教学评价。在教学目标理论中最具代表性的当属布卢姆的教育目标分类理论。布卢姆把教育目标分为认知领域、情感领域和技能领域。并把认知目标进一步划分为记忆、理解、应用、分析、评价、创造等由低到高六个层次目标。② 其中,知识的记忆和理解被称为初级认知目标,而应用、分析、评价则被归类为高级认知目标。布卢姆认为传统的课程和教学把大部分的时间用于知识的学习和理解这两个初级认知目标上,忽视了高级认知能力的培养。在传统的教学课堂上教师把大量的时间用于对知识的讲授,而没有时间用对高阶能力进行培养。

通过课堂的翻转则可以改变传统课堂的这种劣势,翻转课堂把知识的记忆和理解这两个低级的认知目标通过视频的方式移至课外,让学生通过自学完成,而把大量的课堂时间用于师生面对面的互动,以实现应用、分析、评价、创造等高阶认知能力,以及其他情感态度价值观的目标。通过这种方式,布卢姆的教学目标就得到了翻转。因此,如果从布卢姆的教育目标分类理论进行分析,可以发现翻转课堂更能实现学生的全面发展。一方面,学生通过课前的视频学习完成了对知识的记忆和理解;另一方面,学生在与教师和其他同学的互动中,通过交流、探究等活动,发展了应用、分析、评价和创造能力,以及情感与技能领域的其他目标。虽然翻转课堂教学并不一定就意味着实现全面发展的目标,但是借助技术的力量,翻转课堂至少使全面发展的教育目标在今天具备了实现的可能性。

② 参见布卢姆:《布卢姆掌握学习论文集》,福建人民出版社 1986 年版,第 141 ~ 154 页。

(三)教学指导理论

著名教育心理学家Mayer指出,学生需要足够的自由才能在意义建构过程中实现认知主动,另外也需要足够的指导才能让他们的认知活动建构出有用的知识。③ 教学指导是教学方式中的一种重要形式,教育心理学家普遍认可教学指导在学习中的积极作用,教师指导能够帮助学生选择相关的输入信息,降低认知负荷,在学习的早期和中期获取必要的知识,促进认知主动,对学生学习具有重要的作用。Wittwer和Renkl通过研究已有的资料信息,总结了有效教学解释的原则。首先,有效的教学解释应该结合学生的先前知识水平,任何有效的教学都必须以学生的个体特征尤其是先前知识为基础。基于学生特定需要的教学解释能够最大地激发学习潜力,帮助学生建构出相关的心理表征,修补理解,消除错误概念,并促进新旧信息之间的联结。④ 另有学者指出,能否对学生的错误理解做出及时反应,并相应对知识的解释进行调整,这对学生认知的影响是至关重要的。如果教学解释超出学生的实际水平,就会形成理解困难;如果教学解释太容易,产生的多余信息就会占用认知资源,使学生无法进行有益的学习,有效的教学解释应该整合到学生正在进行的认知活动中。根据建构主义学习理论,学生在学习中是否进行积极主动的认知活动是教学的关键因素。教师要帮助学生更深入地理解学习材料,有效的建构新知识,那么教学解释就需要提供信息让学生充分互动或进行应用,提高学生的认知主动。大量研究表明,如果学生有机会在问题解决中应用教学解释的内容,他们就会进行更多的自我解释,修正错误的理解,联系新旧知识,保持较高的认知主动,从而形成更深层次的理解。

翻转课堂和传统课堂实际上是一个相对的概念,二者在很大程度上是交织在一起的,翻转课堂主要表现为问题的讨论、合作和解决等活动,

---

③ R. Mayer, "Should there be a three-strikes rule against pure discovery learning?", *American Psychologist*, 1, 2004, pp. 14 – 19.

④ J. WittwerRe and A. Rennkl. "Why instructional explanations often do not work: A framework for understanding the effectiveness of instructional explanations" *Educational psychologist*, 1, 2008, pp. 40 – 64.

而传统课堂主要表现为以教师教授为主。有别于传统的教学方式，翻转课堂的教学模式可以完善传统教学方式中教师习惯于从学科知识和自身角度出发进行讲授的缺点。翻转课堂上教师的讲解是基于学生的问题进行的，有针对性地进行解释和指导，因而能够基于学生的先前知识水平、能够对学生的错误认知及时反应并相应调整。同时，在翻转课堂中，学生是学习的中心，其在课堂上积极参与活动、回答问题、分享知识、能够较好地满足自主和胜任的需要。在积极主动的参与中，教师对学生的情感、学习和社会需要能够有更好的理解和反应，学生更能感知到师生之间积极正向的关系，他们的行为能够为教师所重视、认可和鼓励。同时，翻转课堂突出了"以学生为中心"，更加强调以学生发展、学生学习、学习效果为中心，在充分肯定学生主体地位的基础上，重视其个体差异，着重培养学生解决问题和团队协作的能力。

二、翻转课堂的实施——基于 BOPPPS 的教学模式

BOPPPS 教学模式起源于加拿大，发展于美国，是目前我国教师技能培训中较为推崇的一种教学模型。BOPPPS 是英文单词 Bridge—in、Objective、Pre—assessment、Participatory learning、Post—assessment 和 Summary 的缩写，分别表示课堂教学中的六个环节：问题导入、确认目标、课堂前测、参与学习、课后测试和总结归纳。在翻转课堂的实施过程中，需要从课程目标、课程内容、课程评价等方面进行全面的设计和调整。因此，本人结合 BOPPPS 的教学模式对翻转课堂进行深入的实践和探索。

1. Bridge—in——课前导入

作为一种新型的教学模式，首先需要充分的课前准备。传统课堂通常是按照编章节的结构，教师每周讲授一个章节的内容，但在翻转课堂中对课程的教和学提出了更高的要求，课前教师应对本门课的教学大纲、教学方案和教学课件进行全面的设计，并根据翻转课堂的特点对课

程内容进行重新组织和调整。教师可以将所讲课程划分成模块,每个模块下分出若干个主题,每个主题又可以细分出若干个知识点,每个知识点之间既相互联系又相对独立。在教学设计中要考虑到以下两方面的因素:第一是约束性条件。主要包括学习者的分析、教学目标的分析和其他因素。学习者的分析主要指学生的心理状态、知识结构特点和学习准备情况,这是作为解决教学重点、难点,选择教学策略,设计翻转课堂教学过程的主要依据。同时以教学目标为导向,结合学习者的特点,设计教学环节。第二是教学措施条件。主要包括教学资源、教学活动和教学工具。常见的教育信息化资源主要包括9类,即媒体素材(包括文本、图形/图像、音频、视频和动画)、试题、试卷、课件、案例、文献资料、常见问题解答、资源目录索引和在线课程。课前的准备活动主要有两个目的:一是提高和激发学生的学习兴趣和动力;二是引导和明确学生学习的方向和目标。认知目标是形成学生学习动机的关键因素,研究表明个体的行为只有对未来的目标产生期待时,才会促进学习的积极性。学生在了解学习的目标之后,再进行自学和讨论时就会更有方向性和目的性,学习的效果才能事半功倍。以本人所讲授的经济法课程为例,在介绍反不正当竞争法时,为了让学生对该主题产生兴趣,在课前导入环节先向学生推送大量的信息资料,同时以小组为单位,让学生寻找在生活中所遇到的不正当竞争行为,使学生把生活与教学内容联系起来,这样学生的学习兴趣自然就得到了提高。

2. Objective——确认目标

教学目标决定教学内容、教学方法和教学评价,因而对整个教学过程起着重要作用,尤其是对翻转课堂非常重要。通常,教学目标可以分为两种,一种是知识型目标,另一种是能力型目标。知识型目标属于初级目标,主要包括对知识的记忆和理解,能力型目标属于高级目标,包括应用、分析、评价、创造等高级认知目标,以及情感、价值观、批判思维、自我认识、沟通合作等能力和素养。通常翻转课堂的课前、线上、线下、课外自学部分主要围绕着知识型目标展开的,翻转课堂的课中、线下、课内讨论学习部分则主要围绕着能力型目标展开。在信息时代,知识的获取已经十分便捷，尤其是网络和人工智能的快速发展使教师不再是知识的唯一来源，相对于知识型的教学目标，能力型的教学目标应该更加获得重视，因为涉及情感、创造、沟通与合作的品质是人工智能所不具备的。因此，在实施翻转课堂教学之前，教师应首先转变教学理念，在教学目标中除了让学生掌握、理解相关知识点外，还要培养学生的综合能力和人文素养。以本人所讲授的《反不正当竞争法》为例，在教学目标中本人主要设定为两个目标：一是知识型目标：通过问题导入启发学生思考虚假宣传行为的概念，使学生能够辨析虚假宣传行为的概念和特征。通过设置选择题、主观题的形式引导学生辨析和理解虚假宣传行为的主体、对象和内容。二是能力型目标：结合司法裁判案例的分析和模拟法庭的辩论，帮助学生理解相关法规的适用条件和认定标准。培养学生逻辑思维、口头表达和团队协作能力，训练学生的法律思维能力，提升学生的法律实务操作技能。在情感与价值观方面，通过本节课的学习，使学生了解遵守社会公德，诚实守信的重要性。提升学生自身的道德素质，塑造正确的价值观，增强社会责任感。

3. Pre—assessment——课堂前测

课堂前测的作用在于教师可以掌握学生的课前预习情况，针对预习中的难点问题在课中进行指导和讲解。在“以学生为中心”的教学理念下，教师应当首先了解学生的真实认知状况，以细致翔实的课堂前测来加强教学活动设计的实效性。课堂是由教师设计并负责组织施教的，教师课上的自主权要比学生的自主权大得多。基于此，开展课堂前测，能够了解学生的发展需要和已有经验，这样才能从学生实际出发；选择适当的前测方法，从而切实可行地思考更符合学生认知发展规律的教学策略，更好地提高课堂教学的效率。

4. Participatory learning——参与学习

参与式学习是一种合作式或协作式的教学法，这种方法鼓励学习者积极参与教学过程，加强师生之间以及生生之间的信息交流和反馈，使学习者能深刻地领会和掌握所学知识，并能将这种知识运用到实践中。这种教学法的理论基础是心理学的内在激励与外在激励关系的理论以及弗洛姆的期望理论。参与式教学过程可以使学生在明确的教学目标指导下,积极主动地、具有创造性地介入教学活动的每一个环节,从而接受教育、获取知识并发展能力。教师与学生以平等的身份参与到教学活动中,他们共同讨论、共同解决问题,因此,参与式教学也是一种师生共同推进教学的教学形式。参与式教学可以包括课堂讨论、头脑风暴、角色扮演、小组活动、案例分析等。例如,教师可以提出某些社会现象或问题,要求学生尽量提出不同的想法,学生可以在轻松而有目的的气氛中理解和吸收知识,上述这几种教学模式都是强调以学生为中心,在翻转课堂中可以取得良好的效果。在教学实践中,教师应该让学生有非常明确的参与目的,启发、引导学生参与讨论,同时需要教师创设有趣的教学环境,充分调动学生上课的积极性。教师要真心诚意地组织学生讨论,用心和学生交流,而不是流于形式。只有走到学生中间去和学生一起讨论,这种讨论才具有实际意义。在参与学习中比较常用的是小组合作的形式,小组合作的模式有"自上而下"和"自下而上"两种,"自上而下"的模式主要体现为教师教授、小组合作学习、个人独立操作、组内互评、教师示范和总结等环节;"自下而上"的模式主要体现为小组合作学习、教师总结、学生独立作业、组内互评等环节。

5. Post—assessment——课后测试

课后测试是对教学效果的检验,在翻转课堂中,根据本门课程的实际教学效果,教师可以围绕教学目标,制定出可量化的检测内容。目前可以利用一些信息化互动工具来实现课后的测试,例如雨课堂等微信小程序和手机 APP,这些工具可以帮助教师实现课程信息实时互动和反馈,提高教学效果。

6. Summary——总结归纳

在课后测试和小组讨论之后,教师需要对整个教学过程和内容进行总结,提升学生的学习和认识。在翻转课堂中,学生通过课前预习、课中讨论、课后测试,对难点和重点问题可能有所忽略,因而教师在最后需要进行适当的总结、归纳和提升,帮助学生提炼出最核心的学习内容,形成完整的认识。教师可以直接用讲授的方式帮助学生归纳,也可以通过学生回馈的意见有针对性的讲解。此外,教师也可以利用课堂最后的时间进行下一次的课前准备和导入活动。因此,这一环节具有承前启后的作用。

综上所述,BOPPPS 教学模式从课前情境的导入、教学目标的确定、课堂前测的准备、课堂活动的参与、课后测试的检验和总结归纳的提升,为教师在教学中实施翻转课堂提供了实际可行的指导,具有一定的可操作性。同时,这种模式也给教师保留了足够的空间和弹性,可以让教师根据实际教学情况,进行有针对性的调整,充分调动教师的教学热情。

三、基于 BOPPPS 的教学模式下翻转课堂的教学实证研究

1. 研究对象

本次调研的对象主要为大二、大三的实验班学生,共 133 人,其中大二学生 70 人,占 52.63%,大三学生 62 人,占 46.62%。男生 28 人,占 21.05%,女生 105 人,占 78.95%。所讲课程为全校通识选修课《经济法概论》,共 18 周,51 学时。

2. 研究设计

本研究所针对的课程为 2018～2019(秋季)学期的《经济法概论》,对实验班采用翻转课堂教学模式进行教学,经过一学期的教学之后,对学生发放调查问卷并进行期末考试,对比实验班学生与传统班级在课堂学习、学习方法、学习投入和学习成效上的差别,以检验翻转课堂教学模式在高校教学中的实际效果。

3. 研究过程

本研究主要从主观与客观两个方面检验翻转课堂的教学效果。主观方面,通过调查问卷了解学生的课堂体验、学习方法、学习投入和学习成效等因素。客观方面,通过平时测试和期末考试查验学生的知识掌握情况。调查问卷一共 23 道题,包括:基本情况 3 道题、课堂体验 4 道题、学习方法 5 道题、学习投入 5 道题、学习成效 6 道题。平时成绩包括出

勤率、课堂讨论、课后作业。期末考试共 6 道大题,开卷考试,总分 100 分。包括 4 道简答题、2 道案例分析题。主要测试学生对《经济法概论》相关知识点的掌握、理解、分析和应用。

4. 评价工具

对样本数据进行量化因子分析,确定量表的信度水平,以翻转课堂下的课堂体验、学习方法、学习投入作为因变量,以班级为自变量,通过数据分析软件 SPSS 23.0 进行差异化分析。

5. 数据分析

(1)量表的信度分析(见表 1)

表 1　量表的信度分析

量表	内容	X^2	p	X^2/df	TLI	CFI	RMSEA	信度
课堂学习体验	教学组织	0.21	0.90	0.10	1.04	1.00	0.00	0.80
	教学活动	1.76	0.19	1.76	0.99	1.00	0.09	0.91
	共通能力	13.89	0.13	1.54	0.98	0.99	0.07	0.92
	表现程度	24.35	0.23	1.22	0.98	0.99	0.05	0.90
学习方法	自学方式	0.01	0.94	0.01	1.05	1.00	0.00	0.97
	师生互动	24.22	0.24	1.25	0.99	1.00	0.09	0.96
	小组讨论	0.01	0.94	0.01	1.05	1.00	0.00	0.79
	内在学习动机	2.02	0.36	1.01	1.00	1.00	0.01	0.73
	外在学习动机	4.68	0.10	2.34	0.94	0.98	0.11	0.79
学习投入	参与程度	24.35	0.23	1.22	0.98	0.99	0.05	0.90
	兴趣程度	10.41	0.32	1.16	0.99	1.00	0.04	0.87
	时间投入程度	1.04	0.60	0.52	1.05	1	0.00	0.66
	主动学习投入程度	10.42	0.33	1.15	0.98	0.99	0.03	0.89
	小组讨论程度	7.02	0.22	1.40	0.97	0.99	0.06	0.81

本研究通过验证性因子分析确定量表结构,以卡方值 X^2 不显著($p>0.05$),卡方自由度比 $X^2/df<3$,非规准适配指数 TLI >0.90,比较适配指数 CFI >0.90,渐进残差均方和平方根 RMSEA <0.05 为标准判

断模型的拟合度。如表 1 所示,各模型的主要指标都达到标准值,表明模型拟合度比较理想,对其进行内部一致性分析,结果表明因子的信度良好。

(2)翻转班与传统班教学效果对比(见表 2)

表 2　翻转班与传统班教学效果对比

类别	评价指标	翻转班 M	传统班 M	均差	效应值 d/r^2	总体 M
课堂学习体验	教学组织	3.27	3.02	0.25	0.52/0.25	3.12(0.50)
	教学活动	3.42	3.13	0.29	0.62/0.29	3.25(0.50)
	共通能力	3.05	2.88	0.16	0.36/0.18	2.95(0.49)
	表现程度	3.20	2.98	0.23	0.49/0.24	3.07(0.47)
学习方法	自学方式	2.78	2.81	-0.04	0.07/0.04	2.80(0.40)
	师生互动	2.55	2.51	0.04	0.08/0.04	2.53(0.53)
	小组讨论	2.94	3.10	-0.16	0.34/0.17	3.04(0.48)
	内在学习动机	2.86	2.83	0.03	0.06/0.03	2.84(0.47)
	外在学习动机	2.26	2.22	0.03	0.09/0.04	2.24(0.45)
学习投入	参与程度	1.91	1.92	0.00	0.02/0.01	1.91(0.61)
	兴趣程度	2.42	2.62	-0.20	0.34/0.17	2.54(0.60)
	时间投入程度	2.53	2.46	-0.07	0.12	2.49(0.57)
	主动学习投入程度	2.31	2.32	-0.01	0.02	2.31
	小组讨论程度	2.61	2.48	-0.05	0.34	2.54

如表 2 所示,本研究通过将翻转班与传统班在量表上的得分对比分析,以这些指标作为因变量,班级为自变量分别进行独立样本 T 的检验。结果显示,进行翻转课堂的班级和传统课堂的班级学生在共同能力发展、表现程度、自学方式、师生互动、内在学习动机、参与程度和兴趣程度方面存在显著差异,在其他指标上的差异并不明显。与传统班级相比,翻转班的学生认为通过本学期的学习,自己在主动学习、课前自学、小组讨论方面的能力发展得更好。通过数据分析 $T(1)=3.05$, $P<0.05$, $d=$

0.48,$r^2=0.23$,说明学生的共同能力发展更好。T(1)=3.20,$P<0.05$,$d=0.49$,$r^2=0.24$,说明学生的表现程度比传统班级更明显。T(1)=2.78,$P<0.05$,$d=0.07$,$r^2=0.04$,说明学生在自学方式上比传统班级更强。T(1)=2.55,$P<0.05$,$d=0.08$,$r^2=0.04$,说明通过本学期的学习,学生在课堂上的师生互动更多。T(1)=2.94,$P<0.05$,$d=0.34$,$r^2=0.17$,说明学生通过本学期的学习,小组讨论比传统班级更频繁。T(1)=2.86,$P<0.05$,$d=0.06$,$r^2=0.03$,说明学生通过本学期的学习,内在的学习动机增强。T(1)=2.26,$P<0.05$,$d=0.09$,$r^2=0.04$,说明通过本学期的学习,学生的外在动力比传统班的学生更明显。T(1)=1.19,$P<0.05$,$d=0.02$,$r^2=0.01$,说明学生通过本学期的学习,小组讨论比传统班级更多,同时,T(1)=3.42,$P<0.05$,$d=0.63$,$r^2=0.29$,说明学生通过一学期的学习,更加认可教师采用的课堂教学方法。另外,T(1)=2.42,$P<0.05$,$d=0.34$,$r^2=0.17$,说明通过本学期的学习,学生的学习兴趣有所增加。T(1)=2.53,效应值为0.12,说明通过本学期的学习,学生在投入学习时的时间成正相关,即学生的课堂体验越正面投入的学习时间越多。

6.结论分析

上述研究的结果表明,采用翻转课堂的教学模式可以显著提高大学生在课堂学习的积极性和主动性。经过本学期的教学试验之后,接受翻转课堂教学模式的学生在课堂学习体验、期末成绩和学习效果上,均显著提高于传统教学方式的学生。翻转课堂的学生更加认可教师的授课方式,对整体课堂教学质量更加满意。认为教师经常鼓励小组讨论和发言,启发学生思考,教学能够实现理论联系实际。相对于传统授课的班级,翻转课堂的班级更频繁的开展小组合作、讨论分享,学生们普遍表示在知识面、沟通能力、团队合作、解决问题等能力方面得到了一定程度的提升。翻转课堂的学生通过学习体验的改善,进一步促使他们采取深层次的学习方式,从而提高课堂的学习成绩。同时,上述结果说明使用翻转课堂的教学模式,能够促进学生的学习性投入,从而实现主动学习。当前提高我国高等教育质量的核心是提升高校教学水平。翻转课堂教学模式兼顾了知识学习和探究创新能力的发展。一方面,学生可以通过课前教学视频的学习,掌握学科知识;另一方面,在知识学习的基础上,学生课堂上在教师的指导下进行师生、生生之间的互动交流、合作讨论、答疑解惑,进一步深化了对知识的理解和运用,并能发展分析、评价、创造等高阶的能力。

四、总结与展望

通过上述研究表明,基于 BOPPPS 教学模式下的翻转课堂在促进学生的全面发展、体现信息技术与教学的深度融合和提升学生的实践能力方面具有一定的优势。

(一)基于 BOPPPS 的教学模式翻转课堂能够实现学生的全面发展

作为一种新兴的教学模式,基于 BOPPPS 下的翻转课堂对其有效性的分析,首先应该从教学目标入手。教学目标是学生在学习中需要达到的目标,也是决定教学方法、教学设计、教学活动和教学评价的首要因素。在教学目标理论中最具代表性的就是布卢姆的教育目标分类理论。根据布卢姆的分类,他将教育目标分为认知领域、情感领域和技能领域,并把认知目标进一步划分为记忆、理解、应用、分析、评价、创造等由低到高六个层次。⑤ 其中,知识的记忆和理解被称为认知目标,而应用、分析、评价、创造则被归类为高级认知目标。传统的教学方式是将大部分的时间用于知识的学习和理解这两个初级认知的目标上,而缺乏时间用于培养其他高级认知的能力,而基于 BOPPPS 下的翻转课堂则改变了传统课堂的这种弊端。以 BOPPPS 教学模式为例,通过创设情境——导学引入——生成问题——参与研讨——检测评价的形式,启发和培养学生思考问题,解决问题的能力。在教学设计中采用现代化信息技术加入投票题、选择题和主观题激发学生的好奇心,使其产生学习的动力。在教

---

⑤ 参见布卢姆:《布卢姆掌握学习论文集》,福建人民出版社 1986 年版,第 141 ~ 154 页。

学手段上,利用现代智慧教学工具可以实现学生的个性化学习,将学生每个阶段的数据全部落地,帮助老师勾画出学生完成学习的轨迹。通过智慧教学工具既能够在课前向学生随时推送幻灯片和作业,又能在现实课堂中开展答疑互动,完成课中的讨论环节,还能在课后进行作业测评,达到课后总结归纳的效果。在教学组织上,通过划分小组、讨论合作的组织形式,在生生互学、师生互动的参与过程中,激发学生学习的积极性和主动性。其将知识的记忆和理解这两个认知目标通过课前预习的方式让学生自学完成,而把大量的时间用于师生之间的互动,以实现应用、分析、评价、创造等高阶认知能力的培养。通过这种方式,布卢姆的教学目标金字塔就得到了翻转,更能实现学生的全面发展。

(二)基于BOPPPS的教学模式翻转课堂能够体现信息技术与教学的深度融合

当前,信息网络技术正在加速进入和渗透教育的各个领域,改变着传统教育的每个因素。要全面提升教育质量,必须充分利用信息网络技术的优势,适应"互联网+教育"的新模式。在信息技术的影响下,教育的基本要素都将发生重大的变化。未来教育人才培养目标从知识转向能力,更加重视学生能力和素养培养,未来教学内容需要在专业教育与通识教育、知识的广度、深度和高度之间实现平衡。未来社会的一个重要特征就是信息极大丰富,知识可以自由地从网络信息中获取。因此,相对于知识而言,能力的培养更加重要。尽管网络可以自由的获取知识,但是比较肤浅,浅层的知识可以通过技术解决,而更重要的是创造和运用知识,解决实际社会的现实问题。基于BOPPPS教学模式下的翻转课堂充分体现了现代教育综合和多样化的重要特点,提高学生的综合能力,其学习过程主要包括课前、课中和课后。课前借助视频学习帮助学生预习相关知识点;课中主要解决疑难问题重点在于提升学生的高阶认知能力,课后通过复习达到巩固知识点的作用。因此,这种教学模式将信息技术深度介入教学中的每个环节,在线教学的内容可以充分利用多媒体技术、大数据技术、学习分析技术、直播技术、移动互联网技术等信息技术提高教学效果。

（三）基于 BOPPPS 的教学模式翻转课堂能够提升学生的实践能力

基于 BOPPPS 的教学模式翻转课堂首先是基于学生的问题展开的，主要是针对学生在课前预习之后仍存在的问题，以及课堂讨论中遇到的重点、难点问题，教师有针对性地做出解释和指导。因此，这种教师的指导建立在学生的先前知识水平、能够对学生的难点问题做出及时反应，并对知识点的讲解做出相应的调整，这是真正整合到学生正在进行的认知活动中。在课堂讨论中，教师根据学生的问题回答情况，提供适当、及时的反馈和指导，能够让学生及时识别错误，促进学生更好地建构认知图式、形成深层理解，从而获得理想的教学效果。其次，在翻转课堂中，学生是学习的中心，学生在课堂上积极参与活动、回答问题、分享知识，小组互动，可以使教师对学生的情感、学习和社会需要具有更好的理解和反应，学生更能感知到生生和师生之间积极正向的关系，学生的学习行为能够为同伴和教师所重视、认可和鼓励。因此，这种教学模式为学生创建了一个良性的学习环境，满足了学生自主、胜任和关系的需要，从而促进学生的内在学习动机。通过问题导入启发学生思考虚假宣传行为的概念，使学生能够辨析虚假宣传行为的概念和特征。在课中设置选择题、主观题的形式引导学生辨析和理解虚假宣传行为的主体、对象和内容。同时，结合司法裁判案例的分析和模拟法庭的辩论，帮助学生理解相关法规的适用条件和认定标准。培养学生逻辑思维、口头表达和团队协作能力，训练学生的法律思维能力，可以提升学生的法律实务操作技能。

通过上述的研究结论表明，基于 BOPPPS 的教学模式下的翻转课堂教学模式比传统教学模式更能有效提高教学质量，不仅强化了知识的学习，也促进了学生探究创新能力的发展。目前，提高我国高等教育质量，核心是要提升高校教学水平，当前，将翻转课堂应用于我国的教育实践中，要避免对其模式理解的绝对化，重点是要认识到翻转课堂在教学方式、教学内容、教学设计等方面具有独特的优势。

在实际教学中，有些教师会根据实际情况，在课堂上先进行部分讲授，然后进行答题、提供指导和组织讨论；有些教师在大班授课中，虽然没有采用小组讨论的方式,但是通过互动及时提供反馈和指导;还有些教师,在课堂上虽然没有组织当堂练习,但是采用辩论赛、角色扮演等方式,这些方式都属于翻转课堂,其形式可以多种多样。诚然,教学改革相对于其他方面的改革难度更大、操作更难、见效更慢。使用翻转课堂模式进行教学要求教师付出更多的工作量,教师在课程内容的安排,课件的设计、课前教学资料的选择、加工、课中探究活动的设计和操作、课后评价标准的制定和执行,师生互动和反馈等环节都要投入大量的时间和精力。同样一门课,使用翻转课堂模式进行教学比使用传统教学方式要付出更多的工作量。因此,要改革传统的教学方式,提升本科教学水平,高校应当重视教学在各项工作中的核心地位,改变目前教学相对于科研弱势的地位,建立规范的制度体系,在教师评定政策上加以倾斜,鼓励和支持教师进行教学改革。

Empirical Study on the Innovation of Flipping Classroom Based on BOPPPS Teaching Model

Tian Jingting

Abstract: The theme of the national conference on undergraduate education in colleges and universities in the New Era is to comprehensively revitalize China' s undergraduate education. At the same time, the General Secretary stressed that law education should deal with the relationship between knowledge teaching and practical teaching, innovate practical teaching mode, and cultivate outstanding legal talents with innovative spirit and practical ability. Based on the background of education and teaching reform in the new era, this paper studies the teaching mode of flipped classroom. Currently, it is the primary problem of teaching reform and innovation in the academic circle that how to accurately understand the teaching concept of flipped classroom, especially how to effectively apply the flipped classroom model in teaching practice. Based on the background of education and teaching reform in the New Era, this paper studies the teaching mode of flipping classroom. Firstly, it analyzes the feasibility and effectiveness of the flipping classroom from the aspects of teaching essence theory, teaching goal theory and teaching guidance theory. Secondly, the author compares the flipping classroom with the traditional classroom, lays a foundation for accurately defining the teaching concept of the flipping classroom, and conducts empirical research on the flipping classroom under the BOPPPS teaching mode, providing specific operability for the college teachers to implement the flip classroom teaching. Program. Under the current empirical research on the effectiveness of flipping classrooms, the author expects to provide an empirical basis for the reform of colleges and universities using the flip classroom teaching model.

Key Words: Flipped Classroom, BOPPPS Teaching Model, Teaching Method

聋人社区法律赋能诊所

——来自诊所教师的观察

张万洪[*]　刘逸君[**]

摘　要:聋人社区法律赋能诊所通过向学生讲授法律赋能、残障平等、聋人文化等理论知识,让学生参与社区法律咨询、手语课和手语普法视频制作等活动,以提升学生的法律服务技能和法律赋能的能力,并培养学生的公益情怀。授课教师对法律诊所的观察包括:法律诊所应注重培养学生的公益情怀,开展与民间社会组织的合作以及用法律赋能升华法律服务。

关键词:法律诊所残障聋人公益法律赋能

诊所式法律教育(以下简称法律诊所)发源于美国,其借鉴医学院诊所教育的模式,强调在法律实践中学习。在美国福特基金会的支持下,自2000年开始,法律诊所这种法学教育方式逐渐被引入中国高校。①

---

* 张万洪,武汉大学法学院教授、博士生导师,研究方向:法理学、人权法。

** 刘逸君,武汉东湖公益服务中心研究人员,法学硕士,研究方向:法理学、人权法。

① 参见许身健主编:《法律诊所》,中国人民大学出版社2014年版,第2页。

武汉大学法学院重视开设和发展法律诊所的教学活动。作为中国第一批开设法律诊所课程的高校之一,武汉大学法学院的诊所教师不断尝试开设不同种类的诊所课程。继传统的诉讼诊所之后,2007 年,武汉大学法学院开设了关注农民权利的农村法律诊所;2018 年,环境法诊所正式成立。

2018 年,笔者在武汉大学开设了一门聋人社区法律赋能诊所课程。聋人社区法律赋能诊所课程将残障作为专题,与农村专题的法律诊所和环境专题的法律诊所有所不同,这是笔者在武汉大学法律诊所教学上的一个新的尝试。

本文首先对聋人社区法律赋能诊所开课情况予以介绍;其次根据学生的结课报告和评估问卷,梳理学生对这门课程的收获与反馈;最后分享笔者作为诊所教师对此次法律诊所的观察和反思。

一、课程的设计与实施

聋人社区法律赋能诊所是一门面向武汉大学法学院本科生的选修课,开课时间为 2018 年春季学期。

(一)课程设计

聋人社区法律赋能诊所包含三个主要内容。第一,为武汉市的聋人社群提供社区法律咨询服务,与律师讨论具体聋人案件;第二,参与手语教学,掌握基本手语,感受聋人文化;第三,参与聋人手语普法微视频的摄制和传播。

上述三个主要内容之间是密切相关的。为武汉市的聋人社群提供社区法律咨询服务,讨论具体聋人案件,有助于了解聋人的法律需求,为普法奠立基础,让普法内容能够更好地回应聋人的法律需求;学习手语有助于加强与聋人的沟通能力,从而为聋人社群提供更好的法律咨询服务;感受聋人文化,有助于树立听聋平等和融合的意识,这样在为聋人社群提供法律咨询服务和普法的时候能抱有平等和尊重的观念。

聋人社区法律赋能诊所的教学目标包括:(1)通过课堂讲授,熟悉法律赋能、残障平等、聋人文化等基本理论知识;(2)通过社区法律咨询与案件讨论,了解聋人法律需求,提升法律服务技能;(3)通过普法视频的摄制和传播,提升法律赋能的能力;(4)通过整个学习过程,培养公益情怀。

(二)招募

聋人社区法律赋能诊所课程的招募采用双向互选的方式,具体方法是先由开课老师在学院发放招募通知,再由学生基于自己的兴趣和能力报名课程并提交自荐信和简历,最后由开课老师根据学生提交的自荐信和简历选择合适的人选。

招募通知介绍了聋人社区法律赋能诊所的内容、授课方式、可能的收获以及对学生的要求。在"对学生的要求"这一项中,考量的因素主要是学生的正义感、同理心、好奇心,以及学生的基本法律知识和实践经验。另外,考虑到此次法律诊所包含手语普法微视频的摄制和传播,所以尤其鼓励有摄影摄像、视频制作、平面设计、自媒体传播等方面特长的学生加入。在招募通知发布不久,笔者陆续收到了学生的报名邮件。

在正义感、同理心、好奇心方面,有学生接触过残障人士,希望能增进对残障人士的了解和帮助。有学生自己的亲人是听障人士,希望能学习与听障人士交流的技能。

在基本法律知识和实践经验方面,有学生的学术论文已在国际期刊上发表。学生的实践经历也较为丰富,包括参与过农民工普法活动、老年人普法活动、青年志愿者活动、农村支教活动,有过在检察院、法院、律所实习的经历,曾在学校法律援助中心值班等。

在特长方面,有学生在高中阶段就曾负责学校新闻节目、访谈节目、微电影和宣传片的编导、摄影和后期制作。有学生拍摄的微电影曾在全国性微电影大赛中获奖。有的曾任学校宣传部部长,制作过海报等宣传品以及熟悉微信推送流程。有的是某旅游网站的签约摄影师。有的参与过大型戏剧的排练。

在提及报名理由时,一位学生这么写道:"法律诊所属实务方面的课程,这就意味着其有别于一般的专业课程学习,有更多运用法律知识和丰富实践经验的机会,有助于我们更快地与社会实际需求对接以及更具象地了解自己所学习的专业,可以说这类课程本身就具有特殊的吸引力。”也有学生表示:“我对法学是怀有极深的使命感的,我并不愿驻守在象牙塔的故纸堆中,而更期待步入社会去静默地观察每一个人,去真切地体悟每一种生活方式,去凭借自己稍显浅薄的学识帮助那些暂时的弱者,让他们避免成为永远的弱者。”②

报名者良好的法律知识基础、丰富多样的实践经验,以及对课程的热忱,都为这门法律诊所课程的顺利开展奠定了良好的基础。通过学生提交的自荐信和简历,笔者最终选出 13 名学生参与此次法律诊所课程。

(三)课程开展

聋人社区法律赋能诊所分为课堂教学和社区活动两大块。考核的依据主要是学生的课堂参与情况、社区活动记录及成果、结课 PowerPoint 幻灯片展示和结课论文。

1. 课堂教学

课堂教学采用讲授式和讨论式相结合的方法。课堂讲授的内容主要包括:法律诊所与法律赋能的基本知识,残障平等新理念,聋人文化,法律研究、倡导与赋能的定量与定性方法等。所有课堂讲授都会在课前给学生布置阅读材料,供学生提前学习,并在课堂讲授后留出提问和解答的时间,鼓励学生积极提问,发表自己的看法。

此次法律诊所课程涉及的部分阅读材料如下:

(1)《让法律为每一个人服务》(节选);③

(2)《法律诊所与法律赋能的有机结合:法律赋能诊所》;④

---

② 内容摘自报名学生的自荐信。

③ 贫穷人口法律赋权委员会:《让法律为每一个人服务》,载联合国开发计划署网:https://www.undp.org/content/dam/aplaws/publication/en/publications/democratic-governance/legal-empowerment/reports-of-the-commission-on-legal-empowerment-of-the-poor/making-the-law-work-for-everyone—volume-i—chinese/VolI_CN.pdf,最后访问日期:2019 年 5 月 16 日。

④ 参见徐亚文、程骞:《法律诊所与法律赋能的有机结合:法律赋能诊所》,载《浙江大学学报》(人文社会科学版)2015 年第 1 期。

(3)《创造未来:引导法学院学生和青年律师参与公共服务、人权和减贫事务》;⑤

(4)《残障法课程教材》(讲义,未刊稿);

(5)《残疾人权利国际公约》;

(6)《中国残障人平等获得司法保护研究报告》;⑥

(7)《社会调查中的问卷设计》⑦第一章"社会调查概述";

(8)《政治学定量分析入门》⑧第一章"科学研究与统计方法";

(9)《社会学研究方法》⑨第十章"实地研究";

(10)《定性研究与访谈技巧》(讲义,未刊稿)。

讨论式课堂上,学生主要对聋人法律咨询的内容和典型聋人案例进行讨论,并从中提炼出聋人主要的法律需求。讨论式课堂要求每个学生分享自己在聋人法律咨询过程中遇到的咨询问题,以及自己作出的咨询解答,并鼓励其他学生提出不同的看法或补充。学生也需要集体对典型聋人案例进行讨论,用口头和书面的方式做出法律分析。老师在讨论式课堂上主要负责引导讨论,和对学生的讨论结果予以点评。

关于案例讨论,此次法律诊所为非诉讼类,学生不参与案件代理,但学生有机会接触具体案件,并与律师一起讨论案情。课程涉及了一个聋人受欺诈的民事案件和一个聋人涉嫌盗窃的刑事案件,均为当时正在进行的真实案例。根据代理律师提供的案情材料,学生对案情进行了充分讨论,并尝试运用自己的法律知识为当事人撰写法律意见。

值得一提的是,此次法律诊所课程有幸请到了美国东北大学法学院的Lucy A. Williams教授。这位美国教授为学生分享了诊所教育在权利倡导方面的重要性,让学生深受启发。

---

⑤ 参见[美]Stephen Golub:《创造未来:引导法学院学生和青年律师参与公共服务、人权和减贫事务》,张万洪、梁雯雯译,载林莉红主编:《中国公益法论丛》(第1卷),武汉大学出版社2012年版。

⑥ 参见张万洪、丁鹏:《中国残障人平等获得司法保护研究报告》,联合国开发计划署2016年版,第12页。

⑦ 参见风笑天:《社会调查中的问卷设计》,中国人民大学出版社2014年版。

⑧ 参见王德育编著:《政治学定量分析入门》,中国人民大学出版社2007年版。

⑨ 参见风笑天主编:《社会学研究方法》,中国人民大学出版社2013年版。

2. 社区活动

社区活动作为此次法律诊所举足轻重的一部分,其内容也丰富多样,包括到当地社区为聋人群体提供现场法律咨询服务,参与手语学习和与聋人的手语交流实践,参与聋人手语普法视频的摄制和传播,旁听残障法律援助工作坊等。此次法律诊所的社区活动得到了武汉东湖公益服务中心(武汉一家民间社会组织)的大力支持。

(1)法律咨询

在武汉东湖公益服务中心的介绍安排下,学生轮流到当地的一个残障者阳关家园值班。由于事先通过发传单、微信公共号发布信息等方式进行法律咨询服务的告知,聋人根据自己的需求情况前来咨询。每次咨询由一位学生负责提供法律咨询意见,一位学生负责记录。现场还配有一名律师和一名手语翻译人员。如果学生遇到难以解答的法律咨询问题,可以向律师请教或由律师直接向咨询者给予法律咨询解答。如果手语翻译人员临时有事无法到场,就用视频的方式提供线上翻译。法律咨询不向聋人收取任何费用。

聋人咨询的内容涉及婚姻、家庭暴力、继承、诈骗、劳动纠纷等问题。在咨询过程中,学生发现,聋人在日常生活中跟听人一样会遇到大量法律问题,但由于聋人的信息渠道较为有限,而现有的普法往往没有考虑到聋人在信息接收和传递方面的特定需求,缺乏手语版本的普法资料,所以大多数聋人不清楚法律法规,也不知道如何获得政府提供的法律援助服务。因此,聋人在维护自身法律权利方面处在非常弱势的地位。

(2)手语课

聋人社群使用手语进行沟通。为了让学生与聋人进行更好地交流,以及感受聋人文化,此次法律诊所为学生提供了手语学习的机会。手语课由聋人教师进行授课,学生通过手语课掌握基本的手语,能与聋人进行日常交流。手语课的最后,学生在聋人老师的陪同下,到武汉的手语角,与聋人进行现场交流。由于学生掌握的手语较为基础,所以交流主要以用手语进行自我介绍和问好为内容,但对于学生和聋人来说都是一次不错的体验。

手语课获得了媒体的报道,详见汉网的《给聋哑人提供法律援助 武大学生学手语让普法无障碍》报道原文。[10]

(3)手语普法视频

根据法律诊所的学生在法律咨询和案例讨论过程中遇到的常见聋人法律问题,武汉东湖公益服务中心制作了三个手语普法微视频,分别以借钱、信用卡办理、夫妻离婚财产分配为主题,由聋人演员出演,用手语进行表演,并配有字幕。[11] 法律诊所的学生参与了聋人手语普法视频的摄制和传播。其中,一名在视频制作方面有较强能力的学生,在视频摄制过程中起到了非常重要的作用。

(4)残障法律援助工作坊

2018 年 5 月 12 ~ 13 日,法律诊所的学生全程旁听了由武汉东湖公益服务中心主办的“残障者平等获得司法正义实务工作坊”。该工作坊旨在促进残障者与法律人、研究者之间的进一步交流,让残障者了解证据的重要性,并提高律师会见残障当事人的技能。学生认真旁听了工作坊,并在茶歇阶段主动与参会律师进行交流。学生参与的积极性得到了参会律师的认可。

3. 考核

此次法律诊所课程的考核,主要参考的是学生的课堂参与情况、社区活动记录及成果、结课 PowerPoint 幻灯片展示和结课论文。其中,学生在课程的最后,轮流进行结课 PowerPoint 幻灯片展示。对于结课展示和结课论文没有限定具体的主题,只要与课程内容相关即可,鼓励学生展示自己参与此次课程的收获,以及对感兴趣的内容进行进一步研究。

---

⑩ 参见刘晨玮:《给聋哑人提供法律援助武大学生学手语让普法无障碍》,载汉网:http://www.cnhan.com/html/weigongyi/20180626/829607.htm,最后访问日期:2019 年 4 月 30 日。

⑪ 参见《手语微视频普法之借钱》的视频链接:https://v.qq.com/x/page/t0669ykct8g.html;《手语微视频普法之信用卡办理》的视频链接:https://v.qq.com/x/page/e07392bbswj.html;《手语微视频普法之夫妻离婚财产分配》的视频链接:https://v.qq.com/x/page/s06390rwjdw.html,最后访问日期:2019 年 4 月 30 日。

二、学生的收获与反馈

根据学生的结课展示和结课论文，笔者梳理了学生对这门法律诊所课程的收获与反馈。为进一步评估课程的效果，笔者还向学生发放了课程评估问卷，并对问卷结果进行统计。

如前所述，聋人社区法律赋能诊所的教学目标包括理论知识、法律服务技能、法律赋能能力、公益情怀四个方面。下文将从这四个方面分别介绍学生的收获与反馈。

（一）理论知识

聋人社区法律赋能诊所的第一个教学目标是通过课堂讲授，熟悉法律赋能、残障平等、聋人文化等基本理论知识。

根据评估问卷，被问到“通过这次法律诊所课程，你学到的具体知识有哪些？”时，学生给出的回答包括：

意识到法律赋能的重要性；

残障人群法律保护相关知识；

与残障人士权利保护相关的法律规范及国际公约；

对残障人士这一概念有了全新和深入的了解，使自己的看法有了一些不同；

主要是聋人文化，和残障朋友们面临的法律困境，相关的还有诊所教育理念；

对聋人群体的了解更多了，纠正了一些偏见，开始明白和尊重聋人群体认为自己是独特的亚文化群体，而不认为自己缺失了什么；

法律援助和普法的基本方法，和聋人群体进行社会交往和法律咨询的注意事项，残障群体面临的社会障碍，法律赋能理论等；

……

为具体了解学生对于残障平等和聋人文化的认识，问卷进一步问到“通过这次法律诊所课程，你对于聋人（或者残障人群）有什么理解？”收集到的回答有：

聋人是有着自己独特性的群体，有着自己的文化，希望他们可以找到自己舒适的群体，而不是被环境逼迫融入他人。

在上这堂课之前，我眼中的残障人群是十分脆弱的群体，是一个对于普通人群而言特别需要帮助与救济的群体。然而，在我学习手语课，了解聋人文化时，我才意识到以前自己并没有真正地站在平等的角度去看待残障群体。

残障人群并不是有缺陷的人群，他们只是需要外界帮助赋予能力的群体。

残障人群面临的更多的是来自社会的障碍。

残障人群需要的是我们的同理心而非同情心。

平等与尊重是我们最先应该做到的。

……

可以看出，学生能够熟悉在课堂讲授环节提到的法律赋能、残障平等、聋人文化等基本理论知识，此次法律诊所对于学生的残障平等意识有所提高，让学生明白法律赋能的重要性，也能够认识到聋人和听人的平等地位和平等权利。

（二）法律服务技能

在第二个教学目标下，希望学生通过社区法律咨询与案件讨论，了解聋人法律需求，提升法律服务技能。

由于聋人群体受教育水平一般较低，和聋人交流需要手语翻译进行口语和手语之间的翻译，所以，在向聋人提供法律咨询服务的时候，学生意识到，要尽量避免使用专业晦涩的法律术语，而应该使用简单通俗的表达。此外，在提供法律咨询服务时，学生还注意到，沟通的对象应该是聋人而不是手语翻译，所以应该面对聋人交流而不是面对手语翻译。

（三）法律赋能能力

第三个教学目标是通过普法视频的摄制和传播，提升法律赋能的能力。

同学们在结课展示中纷纷表示：

有效的普法活动能让残障者意识到自己权利的存在，学会捍卫和行使自己的合法权利。

通过普法，能建立法律援助在残障人士中的知晓度，改变残障人士没听说过或者不清楚法律援助的情况。

残障群体自身的平等意识和权利意识的缺失。法律可以救济，但是可能很难做到救赎。要挣脱这样一种观念上的樊篱，更加需要的是思想上的培养与提升。

我认为，根本在于我国目前尚未在法律制度方面形成"残障赋权"新理念。现阶段我们的法律制度更多涉及的是怎样为残障者提供"救济与保护"，而不是保护残障群体平等参与社会生活的权利。

……

同学们不但通过亲身参与手语普法视频的摄制与传播，让聋人群体知晓自己的法律权利，也表达了希望法律制度和社会意识的改变，促进残障者法律赋能。

（四）公益情怀

最后的教学目标是希望能够培养学生的公益情怀。

当被问到"通过这次法律诊所课程，你对于'公益'有什么样的理解"时，学生在评估问卷中表示：

公益不仅仅是一种象征性的口号，更是我们每个人都可以参与的事情；

公益意味着法律应该具有人文关怀精神；

公益不是简单的献爱心、捐钱捐物或义务劳动，而是需要在了解受

助群体需求的前提下,具有针对性地对他们展开服务;

公益是放下自己所谓的偏见去主动接纳、了解另一个相对弱势的群体,这个过程是双向的:有时间精力上的付出,也有理解他人和被他人接受的荣幸;

提供实质的、有意义的对生活的帮助,而不只是物质上的资助;

为社会和弱者创造价值;

……

对"公益"的理解没有唯一正确的答案。上述对"公益"的看法都来自学生参加法律诊所活动后的切身体会,反而显得非常珍贵。

评估问卷中有一题是"您觉得这次课程对您未来的职业规划有影响吗?如果有,请说明"。多数学生在回答这一题的时候都直接或间接提到了"公益":

我会想要在工作之后自己具备了一定的条件与能力时对公益尽更大的力;

它(这次课程)培养了我作为一个法律人所应有的公益心,让我不断关注法律援助制度,关注少数群体;

会更多地去做一些公益兼职;

无论自己将来从事何种职业,都要永葆初心,力所能及地践行公益;

不仅会考虑经济方面,更要考虑自己能为整个社会,为那些真正需要帮助的人做点什么;

……

由此可见,在公益实践中受到潜移默化的感染,从而培养出的公益情怀,更有可能影响学生之后的人生,包括学生对未来职业的规划。

三、教师的观察与反思

笔者作为此次聋人社区法律赋能诊所课程的授课老师，设计和参与了聋人社区法律赋能诊所的全过程。在这个过程中，笔者既是参与者，也是观察者。通过此次课程观察，笔者对于以下三个方面有所反思。

（一）培养公益情怀

法律诊所本身就具有公益性的内涵。法律诊所在美国起源的时候，就是由法学院的学生为社会弱势群体提供免费的法律援助服务。这意味着，法律诊所一开始就包含着明显的公益性。⑫ 后期，受到美国民权运动的影响，法律诊所开始关注社会变革的议题，参与到推动社会正义的运动中。⑬

法律诊所传入中国之后，这种公益性在一定程度上得到延续。比如，学生提供法律咨询或者参与案件代理时都是无偿的，法律诊所中法律服务的接受者往往是未成年人、农民工、残障者、妇女、老年人等弱势群体。

但是，根据笔者对法律诊所公益性的理解，其不仅仅是关于服务内容和服务对象的公益性，更是一种公益情怀的培养。然而，公益情怀的培养，在中国高校的教学中是一个未受到充分重视的内容，即便在高校的法律诊所教育中也是如此。如果法律诊所的老师在课程设计和开课过程中，更强调的是法律服务技能的培养，那么学生所收获的往往也是法律服务技能的提升。如果法律诊所的老师能在课程设计和开课过程中，引导学生理解公益，则学生在课程结束时，才更有可能获得除了法律服务技能提升以外对于公益情怀的感知。

法律诊所应该注重培养学生的公益情怀。当然，法律诊所的教育不

---

⑫ 参见李傲：《诊所法律教育的公益性》，载《法学研究》2006 年第 6 期。

⑬ 参见徐亚文、程骞：《法律诊所与法律赋能的有机结合：法律赋能诊所》，载《浙江大学学报》（人文社会科学版）2015 年第 1 期。

同于职业公益人的培养。法律诊所的教育目标不是要培养今后以公益为职业的人,而是培养具备公益情怀的法律人。如果学生能在课程中收获公益情怀,今后无论是从事公益职业,还是其他职业,都能够秉持对弱势群体的关怀以及对公平正义的追求。

此次聋人社区法律赋能诊所,在招募学生的时候,只是提到希望学生具有正义感、同理心和好奇心,并未提到关于公益情怀的要求。一个原因是,学生在报名之初,不一定具备对“公益”概念的理解,更多是从“献爱心、捐钱捐物或义务劳动”[14]的层面来认知“公益”。另外,正义感、同理心和好奇心本身就是公益情怀的基础。具备正义感、同理心和好奇心的同学,也更有可能在法律诊所课程中培养出公益情怀。通过这次诊所课程,学生加深了对公益的理解,并表示愿意将公益情怀延续到未来的职业发展中,因而成功达成了培养公益情怀的教学目标。

(二)与民间社会组织合作

国内的法律诊所主要与律师事务所和法律援助中心合作。笔者认为,法律诊所可以尝试开展与民间社会组织的合作。

法律诊所与民间社会组织的合作是互利共赢的过程。一方面,民间社会组织可以帮助法律诊所联系相应的社群(如残障人士、农民工、未成年人等)和联系对口的社区。以此次聋人社区法律赋能诊所为例,法律诊所的服务对象是聋人群体,但是,高校教师较少有机会接触到聋人群体。而武汉东湖公益服务中心有一位聋人员工,并且开展关于聋人的公益项目。所以,笔者向武汉东湖公益服务中心寻求支持,由武汉东湖公益服务中心提供聋人社群的联系方式,并帮忙联系对口的社区,让学生去社区进行法律咨询。

另一方面,法律诊所可以为民间社会组织提供法律上的知识支持,甚至还可以根据学生的特长,提供摄影摄像、视频制作、平面设计、自媒体传播等技术支持。民间社会组织的优势在于他们了解所服务的社群(有些民间社会组织本身就是由社群成员组成),也擅长根据社群的需

---

⑭ 这是学生在评估问卷中提到的自己曾经对“公益”的看法。

求开展活动,提供服务。但民间社会组织未必有法律专业背景的员工,或者擅长摄影摄像、视频制作、平面设计、自媒体传播等技术的员工。因此,法律诊所中具备法律专业背景的学生,以及擅长摄影摄像、视频制作、平面设计、自媒体传播等技术的学生,能在合作中为民间社会组织提供知识或技术上的支持。以此次聋人社区法律赋能诊所为例,武汉东湖公益服务中心的项目产出包括聋人手语普法微视频的发布。法律诊所学生前期在法律咨询和案件讨论中总结出的聋人法律需求,为微视频提供了内容素材,学生也积极参与了微视频的后期制作和传播,协助武汉东湖公益服务中心完成了聋人手语普法微视频的发布。

另外,不少学者提出在中国开展法律诊所面临经费方面的困难。例如,接待当事人的场地都需要经费开支,而高校的财政体系难以给予获得足够的经费支持。[15] 加强法律诊所与民间社会组织的合作是一条可供参考的解决路径。如前所述,武汉东湖公益服务中心帮助此次法律诊所联系了对口的社区,为学生免费提供了法律咨询的场地。此次法律诊所得以省去了场地上的经费开支。

(三)用法律赋能升华法律服务

法律诊所的一个重要内容是让法学院的学生为社会弱势群体提供法律服务。在这个过程中,需要用法律赋能的理念升华法律服务。

法律赋能主要是指通过法律手段向无权者(powerless)赋能,使他们能够运用法律,行使权利。法律赋能将社会学、政治学、心理学的"权能"(power)"赋能"(empower)的概念引入法学。[16]

法律赋能是对法律服务的升华。为社会弱势群体提供法律服务是"授人以鱼",即直接向社会弱势群体提供他们现阶段需要的法律咨询或案件代理服务。这难以解决社会弱势群体由于知识、技能、社会支持等的匮乏而缺少基本法律知识以及维权能力的问题;为社会弱势群体法

---

⑮ 参见王菊英:《"诊所式法律教育"本土化的思考》,载《河北法学》2005年第3期;另参见马永梅:《法律诊所教育与法学教学实践评价模式的改革研究》,载《民主与法制》2007年第2期。

⑯ 参见徐亚文、程骞:《法律诊所与法律赋能的有机结合:法律赋能诊所》,载《浙江大学学报》(人文社会科学版)2015年第1期。

律赋能是“授人以渔”,让社会弱势群体掌握基本法律知识,最终能够自己具备权利意识和法律能力。

笔者所在的武汉大学公益与发展法律研究中心从 2007 年就开始探索发展“法律赋能诊所”。在此次聋人社区法律赋能诊所中,在法律赋能理念的指引下,法律诊所的学生不仅仅是解答聋人群体的法律咨询问题,更是通过参与摄制和传播聋人手语普法微视频,向聋人群体普及基本的法律知识和寻求法律援助的途径,支持聋人群体运用法律手段捍卫自己的权利。这种促使聋人提升自己的法律知识和权利意识的努力,是为了达到为聋人群体法律赋能的目的。法律诊所的学生也在这个过程中,加强了对法律赋能理论的理解,提升了法律赋能的能力。

(四)不足与挑战

此次聋人社区法律赋能诊所除积累好的经验之外,也存在不足与继续开设的挑战。不足之处主要是课时有限,每次法律咨询安排的学生志愿者人数有限,难以让每个学生在法律实践中获得充分的锻炼。因此,不少学生在课程评估问卷中反映希望增加课时和实践的机会。

另外,如果要继续开设类似的法律诊所课程,面临的挑战是,如何能够在学校方面与当地社区建立长期稳定的联系。此次聋人社区法律赋能诊所在武汉东湖公益服务中心的介绍下,让学生前往当地社区为聋人社群提供法律咨询服务,但这只是短期的合作,尚未在学校方面与当地社区形成稳定的联系。若能在学校方面与当地社区建立长期稳定的联系,支持学校法律诊所学生定期到社区提供法律咨询服务以及开展社区普法教育,形成一个固定的社区法律服务点,将对当地有需要的人产生长期的积极影响,也有益于未来诊所课程的开展。

法律诊所引入中国高校已经将近二十年之久,虽然中国高校开设法律诊所的实践尝试已经很多,但是法律诊所的本土化实践仍然存在进步的空间。笔者通过开设聋人社区法律赋能诊所课程,整理学生的收获与反馈,形成一些思考:希望法律诊所能够注重培养学生的公益情怀,开展与民间社会组织的合作以及用法律赋能升华法律服务。

Legal Empowerment Clinic for the Deaf

—Community-based Observations by Legal Clinic Teachers

Zhang Wanhong　Liu Yijun

Abstract: Legal empowerment clinics for the Deaf encourage and train students to participate in community legal counseling, sign language classes and sign language video production by teaching students the legal knowledge, equality of disabilities, and deaf culture knowledge to enhance students' legal service skills and their abilities to legal empowerment and cultivate their sense of public benefit. The observations given by legal clinic teachers include: focusing on cultivating students' sense of public benefit, carrying out cooperation with social organizations, and employ legal empowerment to upgrade legal services.

Key Words: Legal Clinic, Disabilities, Deaf, Public Benefit, Legal Empowerment

“一带一路”背景下创新创业人才法律素质培养路径研究[*]

张　敏[**]　乔海福[***]

摘　要：本文在对西安市四所高校在校大学生进行问卷调查的基础上，从大学生创业意愿、法律课程需求的角度分析高校在创新创业指导教育中存在法律素质培养缺失的问题。基于“一带一路”倡议的背景，提出高校应通过建立政策信息平台、规范课程内容、加强国际化课程建设，加强实践教学等方法，探索创新创业人才的法律素质培养的有效路径，培养具有法律思维与国际化视野的“双创”人才。

关键词：“一带一路”　创新创业　法律素质培养　调查问卷

2013年，国家主席习近平提出共建“一带一路”倡议，后上升至国家战略。大学生创新创业作为国家推进“大众创新，万众创业”的重要内容，在“一带

---

*　基金项目：本文为2016年陕西省教育科学十三五规划课题（项目编号：SGH16H011）、西北工业大学教育教学改革研究项目、西北工业大学学位与研究生教育研究基金项目等项目的成果。

**　张敏，西北工业大学人文与经法学院教授，研究方向：商法、科技法。

***　乔海福，西北工业大学人文与经法学院硕士研究生，研究方向：公司法。

一路"战略实施的背景下,体现出更加重要的作用。西安作为古丝绸之路的起点,积极实施"一带一路"战略,完善自贸区规范,建立中亚产业园,不断加深与沿线国家的经济合作,这为大学生创新创业带来了重要的新机遇,但也为大学生创新创业教育提出了更高的要求。"一带一路"背景下,大学生创新创业将会面对更加国际化的合作对象,面临更加灵活化政策环境,同时在创业过程中,势必会遇到诸如组织形式选择、智力成果保护等法律问题。这就迫切需要高校进行创新创业的法律素质教育,构建大学生创新创业教育中的法律素质培养的课程体系,探索有效的创新创业人才法律素质培养路径,以培养出具有法律思维、熟悉政策环境、了解涉外法律知识的大学生创新创业群体。

一、西安市四所高校问卷调查的方法与调查对象

针对西安市大学生创新创业教育的现实状况,本文选取了西安市不同类型层次的四所高校,向其在校大学生①发放《大学生创新创业调查问卷》,旨在通过调查问卷,运用定性与定量相结合的方法,分析西安市大学生创新创业教育的现状。尤其以大学生创新创业意愿、创新创业法律素养情况作为切入点,明确"双创"人才法律素质教育中的关键问题,为完善相关培养模式奠定基础。

本次调查发放的调查问卷为《大学生创新创业调查问卷》,问卷包括自主创业意愿、创新创业法律法规及政策、自主创业教育和培训三部分,共 28 道问题。问题方式为选择题和简答题,其中,以选择题为主,简答题为辅。本次调查抽样的大学生主要包括大一至大四的在校本科生,同时包含少量研究生。抽样方法为多级分层抽样,选择了西北工业大学、西北大学、西安理工大学、西安工程大学 4 所高校在校学生进行问卷调查。

---

① 本文中"大学生"包括在校本科生、硕士研究生和博士研究生。

本次抽样调查共发出问卷2000份,共回收问卷1721份,其中有效问卷1698份,有效率为98.66%。样本包括不同层次共4所高校的大学生,其中,西北工业大学占31.33%,西北大学占24.85%,西安理工大学占20.91%,西安工程大学占22.91%。被调查大学生来自我国28个省市自治区,从年级分布看,大一学生占22.14%,大二学生占24.20%,大三和大四学生分别占36.22%和16.73%,另外,还有0.71%的被调查学生为研究生。从学科门类看,经济学专业大学生占7.83%,法学占3.30%,理学占30.09%,工学占38.34%,管理学与文学分别占12.49%和7.95%。被调查大学生中男生占50.91%,女生占49.09%。

二、西安市四所高校问卷调查的数据分析

此次调查问卷共设28个选择题,将从以下几个方面进行调研:一是大学生对于创新创业的意愿;二是大学生对于创新创业相关法规政策的认知程度;三是大学生对于高校开展创新创业法律素质教育的需求。

(一)创新创业意愿调查

对于"您是否有创新创业兴趣"这一问题,调查显示1698名被调查学生中27.26%的学生没有创业意向,69.78%的学生有意向创业,其中正在创业的占1.37%,尝试过创业的占1.44%,已成功创业的0.15%。(见图1)。对于"您认为学校是否应该鼓励大学生创新创业"这一问题,82.1%的大学生选择"是"。而67.80%大学生则表示,如果学校开设创新创业课程,其会进行选修。由此可见,大学生创业热情高涨,很多大学生在思想上对创业是有着浓厚的兴趣的。然而,从正在创业、曾经尝试过创业与有创业意向的学生的比例来看,实际创业的人数还是过少,西安大学生虽然有着极大的创业兴趣,但与此矛盾的是他们的创业实践并不多,即使选择创业的成功率也都很低。西安市的大学生们在面临应聘工作与自主创业的选择时,多数学生选择的是应聘工作,而不是他们感兴趣的创业。

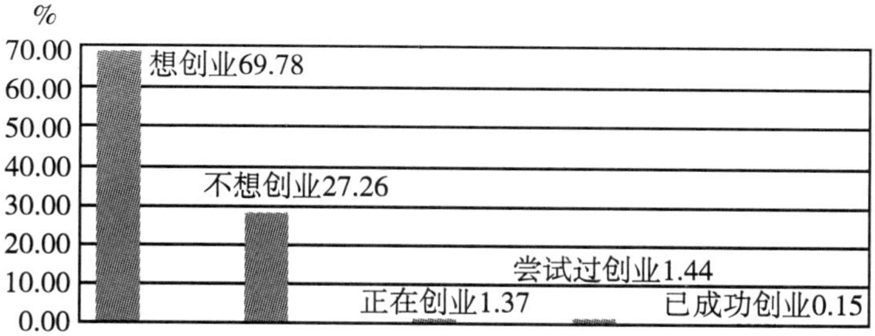

图1　创业意愿考察统计

（二）创新创业相关法规政策认知调查

针对“是否了解国家出台扶持大学生自主创业相关政策法规”“是否知道企业设立、税收、贷款相关程序”“是否了解科学技术申报、奖励机制”这一组问题，调查数据显示仅有6.13%的学生很清楚出台相关之扶持政策，15.74%的学生比较清楚，46.19%的学生不太愿意主动了解，知道一点，31.94%的学生完全不知道。至于与创业实践密切相关的企业设立、税收、贷款等程序方面的知识，78.71%的大学生表示仅知道一点或完全不知道。而对于创新活动有重要促进作用的科学技术项目申报、奖励的机制，也有超过69%的学生表示仅知道一点或完全不知道（具体见表1）。由此可见，大学生对创新产业相关政策法规认知程度偏低，相当比例的学生缺乏对政策的基本了解。

表1　创新创业政策法规认知统计

国家出台扶持大学生自主创业相关政策法规的了解度			
很清楚		6.13%	
比较清楚		15.74%	
不太愿意主动了解，知道一点		46.19%	
一点也不知道		31.94%	
创业设立、税收、货款等相关程序		科学技术申报、奖励机制	
经常关注，很清楚	3.12%	经常关注，很清楚	4.28%
偶尔关注，比较清楚	18.17%	偶尔关注，比较清楚	26.31%
不太愿意主动了解，知道一点	45.56%	不太愿意主动了解，知道一点	47.62%
不知道	33.15%	不知道	21.79%

对于“你从哪了解到的当地创新创业政策”这一多选题,如图2所示,人数比例由高到低依次是:周围人口传(61.9%)、报纸等纸质媒介(57.13%)、政府官方网站(42.85%)、微博等电子媒介(38.08%)。由此可见,大学生缺乏有效权威的创新创业政策了解途径。

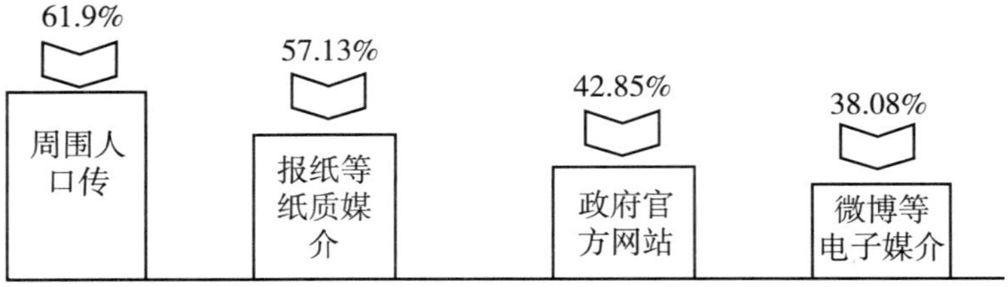

图2　创新创业政策了解途径统计

(三)高校开展创新创业法律素质教育需求的调查

问卷还对大学生对于创新创业法律素质教育的意愿需求进行了调查。针对“您认为大学生创新创业,应培养学生哪些法律素质”这一多选题,69.6%的大学生认为法律知识为必备的法律素质,有58.1%的学生选择了法律表达能力,47.5%的学生选择用法律思维解决问题的能力。对于“大学生创新创业,需要开设哪类法律课程”这一问题,选择人数由多至少依次为商法(78.9%)、民法(67.6%)、知识产权法(65.1%)、经济法(59.8%)、法理学(53.6%)、行政法与行政诉讼法(43.3%)、劳动法与社会保障法(36.8%)、宪法(24.6%)(见表2)。由此可见,创新创业法律素质教育的课程需求重点与传统法学专业课程设置存在较大差异,大学生更加关注与创新创业实践活动密切相关的实体法。

表2　法律素质、课程需求统计

法律素质的需求		法学课程的需求	
法律知识	69.6%	法理学	53.6%
用法律思维解决问题的能力	47.5%	民法	67.6%
法律表达能力	58.1%	商法	78.9%
调查了解事实的能力	42.6%	知识产权法	65.1%

续表

法律素质的需求		法学课程的需求	
法律推理能力	35.1%	行政法与行政诉讼法	43.3%
坚定的法治信仰	10.5%	宪法	24.6%
		经济法	59.8%
		劳动法与社会保障法	36.8%

对于高校开展创新创业法律素质教育的课程形式，59.2%的学生选择“专家讲座”，54.3%的大学生选择“案例分析”，而选择“到相关单位实地考察”与“老师授课”的学生比例分别为50.4%和46.5%（见图3）。这说明高校大学生更加接受互动性较强、实践性较强的创新创业法律素质教育的课程。

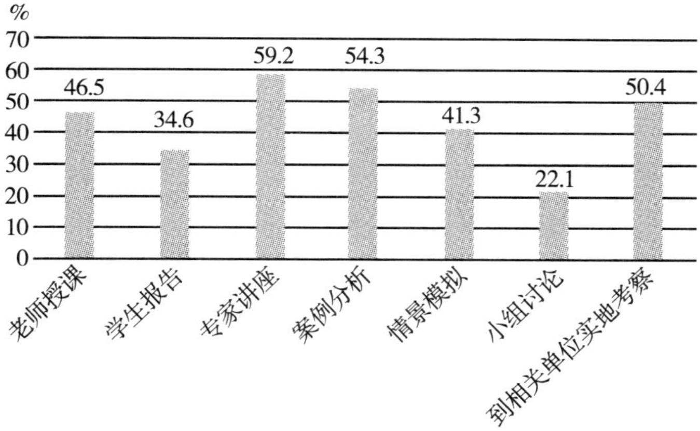

图3　课程形式意愿统计

三、西安市四所高校问卷调查的结果分析

通过对调查问卷的统计分析，可基本明确西安市大学生创新创业教育及创新创业法律素质教育的现状，进而分析目前创新创业教育中存在

的问题。

(一)大学生缺乏创新创业的能力,高校缺乏创新创业指导教育

调查问卷显示,西安市高校大学生有创业意愿的人数比例为69.78%,但进行创业实践或者尝试创业实践的人数比例仅有2.81%,创业成功的比例则更低。在调研中,“您未进行创新创业的原因”这一问题(此题为多选题),有34.3%的大学生选择了对政策不熟悉,28.6%的大学生选择了技术缺乏。至于“对创业能力进行自我评价”这一问题,有4.1%的大学生选择“优秀”,14.5%的大学生选择“良好”,而选择“一般”的同学占比为56.2%,选择“较差”的大学生占比则为12.3%,最后有12.9%的大学生选择了选择“差”。高达81.4%的大学生不认为自身拥有较好的创业能力。造成这一现象的重要原因为:大学生未经过有效的创新创业训练,缺乏创业能力与创业知识。在此背景下,高校开展的创新创业教育则十分有限,根据调查问卷,32.4%的学生表示,其所在高校学院尚未开展创业指导教育,高达57.2%的大学生一次创新创业教育课程或者讲座都没有参加过。这说明大学生强烈的创业意愿、相对欠缺的创业能力与高校有限的创业指导教育存在矛盾,供需严重不平衡。高校亟须开展、加强创新创业指导教育。

(二)大学生对创新创业相关法律政策缺乏了解,高校缺乏有效提供政策信息的途径

分析调查问卷显示:大学生对创新创业相关政策、法规缺乏了解,尤其是对涉及实务的具体操作规范更是知之甚少。通过对调查问卷的分析,我们发现大学生获取创新创业政策信息的途径普遍为“周围人口传”与“纸质媒体”,政策信息获取的途径缺乏有效性、权威性、实时性。少数高校的科协、就业指导处虽开设了微博或微信公众号,但几乎从未发布过创新创业相关的政策法规信息,没有发挥出网络电子媒介这一重要传播渠道的作用,缺乏有效提供相关政策信息的途径。

(三)创新创业教育中缺乏法律素质培养的内容,尤其缺失涉外法律知识的教学

根据调查问卷的反馈,相当比例的大学生认为应在创新创业教育中加入民法、商法、知识产权法等法学内容。通过学习相关法学课程，通晓法律知识，获得用法律思维解决问题的能力与法律表达能力。而目前高校还尚未建立完善的创新创业教育体系，其中对法律素质的培养尤为缺失，既没有包含法律内容的课程设计，也没有对开设创新创业课程相应的课时计划，缺乏系统化、规范化。高校设立课程主要集中于创业的相关理论指导，关于通过介绍一些基础性与实用性并存的法律知识和法律理念，培养学生的法律修养，提高学生维权技能的法律通识教育几乎没有，这就导致学生在面对消费纠纷、劳动纠纷、人身侵权等方面的法律问题时，不知如何应对处理，自己的合法权益得不到有效的保障。除此之外，各个高校关于法律风险教育的内容几乎也没有涉及，仅仅依靠《思想道德修养和法律基础》课程中有限的法律知识，如简单地介绍民法、刑法的相关内容，以此应对创新创业中的法律问题显然是不行的。

此外，在“一带一路”战略实施的背景下，大学生创新创业将会面临更加国际化的环境。创业公司开展涉外业务活动，与外资公司、外籍人员进行创新合作，这都需要大学生了解相关的涉外法律知识，具备简单的法律外语表达能力。根据调查结果，目前西安市各高校在创新创业指导教育中，不但尚未开展过涉外法律知识等内容的教学，甚至没有将其列入教育计划的打算。在“一带一路”的国际化背景下，缺失涉外法律技能的培训，必将降低大学生应对创新创业风险的能力。

四、创新创业人才法律素质培养的路径

随着“一带一路”战略的深入实施，在创新创业环境国际化、政策灵活化的背景下，针对大学生创新创业中所遇到的重点法律问题，结合大学生创新创业法律素质教育的现状，高校为建立有效的“双创”人才法律素质培养的教育体系，可从以下几个方面进行完善。

（一）高校重视加强创新创业指导教育与创新创业法律素质教育

针对大学生创业意愿强烈，创业知识与创业能力相对不足的现状，

高校应适时开展加强创新创业指导教育。将创新创业教育纳入教学体系，开设完善创新创业选修课程，设定合理的学分学时，规范完善课程设置，同时在课程中引入法律素质教育的内容，教授学生法律知识，培养其用法律思维解决问题的能力，增强学生的创业能力与对创业风险的认知。另外，高校科协、创新创业指导部门可利用微博、公众号等网络媒介，建立有效的创新创业政策信息发布平台，拓展创新创业政策信息公开渠道。同时，可尝试设立诸如“保留学籍”创业等相关支持政策，形成完善的大学生创新创业教育培养体系。

（二）规范法律素质教育的课程内容，注重法律思维的培养

明确大学生创新创业的法律素质教育的课程内容。调查问卷显示，大学生法律素质需求最强烈的为“法律知识”“法律表达能力”“用法律思维解决问题的能力”。但培养依大学生创业所需要具备的法律素质是复杂的，基本涵盖了《公司法》《合伙企业法》《个人独资企业法》《合同法》《物权法》《产品质量法》《劳动法》《知识产权法》《民事诉讼法》等一系列的法律，此外，还有在创业中可能遇到的大量规章制度、实施细则以及政策性文件等。但对于并非法律专业的大多数学生来说，花费大量的时间去系统学习如此之多的法律是不现实、不科学的，并且，仅从课堂上积累法律知识以满足创业所需要的法律知识也远远不够。因此，在创业的法律素质教育的课程设置和时间选择上，就需要合理安排。教学重点可放在企业形式及其设立的条件、知识产权入股及保护、合同订立及生效条件等创新创业极可能遇见的关键问题上。同时，针对调查问卷中学生最想拥有的“法律表达能力”和“用法律思维解决问题的能力”，培养依靠法律解决问题的思维习惯即算达到教学目标。

（三）加强国际化课程建设，进行涉外法律知识的教学

结合“一带一路”背景，在创新创业教育过程中可以引入涉外法律知识与外语内容，可对“一带一路”沿线国家的相关法律进行介绍，尤其针对目前已广泛开展合作的“中亚五国”，可选取其在自贸区设立公司与商贸活动的具体案例，进行相关法律知识的学习，为“一带一路”的发展提供有力的人才支持。同时，“可在加入法律外语的课程性质、做好基础外语和法律外语的教学衔接、听、说、读、写、译多种能力的均衡发展等”②。

(四)加强实践教育,建立高校与实务部门联合培养机制

调查问卷显示,大学生最希望的法律素质教学形式为“专家讲座”“案例分析”“实地考察”,均为实践性与互动性较强的形式,开展实践教育课程,首先易被学生所接受,有更好的教学效果。另外,习近平书记2017年5月3日在考察中国中国政法大学时发表讲话称“法学学科是实践性很强的学科,法律素质培养要处理好知识教学和实践教学的关系”。法律的生命在于实践,“双创”人才法律素质培养的核心也在于实践能力。只有在实践中,学生才能够加深对所学知识的理解,运用所学法律的理论知识,培养法律思维,提升法律素养。这不仅是创新创业教育的现实要求,也是高校法学教育的共识。具体来说,高校可以增强法律素质教育教材的实践性,完善课程设置和教学方法的实践取向,为实践教育提供资金与制度支持。可以让创新创业学生走进公司法务部、走进律所、直观感受法律事务运作的过程,也可以请法官、检察官、律师等法治工作者来到学校,来到创新创业教育的课堂,带给学生关于法律实践的最新经验和生动案例。

“一带一路”战略为大学生创新创业提供了更为广阔的平台,也为高校创新创业人才教育提出了新的要求。法律素质教育与大学生创新创业联系密切,保护创新项目、抵御创业风险都离不开法律知识与法律思维。高校开展创新创业法律素质教育应树立长远的战略眼光,“保持开放的心态,在服务‘一带一路’建设中不断提升国际化水平”③。培养出真正有能力参与国际竞争的大学生创新创业团体,为“一带一路”战略与“大众创新,万众创业”号召的实现提供坚实的人才基础。

---

② 彭振:《“一带一路”背景下高级法律人才培养模式研究——以西南民族地区高校为视角》,载《高校法治与教育研究》2017年第5期。

③ 参见李梦卿、姜维:《“一带一路”我国内陆节点城市职业教育国际化发展研究》,载《职教论坛》2017年第1期。

Research on the Path of Cultivation of the Innovative Entrepreneurial Talent's Legal Capabilities in the Background of the "Belt and Road" Policy

Zhang Min QiaoHaifu

Abstract: The authors of this paper conducted a questionnaire survey of students in four universities in Xi'an City. The authors' survey includes college students' entrepreneurial willingness and legal curriculum needs. The authors analyze the lack of legal quality cultivation in the guidance and the instruction of university innovation and entrepreneurship. At the same time, the authors propose that under the background of the "Belt and Road" strategy, the universities should establish a legal information platform through the establishment of a policy information platform, standardize the curriculum content, strengthen the international curriculum construction, improve practical teaching and other methods, and establish an effective path for the cultivation of innovative and entrepreneurial talents. Only in this way, the authors contend that the cultivation of innovative and entrepreneurial talent with legal thinking and international vision for the "Belt and Road" construction can be realized.

Key Words: "Belt and Road", Innovation and Entrepreneurship, Cultivation of Legal Talent, Questionnaire

教师个体教学哲学的建构

——高校教师自主发展的哲学解读

窦　坤* 　桑元峰**

摘　要:教师的专业发展、教师的自主发展与教师的教学实践三者是互相缠绕促进的关系。三者虽不是线性关系,但始点和落脚点都将归为教师有效的教学。然而,教师教学的有效性不仅体现为教师的外部行为,更重要的是那些因人而异的、隐藏于教师思想深处的自我意识和对待教育教学的观点,而这些正是教师个体教学哲学的逻辑起点。个体教学哲学的构建是教师获得自主发展,最终促进其专业化发展的前提和有效途径。

关键词:高校教师　个体教学哲学　教师自主发展

英国教育哲学家彼得斯提出,“现代教师不再是一种学徒式的技术训练和掌握,面对纷纭复杂的教育工作和问题,现代教师应当对他们所做的一切进行

---

* 窦坤,西北政法大学外国语学院教授,教育学博士,研究方向:教育学基本原理;教师教育。

** 桑元峰,西北政法大学国际教育学院教授,研究方向:教育管理。

哲学的思考”。[①] 这显示出,对于一个教师来说,教育哲学的重要性。从主客体理论来讲,教师作为主体应该把自身作为目的,发展自己。已有教育学、教学论关注的大多是教师的共同特征、一般属性,而每一个教师应有怎样的个性特征、教学风格则鲜有论及。因此,本文探讨教师专业发展的最终目的不是找寻能够实施“有效教学的教师”,而旨在促发教师在教学中的自主成长。笔者认为,教师个体的成长必然包含其教学的有效性。而教师要做到自主发展,重要的路径之一是构建个体教学哲学。

一、个体教学哲学的内涵

总结国内外学者有关研究,与教学哲学相关的概念大致可归纳为三类:(1)理论层面:教师个人实践理论、个人理论、缄默理论、个人教育哲学[②]、民间教育学[③]等;(2)心理学层面:教师教育信念、教学机智、教师信念、教育理念、教育观念等;(3)哲学层面:教学实践智慧、教学智慧、教学机智、实践逻辑等。

索尔蒂斯在《论教育哲学的前景》中提出,每个人都应有自己的教育哲学,还应形成对教育领域内什么是好的、正确的和值得做的这样一套个人的信念。而以这种方式形成的关于教育的哲学观点能指导教师作为教育工作者所从事的活动。显然,教师的个人教育哲学体现在教学实践中就是其背后隐藏的教学思想和教学价值观。

而 Marland 对个人缄默理论(implicit theories)的分析也将有助于我们理解和把握个体教学哲学。他认为,缄默理论也许由个人无数的关于

---

① 参见瞿葆奎:《教师(教育学文集)》,人民教育出版社 1991 年版,第 431 页。

② 索尔蒂斯曾在《论教育哲学的前景》一文中,将当代教育哲学分为三个方面:个人的教育哲学、公众的教育哲学和专业的教育哲学。参见索尔蒂斯:《论教育哲学的前景》,闵家胤译,载《国外社会科学》1984 年第 3 期。

③ Bruner, J. The Culture of Education, Harvard University Press, 1996, pp. 45 – 46. 参见石中英:《知识转型与教育改革》,教育科学出版社 2001 年版,第 249 页。

教育的观念组成。它是有组织的、心理的,但未必是逻辑的。④ 教师对外部倡导的专业理论进行过滤,继而与教学中形成的最朴素最真实的感受相结合,生成为具有个性色彩的观点和看法。而教师这些没有言说出来的个人实践理论直接影响了他们的计划、决策和行为。同时,外部理论也因为有了教师的主动参与有了生命和活力。

国内有学者从学科的角度对教学哲学进行了阐释,认为教学哲学的研究任务是寻找教师的教学行为和教学事实背后的思想根源,以此形成对教学的整体认识,最终形成整体的教学世界观。⑤ 显然,教师的教学并非盲目的实践,而是有其思想渊源并且受其思想支配的。而教师教学行为背后的思想依据正是形成合理性的教学价值观,继而构建个体教学哲学的原点和动力。

还有学者从教学理念的层面对其进行了界定,认为教师个人教学哲学是教师系统化、个性化的教学观或教学理念的总和。它是教师对教学这一复杂现象和专业实践活动所具有的相对稳定的、能够持续指导和影响教学实践的一系列基本观点和根本看法。⑥

从以上可以看出,教学哲学是一个涉及多个层面、庞杂的系统。对其性质和特征进行总结也许会有助于我们加深对其内涵的理解。

(1)它是实践思维,而非理论思维。教师的工作在于实践教学。对于一个“做”事的人来说,他所急需的莫过于实践的机理。他需要的也许不仅是技艺,也需要明智;不仅是规范,更是智慧的引发;他做事的模式不是在一种范畴或理论中运行,而是在实践的思维模式下生成一种悟性。

(2)它是思想范式,而非理论框架。教学哲学不是一种高高在上的、晦涩的理论,而是一种生动的思想范式;教学实践亦不是一种纯技术

---

④ Marland, P. W., “Teaching: Implicit Theories,” in Husen, T. (ed.) the International Encyclopedia of Education, Oxford: Pergamon Press, 1994, pp. 6178 – 6183.

⑤ 参见郝文武:《教学哲学是教学思想的前提反思》,载《天津师范大学学报》2007 年第 3 期。

⑥ 参见陈晓端:《教师个人教学哲学:意义与建构》,载《教育研究》2011 年第 3 期。

的操持与劳作,而是有着深厚实践机理蕴于其中的教学生活。[7]

(3)它是实践的逻辑,而非逻辑的实践。教学哲学始终保有一种思想的弹性和实践的余地,绝非理论意识和技术方法的垄断与专横。它是教师在教学实践中对各种影响教学的因素加以理解与整合形成的实践逻辑。而正是这空间的给予,教学中的人方才借由智慧的眼光去洞悉教学的机理,生发出个性的操作方法。[8]

(4)它是个体的,也是大众的。它是具体境域和普遍观念联合起来的实践智慧。正如柏克所说,如果只寻求一种逻辑推理的做事思维,其后果只能是一个很大的错误。具体境况是难以穷尽的,其关联性也是没有止境的;具体境况是变动不居的,同时又是瞬间即逝的。所以,我们必须把具体境域和普遍观念联合起来思考,才有可能达成实践智慧。[9]

综上所述,本文理解教学哲学这里的"哲学",并非某种哲学流派或某个哲学理论,而是一种思想或思维方式、义理或理路。它既非纯观念的,亦非纯实体地存在于教师个体的教学当中。复杂的教育实践告诉我们,那些由缄默的、偶然的与不确定的因素构成的教育实践亦非受某些实践理论所引导。因此,它并不是一种超越实践情景的纯粹理论,而是从一个更高层面去关涉现实的深层问题。它的意义总是在实践中被定义。

二、个体教学哲学的意义

在教育哲学上讲,教师不仅要"育人",也要"育己"。教师是人,教师是主体,但不意味教师自然的具有主体性。教师只有本人成为主体,

---

⑦ 参见窦坤、桑元峰:《大学英语教学的实践哲学》,光明日报出版社 2012 年版,第 268 页。

⑧ 同上。

⑨ 参见柏克:《自由与传统》,王瑞昌、王天成译,商务印书馆 2001 年版,第 303 ~ 309 页。

才有可能富有生气和色彩的培养人。而教师的自主发展作为一种生存方式是教师个体自觉主动地追求作为教师职业人的人生意义与价值的自我超越方式。[⑩] 这就将教师作为师者的社会身份与其个体的生命意义有机地结合了起来。

教师的在职发展从教师培训(training)到教师教育(teachers' education),再到教师专业发展(teachers' development),这三个阶段的演进不仅是概念和名词的改进,更显示出教师专业发展已经从单纯对教学理论、教学技能的"培训"转移到对理念、技能的实际运用的"发展"上来。然而,教师的专业化发展虽取得了一定效果,但其本质仍然还属于外铄,较大程度上仍滞留于教育学知识的传递层面。对于教师如何看待自身,如何缩短自身与社会期待角色之间的差距,教师内在的自觉性、自我发展意识未给予深层的关注。

Patrick 早在 20 世纪 90 年代初就已指出,可以通过对教师教学经验的研究重构教师对教育教学的态度和看法。教师个人理论的形成与完善对于改善课堂教学,重建他们的教学特色以及教学生活是很有必要的。[⑪] 显然,教师的专业发展很大程度上取决于个体教学哲学的成熟,而教师个体教学哲学的成熟又以教师所持的教育教学的观点,形成的个人理论或教学价值观的成熟为标志。这体现在:一方面,因为教育经验具有复杂性、丰富性与多样性的特征,外部理论需要教师教学实践的土壤方能起到指导作用。另一方面,教师对某种教学意向合理性的质疑、辩护和理解,是教师自主地开展教学实践的思想前提。[⑫] 说明,教师将植根于思想中的教学观念上升到理论框架是教师个体教学哲学的逻辑起点。

教师需要教学哲学其目的不是获得所谓更高级的、更高深的教育知识,也不是为了验证教育哲学家们的某些理论观点,而是为了唤醒并更

---

⑩ 参见金美福:《教师自主发展论——教学研同期互动的教职生涯研究》,教育科学出版社 2005 年版,第 51 页。

⑪ Patrick, C. T., Diamond, *Teacher Education as Transformation—A Psychological Perspective*, Milton Keynes, Philadelphia: Open University Press, 1991, p. 122.

⑫ 参见石中英:《教育哲学导论》,北京师范大学出版社 2002 年版,第 199 页。

好地理解与自身密切相关的教学生活,以帮助自身不断获得认识、了解和构建教学生活的理性认识与信念。这时,教学哲学就转变为一种实践哲学或教学生活哲学,其最终目的是真正提升人们的教育智慧。尽管当代高校教师群体不再是高度均衡的、单一的、同质化的学术群体,尽管教师身份进行着变化,从高校教师的工作特点与职业特性及其教育对象——大学生来看,都决定了教师构筑个体教学哲学的必要性与可能性。无论是科研型还是教学型,无论是外部对教师的评价与考核,还是教师自身发展的内在需求,教师个体教学哲学都将促进教师的专业化发展这一点是毋庸置疑的。

三、个体教学哲学的缺失

分析教师个体教学哲学的缺失,其根源主要集中于以下五个方面。

第一,对自身角色定位的缺失。一直以来,高校教师的角色要么被外界定义为培训者或课程传递者,要么是教师本身对身份的模糊意识。尽管“教书匠”的名称已不再使用,实际教学中教师仍扮演着这样的角色。因此,教师构建个体教学哲学首先必须以其自我意识的转变及其内在发展的动力为前提。

第二,教育理论学习的缺失。由于以往高校教师教育过多注重教学法的研究与培训,因而造成指导教师教学实践的理论的匮乏与单一。教师职前跨学科知识不够全面,尤其是教育学相关理论明显不足。因此,教师的自主成长急需真正能指导其教学的教育理论的支撑。

第三,教学反思缺乏效度。反思性教学已提倡了多年,但大多数教师的反思比较盲目和随机,缺乏长期性、系统性和针对性。教师大多只是对教学情况进行简单的回顾,即使发现了教学中的问题,或在实践中积累了一些有益的经验,由于自身缺乏理论基础,也很难从理论上总结和提炼,上升到理论框架。

第四,外部培训的缺陷和继续教育的不足。目前,高校教师的职后发展主要通过外部培训实现，存在形式单一、周期短、短效的缺陷。而且，因培训专家传递的概念是一种公共知识，不具备实践性特征，这种自上而下的培训与教师的教学实际存在一定脱节。显然，用公共知识指导教师个人化的教学活动是不太奏效的。

第五，现有教学理论对教学实践指导的乏力。一方面，外部倡导的教育教学理论因为和真实的教学情境有距离，面对教学中的具体问题时就有些力不从心；另一方面，传统的教师教育注重公共知识的精确性和系统性，忽视教师个人知识的综合性和发展性。因此，教师难以将公共理论知识转变成与自身真实教学情境产生实际意义的个人理论。

总结以上，正如 Freeman 所描述的：教师了解教室中发生的故事，但她们却不知如何表述这些故事，也很少有人鼓励她们这么做；理论研究者善于构建有关教学的理论，却很少能感受到教室中发生的真实故事。⑬ 因此，一方面，我们应聚焦于教师如何将外部倡导的教育教学理论内化，确信教师应该能够从实践中获得理论，并将理论付诸实践；⑭另一方面，关注教师如何将自身的教学经验上升到理论框架，认为“善于思考的教师不是能够运用理论，而是能够把实践理论化”。⑮ 这两方面成为教师教育未来的发展走向，同时也彰显出教师构建个体教学哲学的方向。

四、个体教学哲学的建构

尽管个体教学哲学的构建源自教学实践，但由于教学不是一个因果

---

⑬ Freeman, D. Redefining the Relationship Between Research and What Teachers Know, In K. Bailey and D. Nunan (eds.). Voices and Viewpoints: Qualitative Research in Second Language Education, New York: Cambridge University Press, 1995.

⑭ Kumaravadivelu B. Theorising practice, practicing theory: The role of critical classroom observation, In Trappes-Lomax H &McGrath I (eds.). Theory in Language Teacher Education, London: Longman, 1999. pp. 247 - 258.

⑮ Edge J. (ed.). Action Research, Washington, DC: TESOL, 2001. pp. i - ix.

逻辑构成的线性行为,相应地,教师个体教学哲学的构建也并非按照线性的逻辑而展开。在本文看来,教师个体教学哲学的形成实际上是教师在教学世界这个场域中,对自身“作为教师的人”的建构。与其最密切相关的是,内部隐性的表现为教师的自我意识,外部显性的表现为个性教学法的生成。

(一)“我”作为“存在”需要自主成长

哲学上讲,人的存在是一种始终处于不断否定和不断超越的虚无化过程的存在,是一种自为的存在。⑯ 人总是不满意当下的、现实的我,努力追求理想的我。通过自我的否定,生成新的自我。“自我”直接影响自身如何行动,它既反映经验又影响着经验。教师的自我意识,就是教师如何看待自我、感知自己,如何对待自己在教育教学中的地位。无论什么时候,教师的自我意识在教育过程中的作用都是不可替代的。

石中英教授认为,教师将自己看成是肩负着某种特殊的社会功能的人,这是在意识中将自己功能化了。他认为,教师首先是“人”,并作为“人”而存在,然后才是“师”,教师应回到他最初的丰富的人性状态。⑰ 教师对“‘我’是作为教师的人,还是仅仅以教学为职业?‘我’究竟在教学中发挥了怎样的作用,对学生产生了怎样的影响?”这些问题的追问其实表明了教师的一切行为都源自“我是谁”这样一个自我意识。“我是教书匠”这种对自我的认识和评价暗含着对自己工作的不屑与任由命运抛掷式的自我否定。实际上,人从来不是完全主动的,而是总处在前拉后拥的诱导和暗促之中。但也从来不是完全被动的,总有那些让你可以构成新的意义,让你对自己所做的负责,为你自己所做的悔恨的“回旋空间”。⑱ 这里所讲的“回旋空间”其实就是个人拓展和选择的空间。它强调了人即使在外部环境相似的情况下,每个人设计、选择、筹划自己未来的空间都有很大限度的回旋余地。而这个回旋的余地和空间需要自己承担、自己为自己的发展负责。海德格尔、萨特等哲学家都在这一点达成了一

---

⑯ 参见张志伟:《西方哲学智慧》,中国人民大学出版社 2000 年版,第 107 页。

⑰ 参见石中英:《人作为人的存在及其教育》,载《北京大学教育评论》2003 年第 2 期。

⑱ 参见张祥龙:《中华古学与现象学》,山东友谊出版社 2008 年版,第 220 页。

致,这就是"此在总作为它的某种可能性而存在"。亦即,人是可能而非现成的存在,"人实现自己有多少,他就有多少存在,因此,他就只是他的行动的总体"。[19] 大部分高校教师通常会面对日复一日相同的授课模式,即使新入职场的年轻教师也都会因重复而磨平了羽翼。然而,每个人虽然不能任意地对外部环境加以改变和选择,但教师可以自己选择、设计、规划自己的人生,努力达成"职业中的我"与"个性的我"的统一。

对于教师来说,"作自己"(being-self)、"做"(doing)、"知识"(knowing)三者是同等重要的。这并不意味着教师要拥有出色的教学技能和必要的教学方法是不重要的。而是说,如果教师注重自身情感的能力(emotional intelligence),这些技能的获得将会更加有效,从而促进教师自身的发展。同样地,教师"所拥有的"(having)是关于一门课程的方法和相关知识;教师的"做"(doing)指的是他们创建自己学习的机会和能力;而"是"(being)则是指一切与他们个人相关的东西,如性格特点、看问题的观念以及是否有责任心等。[20] (如下图所示)显然,这里所说的与个人相关的东西,指的是那些相对于外在的显性的教学技能来说,是内隐的潜在于教师思想中的观念与意识,也是自身对于自己的观点与评价。显然,教师以"教学为职业"与以"作为教师的人"出场,其定位是迥然不同的。

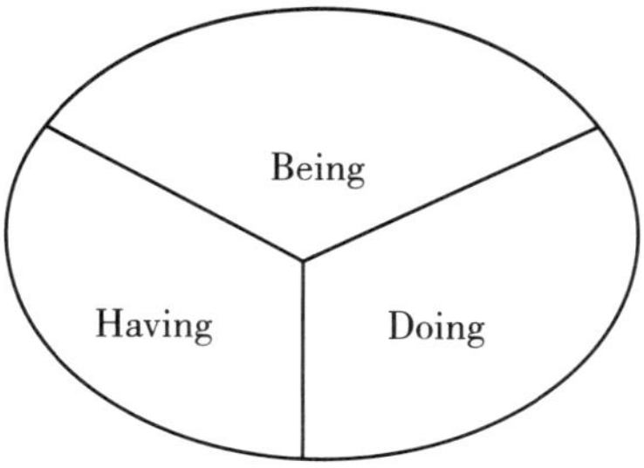

⑲ 刘放桐等:《现代西方哲学》,人民出版社 1990 年版,第 644 ~ 655 页。

⑳ Jane Armold, H. Douglas Brow, "A Map of the Terrain," in Jane Armold (ed.) Affect in Language Learning, Beijing, Foreign Language Teaching and Research Press, 2000, p. 4.

教师的自主成长需要外部的"唤醒"与内部的"觉醒"结合才会是有效的。正如富兰(Fullan)所说,"命令无法完成改革"。[21] 它建立在只有教师本人内部产生改变的动力、教师思想和观念的革新前提下方能奏效。正如杜威认为的,观念是不太可能以观念的形式再传给另一个人的。因为,对于听到的人来说,它不再是观念,而是另一个已知的事实。所以,只有当听到的人亲自考虑问题、寻求解决问题的方法时,他才算真正在思维。[22] 显然,观念总还是一个外在于已的别人的东西,只有外部环境与教师内部动力结合,方能激活教师的自主发展意识,使自己从理念的状态转换化为现实的行动,由"可能的主体"转化为"现实的主体"。

(二)"我"的个性色彩的教学法

教学方法是与教师的教学活动联系最为紧密的内容,它不仅是衡量教师教学技能的标志之一,更是教师教学理念的外在体现。然而,正如帕尔默(Palmer)提到的,在当今教育中,当我们都追捧某种认定的方法技术的时候,就使持不同教学法的老师感到被贬低,而不得不屈从于不属于他们自己的标准。[23] 现实虽不尽如此,但也说明,过度强调教学方法而忽略其背后隐藏的理念的差异性时,那种成为"主流"的教学法就形成了对教师个体教学法的垄断和规范。因此,我们在选择教学方式时,要研究其现实的合理性与适切性。教学是复杂的,"静"的一人讲授的教育、甚至是"一块黑板""一支粉笔""一张嘴""满堂灌"[24]式的教育可能是高创造性的教育;"动"的对话教育、利用多种现代化教学手段和设备的外表生动活泼的教育也可能是低创造性的教育。[25] 这说明,方法不存在过时与时髦,不存在经典与本土,只要是适合教师和学生自身特点的,在教学中产生效果的都可视为合理的教学方法。

---

[21] 参见肖川:《教育的理想与信念》,岳麓书社2002年版,第104页。

[22] 参见[美]杜威:《民主主义与教育》,王承绪译,人民教育出版社1990年版,第170页。

[23] http://blog.163.com/llccddjj@126/blog/static/1042653562009020111952205/.

[24] 参见刘蕴秋、邹为诚:《华东地区优秀外语教育传统研究》,载《外语教学理论与实践》2009年第4期。

[25] 参见孙迎光:《主体教育理论的哲学思考》,南京师范大学出版社2003年版,第257页。

正如Angel指出的，任何有关教学法的知识都是局部性的，并且是在不同的社会文化情景中获得协商。因此，教学法也一定是教师与特定社会文化情境结合生成的。[26] 每一个个体都是独一无二的，每个教师都是根据自己对课堂内所发生一切，用自己独到的理解和教学智慧来安排自己的教学活动。它是独特性与普遍性的相互融合与整合。因此，对于教师个人来说，最为重要的是发挥自身的潜能，创造出适合自身特点、具有鲜明个性色彩的教授方法。它不是某种固定的、可供套用的、既成的模式，而是从无数的可能生成为整合的教学方法。在这种个性教学法指导下的教学，便成为一种既需要规则但在适当时候又敢于放弃规则的教学；一种既遵循规律又不局限于规律的教学；既发挥了教师能动性、创造性，又让学生获得个性发展的教学。

教师们苦于个性的教学方法难求，这其中的缘由正如贺麟先生所讲，是出于我们大都重视经验，忽视理论学习的缘故。忽视理论的结果就是重视经验。经验本身并没有什么不好，但问题的关键在于如果将别人的经验照搬、移植到自己的教学中来，效果是可想而知的。这是因为经验本身有局限性、地域性、个人性的特征，经验倾向于自我复制，它不太能够移植。所以，学习别人的经验前提之一就是用哲学的眼光去分析，舍弃影响经验的具体因素，把别人的经验上升到一般性的高度。[27] 我们不否认他人教学方法的示范性和启发性作用，但对于他人的方法和经验可以借鉴，不能直接套用，必须经过“我”的一番创造性的转化，将自己的经验提炼上升为一般性的理论，方可为“我”所独有，而具有操作性。杜威并不反对方法，因为方法构成了他的逻辑、经验、反思的核心。他所反对的是教条化的概念和实践的方法。[28] 即便我们学习某个优秀教师的教学方法，学到的也许不是方法本身，或许更多的是教学智慧层

㉖ 参见李战子：《英语与他们学术生命的关系——三类英语学习叙事的比较》，载《中国外语》2005年第4期。

㉗ 参见张倩侠、徐启建：《石中英呼吁——让教育哲学成为教师精神资源》，载 http://www.edu.cn/20040520/3106070.shtml。

㉘ ［美］小威廉姆·多尔：《超越方法：教育即审美与精神的探求》，载《华东师范大学学报》2003年第1期。

面的启迪。方法可以习得,但智慧只能悟得。教师只有深深地悟得了教学方法的内涵与机理,才会自我生成具有鲜明个性色彩的教学方法。这与古今中外教学史上由来已久的启发式教学、因材施教、问答式教学、产婆术在本质与内在机理上基本是相通的。

(三)"我"在教学"世界之中存在"

海德格尔认为,"存在"不是在"真空"之中的,而是"在世界之中存在"。因为"此在"和"世界"都不是实体,"在世界之中存在"就不是指一个现成的实体在另一个现成的实体之中。由此,二者的关系就不是认识与被认识的关系,而是相互建构和相互生成的关系。[29] 从教育哲学上讲,与其说教师的教学是一个职场,不如说是一种生活场域,是一个教师将自身映照于其中的世界。

将教学世界和教学中的人都当作客体和实体来对待是一种表象性思维。它与本质主义思维方式、实体性思维方式的共同点就是把世界中的一切,包括人本身都当作了客体去认识,并且用实体世界的标准来描述和衡量人的生存。而建构生成的思维方式认为,人和世界的关系是统一和同一的,其要义是"消融主体与客体的僵硬对立,回到更为本源性的同一的世界"。[30] 因此,"在世界之中"既不是现成的人存在于现成的物中,也不是主客二分的状态;既不是空间意义上的关系,也不是机械被动地等待人去认识的关系。在世界之中,是人"融身"于世界中,"依寓"于世界中,是与世界不分彼此的状态,是与世界不可分割的浑然一体。由此看来,教学并不是与师生对立的、等待着师生去认识的客体世界。教师和学生是在教学世界中来研究、思考、理解教学的,而不是在教学世界之外,与教学世界相对将其作为对象使之概念体系化。

---

[29] 参见邹广文、崔唯航:《论海德格尔"建构生成"的思维方式》,载《社会科学战线》2001 年第 5 期。

[30] 表象性思维方式坚持的是主体性原则,在认识和实践活动中均以人的"主体性"为轴心并把世界当作一个客观对象来把握,而所谓主体性乃是"与客体相对立的一种抽象理智的工具性实体";与之对应的是,建构生成思维方式则坚持存在性原则,在认识和实践活动中以"思维与存在同一"的"存在性"原则为指导。参见叶秀山:《思·史·诗》,人民出版社 1988 年版,第 117 页。

教学是“人在其中”的教学。首先,它必须是“有人”的教学,而不是造物、制器的教学,不是一个储罐向另一个储罐倾倒知识的教学。因为任何教学活动都以“成人”为终极目标,教育重在通过教(学)而育人。其次,它必须是“在之中”的教学。何以不是“在之中”的教学?按照实体性思维方式理解,可解释为:师生在教室之中,在课本之中,在运用教学手段、使用教学多媒体之中,在阅读中、在写作、在言说、在倾听之中。然而,如若身体在,而心没在;如若阅读是缺失了理解、缺失了深入而且神入的阅读;如若学习只是画对勾做选择题的话,如若教师只是多媒体播放员的话,这一切只能是从一种空间概念出发去理解的教学。用这种思维方式来识读教学,就会把教学放在纯粹客观的位置去认识,追求教学认识的客观性、确定性和绝对性,从而把教学的主观性、历史性作为非客观的东西予以排除。以这种思维方式关照下的教学生活,也就呈现出越来越排斥天然情感作用的倾向。

教学要成为真正意义上“人在之中”的教学,必须是将“我”融入“教学世界”之中。“我”将“我”的情感、“我”的价值观、“我”的信念理想、“我”的生命力寓于教学当中。教学因“我”的投入其中而具有了另一个“我”的样子,具有了鲜活的生命力。而此时的教学世界就成为被意识所揭示的世界,被人领会的世界;是人展开了的世界,是一个具有积极的情感、价值与意义的世界。因此,从很大程度上讲,教师是什么样的人,教学就会是什么样子的教学,因为“一切对象对他来说也就成为他自身的对象化,成为确证和实现他的个性的对象,成为他的对象,而这就是说,对象成了他自身”。㉛ 教学世界印刻着教师职业的社会意义,但同时更昭示着教师个人的内心世界。

㉛ 《马克思恩格斯论教育》(上卷),人民教育出版社1985年版,第19页。

On the Construction of Teachers' Personal Philosophy of Teaching

—A Philosophical Interpretation of University Teachers' Self-development

Dou Kun Sang Yuanfeng

Abstract: Teachers' professional development, self-development and teaching practice are intertwined and mutually promoted. Although the three are not in linear relation, the starting point and destination are both teachers' effective teaching. However, it is not enough only to observe teachers' external behavior, it is more important to understand their personal beliefs and ideas that are hidden in their minds. Teachers' views on education and their personal theories and teaching values are the logical starting point of their personal philosophy of teaching. Obviously, the construction of personal philosophy of teaching is the premise and effective way for teachers to achieve self-development and ultimately promote their professional development.

Key Words: University Teacher; Personal Philosophy of Teaching; Teachers' Self-development

比较研究

俄罗斯联邦法学专业国家教育标准研究

张建文[*]　章晓明[**]

摘　要:俄罗斯联邦法学专业国家教育标准,对法学学士培养提出了更高的人格养成标准,这个共同标准不容许按照领域和职业进行细化;全日制法学专业本科生208周的学习期限和8370总学时(其中,理论教学学时为7830学时,实践540学时)的学习负担,特别是在理论教学阶段,每周最低27学时最高54学时的设置;在课程设置上,具有通识教育和专业教育并重的鲜明特色,而且在该问题上俄罗斯联邦具有更大的发言权,绝大部分的课程设置属于联邦部分课程;在课程内容方面,高度重视理论法学、基础法学和比较法学,设置了数量众多且学时庞大的相应课程,特别是在基础法学方面,民法(684学时)和刑法(378学时)两门课程的学时比例极高,其中民法课程的学时最多、所占学时比例最高,成为名副其实的法学课程之王。

关键词:俄罗斯联邦高等法学教育　国家教育

---

* 张建文,西南政法大学教授,博士生导师,研究方向:高等法学教育、民法学。

** 章晓明,西南政法大学助理研究员,博士研究生,研究方向:经济法学。

标准　法学学士培养基本教育方案

在俄罗斯,高校法学专业分为四个层级,即授予法学学士学位(бакалаврюриспруденции)的法学、授予法学专家(специалист юриспруденции)学位的法学、授予法学硕士(магистр юриспруденции)的法学和授予法学博士(в аспирантуре)的法学。

在本科阶段,包含两个层面:一是授予法学学士学位的法学专业,可以称为四年制的本科;二是授予法学专家学位的法学专业,可以称之为五年制本科。二者的主要区别在于侧重点不同,五年制法学本科主要侧重在法学理论教学的比重更大,如四年制本科法学专业的全部理论教学总学时为7830学时,而五年制本科法学专业的全部理论教学总学时为9882学时。可见,五年制本科法学专业主要是为了学生在毕业后攻读硕士或者博士研究生而侧重理论方面的培养①。

在本文中,研究的是俄罗斯高校现在使用的四年制法学专业国家教育标准(以下简称国家教育标准),该标准是由俄罗斯联邦大学教学方法协会法学委员会起草,在1999年12月3日举行的俄罗斯联邦大学教

① 值得注意的是,在我国最初筹设中国政法大学的时候,也提到了四年制本科法学专业和五年制本科法学专业的问题。当时的筹办者认为,二者的区别在于五年制本科"也不同于一般的政法院系,它的重点是培养法学教学、研究人员、法律顾问和律师,而不是审判、检查的司法工作干部,在课程设置上要求知识面比较广泛,基础比较雄厚,学制五年"(参见王改娇主编:《法大记忆:60年变迁档案选编》,中国政法大学出版社2012年版,第205页;《司法部教育司关于建立中国法律大学两个问题的复函》[1980年12月19日(80)司教字第63号])。司法部党组明确指出:中国政法大学建成后,本科一院"学制五年,为全国培养水平较高的司法干部,科研人员和大专助教,特别要为研究生院输送合格的人才"(参见《中共司法部党组关于迅速筹建中国政法大学恢复公安学院和迁建中央政法干部学校的请示报告》[1981年10月9日(81)司发党字第45号]),而且学制五年的本科主要是"培养水平较高的专业人才",而四年制本科主要是"为华北五省、市培养政法干部"(参见《司法部关于筹备中国政法大学初步方案(讨论稿)》(1982年2月18日);《司法部、教育部关于筹建中国政法大学的通知》[1981年3月31日(82)司发教字第124号、(82)教计事字第063号])。到底是并行设置四年制和五年制本科的问题,迭经讨论(参见《司法部关于中国政法大学建校方案和政法教育改革问题座谈纪要》[1983年2月19日(83)校发2号];《中国政法大学建校方案座谈会纪要》(1983年4月18日)),最终确定为统一的四年制本科(参见:《司法部转发关于批准成立中国政法大学的通知》[1983年5月27日(83)司发教字第188号])。

学方法协会法学委会和联邦法律院校联合会会议上以第 2 号备忘录通过,后得到教育方案和高等与中等职业教育标准管理局同意,最终以 2000 年 3 月 2 日第 686 号俄罗斯联邦教育部令批准,即《法学》521400 方向,②但与五年制法学专业所使用的国家教育标准③并不相同④。

一、法学学士的人才培养目标

根据该国家标准第 1.3 款,四年制法学学士学位获得者的培养目标(Квалификационная характеристика выпускника),是"获得法学领域中的基础性培养"。

法学学士的活动主要是在于"在不同的社会生活领域中实施法律规范和保障法律秩序",毕业生的职业活动对象包括三类:"具有法律意义的事件和行为""在任何领域的国家法规范运作中所产生的法律关系""在国家机关、自然人和法人之间的法律关系"。

在职业能力培养上,要求法学学士学位获得者,应当能够"解释和适用法律以及其他规范性法律文件;保障在国家机关、自然人和法人的活动中遵守立法;对事实和情节做出正确的法律评价;起草法律性文件,对规范性文件进行法律鉴定,提供高水平的法律意见和咨询;准确按照法律做出法律决定和实施其他法律行动;打开和查明违法行为的事实,决定对过错者的责任和惩罚措施,采取必要措施恢复被侵犯的权利;系

---

② ГОСУДАРСТВЕННЫЙ ОБРАЗОВАТЕЛЬНЫЙ СТАНДАРТ ВЫСШЕГО ПРОФЕССИОНАЛЬНОГО ОБРАЗОВАНИЯ. НАПРАВЛЕНИЕ 521400 – ЮРИСПРУДЕНЦИЯ. СТЕПЕНЬ (КВАЛИФИКАЦИЯ)-БАКАЛАВР ЮРИСПРУДЕНЦИИ (Направление 521400 "ЮЮриспруденция" утверждено приказом Министерства образования Российской Федерации 02.03.2000 г. № 686).

③ ГОСУДАРСТВЕННЫЙ ОБРАЗОВАТЕЛЬНЫЙ СТАНДАРТ ВЫСШЕГО ПРОФЕССИОНАЛЬНОГО ОБРАЗОВАНИЯ. СПЕЦИАЛЬНОСТЬ 021100 – ЮРИСПРУДЕНЦИЯ. КВАЛИФИКАЦИЯ-ЮРИСТ (Специальность 021100 "Юриспруденция" утверждена приказом Министерства образования Российской Федерации 02.03.2000 г. № 686).

④ 在本文中,没有特别指明时,则所探讨的法学专业均是指四年制法学专业。

地提升自己的职业能力,研究立法及其适用实践,浏览专业文献”。

而在人才培养的资格特征要求上,有两个要求:一是要求法学学士“拥有公民成熟度和高度的社会积极性,职业伦理,法律和心理文化,对法律的深刻尊重和对法治国家的社会价值、公民的名誉和尊严的珍视态度,高度的道德意识,人文情怀,坚定的伦理信念,义务感,对人们的命运和被托付的事务的责任,在保障个人的权利、自由和合法利益,对个人保护和社会保护,履行做出的法律决定的必要意志与坚毅,对在自己职业活动中任何违反法律的行为的不容忍感”;二是要求法学学士应当“理解自己职业的本质与社会重要性,明确认识法律现象的本质、特点和相互作用,知道决定其活动的具体领域的学科的基本问题,看到它们在整个知识体系中的相互联系和对实现专业活动中的权利的意义”。⑤

对于四年制的本科毕业生而言,可以攻读法学硕士或者攻读五年制“法学专家”(специалист юриспруденции)的形式继续学习⑥,与五年制的法学专业的培养不同,不能够直接考取博士研究生,而五年制的“法学专家”是可以选择以硕士研究生或者博士研究生的方式继续学习的。

二、法学学士学位人才培养的总学时及其构成

根据该国家教育标准,全部学时总数为8370学时,⑦其中,理论教学学时为7830学时,实践540学时。实践约占整个教学时数的6.45%。而在全日制教学的情况下,课堂教学应当不得少于为研究教学科目所分配学时总数的50%⑧。

全日制教学情况下,完成整个学士培养基本教育方案的时间为208

⑤ 参见国家教育标准第1.3款。

⑥ 参见国家教育标准第1.4款。

⑦ 参见国家教育标准第4.2款。

⑧ 参见国家教育标准第4.1款。

周,其中包括(包括大学生科研工作、讨论班以及考试季在内的)理论教学 145 周,实践不得少于 10 周,(包括准备和通过毕业资格工作的)最终国家考试不少于 13 周,(包括 8 周毕业后假期在内的)假期 40 周。⑨ 每学年的假期总长度应当为 7 ~ 10 周,包括不得少于两周的寒假(в зимний период)。⑩

相对来说,大学生最大学习负荷(Максимальный объем учебной нагрузки студента)为每周 54 学时,包括各种课堂的和非课堂(独立)的教学工作⑪。同时,在全日制教学的情况下,课堂教学总量在理论教学阶段应当不低于平均每周 27 学时。在此情况下,前述范围不包括强制性的体育课实践教学和选修课教学(занятия по факультативным дисциплинам)。⑫

三、法学学士人才培养的课程设置及其类别与构成

该国家教育标准规定了对学士培养基本教育方案的强制性最低内容及其实施条件和期限,而具体的学士培养基本教育方案(Основная образовательная программа подготовки бакалавра)⑬则是由各高校根据该国家教育标准而制定的,包括教学计划、教学课程大纲和实践大纲。⑭

学士培养基本教育方案包括四个部分的课程⑮:联邦部分课程(дисциплины федерального компонента)、民族—地区(高校)部分课程[дисциплины национально-регионального (вузовского) компонента]、大学生选择课程(дисциплины по выбору студента)以及选修课程

⑨ 参见国家教育标准第 5.1 款。
⑩ 参见国家教育标准第 5.7 款。
⑪ 参见国家教育标准第 5.3 款。
⑫ 参见国家教育标准第 5.4 款。
⑬ 相当于我国高校的各专业人才培养方案。
⑭ 参见国家教育标准第 3.1 款。
⑮ 参见国家教育标准第 3.3 款。

(факультативные дисциплины)。这四类课程的地位并不相同,联邦部分课程是具有强制性的,而且占据了整个课程总学时的绝大部分学时,留给高校和大学生选择和决定的学时较少(参见本文相关部分)。

该教育方案规定大学生应当要学习的五类课程组:人文和社会—经济课程组(цикл ГСЭ)——一般人文的和社会—经济的课程;自然科学课程组(цикл ЕН)——一般数学的和自然科学的课程;一般职业课程组(цикл ОПД)——职业方向的一般课程;特别课程组(цикл СД)——特别课程;选修课程组(ФТД)——选修课程(факультативы),还包括单独的最终国家考试。在每个课程组中,大学生选择课程应当是补充在联邦课程中的课程组,民族—地区(高校)课程的内容应当是用以保障按照该国家教育标准规定的培养目标培养毕业生,而且在该标准中所指明的民族—地区(高校)课程的清单仅仅具有推荐性质。⑯

在整个8370学时中,除了实践540学时之外,理论教学有7830个学时。从学时分布来看,人文和社会—经济课程组(1800学时)占整个理论教学学时总数的约22.99%;自然科学课程组(400学时)占整个理论教学学时总数的约5.1%;一般职业课程组(4664学时)占整个理论教学学时总数的约59.57%;特别课程组(672学时)占整个理论教学学时总数的约8.6%;选修课程组(450学时)占整个理论教学学时总数的约5.7%。

由此可见,在整个课程设置中,一般职业课程占据了最重要的分量,将近课时总数的百分之六十,人文和社会—经济课程次之,而自然科学课程、特别课程和选修课程所占比例较小。可以发现,俄罗斯法学本科专业的国家教育标准高度重视具有较强通识教育色彩的人文和社会—经济课程的设置,将一般职业课程放在极端重要的地位上,凸显了俄罗斯高等法学教育较强的人文社会科学的底色和高度的专业化的人才培养模式。

具体到不同课程组中的课程构成,联邦部分课程、民族—地区(高

---

⑯ 参见国家教育标准第3.4款。

校)部分课程、大学生选择课程的比例又各不相同,由此凸显了在课程构成的设置和确定上,联邦、高校和大学生之间的权力并不一致,以此也可以窥见俄罗斯在法学教育问题上强烈的中央集权色彩。第一,人文和社会—经济课程组,总共1800学时,其中联邦部分课程占1260学时(占70%),民族—地区(高校)部分课程占270学时(占15%),大学生选择课程(15%);第二,自然科学课程组,总共400学分,其中联邦部分课程320学时(占80%),民族—地区(高校)部分课程40学时(占20%),大学生选择课程40学时(20%);第三,一般职业课程组,总共4664学时,其中联邦部分课程4116学时(占88.25%),民族—地区(高校)274学时(占5.875%),大学生选择课程274学时(占5.875%);第四,特别课程组,总共672学时,其中大学生选择课程294学时(占43.75%);第五,选修课程组450学时,主要是军事训练(Военная подготовка)。[17]

表1　不同课程组中的课程构成

课程组	总学时	课程构成	课程学时	占比
人文和社会—经济课程组	1800	联邦部分课程	1260	70%
		民族—地区(高校)部分课程	270	15%
		大学生选择课程	270	15%
自然科学课程组	400	联邦部分课程	320	80%
		民族—地区(高校)部分课程	40	20%
		大学生选择课程	40	20%
一般职业课程组	4664	联邦部分课程	4116	88.25%
		民族—地区(高校)部分课程	274	5.875%
		大学生选择课程	274	5.875%
特别课程组	672	大学生选择课程	294	43.75%
选修课程组	450	军事训练		

⑰ 所谓选修课程组名不符实,其实就是我国高等学校的军事训练,而非通常意义的选修课。

由表 1 可见,在一般职业课程组(实际上就是专业课程)、人文和社会——经济课程组和自然科学课程组中,联邦部分课程的比重都在 70%(如人文和社会—经济课程组)以上(如自然科学课程组达到 80%),最高达到 88.25%(如一般职业课程组),而作为体现高等学校自主权和学生自主权的部分[民族—地区(高校)部分课程和大学生选择课程]则处于相对弱小的地位,具体到高校和大学生的选择自主性,则高校的课程设置自主权要小于大学生的课程自主权,特别是在特别课程组中。

可以说,这种课程组别以及其构成和学时分布,彰显了在俄罗斯高等法学教育中,在决定高等法学人才培养的规格和要求方面,由俄罗斯联邦教育部所代表的联邦具有更强的发言权和决定性,尽管也给高校和学生预留了部分自主权,但是相对于联邦所直接决定的部分几乎不值一提,在这里再次凸显了俄罗斯高等法学教育的国家教育标准的统一性和国家性,也意味着为了保障俄罗斯高等法学教育的质量,不得不制定这种更具强制性、统一性和极为细致的国家标准文件。

四、法学学士学位国家教育标准中联邦部分课程的具体构成与学时比例

在国家教育标准的课程设置中,提出了对法学专业学士培养基本教育方案的强制性最低内容要求,主要是规定了联邦部分课程的具体构成,包括课程名称和一部分课程的学时数(在本部分中除了标注学时数的课程外,其他课程是没有规定学时数的),对于民族—地区(高校)部分课程和大学生选择课程部分是由各高校在制定培养学士基础教育方案中规定的,国家教育标准只是规定了其课程时数。

(一)一般人文和社会—经济课程组中的联邦部分课程

此类课程包括:外语(340 学时)、体育(408 学时)、本国史、文化学(Культурология)、政治学、逻辑学、俄罗斯语言与演讲文化、社会学、哲

学、经济学共计9门课程,而且详细规定了每门课程的主要内容,这样做主要是方便各大学的相关教研室和教师编写能够被全国通用的教科书。

表2　一般人文和社会——经济课程组中的联邦课程部分

课程组	联邦部分课程
一般人文和社会—经济课程组	外语(340学时)
	体育(408学时)
	本国史
	文化学
	政治学
	逻辑学
	俄罗斯语言与演讲文化
	社会学
	哲学
	经济学

以哲学课程为例,其基本内容包括:

“哲学的对象。哲学在文化中的地位和作用。哲学的形成。哲学的基本方向、流派及其历史发展诸阶段。哲学知识的结构。

存在学说。存在的一与多的概念、存在的自组织。质料和理念的概念。空间、时间。运动和发展,辩证法。决定论和非决定论。动态和统计规律。世界的科学图景、哲学图景和宗教图景。

人、社会、文化。人与自然。社会及其结构。市民社会与国家。在社会联系体系中的人。人和历史进程;个人与群体,自由与必要。社会发展的形成和文明概念。

人类存在的意义。暴力与非暴力。自由与责任。伦理、正义与法。道德价值。在不同文中完善的人的观念。审美价值及其在人类生活中的作用。宗教价值与良心自由。

意识与认知。意识、自我意识与人格。认知、创新与实践。信仰与知识。理解与解释。认知活动中的理性与非理性。真理问题。现实、思维、逻辑与语言。科学知识与非科学知识。科学性的标准。科学认知的结构、其方法与形式。科学知识的增长。科学革命与理性类型的变换。科学与技术。

未来的人类社会。现代性的全球化问题。文明的互动与未来的场景。”

总体而言,这种对课程基本内容的规定,是极为简略,但却较为丰富,涵盖了该门课程的主要问题。这种由国家教育标准规定课程教授的基本内容作为基本标准,允许各大学自主编写或者采用教育部推荐的教科书的做法值得赞赏。它相比较于要求在一个幅员辽阔、大学众多、法学院系极多的国家,对一门课程只能编写并适用一本教科书的做法来说,既保持了课程教学内容的基本统一,又在保持了各大学在教学内容基本相同的情况下,发挥了大学专业课程教研室或者大学教师编撰形态多样异彩纷呈的教科书的积极性,有利于保持大学教学的活力和自由发展,形成具有自己特色的学术群体和学派。因为它要求的是教学基本内容的统一,而不是企图将学术观点的统一。要区分为了教学基本内容的统一而做出的统一化努力,与为了教学基本观点的统一而做出的统一化努力,后者实际上是为了垄断学术观点,在学术领域谋取要求服从的权力,姑且可以不准确地称之为“学术帝国主义”。

(二)一般的数学与自然科学课程组中的联邦部分课程

对文科生来说,该类课程组中联邦部分课程的比较少,只有两门课程:《现代自然科学的理念》和《计算机科学与数学》。整个课程组共计400学时,这两门联邦部分课程要占到320学时,给民族—地区(高校)部分课程和大学生选择课程各留下40学时的空间。

从这里可以看出,在俄罗斯高等法学教育中,数学和自然科学课程的比例并不高,甚至可以说是极低,从这种学时分布,也可以大致看得出对于法学专业的本科生而言,所谓的自然科学类课程的学习要求并不高。

(三)一般职业课程组中的联邦部分课程

1.课程体系、课程结构与课程时数

在一般职业课程组中,联邦部分课程占据了绝大多数,包括国家与

表 3　一般职业课程组的课程构成与学时分布

<table>
<tr><th colspan="2">序号</th><th>课程名称</th><th>学时</th><th>占联邦部分
课程学时比例</th></tr>
<tr><td rowspan="20">联邦部分课程</td><td>ОПД. Ф. 1</td><td>国家与法的理论</td><td>240 学时</td><td>5.83%</td></tr>
<tr><td>ОПД. Ф. 2</td><td>政治与法律学说史</td><td>90 学时</td><td>2.19%</td></tr>
<tr><td>ОПД. Ф. 3</td><td>内国国家与法的历史</td><td>250 学时</td><td>6.7%</td></tr>
<tr><td>ОПД. Ф. 4</td><td>外国国家与法的历史</td><td>250 学时</td><td>6.7%</td></tr>
<tr><td>ОПД. Ф. 5</td><td>俄罗斯宪法(国家法)</td><td>240 学时</td><td>5.83%</td></tr>
<tr><td>ОПД. Ф. 6</td><td>外国宪法(国家法)</td><td>250 学时</td><td>6.7%</td></tr>
<tr><td>ОПД. Ф. 7</td><td>民法</td><td>684 学时</td><td>16.62%</td></tr>
<tr><td>ОПД. Ф. 8</td><td>民事诉讼法(民事诉讼)</td><td>240 学时</td><td>5.83%</td></tr>
<tr><td>ОПД. Ф. 9</td><td>行政法</td><td>188 学时</td><td>4.57%</td></tr>
<tr><td>ОПД. Ф. 10</td><td>劳动法</td><td>216 学时</td><td>5.25%</td></tr>
<tr><td>ОПД. Ф. 11</td><td>刑法</td><td>378 学时</td><td>9.18%</td></tr>
<tr><td>ОПД. Ф. 12</td><td>刑事诉讼法(刑事诉讼)</td><td>240 学时</td><td>5.83%</td></tr>
<tr><td>ОПД. Ф. 13</td><td>刑事侦查</td><td>188 学时</td><td>4.57%</td></tr>
<tr><td>ОПД. Ф. 14</td><td>国际法</td><td>132 学时</td><td>3.21%</td></tr>
<tr><td>ОПД. Ф. 15</td><td>环境法</td><td>132 学时</td><td>3.21%</td></tr>
<tr><td>ОПД. Ф. 16</td><td>土地法</td><td>116 学时</td><td>2.82%</td></tr>
<tr><td>ОПД. Ф. 17</td><td>罗马法</td><td>100 学时</td><td>2.43%</td></tr>
<tr><td>ОПД. Ф. 18</td><td>国际私法</td><td>144 学时</td><td>3.50%</td></tr>
<tr><td>ОПД. Ф. 19</td><td>财政金融法</td><td>144 学时</td><td>3.50%</td></tr>
<tr><td colspan="2">联邦部分课程(ОПД. Ф1 - 19)</td><td colspan="2">4116 学时(占本课程组总学时 88.25%)</td></tr>
<tr><td colspan="3">民族—地区(高校)部分课程(ОПД. Н - Р. 00)</td><td colspan="2">274 学时(占本课程组总学时 5.875%)</td></tr>
<tr><td colspan="3">大学生选择课程(ОПД. В. 00)</td><td colspan="2">274 学时(占本课程组总学时 5.875%)</td></tr>
<tr><td colspan="3">一般职业课程组总学时</td><td colspan="2">4664 学时</td></tr>
</table>

法的理论(240学时)、政治与法律学说史(90学时)、本国国家与法的历史(250学时)、外国国家与法的历史(250学时)、俄罗斯宪法(国家法)(240学时)、外国宪法(国家法)(250学时)、民法(684学时)、民事诉讼法(民事诉讼)(240学时)、行政法(188学时)、劳动法(216学时)、刑法(378学时)、刑事诉讼法(刑事诉讼)(240学时)、刑事侦查(188学时)、国际法(132学时)、环境法(132学时)、土地法(116学时)、罗马法(100学时)、国际私法(144学时)、财政金融法(144学时),共计19门课程,相当于法学专业的基础课和核心课。相比较而言,其中给民族—地区(高校)部分课程和大学生选择课程各274学时,占该课程组整个4664学时的极低比例。

一般职业课程组,相当于我国的专业课,属于基础性的核心课程,而且是必修课。从课程来源分布看,联邦部分课程占到了将近九成,对于高校和大学生的选择自由而言极低,但其好处是有助于保障课程体系的统一性。从对每门必修的联邦部分课程的基本内容的规定来看,保证了在全俄罗斯法学专业学生培养规格和标准的统一。

从课程性质设置看,理论性的课程(包括国家与法的理论、国家与法的历史、政治与法律学说史以及罗马法的)占到了整个联邦部分课程的22.59%,足见俄罗斯法学专业国家教育标准对理论课程学习的重视。

此外,在课程设置上,极为重视对比较法(外国法)的教学和学习也是其一鲜明特色。特别是罗马法、政治与法律学说史、外国国家与法的历史、外国宪法四门课程的学时数,占到了整个联邦部分课程学时数的16.76%。在这里还不包括在行政法课程中所要教授的“外国行政法”部分、刑法课程中的“外国刑事立法”部分、刑事诉讼法(刑事诉讼)课程中的“外国刑事诉讼基础”部分、环境法中的“外国环境法律保护”、土地法课程中的“外国土地关系法律调整”、刑事执行法课程中的“外国刑事执行(监狱或者教养)法”。

还值得注意的是,在专业必修课程的设置中,民法和刑法两门课程的学时比例极高,分别占到了联邦部分课程学时总数的16.62%(民法

684 学时)和9.18%(刑法378 学时),其中以民法课程的学时比例最多。

总体上可以说,在专业必修课程设置方面,俄罗斯法学专业国家教育标准以联邦部分课程的名义,设置了数量较多(19 门)的专业必修课,而且课程的设置上高度重视理论课程和比较法学课程的学习,高度重视民法课程的教学和设置。民法课程以最多的学时数和最高的学时比例成为联邦部分课程的课程之王。

2. 联邦部分课程的基本内容

俄罗斯法学专业国家教育标准的一大特点,甚至可以说是最大特点就是规定了每门课程的基本教学内容,以此确保全俄罗斯同一课程教学的统一性,保障不同高校培养的法学专业学生在基本的知识面和课程规格上的统一性,但也赋予了各高校依据该课程的基本内容规定,编撰各具特色的教科书,形塑各自的课程建设优势与特色,从而形成人才培养的特色和优势。这一点恰恰是我国《法学类教学质量国家标准》的弱项。⑱

不惴冗长,笔者将俄罗斯法学专业国家教育标准所列一般职业课程组中各门联邦部分课程的基本内容逐一译出(参见附件),以供借鉴。

(四)特别课程组中的课程

特别课程组没有区分联邦部分课程和其他部分,只是规定了9 门课程,从课程的备注来看,实际上只是区分了必须开设的和推荐开设的,⑲其中6 门属于前者,3 门属于后者。前者包括俄罗斯自治市法、家庭法、犯罪学、法律保护机关、法律心理学、刑事执行法;后者包括检察监督、俄罗斯经营者法、商业法。该组课程也没有规定每门课程的具体学时,只是规定了总体学时为672 学时。

从课程设置来看,赋予了高校并不宽泛的自主权,该类特别课程,主要是指难以纳入通常的课程中的课程。如俄罗斯自治市法为了体现其

---

⑱ 参见《法学类教学质量国家标准》(教育部高等学校教学指导委员会编:《普通高等学校本科专业类教学质量国家标准(上)》,高等教育出版社2018 年版,第33~38 页)。

⑲ 参见国家教育标准第15 页注释。

独立性并没有被纳入宪法课程中,对于本来作为宪法之一部分的法院和检察机关的部分单独作为"法律保护机关"和"检察监督";俄罗斯经营者法和商业法并不是通常国内所理解的商法的内容,而是以经营者或者商业活动为中心的相关法律知识体系,更近似于我国经济法的内容,而我国通常所谓的商法课程在俄罗斯并没有被单独开设课程,而是被吸收作为民法课程的内容(主要是关于法人法的部分),以此在课程设置体系上贯彻了民商合一的民法典编纂与立法原则。

表4　特别课程组的课程构成

课程组	课程备注	课程
特别课程组(672学时)	必须开设的课程	俄罗斯自治市法
	推荐开设的课程	家庭法
		犯罪学
		法律保护机关
		法律心理学
		刑事执行法
		检察监督
		俄罗斯经营者法
		商业法

此外,对于按照大学生的选择由高校规定的课程(294学时)没有具体规定到底要开设哪些课程,只是授权由高校按照大学生的选择自主确定,但是294学时的总学时数限定了该自主权的边界,甚至有点冲淡该自主权。

对于选修课(Факультативы),则明确为"军事训练"(450学时)[20]。

[20] 虽然尚不清楚的是俄罗斯军事训练课程如何开设,但是比较清楚的是,俄罗斯之所以把军事训练作为选修课程,一方面是由于并且为了凸显俄罗斯的尚武精神,另一方面是因为俄罗斯人口少,年轻大学生要去军队服兵役,不同于我国由于人口众多导致并非每个大学生都有,甚至可以说只有极少数大学生才有机会去部队服役,因而将军事训练作为必修课程纳入人才培养方案,经过军事训练的大学生作为预备役人员。

五、对于制定法学学士培养基本教育方案及其实施条件的要求

（一）对于制定法学学士培养基本教育方案的要求

各高校根据该国家教育标准自主制定和批准学士培养基本教育方案。大学生选择的课程是方案中必须要有的，而高校教学计划规定的选修课程对大学生学习来说不是强制性的。课程作业视为课程教学工作的一种类型，且在所分配的学时内完成。所有的课程、课程作业和纳入高校教学计划的实习均应当给予最终成绩（优秀、良好、及格、不及格或者通过、不通过）。[21]

高校在制定学士培养基本教育方案时拥有以下权利[22]：

一是有限的课程学时变更权，即在5%范围内变更依据掌握教学材料而分配给课程组的学时数。

二是有限的课程类别设置权，即建立人文与社会——经济课程组，其中应当包含作为必修课的外语、体育（不得少于408个课堂教学时数）、国内史、哲学。法学专业教学方法协会会（Учебно-методическое объединение по юриспруденции，УМО по юриспруденции）、俄罗斯联邦大学教学方法协会法学委员会和法律院校联合会建议将本国家教育标准中的逻辑和经济学作为必修课。其他的基础课程可以按照高校的意愿实施。在此情况下，可以在保留强制性的最低内容的条件下将其合并为跨学科课程。民族—地区（高校）部分课程和大学生选择的科目和课程由高校设定。

三是特定情况下开设或者不开设体育课程的权利，即在半日制（夜校）、函授学习等情况下，体育课程可以根据大学生的意愿规定。也就是说，对于全日制在校学习的大学生而言，体育课程是必修课，是必须开设的。

---

[21] 参见国家教育标准第6.1.1款。

[22] 参见国家教育标准第6.1.2款。

四是人文社会经济类课程的授课方式自主权,即一般人文和社会—经济课程的教学可以按照高校根据地区的、民族—种族的、职业的特点以及足以保障涵盖课程组的全部主题的教师的科学研究偏好而制订的方案,以作者讲授和各种集体和单独的实践课程、作业和研讨方式进行。课程组的内容应当是以职业为导向的并兼顾毕业生培养的规格(профиль подготовки выпускников),且有助于实现其在职业活动中的任务。

五是人文社会经济类课程的个别编章讲授深度的设定权利,即可以根据特别课程组的规格,规定一般人文和社会—经济课程某些编章的必要的讲授深度。

六是依照规定缩短个别大学生学习年限的权利,即在对拥有相应规格的中等职业教育或者高等职业教育的高校大学生在缩短的期限内实施学士培养基本教育方案。缩短的期限依据大学生在前一职业教育极端所获得的知识、能力和技能进行。在此情况下,学期年限不得少于两年。(根据法学专业教学方法联合会的结论)在缩短的期限内学习也适用于其教育水平或者能力构成在缩短的期限内学习的充分理由的人。

(二)对教学过程师资保障的要求

对于师资的要求㉓,明确提出"应当由拥有符合所教授课程的知识和技能的通常基本教育并系统性从事科学活动和(或)科学方法活动的教学人员保障"。在实施高等法律教育方案的高校中,应当有不少于三个的法律专业教研室。由拥有基本法律教育和(或)学位的教师进行一般职业课程和特别课程的教学。在此情况下,拥有学位的一般职业课程教师不得少于60%。一般职业课程和特别课程在编教师和(或)在编兼职教师㉔的份额不低于30%。

㉓ 参见国家教育标准第6.2款。

㉔ 根据国家教育标准第6.2款,所谓的在编教师是指"该大学为其完成全部教学工作负担的主要工作地点的属于教授—讲师构成的人",而在编兼职教师是指"该大学并非其主要工作地,但经过遴选并经高校负责人命令批准依据所缔结的不低于三年期限的合同在该大学完成部分工作负担(不少于其工资数额的25%)的属于教授—讲师构成的人"。

（三）对教学过程教学方法保障的要求

实施学士培养基本教育方案还“应当由每个大学生可获取的其内容符合基本教育方案的全部课程的图书馆基金和数据库、存在关于所有课程和所有种类的教学——研讨、实践的方法手册和建议，以及视觉辅助、音频、视频和多媒体资料予以保障”。㉕

要求高校自己的图书馆应当拥有：“教学计划的每门课程的配套教学方法；在数量上足以根据申请学生人数组织教学过程的教学计划的每门课程的基础教科书、实践教程（практикумы）、选集、法典、规范性法律文件汇编和其他教学参考书；以下最低限度的定期出版物：俄罗斯报、俄罗斯消息报、俄罗斯联邦立法大全、俄罗斯联邦部委规范性文件公报、俄罗斯联邦最高法院公报、俄罗斯联邦最高仲裁法院公报、俄罗斯联邦宪法法院公报、俄罗斯司法部公报，所订购的联邦和地区的主要法律出版物。”

而且，实施高等法律教育方案的高校还应当拥有诸如 Консультант плюс、Гарант、Юсис㉖ 等信息参考系统类型的法律数据库，以及拥有进入各种信息网络系统的可能性。

（四）对教学过程物质技术保障的要求

实施学士培养基本教育方案的高校应当拥有保障对大学生进行示范教学计划所规定的所有类型的实践的、课程的与跨学科的培养和科学研究工作的且符合现行卫生技术标准的物质技术基础。㉗

（五）对实践的组织要求

实践是教学计划规定的教学类型之一。组织和进行实践的目的是获得和完善履行工作规定的义务的实践技能，深化和巩固所获得知识、能力和技能。学士培养中实践的时间不得少于 10 周。㉘

㉕ 参见国家教育标准第 6.3 款。

㉖ 属于俄罗斯比较主流和常用的且非常强大的法律信息系统，类似于中国的北大法宝等法律信息系统。

㉗ 参见国家教育标准第 6.4 条。

㉘ 参见国家教育标准第 6.5 条。

六、对法学学士培养的水平要求

(一)对法学学士的职业培养要求

对法学专业学士的职业培养要求,分为两个层面,一是能力培养的要求,二是人格养成的要求。

前者要求,学士应当能够"解决符合其学历和在本国家教育标准第1.3款中规定的能力要求的任务;从事收集具有对在相应职业活动领域中实施法律规范具有意义的规范性和事实性信息;分析作为职业活动对象的法律规范和法律关系;分析司法实践和行政实践;在工作义务的范围内论证和做出决定,并实施与法律规范实现有关的行为;起草相应的法律文件;保障实施适用法的文件;保障法制和法律秩序,在职业活动领域中进行法律宣传和法律教育"。

后者要求,学士应当"是掌握世界文明主要成就的高度文化的人;拥有完整的基础法律知识,能够在俄罗斯和全球法律规范材料中找到方向;掌握比较法学材料;具有职业的、一般哲学的、伦理的和政治的和心理学的观点的真正分析师;是得到全面培养的人,知道生活的规律、人际关系;掌握全方位的一般人文的和特别法律课程以做出职业决定"。毫无疑问,这个人格的养成标准是相当高的。

值得注意的是,对法学学士的一般要求(Общие требования к бакалавру юриспруденции),也就是模型(модель),是由法学国家教育标准规定的,是共同的,不得进一步作为部门的和职业的细分。[29]

(二)对法学学士的最终国家认证要求

对于要求的法学学士学位来说,法学专业的大学生们除了完成学士毕业资格论文(Выпускная квалификационная работа бакалавра)之外,还必须通过至少两次足以查明其解决职业问题的理论准备情况的国家

---

[29] 参见国家教育标准第7.1款第3段。

考试(государственные экзамены)。这两个部分结合起来就是学士最终国家认证(Итоговая государственная аттестация бакалавра)。[30]

毕业资格论文,是指对“对法学领域的某个现实问题进行理论的或者实验性的研究,毕业生在其中展示所掌握的必要理论知识和实践能力与技能的水平,足以令他独立解决职业任务”。毕业资格论文展示“毕业生所掌握的对复杂社会现象的科学分析方法的水平,进行理论总结、做出实践结论、提出有理有据的完善所研究领域的社会关系法律调整的建议和推荐的能力”。

对毕业资格论文来说,应当符合以下四个要求:“具有创新性,使用有意义的统计数据和现行有效的规范性法律文件;达到合逻辑的和明确的材料陈述、事实有证据且可信的要求;体现大学生使用合理的方法搜集、拣选、加工和体系化信息的能力,对规范性法律文件进行工作的能力;格式正确(结构清晰、完整,引注、文献和规范性法律文件目录规范,执行有序)。”[31]毕业资格论文的形式为附有图表、表格、图纸、地图、框图和其他说明论文内容的材料。而且,学士毕业资格论文的最佳容量为1.5~2个印刷页(Печатный лист)[32](打字机打页40~50页文本)。

完成法学学士培养方案学习的毕业生还要通过至少两次国家考试(其中有一次为国家与法的理论考试),[33]才能最终取得法学学士学位。

七、结论

综观俄罗斯法学专业国家教育标准,存在以下几个特征:

第一,在人才培养目标上,特别是对人格的养成提出了更高的标准,提出了要培养“掌握世界文明主要成就的高度文化的人”“具有职业的、

---

[30] 参见国家教育标准第7.2.1款。

[31] 参见国家教育标准第7.2.2款。

[32] 每一印刷页相当于8~16页机打页。

[33] 参见国家教育标准第7.2.3款。

一般哲学的、伦理的和政治的和心理学的观点的真正分析师”“得到全面培养的人,知道生活的规律、人际关系”等,而且这个标准是共同的,不容许进行按照领域和职业进行细化,以保证整个人格养成目标的统一性。

第二,在人才培养方案上,全日制教学情况下208周的学习年限,全部学时总数为8370学时(其中,理论教学学时为7830学时,实践540学时),特别是在学时总量和学习计划的安排上,大学生的学业负担不轻松,特别是在理论教学阶段每周最低27学时最高54学时的设置,对大学生们来说不是轻松的课业负担。

第三,在课程设置上,具有通识教育和专业教育并重的特色,而且在该问题上联邦具有更大的发言权。

一方面,强调根据课程的内容设置一般数学与自然科学课程组、一般人文社会—经济课程组、一般职业方向课程组、特别课程组、选修课和最终国家认证六大类,但是其中最重要的而且占据教学时数最多的是一般人文和社会—经济课程组与一般职业方向课程组,丰富多样的一般人文社会经济类课程和全面且学时庞大的法学专业类课程,凸显法学专业强烈的人文社会底色和专业化教育的特色。

另一方面是根据课程的设置依据区分了联邦部分课程、民族—地区(高校)部分课程、大学生选择课程和选修课四大类,在该部分中联邦部分的课程成为最重要且学时数最多的部分,凸显了在法学教育标准设置和质量保障方面强烈的强制色彩和中央话语权,成为俄罗斯法学专业质量保障的明显特色。如在专业必修课程设置方面,国家教育标准以联邦部分课程的名义,设置了19门专业必修课。相对而言,留给高校的自主空间比较小。

第四,在课程内容方面,高度重视理论法学、基础法学和比较法学,设置了数量众多且学时庞大的相应课程。

在理论法学方面,包括国家与法的理论(240学时)、内国国家与法的历史(250学时)与外国国家与法的历史(250学时)、政治与法律学说史(90学时)以及罗马法(100学时)在内的理论性法学课程占到了整个联邦部分课程的22.59%。

在基础法学方面,还值得注意的是,在专业必修课程的设置中,民法(684学时)和刑法(378学时)两门课程的学时比例极高,分别占到了联邦部分课程学时总数的16.62%和9.18%,其中以民法课程的学时最多所占学时比例最高,成为典型的课程之王。

在比较法学教学方面,单独设置罗马法(100学时)、政治与法律学说史(90学时)、外国国家与法的历史(250学时)、外国宪法(250学时)[34]等课程,占到了整个联邦部分课程学时数的16.76%。此外,还在行政法、刑法、刑事诉讼法(刑事诉讼)、环境法、土地法、刑事执行法等专业课程中,要求必须讲授相应的外国法[外国行政法、外国刑事立法、外国刑事诉讼基础、外国环境法律保护、外国土地关系法律调整、外国刑事执行(监狱或者教养)法]等。

附件1

一般职业方向课程组强制最低内容要求

(ТРЕБОВАНИЯ К ОБЯЗАТЕЛЬНОМУ
МИНИМУМУ СОДЕРЖАНИЯ)

ОПД.Ф.01:《国家与法的理论》[35](240学时)

科学理解国家与法、国家—法现象的方法论基础;国家与法的历史运动与功能运作的规律;国家、法和其他社会与人类生活领域的相互关系;国家与法的理论的概念和范畴;现代国家与法的体系的演进和相互关系;对国家与法的现代理解的基本问题;现代政治—法律学说的一般特征。

---

[34] 外国宪法(国家法)课程的学时数(250学时)还超过了俄罗斯宪法(国家法)的学时数(240学时)。

[35] 大致相当于我国的《法理学》课程,但是比我国《法理学》课程要多了关于国家学说的内容。

ОПД. Ф. 02:《政治与法律学说史》(90 学时)

政治与法律学说的评价标准;政治与法律的意识形态的形成与发展;古代世界和中世纪诸国的政治与法律思想;新时代的政治与法律学说;自然法理论;权力分立理论;早期资本主义;俄罗斯的政治与法律学说;康德和黑格尔法律与政治学说;自由主义政治与法律学说;社会主义政治与法律学说;马克思政治与法律学说;19 世纪后半期(奥斯丁、耶利内克等)和 20 世纪(狄骥、埃尔利希、凯尔森等)的主要政治与法律学说。

ОПД. Ф. 03:《内国国家与法的历史》(250 学时)

我国疆域内的诸奴隶制国家;罗斯的早期封建国家(9 ~ 16 世纪初期);在我国疆域内的诸鞑靼—蒙古国家(13 ~ 15 世纪);俄罗斯阶层代表君主制;俄罗斯各民族封建国家与法的产生与形成问题(近波罗的海、乌克兰、哈萨克斯坦、中亚、摩尔达维亚、哥萨克诸民族);俄罗斯专制君主制的形成与发展;在资本主义形成和发展阶段的俄罗斯国家与法;苏维埃国家与法的产生与发展的主要阶段;俄罗斯联邦的国家与法。

ОПД. Ф. 04:《外国国家与法的历史》(250 学时)

远东诸国的国家与法(远东文明):埃及、巴比伦、印度、中国;古代文明与古代国家:古希腊和古罗马;罗马法的历史;西方和东方中世纪文明发展的两条道路;欧洲诸国的封建国家与法(英格兰、法国、德国等);基督教和天主教教会的作用;东方的中世纪国家:伊斯兰世界和阿拉伯哈里发、印度、日本、中国;穆斯林法;资本主义国家与法的产生与发展(英格兰、美国、法国、德国等);盎格鲁撒克逊法系和大陆法系的形成;最新时代的国家与法(美国、英国、法国、德国等);中欧和东南欧、美洲、亚洲和非洲诸国的国家与法;20 世纪外国国家与法发展的基本趋势。

ОПД. Ф. 05:《俄罗斯宪法(国家法)》(240 学时)

宪法的概念和对象;俄罗斯宪法在俄罗斯法体系中的地位;俄罗斯宪政的发展;1993 年俄罗斯联邦宪法;社会与国家制度的宪法基础;俄罗斯联邦宪政基础;公民法律地位的基础;人和俄罗斯联邦公民的宪法地位;俄罗斯联邦国籍(俄罗斯联邦的国籍原则、俄罗斯国籍取得和终止的依据、解决俄罗斯国籍问题的程序）；俄罗斯公民在宪法上的权利、自由和义务，其实现与保护；统治的形式；俄罗斯联邦的国家制度；俄罗斯联邦主义的内容与法律保护；俄罗斯联邦的行政区域划分；俄罗斯的自治；俄罗斯联邦——独联体成员国；俄罗斯联邦的选举体制与选举法；全民公决；宪法的通过与修改程序；国家机关的宪政体系；俄罗斯联邦的国家机关种类、其体系和宪法地位；俄罗斯联邦总统；联邦大会——俄罗斯联邦国会、其议院；联邦大会的立法程序；俄罗斯联邦政府；俄罗斯联邦司法权；俄罗斯联邦检察机关活动的宪法基础；俄罗斯联邦宪法法院；俄罗斯联邦主体的国家权力体系的宪法基础；俄罗斯联邦的地方管理与自我管理。

ОПД. Ф. 06：《外国宪法（国家法）》（144 学时）

按照其社会经济和政治制度水平的外国国家分类；外国国家宪法发展的基本趋势；某些国家宪法和宪法发展的质量评价（美国、英国、法国、德国、意大利、西班牙、日本、波兰、中国、古巴、印度、伊朗等）；在外国的公民的法律地位、政治制度的不同类型；国家的形式；选举权与选举体制；国家机关及其地位；国会与国会主义；自治市体制。

ОПД. Ф. 07：《民法》（684 学时）

俄罗斯法体系中的民法；民法调整的对象；民法调整社会关系的方法；民事法律关系的概念、内容和种类；作为民事法律关系主体的公民、法人、国家组织和自治市组织；民事法律关系的客体及其主要类型；民法上法人的概念和种类；法律行为及其有效条件；民事权利行使的概念、方式和界限；保护权；民事法律责任，其条件和数额；民法上的期限；所有制及其法律形式，所有权的概念和客体，其他（限制）物权的概念和内容；公民财产的继承；所有权和其他物权的民法保护；智力活动领域关系的民法调整；专属权（知识产权）；著作权；对发明、实用新型和工业设计的专利权；企业名称权和商标权；对于财产关系无关的人身非财产关系的民法调整；债的概念、种类及其履行；民法上合同的概念、内容和种类；合同的缔结、适用与解除；某些种类的合同之债和其他债；进行工作之债；实现智力活动成果之债；提供服务之债；共同活动之债；单方行为之债；

非合同的（法律保护之债）。

ОПД. Ф. 08：《民事诉讼法（民事诉讼）》（240 学时）

民事权利保护的形式；民事诉讼的概念，民事诉讼法的渊源，诉讼的形式；俄罗斯民事诉讼法法的原则；民事诉讼关系；民事案件的管辖；管辖权、民事诉讼的参加者；诉讼；司法证据；司法审理；法院决议的类型；执行程序；公证人；仲裁；仲裁进程的知识基础。

ОПД. Ф. 09：《行政法》（188 学时）

俄罗斯联邦法律体系中的行政法；管理、国家管理、执行权力；行政法的概念、行政法调整的对象和方法；行政法与其他部门法的相互关系；行政法的体系；行政法的规范；行政法的渊源；行政法律关系；行政法的主体；国家管理的行政法的形式与方式；行政法上的责任；行政法和管理中的合法性；行政诉讼法；在原材料生产领域、社会文化和行政管理领域中的行政法上的组织；外国行政法。

ОПД. Ф. 10：《劳动法》（216 学时）

作为劳动法的对象的雇员劳动关系和从中派生的关系；劳动法的方法和体系；劳动法的基本原则；劳动法的渊源；劳动法的主体；劳动法律关系的概念；劳动集体；工会的权利与作用；集体劳动合同的概念及其作用；就业制度的法律调整；劳动合同的概念；劳动合同的种类；契约、工作时间和休息时间；工资法律调整的方法；工人和雇员的薪酬体系；工资体系；内部管理规则；劳动纪律；劳动法律关系各方当事人的实体责任；劳动保护；个人和集体劳动争议及其解决程序；劳动冲突及其解决程序；对遵守劳动立法的监察和监督。

ОПД. Ф. 11：《刑法》（378 学时）

刑法的概念、对象、方法、任务；俄罗斯刑法的原则；刑事法律；刑事责任；犯罪的概念；犯罪构成；未遂犯；共犯；多人犯罪，情节，排除犯罪性的行为；刑法及其目的；刑罚的体系和种类；量刑；免除刑事责任和刑罚；医疗性强制措施；未成年人刑事责任的特殊性；刑法总论的概念；刑法典分则中规定的犯罪构成的特点；外国刑事立法。

ОПД. Ф. 12:《刑事诉讼法(刑事诉讼)》(240 学时)

刑事诉讼的本质与基本概念;刑事诉讼法;渊源;刑事诉讼的原则;刑事诉讼的主体;刑事诉讼中的证明;证据的一般规定和渊源;证明程序与刑事诉讼强制措施;提起刑事案件;提前调查和侦查(一般条件);侦查行为;中止侦查;侦查终结;刑事案件的管辖;指定法庭听证会;司法审理;上诉程序;判决执行;监督程序;根据新发现的事实进行审理;陪审团审判程序的特殊性;未成年人案件审理程序;适用医疗性强制措施的程序;诉前材料准备的备忘录形式;赔偿由于侦查、预先调查机关、检察机关和法院的非法行为而给公民造成的损害;外国刑事诉讼基础。

ОПД. Ф. 13:《刑事侦查》(188 学时)

刑事侦查的对象;其与其他法律学科,以及法医学、司法精神病学和司法心理学的相互联系;犯罪机制;刑事侦查所研究的犯罪活动与追查活动的特殊方面;侦查员和业务单位之间的互动;侦查的信息基础;犯罪预防与预测基础;犯罪的法医学特征;犯罪侦查的方法;鉴定和诊断;侦查情形和方案;追查犯罪时的模拟;刑事侦查技术;确定计算机在刑事侦查技术手段结构中的地位和使用计算机解决刑事侦查任务的方法;对作为非传统法医检验对象的材料、物质和痕迹的(КЭМВИ㊱、气味痕迹、声学、声音和视频信息等)法医研判方法;痕迹学;法医弹道学;文本研究;检验及其种类;刑事侦查活动的参考信息保障;刑事侦查策略;侦查实验;现场检查、拘留、检查、搜查、扣押、审讯策略;刑事侦查的调查方法;调查的方法基础(有组织犯罪集团、精神异常者、外国公民、未成年人等犯下的罪行,追查热点犯罪和悬案的方法和行为基础等);调查的方法类型。

ОПД. Ф. 14:《国际法》(132 学时)

作为特殊法律规范体系的国际法;国际法的主体;国际法的渊源和创制规范的过程;国际法与内国法的互动;国际法的基本原则;国际条约法;国际组织和会议;国际法上的责任;外交法和领事法;国际安全法;人

㊱ 也就是"对材料、物质和制品的法医学检验"(криминалистическая экспертиза материалов, веществ и изделий)。

权与国际法;国际经济法、国际海洋法、国际空间法、国际环境法;解决国际争端的和平手段;国际人道主义法。

ОПД. Ф. 15:《环境法》(132 学时)

环境法的对象和体系;环境关系的客体;环境关系的法律调整史;环境法的形成和主要发展阶段;环境法规范和环境法律关系;环境法的渊源;自然资源所有权;自然资源使用的法律形式;自然客体的法律保护;环境生态保护的组织机制;环境生态保护的经济机制;环境违法行为的责任;赔偿环境违法行为所造成的损害的法律形式;在放置、设计、建设、投入使用设施时的环境要求;在使用设施时的环境要求;城市和其他居民点生态的法律保护;自然保护区基金法律制度;度假村、健康娱乐休闲区法律制度;紧急环境区和生态灾难区法律制度;生态保护国际法机制;外国环境法律保护。

ОПД. Ф. 16:《土地法》(116 学时)

土地法律关系;土地和其他自然资源所有权;土地利用的法律形式;土地基金的国家管理;土地的法律保护;土地违法行为的责任;农业企业、合作社、联合会用地的法律制度;农庄土地法律制度;城市和其他居民点土地法律制度;工业、交通和其他非农业用途土地法律制度;提供给公民的土地法律制度;为开发和使用地下资源而提供的土地法律制度;林业基金土地法律制度和林地使用权;水基金土地法律制度和水使用权;自然保护、健康、休闲和历史文化用途土地法律制度;外国土地关系法律调整。

ОПД. Ф. 17:《罗马法》(100 学时)

罗马法在法历史中的作用;罗马法的渊源;习惯法与法律;法学家的活动;诉讼;罗马公民和其他罗马法主体的法律地位;罗马家庭;物权;私人所有权的内容;地役;永佃权和地上权;债法;合同类型;债之履行与不履行之责任;遗嘱继承权和法定继承权;遗赠和遗产信托;罗马法的复兴。

ОПД. Ф. 18:《国际私法》(144 学时)

国际私法的概念;统一化的概念;国际私法和国际公法;国际私法的

渊源;调整具有涉外因素之民事法律关系的方法;冲突法规范;国际私法的主体;对外经济法律行为;国际关系中的所有权问题;对外投资的法律调整;知识产权法(著作权法、专利法等);家庭法;继承法和侵权之债领域中的冲突法问题;国际民事诉讼;仲裁。

ОПД. Ф. 19:《财政金融法》(144 学时)

财政金融和财政金融活动的概念;财政金融体系;财政金融法的概念;财政金融法的渊源;财政金融监督;预算体系;预算法;税之概念;税法;国家债务;银行体系;银行法;投资法;保险法;货币调整;货币流通法律调整;无现金结算。

附件 2

特别课程组强制最低内容要求

(ТРЕБОВАНИЯ К ОБЯЗАТЕЛЬНОМУ
МИНИМУМУ СОДЕРЖАНИЯ)

СД. 01:《俄罗斯自治市法》

自治市法的概念;地方自治及其体系;地方自治代议机关与执行机关;区域社会自治;地方自治的直接民主制度;地方自治的物质和财政基础;地方自治的权限,其实现的组织形式;地方自治代议机关和执行机关建立和活动的程序;地方自治权的保障与保护。

СД. 02:《家庭法》

俄罗斯法体系中的家庭法;家庭法调整社会关系的方法;家庭法律关系的概念;家庭法的主体;法律事实;家庭权利保护;婚姻法律关系产生和终止的依据;配偶和子女之间的人身与财产法律关系;其他家庭成员之间的人身与财产法律关系;在家庭条件下接受儿童予以教育的形式。

СД. 03:《犯罪学》

犯罪学的对象;犯罪学与其他科学(部门法、社会学、心理学、经济学等)之间的相互联系;俄罗斯犯罪学发展史;犯罪学研究的方法;犯罪及其基本质和量的特征;犯罪原因;个人犯罪行为的原因;犯罪人的人格;预防犯罪(犯罪预防理论、体系和主体;犯罪预防的组织、社会—经济、法律基础);犯罪原因和打击犯罪的基本概念;经济犯罪的犯罪学特征及其预防;有组织犯罪、其犯罪学特征及其预防;职业犯罪的犯罪学特征;未成年人犯罪及其预防;暴力犯罪及其预防;过失犯罪及其预防;经济犯罪及其预防;国际合作打击犯罪。

СД. 04:《法律保护机关》

课程的基本概念、对象和体系,关于法律保护机关的立法和其他法律文件;法律保护机关与其他机关的互动;司法权力与行使司法权力的机关的体系;公正审判及其民主原则;普通法院的基层构成部分;普通法院的中间构成部分;军事法院;俄罗斯联邦最高法院;仲裁法院和其他仲裁机关;俄罗斯联邦宪法法院;法官、人民陪审员和陪审团的地位;俄罗斯司法体系发展的基本阶段;法院和司法机关活动的组织保障;检察监督和检察机关;对查明和追查犯罪的组织;刑事案件的法律援助和保护,及其组织。

СД. 05:《法律心理学》

法律心理学的对象、体系和内容;部门科学知识体系中的法律心理学;心理学和法学中人格的概念;研究法律适用主体的人格的心理学方法;感觉、感知;记忆的概念和种类;思维;想象及其类型;关注;情绪;感觉;焦虑状态;精神紧张;挫折;影响;痛苦;人格的个人—心理特征(气质、性格及其特性);指定法医心理检查(СПЭ)的对象、依据、理由,其准备与指定、进行程序;犯罪行为心理学(犯罪心理学);犯罪人人格心理学;犯罪行为心理学(犯罪集团心理学);律师职业犯罪的一般社会心理学特征;律师人格心理学;律师职业活动的认知结构;律师职业活动中的沟通(交流结构);审讯心理学;律师执业活动的组织管理结构。法院审判活动的心理学特征。

СД. 06:《刑事执行法》

刑事执行法的概念;课程的对象和体系;刑事执行立法;刑事执行法

律关系;刑事执行法的原则;刑事执行立法发展史;执行以剥夺自由类型刑罚的机构和机关的体系;执行其他刑罚的机构和机关;执行刑事惩罚的概念及其本质;对被判决者产生刑事执行影响的基本手段;剥夺自由的执行制度;囚犯参与劳动;囚犯的教育工作;组织一般教育和职业技术培训;根据剥夺自由的类型及其设立的制度区分剥夺自由的执行;囚犯的法律地位;释放囚犯;对某些类型的囚犯的行政监督;其他刑罚的程序和条件;资产阶级监狱体系的出现;外国刑事执行(监狱或者教养)法(美国、德国、法国、英国、日本等)。

СД.07:《检察监督》

课程的基本概念和体系;检察监督:概念和意义;检察机关活动的基本方向;检察机关的组织原则;检察机关体系;俄罗斯联邦总检察长,其主要权限;下级检察长及其权限;检察机关体系及其权限的演进;检察监督的概念;对法律执行以及对所颁布的法律文件是否符合法律的监督;对从事侦查—搜查活动、侦查和预先调查的机关执行法律的监督;对事先被拘留者被拘留所在的、执行刑罚和其他规定的强制性措施时所在场所执行法律的监督;检察官参与法院对案件的审理;组织解决公民投诉问题的工作;检察活动的基本方法;检察机关的工作人员的编制;对检察官和侦查员职位候选人的要求;检察机关工作人员的地位。

СД.08:《俄罗斯经营者法》

经营活动关系及其法律调整;俄罗斯经营活动立法;经营者法律地位;经营者活动的法律组织形式;经营者与商品(工作、服务)市场;金融市场、有价证券市场、外汇市场的法律调整;有外国资本参与的经营者活动的实施;经营者活动的税收缴纳;对经营者活动实施的国家监督;经营者权利和利益的维护与保护;经营者活动所产生纠纷的解决;解决经营者活动所产生纠纷的机关。

СД.09:《商业法》

作为法学的一个部分和教学课程的商业法,商业法的研究对象;商业活动在保障社会重大利益、经济机制正常运作中的作用;商业活动的主体;根据在制造和销售商品过程中的功能选择企业形式;商事流转客体的概念;商品市场发展的法律保障;商品交易所、批发市场、经销商网络;企业的销售和供应部门;创造商业活动中的竞争环境(法律问题);贸易协议和契约;批发买卖合同及其次类;在交易所和市场、拍卖会上缔结合同的特殊性;选择合同关系的机构;制定商事合同的条款;接受商品;品质检验;索赔和诉讼;对遵守商业活动规则的国家监督;保护免受监督机关的非法行为。

Research on National Education Standards of Law Majors in Russian Federation

Zhang Jianwen　Zhang Xiaoming

Abstract: The National Education Standards for Law Majors in the Russian Federation raises a higher standard of personality development for the Bachelor of Laws. The common standards do not allow for subdivision by field and occupation; the full-time law major undergraduates have a 208-week study period and 8370 total hours (The theoretical teaching time is 7830 hours and practice time is 540 hours). Especially in the theoretical teaching stage, the stipulated time is the minimum of 27 hours per week and the maximum of 54 hours of setting, which, for college students, can never be a relaxed academic burden. In terms of curriculum, it has distinctive characteristics of general education and professional education, and the federal education agencies have a greater say on this issue. Most of the curriculum is part of the federal level curriculum. In terms of course content, it attaches great importance to legal theories, basic laws and comparative laws have set up a large number of corresponding courses with a large number of hours. Especially in basic laws, the civil law (684 hours) and criminal law (378 hours) have a very high proportion of hours, among of which civil law courses have the highest proportion of school hours, which is the majority of the courses for law majors.

Key Words: Higher Education of Law in Russian Federation, National Education Standards, Basic Education Program for Bachelor of Laws

从法官型人才向律师型人才转变

——德国法学教育的发展及其对我国的启示*

喻　玲**

法学与自然科学和其他社会科学不同，有自己的研究对象和研究方法。法学的目标指向现行法的认识、运用以及续造。

—Reinhard Zimmer

摘　要：德国法学教育注重法学理论学习和法律思维培养。21世纪初的改革调整了培养目标，从培养法官型人才向律师型人才转变，同时强调学生的国际化视野。培养目标的变化体现在课程设置和教学形式，原有的学术教育和职业教育双轨制为各高校提供了更多的自主权，也增加了对律师型人才实践技能培养和国际化课程的比重；在教学形式上，大课、练习辅导课和专题研讨课从构建理论体系、训练案例分析技术和学术能力提升三个方面实现对学生的全面培养。

---

* 基金项目：本文系湖南省教改项目"知识产权法本科教学国际化理念与实践探索——以德国国家司法考试与法学教育为借鉴"和湖南大学2019年教改课题阶段性研究成果。

** 喻玲，湖南大学法学院副教授，法学博士，研究方向：知识产权法与竞争法。

关键词：律师型人才　国际化　双轨制　实践技能

有着悠久法学教育历史的德国，仍然保留着从波伦那（Bologna）法律学院模式继受而来的学位设置体系，在数百年的发展历史中，根据社会经济发展的需要，从注释法学教育向实务教育转变，形成了以培养掌握法学理论、法律思维和法学方法的法律人为目标的法学教育体系。2002年德国法学教育改革在高校自主权、国际化和实践技能三个方面进行了调整，但并没有从根本上改变德国法学教育的基础。本文拟从培养目标、整体构建和课程设置细节分析德国法学教育的特点，以期为我国法学教育的发展和完善提供有益借鉴。

一、法学教育的培养目标

（一）法官型人才向律师型人才转变

自普鲁士时期起，德国的法学教育即以培养法官为目标，注重法学理论、法律思维和法学方法的培养，[①]在此基础上设计培养计划和课程设置。这种法官导向的法学教育体制在20世纪末引发激烈讨论。德国律师协会提出有力反对理由，认为过去的教育忽视了律师素质的培养，而德国80%的法学毕业生最终从事的职业是律师，法学教育的主流应当是律师型教育，而不是法官型教育。[②] 2002年《法学教育改革法》[③]一定程度上采纳了这种观点，提出德国法学教育要向律师型转变，要求强化学生的专业技能和"律师型导向"的法律职业素质培养。这种"法官型教育"向"律师型教育"转化，强调的是增加律师"关键技能"的培养，并没有放弃原来的注重法学理论、法律思维和法学方法的培养目标。修

① Reinhard Zimmer, "JuristischeBücherdes Jahres: Eine Leseempfehlung", *NJW* 2011, S. 3557.

② Peter Gilles und Nikolaj Fischer, "Juristenausbidlung 2003 – Anmerkungen zur neuesten Ausbildungsreform", *NJW* 2003, S. 708.

③ 联邦法律公报I第2592页，该法于2003年7月1日生效。

改后的德国《高等教育框架法》第7条规定,“教学活动应该为学生的职业能力做准备,培养该学科必要的专业知识、能力与方法,使学生有能力从事该学科的研究与技术工作”。大学教学依然是围绕专业知识、能力与法学方法开展,这一点在各个高校的培养计划和课程设置中得以坚持。

(二)国际化法律人

国际化是2002年德国法学教育改革的另一个重点。修改后的《法官法》④第5a条规定了法律外语课程对法科学习的必要性。各法学院都要求学生必须选修一门以外语教学的外国法课程或者法律外语课程,同时鼓励本国学生到外国留学。根据2011年的统计数据,大约25%的法学毕业生有在国外学习的经历。⑤

二、学术教育和职业教育双轨制

德国法学教育由两个部分组成:大学教育和职业预备服务(Vorbereitungs-dienst)⑥。前者重在学术教育,后者重在职业教育。《法官

---

④ 1972年4月17日公布(联邦法律公报I第713页),通过2002年7月11日法学教育改革法最新修订。该法是联邦法律层面上唯一对于德国法学教育做出规定的法律。在此基础上各个州都有专门调整法学教育的法律,例如《巴伐利亚州法律工作者教育与考试规则》。各个大学还有实施联邦和本州关于法学教育的规定的具体规章。参见https://www.justiz.bayern.de/landesjustizpruefungsamt/ausbildungs-pruefungsordnung/,最后访问日期:2019年2月28日。

⑤ Richard Bühler,“Position der Justizministerkonferenz”,in Hochschulrektorenkonferenz(hrsg.),*Juristenaus-bildungheutezwischen Berlin und Bologna*,Bonn 2014,S.9.

⑥ 虽然在此之前修订的《高等学校框架法》引入了国际上盛行的学士和硕士学位,除了以前专门针对外国留学生的法学硕士学位(LL.M.)之外,允许大学授予法学专业学生学士学位。但是这种做法并非主流。公立大学中只有奥斯纳布吕克(Osnabrück)和格莱夫斯瓦尔德(Greifswald)大学实行了这种体制。格莱夫斯瓦尔德大学于2000年冬季学期开设法学学士专业(学制6个学期),2002年冬季学期法开设两个法学硕士专业:税法与经济(学制4个学期)和法律比较与欧洲法(学制3个学期)。私立学校中位于汉堡的Bucerius法学院也授予毕业生法学学士(LL.B.)。其他不少大学设立的是“Diplom-Jurist”(法律学人硕士),在学生完成大学课程学习通过国家考试的情况下授予该学位。联邦行政法院在2002年

法》第5条规定，获得法官资格，必须在一所大学学习法律专业，通过第一次国家考试，并完成职业预备服务，最后通过第二次国家考试，方能获得法官资格。而检察官、律师以及高级公务员也需具有和法官相同的受教育条件，即使是法学教授也必须满足和出任法官相同的条件（《法官法》第7条）。

（一）入学要求

德国大学法学专业属于限制性专业，要求学生的毕业考试成绩良好。全德有四十多所大学开设了法学专业，各州都在北威州的多特蒙德市联合设立了高等学校学习名额调配中心（ZVS），指导申请者选择院校，并且调配名额。学生入学后在规定的学期内还可以申请转学，被申请的大学一般都会参考申请人原来就读大学所取得的成绩。

（二）大学课程学习

大学教育一般为四年，课程设置有六个学期（三年），包括基础课程的学习和学生自选重点领域专业的学习，最后两个学期用于准备国家考试。学生首先需要在前四个学期学习专业基本知识，参加每门课的笔试，各科成绩的综合取平均分数，就是所称的“中间考试”。该考试是德国法学教育对于学生的第一次筛选，不能通过就意味着大学法学学习的终止。⑦中间考试后学生根据自己兴趣选择学习重点专业。重点专业的成绩计入第一次国家考试成绩的总成绩。⑧

2月22日对相关案件的判决（Az. BVerwG 6 C 11.01）中指出，高校没有义务一定要授予通过第一次国家考试的学生“Diplom-Jurist”称号。这种尝试和国际接轨的做法并没有对于传统的德国法学教育做出本质的改变。Diplom-Jurist学位本来就不是以取代国家考试法律专业为目的，而只是作为补充，因为该学位的授予以学生通过第一次国家考试为前提。两所公立大学设立的Bachelor of Law和Master of Law专业，学生人数还非常少。参见Helmut Heiss und Dörte Bremer, Modularisierung als Königsweg? – Zur Konkurrenz von Staatsexamen und Bachelor am Beispiel der Juristenausbildung an der Ernst-Moritz-Arndt-Universität Greifswald, in Joachim Münch（Hrsg.），*Die neue Juristenausbildung-Chancen, Perspektiven und Risiken*, Richard Boorberg Verlag 2004, SS. 55 – 64。

⑦ 仅仅通过中间考试不能获得学位，有极少数大学在学生完成中期考试后授予学生学士学位（LL. B.）。

⑧ 2003年法学教育改革之前，重点领域是考生在第一次国家考试中选择的对象，本次改革之后，学生重点领域的考核由学校完成。

(三)第一次国家考试

大学学习课程结束后,学生可以申请参加第一次国家考试。第一次国家考试由各大学的重点领域考试和国家考试组成。原则上国家考试只可以重考一次,⑨因而大部分学生在大学课程和重点领域的考试结束后一般不会立即申请国家考试,而是花上一段时间认真备考。

国家考试每年春秋两次。由设在各州司法部的州法律考试局主持。考试由闭卷考试和口试两部分组成。巴伐利亚州的国家考试时间为6天,民法考试3天,刑法考试1天,公法考试2天,每天5小时⑩。笔试达到了规定的各科的平均分数后,考生可以申请口试。口试内容也是民法、刑法和公法各15分钟,通过问答考查学生对专业知识的理解。一般为5人同时参考,集中提问、分别回答。各州因为考试设置的差异,计算总成绩的比例略有不同。⑪ 巴伐利亚州综合笔试和口试各占总成绩的75%和25%。

国家考试的成绩和考生在就读的大学重点领域的考试结果按照70%和30%⑫比例得出的是考生第一次考试的最后成绩。最后成绩分为优秀、良好、完全满意、满意、达标、尚欠缺和差7个等级。获得达标以上分数的考生可以取得州考试局颁发的载有最后成绩的第一次考试通过证书。2013年德国范围内国家考试的平均通过率为68.7%。⑬

---

⑨ 虽然法律规定第一次国家考试只能考一次,但是严格意义上来说,学生有三次考试的机会。因为学生如果不中断地完成8个学期的课程学习之后直接报名参加第一次国家必修课考试的,允许有一次自由尝试(Freiversuch)的机会。如果没有通过,不予记录。如果通过,还可以在参加一次以求得更好成绩。

⑩ 巴伐利亚州《法律工作者教育与考试规则》(2003年10月13日)第19条。

⑪ 例如柏林闭卷笔试和口试各占63%和37%。参见司法部网站公布的2013年法学教育统计数据,https://www.bundesjustizamt.de/DE/SharedDocs/Publikationen/Justizstatistik/Juristenausbildung_2013.pdf;jsessionid=82CEF55CC28D6C5A8EAC011CB0331FA3.1_cid377?__blob=publicationFile&v=2,最后访问日期:2019年2月28日。

⑫ 议会党团的建议稿中该比重为百分之五十,参见Bundestags-Drucksache 14/7176;在法律委员会在最后协商中定为百分之三十,参见Bundestags-Drucksache 14/8629,S.13。

⑬ 2013年巴伐利亚州通过率69.3%,北威州通过率60%,柏林通过率75.2%,参见注11。

（四）职业预备服务

第一次国家考试合格的学生可申请作为候补见习官员（Referendar）进行为期两年的职业预备服务，见习期满才可参加第二次国家考试。

职业预备服务旨在给实习生机会，将其在大学教育中获取的知识以及能力在实践中深化，熟悉司法与行政工作方法，培养独立工作的能力和责任意识。实习的部门包括初审法院民事审判庭、检察院或者刑事审判庭、行政部门、律师机构以及自选部门。实习生在实习部门由专业人员（法官、检察官、行政官员）指导参与具体的司法和行政工作。每个实践环节结束时，指导者都将出具一个载明学生实践成绩、能力、知识品行的证明。学生在实践环节的最后一站结束之前（最早第 18 个月最晚第 21 个月）参加第二次国家考试。一般由申请人提前一个月向所在州的考试局提交书面材料，由司法考试局发出允许其参加第二次国家考试的许可。

过去的实习重点都主要在法院、检察院和行政管理机构，2002 年法学教育改革增加了职业预备服务阶段在律师事务机构培训的时间和强度。实习生须在律师事务所实习 9 个月。⑭

（五）第二次国家考试

第二次国家考试也由笔试和口试组成。笔试考核学生的专业知识以及其适用法律的实际能力。口试部分涉及所有内容，不仅是专业知识，同时考察法律相关的历史、社会、经济、政治以及法律哲学基础。经过第一次国家考试的筛选，第二次国家考试的通过率相对较高，2013 年全德通过率达到 85.8%⑮。

（六）就业与继续深造

通过第二次国家考试的法科学生，被称为完全的法律工作者（Volljurist），可以出任法官、检察官、律师或者其他高级公务员或者法学

---

⑭ 《德国联邦律师法》第 73 条第 2 款第 9 项。

⑮ https://www.bundesjustizamt.de/DE/SharedDocs/Publikationen/Justizstatistik/Juristenausbildung_2013.pdf;jsessionid = 82CEF55CC28D6C5A8EAC011CB0331FA3.1_cid377? __blob = publicationFile&v = 2. AccessedFebruary28,2019.

教授;仅通过第一次国家考试的学生只能称之为准法律工作者(Vorjurist),可在政府、议会、公司等部门从事与法律相关职业。

德国的博士入学资格只要求通过第一次国家考试,成绩达到"非常满意"以上(约 12% ~13% 参加第一次国家考试的学生能获得此成绩⑯),录取与否由教授决定。博士生一般需要在大学继续两个学期的学习博士课程,完成博士论文,通过口头答辩,出版论文,才可获得博士学位。尽管除了法学教授以外的法律职业并不要求博士学位,但因为德国社会对博士头衔的尊重和认可,博士学位也成为法律工作者在实务界提高竞争力的重要条件。

三、课程设置

德国大学法学教育的课程内容包括专业知识、实践技能和外语知识三个方面。国家考试仅考核专业知识,实践技能和外语知识由各个大学自行考核。

(一)法学专业知识课程

各大学开设的专业课程分为基础学习、专业学习、重点领域学习、复习四个阶段。

1. 基础学习

第 1 ~2 学期是入门基础学习阶段,主要开设民法Ⅰ、刑法Ⅰ(刑法总则、分则Ⅰ)、公法Ⅰ(国家组织法和基本权利)和法律基础(包括罗马法史、德国法史、法哲学、法社会学等)等必修课程。

2. 专业学习

第 3 ~4 学期是专业学习阶段,依然是以必修课为主,在第一阶段的

---

⑯ Michael Greßmann, *Die Reform der Juristenausbildung-Einführung*, *Texte*, *Materialen*, Bundesanzeiger Nr. 166a, Köln, Bundesanzeiger Verlag, 2002, S. 81;德国司法部 2001 年至 2013 年统计数据,载 https://www. bundesjustizamt. de/DE/Themen/Buergerdienste/Justizstatistik/Juristen/Ausbildung _ node. html; jsessionid = 2B7A89E35A0A87060309F50500862E84. 1 _ cid377,最后访问日期:2019 年 2 月 28 日。

基础上,开设民法Ⅱ(物权法、婚姻家庭法、民事诉讼法)、民法Ⅲ(债法、商法、劳动法、公司法),刑法Ⅱ(刑法分则Ⅱ、刑事诉讼法),公法Ⅱ(行政法、行政诉讼法、国家责任法),公法Ⅲ(欧盟法)等课程。

3. 重点领域

德国联邦和各州法律规定,大学在基础教育阶段,应该开设必修和选修两种基本课程。第5学期开始学生可以根据自己的兴趣选择一个重点领域学习。学生在重点领域考试的成绩占第一次国家考试的百分之三十。作为高校自主权的一部分,重点领域的考试由各个学校自行考核。

每个学校提供给学生选择的重点领域有很大区别,⑰以慕尼黑大学法学院为例,⑱重点领域课程有10个方向:(1)法学基础(如法律史);(2)刑法、刑事辩护与预防;(3)竞争法、知识产权和媒体法;(4)企业法Ⅰ:公司法、资本市场法和破产法;(5)企业法Ⅱ:劳动法与社会法;(6)企业法Ⅲ:国内、国际和欧洲税法;(7)国际、欧洲与外国私法和程序法;(8)德国和欧洲经济公法;(9)欧洲公法与国际公法;(10)医药法。各法院还可以根据师资和发展需要自由调整重点领域的内容和数量,例如医药法就是慕尼黑大学2015年修订《考试与学习条例》新增的重点领域。⑲

⑰ 各法学院设置的重点领域的数量一般为7~10个,内容各异。例如2015年海德堡大学法学院的重点领域有10个:(1)法制史和比较法;(2)犯罪学;(3)德国行政法与欧洲行政法;(4)劳动法与社会法;(5)税法或者公司法;(6)经济法与欧盟法;(7)民事诉讼法;(8)国际私法与诉讼法或者国际法;(9)医药与健康法;(10)欧洲与国际金融法。参见http://www.jura.uni-heidelberg.de/fakultaet/pruefungsamt.html#Verordnungen,最后访问日期:2019年2月28日。柏林洪堡大学法学院2015年重点领域是8个:(1)法制史和当代法学理论;(2)立法学与法律政策;(3)民事法律咨询;(4)私法和经济法的欧洲一体化和国际化(可在知识产权法,合同法和公司法中三选一);(5)国家和管理的转变;(6)国际组织法和欧洲一体化;(7)德国刑法与国际刑法;(8)外国法。参见http://www.rewi.hu-berlin.de/sp/sp,最后访问日期:2019年2月28日。

⑱ Satzung zur Änderung der Prüfung-und Studienordnungder Ludwig-Maximilians-Universität München für den Studiengang Rechtswissenschaft mit dem Abschluss Erstes Juristische Prüfung (2012) vom 30. September 2015, Accessed February 28, 2019. https://www.uni-muenchen.de/aktuelles/amtl_voe/1100/1122-03ju-2012-ps01.pdf.

⑲ Ibid.

各大学自主决定重点领域是否值得鼓励,曾一度引起激烈争论,这种多样性一定程度上限制了考试结果的可比性,因为各院系在重点领域的数量、类型、范围和评价体系的设计上都不同。[20]反对者认为过于强调某一领域的精和专,不利于德国法学素质教育的健康发展[21]。也有学者指出,这种做法是以教育可选择的数量取代质量[22]。而支持者则认为提供丰富的可供选择的课程,对于院系和学生,甚至对于整个学科都是一种丰富和积累。[23] 可以肯定的是,这一举措使高校有了更多的自主权,有利于鼓励各个高校发展自己的优势学科,开展高品质竞争,这也是21世纪初德国法学教育改革希望实现的目标之一。

4.复习加深阶段

第7~8学期学校不再开设新的专业课程,主要为学生提供针对国家考试的训练,复习所有考试相关资料,辅导学生笔试和口试,组织模拟考试,为国家考试做准备。

(二)关键素质与技能教育课程

"律师导向"的素质和技能教育,不仅仅体现在职业预备服务期,大学教育也比过去更重视司法实践、行政管理实践和法律咨询实践。学生必须在"关键技能"方面选修课程,主要包括审判处理、谈话、辩论、纠纷调解、仲裁调停、审问学和交流沟通能力。通过学习,培养学生组织协

---

⑳ Robert Uerpmann, "Bayerische Wege in der Gestaltung der Schwerpunktbereichsprüfung zwischen universitäter Autonomie und landsrechtlicher Festschreibung des Einheitsjuristen", in Joachim Münch (Hrsg.), *Die neue Juristenausbildung-Chancen, Perspektiven und Risiken*, Richard Boorberg Verlag 2004, S. 41.

㉑ Peter A. Windel, "Scheinspezialisierung und Verzettelung als mögliche Folgen der Juristenausbildungsreform", *JURA* 2003, S. 80.

㉒ Joachim Münch, "Zwischenprüfung und Schwerpunktbereichsprüfung-Juristenausbildung im Systemumbruch", in Joachim Münch (Hrsg.), *Die neue Juristenausbildung-Chancen, Perspektiven und Risiken*, Richard Boorberg Verlag 2004, S. 22.

㉓ Peter Hommelhoff und Christoph Teichmann, "das Jurastudium nach der Ausbildungsreform", *JuS*(*Juristische Schulung, Zeitschrfit für Studium und Referendariat*) 2002, S. 840; Heino Schöbel, "das Gesetz zur Reform der Juristenausbildung-Ein Zwischenbericht", *JuS*2004, S. 848.

商、处理争端以及庭外和解的能力。[24]

(三)外语课程

在所有的联邦州,外语知识的能力证明都是参加国家考试和重点领域考试的必要条件。以慕尼黑大学法学院为例,学生可以选择的专业外语课程包括法律英语、法律法语、法律意大利语、法律西班牙语、法律葡萄牙语和法律俄语。柏林洪堡大学直接将外国法作为学生可以选择的重点领域,学生甚至可以选择到该校的国外合作院校学习外国法。学生在国外的学习成绩也允许直接载入毕业成绩,这极大地鼓励了学生参加各种国际交流项目。

四、课程类型

德国各大学法学院的教学形式基本相同,主要有大课讲授(Vorlesung)、练习课(Übung)和专题讨论课(Seminar)三种。

(一)大课讲授

讲授课是最基本的教学形式,一般在大型的阶梯教室进行,不控制人数,主要以教师讲授为主,教师与学生之间较少有对话或者讨论,注重知识的系统性,强调法学思维方式的培养。

(二)练习辅导课

练习课是由法学家耶林于19世纪引入德国法学教育中,而后被各大学接受成为法学院最重要的常规课程之一。[25] 练习课一般与大课配套,主要任务是深化大课讲授的知识内容,由高年级的学生或者博士生辅导学生进行案例分析训练。德国法学教育首要的是一种思维的培养,

---

[24] 对于这种要求究竟是进步还是“改革的气泡”有很多争论。要求每年将近1.5万的法学院新生和大约1万的新见习生都具有这种关键技能被认为是不可能的。参见前引注23,Heino Schöbel文,第849页;参见前引注2,Peter Gilles和Nikolaj Fischer文,第710页。

[25] Adalbert Erler, Ekkehard Kaufmann (hrsg.), *HandwoertebuchzurdeutschenRechtsgeschichte*, Band Ⅱ, S. 485.

重点培养学生与案例有关的问题导向。[26] 练习课就是在解决问题的过程中锻炼学生解决问题的技巧和对法律适用方法的运用能力。两次国家考试中的闭卷考试考察的也是这种案例分析模式。

(三)专题讨论课

专题讨论课是高年级学生的必修课,参加人数通常有限制。各个学校都要求学生参加自己所选择重点领域的讨论课,获得必修学分,也是参加第一次国家考试的前提条件。

研讨的主题由教授确定,一般是在学生已经上过相关的专业大课,对该领域有系统的理论学习之后。学生在教授公布的选题中选择自己感兴趣的题目报名参加,在规定时间完成一篇小论文,并在课上就论文主题做学术报告,与老师和参加的同学开展互动讨论。报告和讨论有助于提高学生的研究能力,是学术教育的重要内容。德国大学非常重视研讨课,正如德国法学教授 Zimmer 指出,"法学的目标指向现行法的认识、使用以及续造",[27]仅仅掌握法学知识和法律适用方法还不够,法学教育还应有更深层次的追求,还应培养学生对现有法律"续造"的能力。

五、对我国法学教育的启示

有着悠久法律历史和深厚法学文化的德国在几百年的发展历史中不断调整着法学教育的基本理念,形成了适应时代发展的现代法学教育体系,为德国的法制建设发展培养了大量人才。德国的法学人才培养经验对我国法学教育的发展和完善有着积极的借鉴作用。

(一)与时俱进调整培养目标

面对社会经济发展的现实需求和全球化的挑战,德国法学教育与时俱进,主动调整了法学人才的培养目标,从法官型教育向律师型教育转变,同时强调学生的国际化视野。清晰明确的培养目标是制定培养方

---

[26] Horst Konzen,"Bologna-Prozess und Juristenausbildung", *JZ* 5,2010,S. 241.

[27] 参见引注 1,Reinhard Zimmer 文,第 3557 页。

案、设计课程和考核方式的根本依据，在社会发展、科技进步、时代变革带来的竞争与挑战面前，我国法学教育如何应对，培养目标如何定位，是首先应考虑的问题。

(二)服务于培养目标的课程设置

课程是人才培养过程中最基本的要素和载体。课程设置应当满足学生发展的需求、社会发展的需求和学科发展的需求㉘。德国法学教育改革在课程设置中增加了对学生从事律师职业必需的职业素质和技能的课程。面对国际化人才的现实要求，增加了专业外语课程，既满足了社会发展的需求，也是学生自身发展的需求。

特别值得一提的是重点领域考试的变化，给了高校自主权，各个学校可以根据师资力量调整优先学科发展方向，尊重了各个学校的学科发展需求。上文列举的慕尼黑大学提供给学生选择的重点领域就是该校法学院的优势学科。这种自主权能够将教师的学术研究兴趣和教学相结合，相互促进。科研与教学并重，正是德国高等教育的基本理念。德国符合教学论和课程论的课程设置值得我国借鉴。

(三)教学形式的多样性

德国大学的教学方式都是服务于其培养目标：大课构建学生理论体系，强调学术性、体系性；练习课训练学生以教义学为基础，借助判例与法学文献，借由法律解释等法学方法，对法律问题进行分析的能力；专题研讨课培养学生法学研究、论证与说理能力，三者结合旨在培养学生的法律思维和对专业方法的掌握。

我国法学教育中较为普遍采用的是类似德国大课讲授的方式，主要由老师讲授知识点，在课堂上训练学生自己解决实际问题的能力难以实现，更难达到培养学术能力的效果。有的高校开设了小班讨论课，但是讨论课和大班授课之间的补充和深入关系还没有系统化，辅助学习资料还有待丰富。近年来美国的诊所式教学也为很多高校所采用，从一定程度上有利于训练学生解决实践问题的能力。而要培养学生的科研学术

㉘ H. Taba, *Curriculum Development: Theory and Practice*, New York: Harcourt, Brace & World, Inc., 1962, pp. 6 -7.

能力,德国法学教育中的专题研讨课的教学方式值得借鉴。

On the Development of German Legal Education and Its Implications to China

Yu Ling

Abstract: German legal education focuses on the study of legal theories and the cultivation of legal thinking. The reforms at the beginning of this century in Germany adjusted the cultivation objectives, making it changed from the cultivation of judge-oriented talent to the lawyer-oriented talent, and in the meantime, emphasizing on the students' international vision. The change of cultivation objectives is reflected in the curriculum setting and teaching activities. The original dual system of academic education and vocational education provides autonomy for colleges and universities, and also increases the proportion of lawyer-oriented practical skills training and international curriculum. In the form of teaching, the big class, practice counseling class and special seminars realize the comprehensive education of students from three aspects, i. e., constructing theoretical system, training case analysis technology and improving academic ability.

Key Words: Lawyer-oriented Talent, Internationalization, Dual Track System, Practical Skills

比利时法学教育与法律实务人才的培养[*]

刘　骏[**]

摘　要：比利时法学教育采取“宽进严出制”，通过案例研习和研讨会等形式，注重培养学生分析案例、解释适用法律的能力。法律实务人才的培养则属于实践式的，律师资格需经过三年的实习和通过实习期间由注册的律协组织的专业培训。而法官和检察官的选任，则是具备一定实务经验的候选人通过考试后，再经专业的和独立的最高司法委员会提名。这些可为我国法学教育和实务人才培养的改革和完善提供有益的参考。

关键词：比利时法学教育实务人才培养

比利时地理上位于西欧的十字路口，是众多国际组织所在地，官方语言有法语、荷兰语和德语，主要族群是说荷兰语的弗拉芒人和说法语的瓦隆人。

---

* 本项目得到2018年度上海市“超级博士后”和2018年度全国博管办“博士后国际交流引进项目”资助，感谢时任驻比利时使馆教育处书记官粟烟涛老师对这一研究的支持和指导，感谢荷兰语鲁汶大学博士研究生冯聪帮忙收集资料。

** 刘骏，华东政法大学法律学院副研究员，法学博士，研究方向：民商法学。

文化上拉丁文化与日耳曼文化交融,法律上也是融汇大陆法系的拉丁法族和日耳曼法族,在法学教育上有着自己的特色。比利时作为欧洲大陆最发达和最国际化的地区之一,考察其法学教育和法律实务人才的培养,可以为我国转型时期的法学教育和法律职业人才的培养提供若干有益的启示。

一、比利时法学教育

(一)简介

比利时历史最悠久的大学是1425年成立的天主教鲁汶大学,直到法国大革命前夕,这个大学基本垄断了这一地区的法学教育①。法国1794年占领这一地区,并于1797年关闭这所大学;随后1806年至1817年,法国人在布鲁塞尔成立了"法学专门学校"(école spécial de droit)负责法学教育。② 在荷兰人统治期间,尼德兰王国国王威廉一世通过1816年9月25日的敕令在南尼德兰地区创立了三个国立大学:列日大学、根特大学和鲁汶国立大学(1835年被复建的天主教鲁汶大学所替代)。1834年,私立的布鲁塞尔自由大学成立,而在四年之前比利时建国。很长一段时间里,比国的法学教育主要由这四所大学所负责,在19世纪末之前,这些法学院的主要作用是法官、律师等职业的培训。直到20世纪60年代末70年代初,鲁汶大学和布鲁塞尔自由大学分别分裂为荷兰语鲁汶大学(KUL)、法语鲁汶大学(UCL)和荷兰语布鲁塞尔自由大学(VUB)、法语布鲁塞尔自由大学(ULB)。加上新设立的安特卫普大学法学院、那幕尔大学法学院等,导致之前几所大学法学教育垄断地位的下降。随着社会经济的发展,法学院的角色也多元化,除了教学之外,科

---

① V. Verstegen, "L'enseignement du droit en Belgique. Évolution de la législation aux XIXe et XXe siècle", in *Houd Voet bij Stuk. Xenia Iuris Historiae G. van Dievoet Oblata*, F. STEVENS et D. VAN DEN AUWEELE (éds.), Leuven 1990, n° 4, p. 153.

② Ibid.; P. Wautelet, "La Faculté de droit de l'Université de Liège Notes historiques succinctes", *Revue de la Faculté de droit de l'Université de Liège*, 2017/01, p. 10.

研的角色也越来越重要。

关于法学教育的主要内容,在19世纪之前,法学院中罗马法教学占主导地位,如《潘德克顿》(Pandectes)和《法学阶梯》(Institutes)的学习以及罗马历史,教会法则占次要地位,而很少习惯法或地方法的教学。③在19世纪初,布鲁塞尔的"法学专门学校"包括四个教席:罗马法与法国法的关系;《法国民法典》和法国民法;法国公法以及民法与公权力之间的关系;刑法学和民、刑事诉讼程序④。1816年的敕令颁布后,除了罗马法的教学,还强调实证法的讲授,如现代民法、刑法和公法⑤。从19世纪初至20世纪初,部门法的讲授越来越多,出现了新的部门法如国际法(1890)、税法(1849)、商法(1835)等,这与现代国家的出现和经济的发展是分不开的,其中明显趋势是民法的一家独大以及罗马法教学的衰退。⑥

如今,比利时完整的法学教育开设于大学(université),个别高等学校(Haute école)也会开设本科法学课程或者经济法、企业法等少数硕士课程,这些高等学校与大学法学院属于并存关系,但其不能形成完整的培养链条,在师资、影响力、教学质量等方面不及大学的法学院,不属于法学教育的主流。比利时法学教育分为三阶段,即本科、硕士和博士阶段。第一阶段,比利时大学的法学院实行"宽进严出",注册比较自由,具有高中学历的学生皆可注册法学专业,本科课程一般为期三年。大一时学生数量千人左右,但是三年后毕业的只有两百人左右。中途觉得学业吃力、不能达标或者对法学丧失兴趣的同学,留级或选择其他专业。至于达标的标准,根据2014年生效的Marcourt法令,比利时法语大学的本科生毕业时应完成180个学分,平均成绩为10(每门课总分20),当然计算平均成绩时会考虑到必修课和选修课的权重之不同。如果某学生的平均成绩未达到10,则需要留级。完成了本科学习即可选择进入第

---

③ V. Verstegen, *o. c.*, n° 25, p. 176.

④ Ibid., p. 177.

⑤ Ibid.

⑥ Ibid.; P. Godding, " La Faculté de droit de l' Université de Louvain. De Louvain à Louvain-la-Neuve(1426 – 1978)", *Journal des Tribunaux*, 1978, pp. 553, 557.

二阶段硕士的学习,这不同于我国选拔性的研究生招生考试,硕士一般为两年共120个学分,毕业的平均成绩也需要达到10以上,内容除了课程之外还包括毕业论文。但(普通)硕士之后,学生还可选择某一专门或者高级硕士,在一年时间里深入学习某一领域的法学知识,例如公证法、经济法等。具备两年研究生学历的同学即可申请第三阶段即博士阶段,博士属于研究性学习,最低四年,只有极少数的学生会选择进入这个阶段学习。博士入学完全采取申请制,候选人需要联系教授并表明研究能力,教授决定是否担任其论文指导老师。

由于本文讨论实务人才的培养,所以集中于本科和普通硕士阶段法学教育。考虑到比利时各大学的法学教育大同小异,本质主要选取笔者最熟悉的法语布鲁塞尔自由大学法律和犯罪学院⑦作为范例,讨论法学教育与法科学生职业能力培养之间的关系。

(二)法学教学方法

法学本科和硕士的课程设置分为两种:大课讲授(ex cathedra)和研讨会(séminaire),前者在低年级中占的比例较大,后者在高年级课程中则较多。法科学生所修课程中与法律无关的内容非常少,主要有英语和荷兰语、比国当代历史、道德哲学和心理学,这些课程中除了语言类的都是一学期即结束,而且只集中于大一或大二,因而在总课程中所占比重很小。本科生的主要课程是法学类的,这有助于集中培养学生的法学专业知识。⑧ 反之,我国法学院开设了不少非法律的课程或者选修课,不利于学生集中学习解决专业实际问题的能力。

讲授主干课(courmagistral)的必须是教授,例如债法、合同法、刑法等,任课教授由学校或比国法语区政府教育部提名。作为基础的主干课,由学术更精湛的教授来担任,有助于保证教学质量。从另一方面看,能够被提名为一门主干课的授课老师,对教授本人来说也是一种荣誉。

---

⑦ 该校及其法学教育(创立于1834年)在比国位居前列,产生过诺贝尔和平奖获得者、国际法学家亨利·拉方丹和“新修辞学派”创始人佩雷尔曼等知名校友。

⑧ ULB本科法学课程主要有:宪法:制度和争议;民法导论和罗马法基础;物权法;法人人格和责任财产法;自然法和法学论证;行政法;刑法;家庭法;债法;合同法分则;欧盟法;刑事诉讼法;民事诉讼法;经济法和知识产权法;法制史;劳动法。

例如,ULB 法学院讲授“债法”的 Paul-AlainForiers 教授和讲授“担保法和集体清算程序”的 Michèle Grégoire 教授同时也是最高法院律师(Avocat à la Cour de cassation)。最高法院律师只有 24 位,而且只存在于民事领域,只有他们才能在最高法院应诉,最高法院在撤销重要案件前会征求他们的意见,以保证判例和学说的良性互动和发展。ULB 法学院(乃至整个学校)的传统是,授课老师应在开学前写好或更新完自己的教科书或者续写之前教席教授的教科书,包括讲义、相关法条汇编(一般可带进考场)和重要判例汇编。这些都由 ULB 大学出版社以简装本、较便宜的价格出售给学生。而非像我国那样,学生统一购买学校指定的由多人合作的权威教科书。这些要求使讲授主干课的师资质量和教学质量得到保障。

根据授课老师的喜好,考试有书面考试、口试或者提交论文或报告多种形式。但老师们对待考试都比较认真,因为这关系公平性以及学生的升学。一些教授兼任教学和科研,工作繁忙,但是并未因此而不认真考核学生。口试时,老师会要求学生回答一两个问题并进行追问,考验学生的专业能力和表达能力。法科学生毕业后,就业市场也很重视学生的学习成绩,比如比国的几个顶级律所每年选择实习生的时候只选择年级的前几名。这可能是因为,发达国家里大家相信各个学校之间教学质量差不多、不同学校老师讲授的主干课内容也不会有太大出入,因而比较信赖学校的成绩。

主干课的讲授一般同时都附有“实践指导课”(Travaux pratiques),依据情况在学期开头或中期开始,没有实践指导课的课程学生们一般习惯将之称为“小课”(courmineur),例如银行法、比较商法等。讲授主干课的教授将选课学生分为若干小班,每个小班配备有一助教和教授设计的案例题目,各自开展实践课,小班人数大概一二十人。助教由实务律师和优秀博士生担任。每一实践指导课内部也可分为若干个小组,每个小组学生在助教指导下解决案例习题。从拿到题目到提交作业,中间一般会有一两周的写作时间。提交书面报告后,助教将作业各自随意分发给同学,由与写作报告不同的同学进行宣读,然后大家讨论、批评,目的是使大家都能学习、互动。报告的写作质量和课堂表现都会记入实践课的成绩,后者占期末总成绩的一定比重。为了解决一个习题,学生需要相互讨论、分工,并参照判例与学说来解决问题,有的书面报告甚至长达几十页。从图书馆设置上,也可看得出对实践指导课的重视,ULB大学设置有专门的法学院图书馆,[⑨]图书馆既可以借阅图书也可以自习,查阅资料很方便,特别是内设的隔音小教室方便大家讨论实践指导课案例。这种实践课的设置目的是培养学生解释和适用法律的能力,拉近理论与案例之间的距离,锻炼学生书面和口头表达能力。这一训练对学生后面完成毕业论文也很有帮助。

完成本科即进入硕士阶段,此时开始分专业方向,包括民法和刑法[⑩]、社会法、经济法、国际法和犯罪学等。在一些讲授的大课中,相比低年级学生,授课老师会更强调学生的自主性和探索性,课程讲授更快、更集中于主要问题,而低年级的课程会讲授得更细致。研究生的课程上,学生经常需要提前阅读老师指定的教科书之外的资料,有的课程甚至没有教科书,加上一些课程作业,总体来说,学生的阅读量不小。

高年级课程中,以研讨会形式组织的课程就多了。特别是,每个方向的硕士生需完成一门研讨会叫"深入研讨会"。以经济法为例,老师将学生分为几个小组,每个小组(四五个人)分配几道习题,习题是教授亲自设计的诉讼案件(这些案件会涵盖在学说和判例中都有争论的一个问题),涉及实体法和程序法。学生需按照分配的时间,以案件法律意见书、诉讼状、答辩状、法庭辩论的形式推进诉讼案件的进展。撰写案例初步分析、诉讼状或答辩状需要涉及类似案件的重要判例和相关案例评论,要求阅读相关材料,一般会有教授撰写的论文和案例评论,对学生能力的要求还是挺高的。这目的是培养学生解决实际问题的能力,让学生这个过程中学会检索、分析判例以及组织自己的论证。这种形式的研讨会很接地气。此外,每个方向的硕士项目还有一个必修课,叫"论文写作

---

⑨ 作者注意到在荷兰、比利时、法国,都有专门的法学图书馆,方便法科学生借阅和查找。里面都设有讨论室和自习室。

⑩ 这可能是由于刑法传统上依附于私法。

和研究方法”，通过一些写作训练和辅导让同学们在课程结束后能够提交论文开题报告。不过，研究性的学术训练并非硕士课程的主要内容，硕士结束后的论文总体来说要求较低，只有三十多页。

总体来说，ULB 法学院本科和硕士阶段的教学推崇一种“实践性的教学方法”（méthode pragmatique），注重培养学生分析案例、解释适用法律的能力，或者称为“法官能力”。

二、法律实务人才之选任和培养

（一）律师资格和考试

成为律师首先有学历要求，即在比国获得法学硕士或学士学位[11]（Licencé）；外国学历的持有者需要获得他们外国学历证书的同等认证。由于律师资格和考试主要是由三年的律师实习和实习所在地的律师协会组织的培训构成，我们下边分别介绍这两点。

1. 律师实习

在比国没有全国性的律师协会，各司法管辖地区有自己的律师协会（Barreau）。依据 2017 年 9 月的统计数据，全比利时大概有 18594 位律师，其中 7768 位注册在首都布鲁塞尔的律师协会。[12] 布鲁塞尔律协自 1984 年之后分为法语律协和荷兰语律协，不过前者占压倒性优势。值得注意的是，注册在哪个律协并不意味着只可在该城市执业，可以在全比利时乃至全欧洲执业。关于律协，其性质上是职业自治机构，负责监督律师职业道德的遵守、解决律师之间纠纷、代表律师群体、行使惩戒权、职业培训等。

---

⑪ 在 2002 年之前，比国的法学本科生（Licencé）为期五年，包括两年的候选阶段（candidature）和三年的深入学习，没有硕士阶段，只有本科和博士两阶段。自 2002 年之后，为适应欧洲标准，这种法学教育模式改为三年的本科（bachelier）和两年的硕士学习（master）。这种改革对法科学生影响不大，学习年限不变。

⑫ 参见 https://www. lecho. be/entreprises/services/jamais-le-metier-d-avocat-n-a-ete-aussi-prise-mais/9999438. html，最后访问日期：2019 年 3 月 16 日。

在比国要成为律师,必须要经过律师实习阶段。实习律师应该在已在律协注册五年以上的律师那里完成三年的实习,并与该指导律师签订实习合同。《律师职业道德法典》第三编第3.1条及其以下规定了实习律师的权利和义务,除签订实习合同之外,实习律师还要:登记在律师协会的注册处,并依据《民事诉讼法典》(Code judiciaire)的规定宣誓(serment);向律师协会支付注册费。《律师职业道德法典》(Code de déontologie de l' avocat)第3.12条规定了实习律师的最低工资标准,即第一年月薪不能低于750欧元,第二年不能低于1000欧,第三年不能低于1250欧。

在实习期间中,实习律师应该:(1)经常出入实习指导律师的律所和法院的审判;(2)参与律协组织的司法援助服务;(3)参加职业培训课程和通过律师协会组织的考试(CAPA, le Certificatd' Aptitude à la Profession d' Avocat);(4)参与至少15起诉讼(从起诉到执行)或实质性地参与30起"审前程序"(mise enétatjudiciaire);(5)参与协会组织的法庭辩论练习。如果其完成了所有的义务(需要指导律师出具报告说明其已经完成这些任务),实习律师在实习结束时可要求被列入律师协会的正式律师成员列表。

以上几项中,我们重点关注律协组织的职业培训,通过该培训可获得成为正式律师所必需的"律师职业资格证书"(CAPA)(《律师职业道德法典》第3.16条至第3.19条)。

2. 律师能力资格证书

"律师能力资格"证书由课程和考试所构成。凡是实习律师都需要参与这些课程,从实习第一年就开始参加,或者特殊情况下从第二年开始。CAPA的课程主要是实务性的,其主干课有:律师职业道德(24小时);民事诉讼程序实务(18小时);刑事诉讼程序实务(18小时);律师、律所和客户:律所的组成(8小时);律师的社会地位(2小时);客户关系发展(3小时);法律援助事务(6小时);行政程序实务(10小时);公共场合演讲研讨(16小时);写作课程研讨(16小时)。

除了主干课之外,还需修满30小时的选修课,选修课主要是学习某一专门性法律,包括仲裁、租赁、普通法商法、竞争法、商事分配、外国人法、破产法等。

大部分课程需要考试,实习律师需要最迟在第二年年末完成这些课程。法律援助和行政程序课程需要书面考试。其他课程一般都是口试,除非教授另有决定。实习律师必须通过这些课程(12/20),笔者询问了身边的几个律师和教授,他们都表示这个"律师职业资格"考试不是很难,而且考试没有排名。总体来看,成为律师主要看能否于毕业时拿到律所的工作合同,律师职业资格证书并非淘汰性的考试。

(二)法官、检察官的考试和遴选

同律师一样,要想成为法官(Juge)或者检察官(magistrat de parquet),首先需要具有硕士学位或者本科学位(licencé),其次是通过最高司法委员会(Conseil supérieur de la justice)组织的考试,一些考试还要求具有一定年限的实务经验。在此之前,需要说明下专门负责法官、检察官考试和提名的最高司法委员会。

1. 最高司法委员会

最高司法委员会的创设起因于20世纪90年代一起重大的刑事案件,从中暴露出司法机构设置混乱、法官不独立、政治操纵司法等问题。它于1998年宪法修订时创设,2000年正式成立,目的是保证司法独立⑬。具体而言,该委员会独立于立法权(议会)、司法权(法院)和行政权(政府)。

最高司法委员会由44人组成,法语区人和荷兰语区人各22人。另外,一半需要由法官和检察官选举产生(22人),另一半必须是参议会(Sénat)任命的非法官,包括8名律师、8名普通公民和6名法学教授。最高司法委员会一届任期为4年,成员最长任期为两届。受语言的影响,在最高司法委员会之下,荷兰语分支和法语分支各22人,也是法官和非法官各一半,其中每分支必须包括4名律师和3名教授。各分支分别负责自己语言领域的法官、检察官遴选。

---

⑬ 参见官方网址:http://www.csj.be/fr。

最高司法委员会有三大职能:

第一,最高司法委员会负责遴选法官、检察官和招聘考试;特别是,其负责任命各法院和检察院的领导,后者负责其所在机构的顺利运行。

第二,监督司法体系的运转,通过核实公民的投诉和自行开展的调查,以及向法院、司法部等机构提供完善建议。

第三,立法建议职能,即对有关司法体系运转的立法草案提出立法建议。

2. 选任法官或检察官的考试

最高司法委员会选任法官或检察官有以下三种考试方式:

第一种方式,候选人通过最高司法委员会组织的"实习生录取"考试(le concours d'admission au stage judiciaire),成为实习生。检察院实习生的实习期限为18个月;法院实习的期限则是3年。实习结束后,可以申请成为法官或检察官。候选人需要在参与考试之前的3年内,从事律师实习或其他法律职位至少1年。考试内容主要为刑法和民法,但是也包括相应的程序法。

第二种方式,具有较为丰富经验的法律实务人才参加"职业资格考试"(L'examen d'aptitude professionnelle)。候选人通过考试后,可以立即申请成为法官或检察官,申请法官的至少需要具有10年的实务经验,申请成为检察官的至少需要5年的实务经验。考试成绩7年之内有效。

第三种方式,具有20年实务经验的候选人可参加最高司法委员会组织的口试(L'examen oral d'évaluation)。[14] 候选人需要或者具有20年律师执业经验,或者从事律师职业15年和至少从事5年涉及法学知识的职业。候选人通过后,可立即申请成为法官或检察官。口试成绩3年之内有效。

上述三种考试的参加者还需要参加心理测试,这项测试由最高司法委员会委托给专业人士举办。关于前两种考试的考试内容,就书面考试而言,都是分析一个复杂的案例,案例涉及三大领域即民法、刑法和社会

---

[14] 参见 http://www.csj.be/fr/content/faq-l-examen-oral-d-evaluation,最后访问日期:2019年3月13日。

法,涉及实体法和程序法,候选人要给出自己的法律分析意见。考试内容只有一道案例题,分析最高司法委员会官网上列出的历年考试试卷,[15]试卷都包括三部分:第一部分,案件概要(énoncé des faits);第二部分,案件法律分析(analyse juridique du casus),分要点、分实体和程序进行分析论证;第三部分,对所适用法律意见的评述(appréciation de la solution juridique dégagée),这一部分主要是超越个案,进行法理学、法社会学、立法论等方面的发挥和评述,相比第二部分,这一部分比较简短。这种解决具体案例的考试模式,能在法学教育中的实践指导课和实例研讨会中找到影子。另外,通过法官或检察官的选任考试,需要以良好的法学教育训练为前提。比国也未看见各种"司法考试"培训或辅导班,概因这种主观案例分析的能力非短期突击所能达到。在我国,很多学其他专业的同学突击两三个月,可能会通过司法考试(以客观题为主),甚至比法学专业同学的成绩高。

第三种考试为口试,是由最高司法委员会中的选任委员会组成两个小组,第一个小组负责考核候选人的法律知识,包括分析和推理能力等;第二个小组负责与候选人面谈其职业规划、是否适合法官或检察官职业(团队精神、表达能力、自治力等)。

如果实习法官或实习检察官考核成功,或者在后两种考试中的优胜者,[16]其可以向最高司法委员会申请成为正式法官。是否能够成为正式法官,取决于是否有空缺名额和最高司法委员会的提名。关于后者,最高司法委员会认为候选人合格的,即向司法部提名候选人。委员会在决定提名时,可以听取律师协会等的意见,而且提名时需要附具理由。一般而言,司法部应该同意该提名,但是也有否决的权力。否决的话也需要附具否决理由,将候选人材料返回最高司法委员会,后者再重新提名。这些措施是为了确保法官提名的中立性、客观性。

---

⑮ 载 http://www.csj.be/fr/content/faq-l-examen-d-aptitude-professionnelle;http://www.csj.be/fr/content/faq-le-concours-d-admission-au-stage-judiciaire,最后访问日期:2019年3月13日。

⑯ 这三种考试(concours)都是根据报名人数、空缺职位等情况,选择一定人数的优胜者,而在律协组织的考试中并没有这种排名(classement),及格就行。

3. 司法培训协会

司法培训协会(L' Institut de formation judiciaire, IFJ)创设于2007年,属于联邦性的、独立的、面向全欧盟的以培训、提高法官、检察官和律师等为目的的协会。与其他国家的法官或律师学校不同,司法培训协会组织的培训并非取得司法职业资格的前提条件。其组织的培训种类多,频率高,以短期为主,一般需要支付培训费。

三、总结及对我国的启示

综上所述,我们可以看出,比国法律实务人才的培养属于实践式的,通过三年的律师实习和期间的律师培训才能成为律师,法官和检察官的选任都是需要具备一定实务经验的候选人通过考试后,再经最高司法委员会提名。在律师培养方面,比国没有全国性或区域性的集中考试,而是将培训律师的任务交给实习指导律师和实习律师所在地的律协,后者是一个职业自治机构。在法官或检察官选任方面,则是由独立的、专门负责法官或检察官考核和提名的最高司法委员会负责,凸显出其在这方面的专业性、客观性和中立性。特别是,法律实务人才培养与法学教育有着密切的关系,法学教育的主要内容就是培养法官能力,即解释和适用法律的能力。为了成为实习律师,法科学生需要具有良好的训练和成绩;为通过最高司法委员会组织的资格考试,需要熟练掌握法学院传授的专业知识,包括课堂讲授的理论学习和"实践指导课"中的案例解答训练。

从我国来看,司法考试主要属于客观题,所谓的案例分析也多是依据法条进行设计,通过并不是太难,主要是检测一下法学基础知识。通过司法考试并不代表考生已经基本掌握适用和解释法律的能力。属于公务员考试的法官或检察官招聘,并不都要求候选人具备实务经验,甚至很多刚毕业不久的同学也能直接参与案件审判或者公诉。比利时法学教育给予我们的启示是,我国的法学教育应注重培养学生解释和适用法律的能力,增加相应的案例解答课程。目前我国法学主干课程多是“填鸭式”的大课讲授,如果只满足于让学生当堂记笔记、下课复习和考前记忆,恐怕不能提高学生解释和适用法律的能力或称法官能力。这种能力可通过小班制的案例解答课得到培养,具体而言,通过研习典型判例和经典案例、撰写案例研习报告、研讨会作报告等方式让学生提高分析具体问题的能力和写作能力。逻辑、规范和理论只有通过具体实例,才能予以更好地贯彻和表达。侧重培养学生解释和适用法律的能力,也是符合法学作为实践之学的本旨。作为例证,我国台湾地区民法大家王泽鉴先生就极为推崇这种研习方式⑰,目前一些学校,如华东政法大学和中南财经政法大学等都在这方面开始了有益的实践。

The Legal Education and the Cultivation of Legal Practitioners in Belgium

Liu Jun

Abstract: Belgian legal education adopts a "system of loose admission and strict graduation". Through case studies and seminars, Belgian law schools focus on developing students' ability to analyze cases and explain applicable laws. The cultivation of legal practice talents is practical. The qualification of lawyers requires three years' internship and professional education organized by the registered law associations during the internship. The selection of judges and prosecutors is the candidate who has some practical experience and passes the examination before being nominated by the professional and independent Supreme Judicial Council. These can provide useful reference for the reform and improvement of legal education

⑰ 参见王泽鉴:《法学案例教学模式的探索与创新》,载《法学》2013 年第 4 期。

and practical personnel training in China.

Key Words: Belgium, Legal Education, Cultivation of Legal Practitioners, Implications

慕课和法律教育：有价值的创新还是令人沮丧的灾难?

菲利普·G. 施拉格* 著 赵 鑫** 编译
吴国邦*** 校

摘　要:慕课是以互联网为基础的开放式在线课程,近年来慕课在教育领域颇受欢迎并迅速发展。当前多数慕课都免费提供给参加课程的人,一些慕课公司正试图推广学分制慕课,为营利性公司创造可观的收入利润,并为资助在线课程的非营利性大学提供补偿和新的收入。但学分制慕课遇到了很多阻力,其中包括对学生测试和评分的质疑以及对慕课课程教学质量的质疑。放眼法学教育,慕课已经

---

* 菲利普·G. 施拉格,乔治敦大学德拉尼家庭公共利益法教授。本文原始发表的刊物名称为 *Villanova Law Review*(维拉诺瓦法律评论),刊期为 2014 年第 59 卷。作者感谢乔治敦大学图书馆法学院助理、国外和国际法律馆员 Mabel Shaw 和 Marc Galanter、Frank Pasquale、Zachary Schrag 在这篇文章初稿中的帮助。

** 赵鑫,四川大学法学院 2017 级硕士研究生,研究方向:公司法学。

*** 吴国邦,中国政法大学、奥地利维也纳大学联合培养硕士研究生,中国人民大学法治与社会治理研究中心助理研究员,研究方向:法学方法论;译有汉斯·凯尔森(Hans Kelsen)遗作《规范的一般理论》(*Allgemeine Theorie der Normen*),即将在商务印书馆出版。

在法律领域占有了一席之地,但慕课教育模式能否实现法律教育的目标仍然是个未知数。慕课对法律教育的影响可能有三种模式,大部分法学院可能会全力抵抗慕课,精英式的法学院也可能通过慕课服务几乎所有的法律系学生,又或者法学院可以通过参考慕课、降低法律教育的成本存活下来,甚至可以继续提供三年制教育的学位。法学院面临的规模缩减危机并不是慕课造成的,任何大学都应该反思如何将传统法学教育与慕课结合起来,而不是放任传统的法律教育体系崩溃。

关键词:慕课　学分制　法律教育　法学院

一、导言

慕课时代即将到来,大规模的开放式在线课程(慕课)——通过互联网在全世界范围内提供互动式远程学习——突然降临教育的世界并在其中迅速扩散,这些课程主要面向本科阶段并且未加入任何学术机构的人员。在 2012 年,完成慕课的学生通常不会获得学术学位的学分,而且几乎所有的慕课都是免费提供给学生的。但在 2013 年,出现了新的变化,主要表现在四个方面:法律主题的慕课首次可供学习;大学和慕课制作公司开始创建商业模式,通过这些模式,学生可以向慕课缴纳学费以此来获得学位所需的学分;本科院校和一些法学院开始提供学分制慕课课程。一所主流法学院宣布了可以授予在线法学学位的计划。这些共时性的演变表明,将来慕课可能会成为法学院课程体系的一个重要组成部分,或者慕课甚至可能取代传统的法律教育。

在这篇文章中,笔者将描述慕课的快速发展过程,并对慕课会在未来十年如何改变法律教育作出推测。

二、慕课和它们的拥趸者

大规模开放的在线课程①可能只是“技术进教育”战略体系的一个长远部署。或者,它们可能明显有悖于传统的远程学习形式,以至于称得上如此的赞许:其倡导者往往用“颠覆性的技术”来形容它②。慕课开发人员希望借此突破高等教育的固有模式,因为这种模式已经持续了至少一个世纪了。③

(一)慕课是什么?

慕课是以互联网为基础的课程,它是围绕预先录制的视频演示而建立的,通常由其领域著名的教授组成,其中可能包含静态影像、录音或其他视频。在一些慕课中,每个课程视频的长度与普通大学课程相似;还有一些慕课仅提供较短的时长,每节课 10~20 分钟。学生可以在一天中的任何时候观看课程视频。但慕课不仅仅是单向演示,它还能够提供方便在线阅读或被打印下来的指定阅读材料、由计算机管理的测验和考

---

① See Ann Kirschner, *A Pioneer in Online Education Tries a MOOC*, CttRON. OF HIGHER Eouc. (Oct. 5, 2012), http://chronicle. com/article/A-Pioneer-in-Online-Education/134662/(注意这个词已被嘲笑为“近年来最丑陋的一种首字母缩略词”). 这个词是由爱德华王子岛大学网络通信和创新专家戴夫·卡米尔(Dave Cormier)在 2008 年创造的。See Audrey Watters, *Top Ed-Tech Trends of* 2012: *MOOCs*, HACK Eouc. (Dec. 3, 2013), http://hackeducation. com/2012/12/03/top-hotd-tech-trends-of-2012- moocs/(参考爱德华王子岛大学的戴夫·科米尔, http//integratedcommunications. upei. ca/stafF/dave-cormier). “慕课”这个术语的意思与游戏缩写“MMOGs”相似,也有大型多人在线游戏的意思, Jeffrey R. Young, *What Professors Can Learn from "Hard Core" MOOC Students*, CHRON. OF HIGHER Eouc. (May 20, 2013), http://chronide. com/article/What-Professors-Can-Learn-From/139367/。

② See e. g. , Catharine R. Stimpson, *On Becoming a Phoenix*: *Encounters with the Digital Revolution*, CHRON. OF HIGHER Eouc. (Oct. 5, 2012), http://chronicle. com/article/On-becoming-a-Phoenix-/134658/.

③ See D. D. , Guttenplan, *Europeans Take a More Cautious Approach Toward Online Courses*, N. Y. TIMES (Feb. 17, 2013), http://www. nytimes. com/2013/02/18/world/europe/18iht-educside 18. html? _r = 0. 迄今为止,慕课的发展主要是美国现象,因为“欧洲的反应明显谨慎”,尽管欧洲教育工作者可能正在“拼命追赶”。同上。

试,也包括可供学生展示论文、上交作业或建构虚拟小组进行学习和讨论的关联网页,更会为受众提供相关学习材料的网站链接乃至开展科学课程的模拟实验室。慕课是"可以让学生在全球约 1400 个城市与其他学生进行'见面'的工具",虽然在已知的约定时间内并没有人出现。④

2012 年慕课的激增是斯坦福大学三名计算机科学教授努力工作的结果。2008 年,32 岁的吴恩达(Andrew Ng,华裔美国人,任职于斯坦福大学计算机系和电子工程系,是目前国际上人工智能和机器学习领域最权威的学者之一。——译者注)使用人工智能软件实现了直升机的无人飞行。他也在讲授课程,但不喜欢把时间占用在评分上。他思考如何实现高等教育自动化,并得出结论,至少在硬科学领域,计算机不仅可以对练习册进行评分,还可以为学生提供提示或其他指导,当这些学生在计算机上完成作业时,计算机能够指明他们作业中的错误。⑤

与此同时,他的斯坦福大学同事塞巴斯蒂安·特龙(Sebastian Thrun,谷歌无人车之父,Udacity 创始人。——译者注)也将注意力从教学本身转移了。特龙是世界领先的机器人专家之一,2011 年,他讲授了一门关于人工智能的在线课程,该课程开始有 160000 名学生参与,结课时有 23000 名学生。次年,他辞去了在斯坦福大学的工作,将大部分时间投入教育的技术改革中。⑥

2012 年,吴恩达和他斯坦福大学计算机科学系的同事达芙妮·罗莱(Daphne Roller)成立了一家营利性公司——"课程时代"(Courseera),以

---

④ See Laura Pappano, *The Year of the MOOC*, N. Y. TIMES (Nov. 2, 2012), http://www. nytimes. com/2012/ll/04//edlife/massive-open-online-courses- are-multiplying-at-a-rapid-pace. html.

⑤ See Jeffrey R. Young, *From Self-Flying Helicopters to Classrooms of the Future*, CHRON. OF HIGHER uc. (Oct. 5, 2012), http://chronicle. com/article/From-Self- Flying-Helicopters/134666/.

⑥ See George Anders, *How Would You Like a Graduate Degree for $100?*, FORBES Qune 25, 2012), http://www. forbes. com/sites/georgeanders/2012/06/05/udacity-sebastian-thrun-disrupting-higher-education/; see also Katherine Mangan, *MOOG Mania: It's Raising Big Questions About the Future of Higher Education*, CHRON. OF HIGHER Eouc. (Oct. 5, 2012), http://chronicle. com/article/Massive-Excite- ment-About/134678(吸引 160000 名学生).

创建和提供慕课。特龙也为了同样的目的创立了优达学城(Udacity)公司。⑦ 两家公司的创始人都没有清晰的盈利概念,但是启动资金对于有着天才声誉的教授们来说是很容易得到的。“课程时代”在数月间从恩颐投资公司和凯鹏华盈投资公司处获得了超过1800万美元的风险投资,此外,还有加州理工学院和宾夕法尼亚大学投资的近400万美元。⑧ 优达学城最初获得来自查尔斯河风险投资公司的500万美元,⑨在一年之内,它已经筹集了超过2100万美元。⑩

慕课公司和大学向有意愿创建大型开放性网络课程并提供免费在线课程的教授提供了数万美元的赠款。⑪ 很快,越来越多的人报名参与其中。2012年被称为“慕课之年”。⑫ 尽管学习者的平均课程完成率并

---

⑦ See *Leadership*, Coursera, https://www. Coursera. org/about/founders (last visited Sept. 30, 2013); see also *About Us*, UDACITY, https://www. udacity. com/us(last visited Sept. 30, 2013); Mangan, *supra* note 9; Young, *supra* note 8.

⑧ See Young, supra note 8.

⑨ See Anders, supra note 9; see also Ari Levy, *Udacity Raises $15 Million as Money Pours into Online Education*, BLOOMBERG TECH DEALS (Oct. 25, 2012), http://go. bloomberg. com/tech-deals/2012-10-25-udacity-raises -15-million-as-money-pour-in-online-education/.

⑩ See Levy, supra note 12; see also Rip Empson, *Coursera Takes a Big Step To-ward Monetization*, Now Lets Students Earn "Verified Certificates" for a Fee, TEcHCRUNCHEouc. Qan. 8, 2013), http://techcrunch. com/2013/01/08/Coursera-takes-a-big-step-toward-monetization-now-lets-students-eam-verified-certificates-for-a-fee/.

⑪ Goldie Blumenstyk, *Company Offers Cash Prizes to Lure Professors to Teach MOOCs*, CHRON. OF HIGHER Eouc. (Apr. 25, 2013), http://chronicle. com/blogs/wiredcampus/company-ofFers-cash-prizes-to-lure-professors-toteach-moocs/43583. 大部分薪酬信息目前尚未公开。同上。然而,德国慕课公司向10位学术型的慕课开发人员每人提供了25000欧元。同上。edX会员乔治敦大学为教师提供高达10万美元的赠款,以开发他们课程的慕课版本。参见乔治敦大学资助类别里关于技术增强学习的倡议,https://itel. georgetown. edu/fall2013/mooc-track/(上次访问2014年2月17日)。圣何塞州立大学的三位教授每人都支付了15000美元,为优达学城的入门数学开发了一个慕课试点。See Jeffrey R. Young, *California State U. Will Experiment with Offering Credit for MOOCs*, CHRON. OF H1cHER Eouc. (Uan. 15, 2013), http://chronicle. com/article/Califor-nia-State-U-Will/136677 [以下简称加利福尼亚州大学]. 生产慕课的总成本平均约为5万美元。see Tamar Lewin, *Students Rush to Web Classes, but Profits May Be Much Later*, N. Y. TIMES (Uan. 6, 2013), http://www. nytimes. com/2013/01/07/education/massive-open-online -courses-prove-popular-if-not-lucmtive-yet. html? _r = 0. 最大的费用是录像时支付教学助理来监测慕课的讨论论坛。同上。

⑫ See Pappano, supra note 7; see also Watters, supra note 4.

不高(始终徘徊在 12% 左右),甚至某些难度较高的课程仅为 2%,⑬我们也必须清楚,已有超过 200 万人注册“课程时代”,其中有几门课程的注册人数已经超过 10 万。⑭ 截至 2013 年 5 月,“课程时代”已经能够提供 370 种不同的课程,⑮并与包括普林斯顿大学、布朗大学和哥伦比亚大学在内的 33 所大学签署了合作协议。⑯

由营利性公司管理的、单门课程注册数破六位的“课程时代”很快引起了全美最负盛名的大学教授和管理人员的注意。在“课程时代”和优达学城成立的几个月内,麻省理工大学和哈佛大学联手为这些企业设计了非营利性的替代方案。他们拥有 3000 万美元的自有资金,开办了麻省理工大学和哈佛大学在线课程(以下简称 edX。——译者注),邀请了其他一些知名学院和大学加入(贡献他们自己的额外资金),并鼓励他们的教授创建慕课。⑰ 截至 2013 年 5 月,edX 已经能够提供由来自哈佛大学、麻省理工大学、得克萨斯大学奥斯汀分校和加州大学伯克利分校的教师所讲授的 33 门“重点大学的免费课程”⑱。

在第一年运营期间,这些公司提供的大多数慕课都与科学技术相

---

⑬ See Pappano, supra note 7; see also Watters, supra note 4.

⑭ See Steve Kolowich, *Wielding "Power Users"*, INSIDE HIGHER Eo(Nov. 29, 2012), http://www.insidehighered.com/news/2012/ll/29/coursera-looks-harness-free-labor-its-devotees.

⑮ See Courses, Coursera, https://www.coursera.org/courses(last visited May 8, 2013)[以下简称“课程时代”课程]. 与此同时,优达学城提供了 25 门课程。See Courses, UDACITY, https://www.udacity.com/courses(last visited May 8, 2013)[以下简称优达学城课程].

⑯ See Pappano, supra note 7.

⑰ See e.g., *Georgetown Joins Harvard and MIT's edX to Enhance Learning on Campus*, Globally, GEORGETOWN U. (Dec. 10, 2012) –, http://www.georgetown.edu/news/edx-georgetown.html. 乔治敦大学于 2012 年 12 月成为 edX 的第六名成员。这位作者没有参与乔治敦的努力,也没有开发或提供慕课。

⑱ See *Take Great Courses*, EDX, https://www.edx.org/courses(last visited May 8, 2013). 在整个“在线课程”名称中,附属大学提供来自“哈佛课程”“麻省理工课程”等的在线课程。那么,他们为什么使用这些名字? 埃默里大学英语教授马克·布思凯(Marc Bousquet)表示,这些大学“试图通过将他们的在线课程作为‘哈佛课程’和‘麻省理工课程’的产品进行品牌宣传以此来淡化它们”。Marc Bous-quet, *Good MOOC's, Bad MOOC's*, CHRON. OF HIGHER Eouc. BLOG(July 25, 2012), http://chronicle.com/blogs/brainstorm/good-moocs-bad-moocs/50361.

关。2013年5月在“课程时代”提供的370门课程中，有304门属于科学和数学领域。[19] 优达学城共列出25门课程，17门是计算机科学，5门是数学和物理学，心理学与商科各有1门。[20] edX列出的35门课程，其中29门涉及科学、数学和工程学。[21] 慕课对自然科学的倾斜性关注主要有两个因素造成。首先，慕课的创建者本身就是计算机科学方面的专家，他们都确定地知道斯坦福大学和其他机构的同事、同僚对提供慕课感兴趣。更重要的是，慕课非常适合科学、数学，特别是计算机课程的开展。在计算机科学课程中，慕课便于进行课程练习，例如，在使用慕课时，学生能够在自己使用的计算机上编写、执行课程所教授的代码，慕课软件便可以即时检验代码所对应的任务是否已被正确执行，从而评估代码编写和运行的质量。它还可以通过即时反馈的方式，为学生指明正确的学习方向，以避免低级错误。此外，相比人文和社会科学问题而言，科学和数学的问题往往存在唯一的正确答案，或者说，后两者至少较少地涉及观点和意见的论辩，所以，程序员设计测验、考试以及计算机评分的难度便相对较低。

（二）对慕课的热情

早期的慕课报告显示，最受欢迎的某些慕课课程有十分庞大的受众群体，其中包括戴维德·马伦（David Malan，哈佛大学）授课的“计算机

---

⑲ See Take Great Courses, supra note 21.“课程时代”本身按领域分组课程。See Coursera Courses, *supra* note 18. 304门科学课程包括42门生物学和生命科学课程，9门化学课程，86门计算机科学课程，12门能源和地球科学课程，21门工程学课程，43门健康与社会课程，35门信息学、技术和设计课程，3门物理和地球科学课程，17门物理学课程，26门统计和数据分析课程。Marc Bous-quet, *Good MOOC's, Bad MOOC's*, CHRON. OF HIGHER Eouc. BLOG(July 25, 2012), http://chronicle.com/blogs/brainstorm/good-moocs-bad-moocs/50361. 其他领域有相当数量的课程包括“人文”（64门课程）和“教育”（44门课程）。Marc Bous-quet, *Good MOOC's, Bad MOOC's*, CHRON. OF HIGHER Eouc. BLOG(July 25, 2012), http://chronicle.com/blogs/brainstorm/good-moocs-bad-moocs/50361.“课程时代”将一些课程列入两个不同领域，例如，“营养、健康和生活方式”的课程在“生物和生命科学”课程和“食物和营养”课程中都有列出。

⑳ See Udacity Courses, supra note 18.

㉑ See Take Great Courses, supra note 21. 不属于自然科学主题的课程是“20世纪的想法”“古希腊英雄”“正义”“全球贫穷的挑战”“版权”“全球化时代”。See Udacity Courses, supra note 18。

科学”,有超过10万名参与者;[22]高塔姆·考尔(Gautam Kaul,密歇根州)授课的“金融概论”,有13万学生参加;[23]特龙和皮特·诺维尔(Peter Norvig)授课的人工智能课程,共计16万人参加。[24] 即便是规模较小的慕课,如由西北大学盖德·阿伦(Gad Allon)所教授的运营管理课程,也有4400名学生参加,观众人数远比传统大学教室所能容纳的人数要多得多。[25]

提供这些服务的教师经常表现出他们的热情。普林斯顿大学的马歇尔·邓奈尔(Mitchell Duneier)为4万名学生开设了“社会学导论”。他的报告指出,当他在演讲厅讲授C.赖特·米尔斯(C. Wright Mills)的《社会学的想象力》时:

> 通常会收到一些尖锐的问题。在这种情况下,发布在线版本的几个小时内,课程论坛就充满了数以百计的评论和问题。几天后就会有几千评论。虽然对我来说读完其中一小部分学生的评论都是不可能的……但是我很快就能看到最有意义的问题。我安排了一个视频聊天室进行现场交流,在这个聊天室里,来自世界各地的6~8名学生——其中一些来自在线课程,还有一些在普林斯顿的志愿者参与了研讨会式的讨论……而成千上万的网友则在网上收听直播或录制节目。[26]

同样,卫斯理大学(Wesleyan University)校长马歇尔·S.罗斯(Michael S. Roth)也“十分期待与一大群想学习的国际学生分享我的课

---

[22] See Jeff Dunn, The 11 *Most Popular open Online Courses*, EouoEMIC (Dec. 23, 2012), http://www.edudemic.com/the-11-most-popular-open-online-courses/.

[23] See Ben Gose, 4 *Massive Open Online Courses and How They Work*, CHRON. OF HIGHEREDuc. (Oct. 1, 2012), https://chronicIe.com/article/Massive-Excitement-/134664/.

[24] See Dunn, supra note 26.

[25] See Gose, supra note 28.

[26] See Mitchell Duneier, *Teaching to the World from Central New Jersey*, CHRON. OF HIGHER Eouc. (Sept. 3, 2012), http://chronicle.com/ardcle/Teaching-to-the- World-From/134068/.

程”，他在“课程时代”教授现代和后现代慕课。[27] 他“惊讶地发现，有近3万人报名参加了这门课程”，但他也有些担心，因为他是即兴讲课，“我讲的关于弗洛伊德的一些无聊的笑话可能会成为病毒，也可能会成为我的墓志铭”。[28] 然而，他在第一堂课后发现在西班牙、葡萄牙、保加利亚、俄罗斯、美国和印度都自发组成了在线学习小组，学生的年龄和受教育程度都具有多样性，这些给他留下了深刻的印象。最让他高兴的是讨论的主题以及学生们对这门课的反应。一个学生谈到课堂“点燃”了他对学习的热情，一个学生说从来没有机会上过大学。其中一个学生和他的母亲一起学习，以便他们可以一起讨论这些材料，另一个学生说被Baudelaire“俘虏”了。“正是学生之间的差异，以及他们如何通过社交网络弥合这些差异，激发了他们的慕课经验和我的经验。”[29]

曾经写过参加慕课课程学习经历的学生也倾向于表达他们对慕课的满意之情。例如，金融规划师乔·阿方索（Joe Alfonso）将考尔教授对金融概论的慕课作为进修课程。他报告说：“以一种奇怪的方式，你与[考尔教授]有这种联系，感觉就好像他直接与你对话一样。”[30]讲座只有20分钟长，所以阿方索先生可以在与客户会面的空隙时间来学习课程。[31] 杰奎琳·斯皮格尔（Jacqueline Spiegel）是“纽约新罗谢尔市的三个孩子的母亲，拥有来自哥伦比亚大学的计算机科学硕士学位”，她也提出了类似的看法：“你觉得你坐在某人旁边，他们正在辅导你。”[32]她在女儿的滑冰课上用智能手机学习课程，但当她在台式电脑上观看时，她更容易集中注意力。她还与参加同一课程的南亚妇女成了朋友，并为参加科学和技术课程的妇女开办了一个在线研究小组。[33]

㉗ Michael S. Roth, *My Modern Experience Teaching a MOOC*, CHRON. OrHIGHER EDuc. (Apr. 29, 2013), http://chronicle. com/articIe/My-Modem-MOOC- Experience/138781/.

㉘ Ibid.

㉙ Ibid.

㉚ Gose, supra note 28.

㉛ Ibid.

㉜ Pappano, supra note 7.

㉝ Ibid.

但是,在公开发表的对慕课的赞扬中,大部分来自“积极的学生,他们大多是成年人,试图以在传统教育环境中学习到的东西为基础”㉞。现在评估它们对于更容易分散注意力的大学生(或法律系学生)而言是否同样受欢迎或是否有价值还为时过早。

一些关于慕课高入学率的报告中有这样的警告:这类课程的辍学率很高,杰克布斯(Jacobs)的经验证明了这一点。例如,154763 人报名参加了由“麻省理工在线课程”(edX 的前身)所开设的电子电路课程,但其中只有 69221 人阅览了第一组习题,只有 26329 人在第一组习题中得到了 1 分以上,只有 9318 人通过了期中考试,只有 5800 人通过了期末考试。不通过考试(在习题集上做得很好)也是可以通过课程的,但即便如此,只有 7157 名学生成功地完成了这门课程,通过数量仅占最初注册人数的 5%。㉟“课程时代”提供了 2012 年的慕课社会网络分析:约有 61000 名学生注册,但只有 1303 人(2%)获得证书,只有 145 人(24%)提交了毕业设计,其中 107 人(17%)以优异的成绩获得了等效文凭。㊱据报告,慕课的总体完成率约为 10%。㊲

然而,辍学率并没有困扰大多数的慕课爱好者。正如马歇尔·S. 罗斯所解释的那样:“说某人‘未能完成’一个免费开放的在线课程就像是在说某人‘未能看完’电视剧《纽约人》一样……大多数学生不是为了‘完成学业’而报名参加课程的。”㊳换言之,将慕课的辍学率与大学课程进行比较是不合适的,因为这些课程是学生要获得学分和支付学费的,所以如果学生获得学位学分或者为学到经验付费,那么预期辍学率就不会保持在很高的水平。

㉞ See Delbanco, *supra* note 3.

㉟ See Sue Gee, *MITx: The Fallout Rate*, I PROGRAMMER (June 16, 2012), http://www.i-programmer.info/news/150-training-a-education/4372-mitx-the-fallout - rate.html.

㊱ See Alan Levine, *Owning Your Massive Numbers*, CocooGBLOG (Nov. 27, 2012), http://cogdogblog.com/2012/ll/27/owning-massive/.

㊲ See Delbanco, *supra* note 3.

㊳ See Roth, *supra* note 33. 目前尚不清楚是否有人调查慕课辍学者以了解他们为什么没有完成课程。

三、大学学分制的慕课:一种商业模式的探索

风险投资公司和大学通常不会出于慈善目的提供服务,他们追求收入。迄今为止,几乎所有的慕课都是免费提供给参加课程的人的。这样做对"课程时代"和优达学城来说具有很好的商业意义,从而使自己可能成为一个重要的新兴产业的领先者。它也为 edX 的最初大学成员提供了很好的商业意义,为他们(尤其是哈佛和麻省理工大学)提供了大量免费宣传,甚至更广泛地传播了那些已经在世界各地广为人知的学校品牌。

但这三个实体,以及规模较小的慕课制造公司,正试图设计一种商业模式,为营利性公司创造可观的收入利润,并为资助在线课程的非营利性大学提供补偿和新的收入。到目前为止,他们的想法主要围绕以下三点展开:(1)向潜在雇主出售成功的慕课毕业生的姓名和联系方式;(2)向参加慕课课程的人出售结业证书;(3)向大学及其学生出售慕课。通过向大学出售个别课程或慕课整体使用权(由大学向公司支付)的方式,抑或是通过说服大学接受慕课作为学分制课程的组成部分(由学生向公司支付)的方式,向大学及其学生出售慕课;而且,努力促成学分制慕课课程的通用化,亦即努力使通过上述方式获得的学分可以在已经购买使用权的大学间被自由转换使用。[39] 在这些模式中,慕课公司和大学都将分享学费收入。根据这些课程的第一项学分计划,大学将为其学生支付固定的费用或为每名学生支付费用以获得慕课的学分,该大学会向学生收费,就像现在的大学对住校的学生收费一样。根据另一项计划,学生个人将向慕课提供者支付"学费"并获得转学学分,这些学分可以

---

[39] See Jeffrey R. Young, *Inside the Coursera Contract: How an Upstart Company Might Profit from Free Courses*, CHRON. OF HIGHER uc. Quly 19, 2012), http://chronicle. com/article/How-an-Upstart-Company-Might/133065/. 销售横幅广告和教育材料也被认为是慕课提供商的一种可能的收入来源,但似乎不太可能蓬勃发展,至少只要在大学教授提供内容或者大学为这些课程提供学分的情况下即使如此。请参阅同上。

用来申请所有加入慕课计划、承认转学学分的大学的学位,就像参加高级就业课程的高中生或转到另一所学校的大学生因在其他学校接受课程而获得学分一样。

(一)抵制学分制慕课:测试和评级问题

学分制慕课的势头很强,但它们融入大学课程体系的进程总是阻力重重。第一个问题是技术问题,涉及测试和评分。大学严格要求学生保持学术诚信,教师或研究生助理也要对学生们的作业进行公平评分。但是,对于在电脑上考试的十万名学生来说,怎样才能保证他们的诚实,这么多学生的作业怎么才能得到公平评分呢?如果不妥善解决这一问题,则它很可能成为导致慕课运动夭折的致命因素,慕课的提供者正致力于通过以下两个方面的工作为广大学习者提供"监考型"考试。

一种方法是聘请监考人员通过网络摄像头观看个别学生参加在线考试。当监考人员观察一名学生的成本效益远低于聘请监考人员监控整屋子学生的情况时,其费用并不昂贵,特别是在向学生(或大学)收取数百美元的课程费的情况下。此外,少数学生可以被分配相同的考试时间,而一个有多个屏幕的监考员可以同时监控多达六名学生。[40] 优达学城和"课程时代"都与"监考人员"签订合同,该公司提供监考人员,通过网络摄像头观察在线学生考试。学生预先与监考人员预约。由于考试即将开始,学生允许监考人员通过网络摄像头观察他,显示政府签发的带照片的身份证件,回答监考人从"公共信息数据库"编制的个人问题,并让监考人在计算机屏幕上观察学生在自己的屏幕上输入的任何内容。[41] 优达学城提供的一项低成本的措施是,如果一名学生未能参加在

---

[40] Anne Eisenberg, Keeping an Eye on Online Test-Takers, N. Y. TIMES(Mar. 3, 2013), http://www. nytimes. com/2013/03/03/technology/new-technologies-aim-tofoil-online-course-cheating. html.

[41] See How Online Proctoring Works, PRocroRU, http://www. proctoru. com/howitworks. php(last visited May 15, 2013); see also Udacity for Credit FAQ, supra note 65(showing Udacity using ProctorU); ProctorU Testing Center, Coursera, http://www. proctoru. com/portal/Coursera/ (last visited Feb. 17, 2014)(showing Cour-sera using ProctorU).

圣何塞州立大学的一门课程中预约的考试,“学生需要按要求向监考人员缴纳 8.75 美元的滞纳金”㊷。更实际的情况也许是,“课程时代”计划在大学学分制慕课中向每个学生收取 60 ~ 90 美元的监考费。㊸

虽然学生选择时间进行在线测试很方便,并且监考人员可以通过摄影和观察来确认考生的身份,㊹但这种方法不能阻止参加考试的考生与后来的考生分享答案。另外,“俄亥俄大学的研究人员发现,完全在线学习的心理学课程的学生签署了一份荣誉准则,承诺不作弊,其成绩明显高于学生在课堂上进行的‘混合’课程”。㊺ 因此,提供者也在试验时要求慕课学生同时面对面地进行监督,而不仅是在线上的。为了监督全世界的大量学生,他们需要在很多地方设立考试中心,就像大学理事会在全世界设有考试中心一样,可以同时向成千上万的大学申请者提供美国高考。民营企业已经急于填补这一空白。优达学城和哈佛大学麻省理工大学在线课程都与认证考试测试中心签订了合约,㊻这些测试中心在 160 多个国家的 4400 个测试中心进行了监督测试。㊼ 监考是一回事,评分又是另一回事。计算机可以轻松评判无限数量的判断题或简答题,以及数学和科学考试,其答案是由数值构成的。尽管慕课由计算机科学家发起,但非学分慕课已经传播到人文和社会科学领域,并且正如我们将

㊷ See Udacity for Credit FAQ, *supra* note 65.

㊸ See Eisenberg, supra note 83.

㊹ 一位专家认为,计算机监控,包括摄影、屏幕共享和确认考生的打字方式,“最终可能会呈现出传统的实体大学的现场监考一样好甚至更好的效果”。See Eisenberg, supra note 83(引用美国凡德比特大学计算机科学教授 Douglas H. Fisher 的话).

㊺ Steve Kolowich, *Far from Honorable*, INSIDE HIGHER Eo (Oct. 25, 2011), http://www.insidehighered.com/news/2011/10/25/online-students-might-feel- ! ess-accountable-honor-codes.

㊻ See Steve Kolowich, *MOOCing on Site*, INSIDE HIGHER Eo(Sept. 7, 2012), http://www.insidehighered.com/news/2012/09/07/site-based-testing-deals- strengthen-case-granting-credit-mooc-students; *See* also *edX Testing*, PEARSON VuE, http://www.pearsonvue.com/edx(last visited Oct. 18, 2013)(网页已更新,但 PDF 版本已存档于维拉诺瓦大学法律评论); *Udacity*, PEARsoNVuE, http://www.pearsonvue.com/udacity/(last visited Oct. 18, 2013).

㊼ See *Test Taker Services*, PEARSON VuE, http://www.pearsonvue.com/pro grams/(last visited May 15, 2013).

看到的那样,会传播到法律学科。在这些领域中,一直以来评估的方式是要求学生撰写学期论文,并参加考试而且以论文的形式作答。慕课如何能够让成千上万的人参加这样的课程呢?答案之一是,这些课程可能不再需要论文。这是非学分慕课所走的路线,如沙尔夫(Scharf)教授给出的一条,期末考试由十道判断题组成。简短的答案测试可能不能满足教授们或大学的教育标准,尽管一位通过在线课程提供关于古希腊英雄的慕课的哈佛教授认为,"多项选择题几乎和论文一样好,因为他们会抽查参与者对课文的更深层次的理解……当学生漏掉一个答案时,计算机会给出正确的答案……和当他们做出正确选择的时候,让他们看到正确选择背后的推理"。[48]

慕课提供商已认识到这一点,正试图开发人工智能软件,可以立即为作文测试评分。哈佛大学麻省理工大学在线课程宣布它已经"引入了这样一个系统,并将使其自动化软件免费提供给任何想要使用它的机构"。[49] 根据在线课程公告,使用其软件的学生将被要求键入他们的考试,启动计算机进行分析。慕课老师将使用字母或数字评分系统手动评分 100 篇论文。计算机将其他论文与提交的 100 篇评分论文进行比较,并根据分析结果分配评分,[50]显然这是在将新论文与教授评定的文章进行比较。在线课程的总裁阿南特·阿加瓦尔(Anant Agarwa)l 在 2013 年 4 月声称,其软件已经"足够好",并且"评分的质量类似于你从不同老师那儿得到的一样"。[51]

然而,我们有理由怀疑当今计算机软件在大学水平上对微妙或复杂的论文进行评分的能力。值得注意的是,对于将被评定为学分的课程作业来说,哈佛大学和麻省理工大学在线课程的公告并没有表明它的软件"足够好"。事实上,教育工作者和计算机专家,包括教育考试服务机构

---

[48] See Heller, *supra* note 50(引用格雷戈里·纳吉).

[49] See John Markoff, *Essay-Grading Software Offers Professors a Break*, N. Y. TIMES (Apr. 4, 2013), http://www. nytimes. com/2013/04/05/science/new-test-for-com- puters-grading-essays-at < ollege-level. html? _r = 0[以下简称评分软件]"引言"未定义。

[50] Ibid. [以下简称评分软件]"引言"未定义。

[51] Ibid. [以下简称评分软件]"引言"未定义。

的教育工作者和计算机专家,[52]已经对计算机评分的论文进行了大量的实验和评价,但几乎所有这些工作都涉及中学或高中阶段的工作。[53] 通常情况下,评价计算机评分的人会比较计算机分配的分数与人类独立分配的分数之间的相关性,至少与初中和高中短文相关程度很高,同时警告说,"与人类评分一致并不一定是衡量学生写作能力的最佳或唯一标准"。[54] 最近的一项实验确实将计算机评分扩展到了大学水平,但并不适用于评分课程。该研究对一所中西部大型大学一小时的新生英语入学考试进行了计算机评分评估,以确定同一篇论文的计算机成绩是等于、高于还是低于六名人类评分者的平均成绩。

(二)对学分制慕课的抵制:对教育质量的质疑

抵制慕课的另外一个原因来自于教育工作者,他们不仅担心评分,还担心教学的质量。他们质疑的不是慕课经常通过视频媒体传播的高质量讲座,他们是担心通过观看这些讲座,学生是否能够尽可能多地学习,就如同他们在教室里做的那样——即使慕课增加了由计算机交付的测试和网上讨论小组的数量。

2013 年 4 月,当时的反弹显然是从阿默斯特学院开始的,当投票的比数为 70 : 41 时,全体教师拒绝了加入在线课程联盟的提议,且这一

---

[52] 有关计算机评分文章的教育测试服务研究可在网上查询:http://www. ets. org/research/topics/as_nlp/wntten_content/。

[53] See, e. g. , Mark D. Shermis& Ben Hamner, *Contrasting State-of-the-Art Automated Scoring of Essays: Analysis*, 10-16(2012)(unpublished manuscript),可在 http://www. scribd. com/doc/91191010/Mark-d-Shermis-2012-contrasting- State-Of-The-Art-Automated-Scoring-of-Essays-Analysis 进行查阅; Mark D. Shermis, *State-of the-Art Automated Essay Scoring: Competition, Results, and Future Directions from a United States Demonstration*, ASESSING Writing(forthcoming 2014)。

[54] See Shermis, *supra* note 97, at 26; see also Brent Bridgeman, *Human Ratings and Automated Essay Evaluation*, in Handbook of Automated Essay Evaluation: Current Applications and New Directions 221,229(Mark D. Shermis 和 Jill Bur- stein 等于 2013 年编写)["当人类和机器在相同的提示下评估表现时(回答相同的问题),用于开发和评估的自动化论文评分引擎的黄金标准在传统上应与人类评估者达成一致。尽管该标准具有相对容易计算的优点,但它过于简单化"].

提议得到了学校校长的支持。[55] 几天后,在圣何塞州的这所大学的哲学系,这是首批致力于使用慕课来降低成本的学院之一,发表了一项声明,称其教师不会使用哈佛大学教授马歇尔·桑达尔(Michael Sandal)提供的在线课程"法律"中的材料。该声明反对教育方法论,认为预先包装的慕课是对"教育质量的严重危害",原因有几个。第一:

> 学生们从与教授的互动中获得了巨大的利益,他们在[专业]研究中……在课堂、独立学习和非正式互动中,他们有机会深入探讨一个主题……[但]在线课程的在线法律的核心是一系列录像讲座,其中包括哈佛学生发表评论和做笔记的摘录。[56]

第二,"对自己的学生熟悉并不是因为由外部供应商制作的那些'一刀切'的混合课程"。[57] 第三,"在全美各地的哲学系讲授完全相同的社会法律课程的想法是非常可怕的——这是反乌托邦小说中的东西",

---

[55] See Nick Anderson, *As Amherst Rejects Online Lecture Model, Educators Ponder What's to Gain from Trend*, WASH. PosT(May 1,2013), http://articles. washingtonpost. com/2013 - 05 - 01/local/38945447 - 1 - MOOCs - edx - Coursera. x. 假如这项提议是来自于"课程时代"或是优达学城,这项反对将会更加轰动。在斯坦福大学,也在应用课程时代:在代表会议里,这项争议中最重要的一点是在我们这个体系中的一些教员,他们被鼓励去做这些伟大的无私的事情、给世界传递了这些东西,却发现有两个利益公司在那些基础之上已经开始运作,这让他们感到受到了侵害。Theresa Johnston, Stanford for All Stanford Magazine, Sept. /Oct. 2012, 可在 http://alumni. stanford. edu/get/page/magazine/article/artical-id-55991 中找到。职员们关心的是公司可能会抛弃它们的盈利性质,然而,因为院长已经承诺"任何收入都会分发给创造人员和他或者她的单位或学校",尽管他还指出:"我们还没有确定好按照什么样的比例进行分发"。同上。

[56] *An open Letter to Professor Michael Sandel from the Philosophy Department at Sanjose State U.*, CttRON. OF HIGHER Enuc. (May 2, 2013), http://chronicle. com/article/The-Document-an-Open-letter/138937/id = at&utm-source = at&utm-medium = en.

[57] Ibid.

因为每个这样的系都有自己的“特长和个性”。[58] 最后，慕课的出现将意味着创建两类大学：资金充足的大学，其中“享有特权的学生拥有自己的真正的教授”，以及其他学校，“学生们在那里观看大量的录像讲座并进行互动，如果在他们的主校区中确实还允许有任何互动，则存在于教授和（那些已经成为光荣的助教的学生）间”。[59]

即使对慕课持怀疑态度的教授在一定程度上是出于就业考虑，他们提出的担忧仍可能是有道理的。首先，教授们通常会注意到，尽管慕课可能包括讨论小组、在线测试和考试，但它们主要通过讲座（在某些情况下包含相关阅读材料）为观众提供很少的互动机会或根本不提供。由于互动非常有限，学生缺乏通过人际接触产生的激励来促使他们在最低要求下学习得更多一些，从而通过这门课程。[60] 他们指出，传统的大学教育提供的东西比信息讲座多得多，因为除了其他资源和机构外，他们还提供小组讨论，包括在教室更重要的是在宿舍和咖啡店、俱乐部、运动队以及其他社会活动的讨论；真实的而非虚拟的实验室；至少能够偶尔让学生和教授一对一交流的办公时间；健康诊所；学习障碍专家；运动设施和财务援助顾问。其次，他们声称，尽管他们的目标是通过向每个人提供高质量的课程来实现高等教育的民主化，但慕课不可避免地会导致两级教育体系：面向富裕人群的校园教育，以及对其他人的教育，“这是一个工业化的高等教育版本……可以取代中等规模的国立机构或不那么

---

[58] *An open Letter to Professor Michael Sandel from the Philosophy Department at Sanjose State U.*, CttRON. OF HIGHER Enuc. (May 2, 2013), http://chronicle. com/article/The-Document-an-Open-letter/138937/id = at&utm-source = at&utm-medium = en.

[59] Ibid. 对于与在线课程签订合同的圣若泽州政府而言，是否曾对哲学系施加桑德尔课程的压力，似乎存在争议。院长说没有任何人要求该系去做这些，但是一些教授说，确实存在一些所谓的行政压力给学生们提供这些课程。在哲学系拒绝了这些课程之后，行政管理处安排了英语系来提供，这导致了哲学系主任开始担心没有经过哲学培训的教授将会更加依赖于在线课程材料。See Tamar Lewin, *Professors at San Jose State Criticize Online Courses*, N. Y. TIMES (May 2, 2013), http://www. nytimes. com/2013/05/03/education/san-jose-state-philosophy-dept-criticizes-omline-courses. html.

[60] 甚至是对慕课持有积极态度的一些人也承认这个问题。里克·塞茨（Rich Seiter），已经完成了35节的慕课课程“在他要求的课程中，他很少将时间花在学生提交的论文上，而且根据他在同级评分中看到的文章，其他学生似乎也在做同样的事情”。Young, *supra* note 4.

有选择性的私立大学"。[61] 此外,这些教授担心,随着网络教育的发展趋势,少数族裔人数将减少。[62]

四、对法律教育的启示

法学教育在很多方面与本科教育不同。然而,最近三个事态的发展也使得大学层面的辩论也与法学院有关。首先,大多数法学院正面临经济危机。法学院招收的学生越来越少,招收人数减少的原因不仅是有关法律服务市场下滑的报道,而且还有一个事实:长期以来,法学院学费和毕业生平均债务的增长速度远快于消费价格指数,这显然是被称为"鲍莫成本病"[63]的经济因素所不可避免的结果。最新的(也是被广泛引用的)数据汇编报告说,不受国家纳税人补贴的法学院学生的平均法学院债务(不包括本科债务)从 20 世纪 80 年代中期的 15676 美元增加到 2010 年的 106249 美元,而这些学校的平均年学费从 1985 ~ 1986 年的约 8000 美元增加到 2009 ~ 2010 年的约 36000 美元。[64] 大多数法学院的院

---

[61] Scott Carlson & Goldie Blumenstyk, *For Whom Is College Being Reinvented?, "Disruptions" Have the Buzz but May Put Higher Education out of Reach for Those Students Likely to Benefit the Most*, CttRON. OF HIGHER Eouc. (Dec. 17, 2012), http://chronicle.com/article/The-False-Promise-of-the/136305/. David Stavens, 优达学城创始人之一, 预测"前 50 所学校可能是安全的。" Young, *supra* note 4.

[62] See Smith Jaggers, supra note 125.

[63] 经济学家威廉姆·鲍莫尔(William Baumo)l 解释说,当一些产业生产率的提高比其他行业取得的成果更快时,产业价格的上升对生产率几乎没有好处。生产力在计算机行业(除其他)增长非常迅速,允许该行业的公司在不涨价的情况下提高工资。为保持行业竞争力,争夺具有更高才能的人才不得不提高薪酬,但在一些工程行业,生产率的提高几乎是不可能的。弦乐四重奏是威廉姆·鲍莫尔的著名例子,在 21 世纪和 18 世纪演奏一段四重奏所需要的时间和人数是相同的,但他们的薪酬是在增加的。See James Surowiecki, What Ails Us, THE NEW YORKER (Quly. 7, 2003), http://www.newyorker.com/archive/2003/07/07/030707tatalksurowiecki. 在高等教育中,降低成本的唯一方法是增加每个教授的学生或将工作外包给薪水低的助教。只有大大提高学生对教师的比例,才能提高教育的生产率。但慕课现在的问题是,能明显提高教育生产率的网络教育是否真正有效? 其低廉的教育成本是否真的可以给学生带来进步?

[64] See TAMANAHA, supra note 144, at 109, 129.

长和他们大学的校长都意识到，除非有什么东西能阻止学费上涨和入学人数下降的双重趋势，否则法学院正在走向消亡。

最近的第二个发展就是他们不仅仅是对本科院校具有潜在吸引力，而且他们已经在法律领域占有一席之地。在 2013 年，凯斯西储大学的教授马歇尔·沙尔夫（Michael Scharf）提供了一个关于国际刑法的课程，伦敦大学的达姆·黑兹尔·盖恩（Dame Hazel Genn）教授在进行一个关于英国普通法的课程，哈佛的威廉姆·费舍尔（William Fisher）教授提供了一个关于版权法的课程，而耶鲁的阿希尔·阿玛（Akhil Amar）教授目前正在提供一个关于宪法的课程。[65] 这些都是非学分课程，而阿克伦法学院已经开设了一门针对法学博士学分的在线课程，凯斯韦斯特和克利夫兰—马歇尔法学院正在考虑为法学博士学分开设“几门课程，但仅通过在线讲座和测试进行授课。”[66]

第三个发展是整体的在线研究生学位已经上市。佐治亚理工大学通过一系列的优达学（Udacity）的课程（一种新型的教育课程体系）提供研究生学位：为数千名学生提供计算机科学硕士学位。学生们只需为三年的课程支付大约 7000 美元。其中，60% 的收入给大学，40% 给优达学城，学生将在认证考试的四千个考试中心中的任何一所参加考试。[67] 这让法学院面临可怕的财政压力。在法律领域中著名的专家已经在使用和研发慕课，而信誉良好的大学开始在互联网上提供低成本的学位。不久之后，法学院管理人员就将开始将慕课作为降低成本、吸引学生以及吸纳学费的途径或至少部分途径。

（一）法学院应该慕课化吗？

我们有理由认为，由于成本上升和学生债务增加，入学率下降导致

---

[65] 这些慕课是“课程时代”和优达学城网站的特色。

[66] Alison Grant, Cleveland' s Law Schools Venture into Cyber Classes, CLEVELANDPLAIN DEALER (Jan. 19, 2013), http://www. cleveland. com/business/index. ssf/2013/01/clevelands_1awschoolsventuri. html. 美国律师协会法律教育部的认证标准目前允许有限的远程学分课程学习。关于远程学习的进一步讨论，见下文注释 156–63。

[67] Jeffrey R. Young, *Georgia Tech to Offer a MOOG-like Online Master' s Degree, at Low Cost*, CHRON. OF HIGHER Eouc. (May 14, 2013), http://chronicle. com/article/Ga-Tech-to-Offer-a-MOOC-Like/139245/.

收入减少,以及两年制法学院课程以不低于美国总统的宣传力度进行宣传,经部门认证的法学院将采取削减成本的措施。在几年内,他们中的部分可能会为至少一部分慕课提供课程学分,以符合现有的或宽松的美国律师协会的远程学习标准。以慕课为基础的法学博士学位可能会随之而来。但是,部分的在线法律教育或完整的在线法律教育的出现是否会是一个积极的发展,这就是另外一回事了。

法律教育实现了许多不同的目标。有两份报告表明了这一点:

(1)为学生提供关于法律学说和机构的信息;

(2)为他们提供组织大量信息的工具;

(3)与本科教育不同的分析教学模式;

(4)使学生了解法律规则与社会和经济政策之间的关系;

(5)以正义感教育学生,让他们理解正义的竞争观念;

(6)帮助他们理解矛盾的道德标准之间的相互作用;

(7)向他们提供研究事实和法律的技能;

(8)引导他们理解事实的法律相关性;

(9)教他们合适的法律写作形式,并提高他们在这些格式中成功写作的能力;

(10)使他们能够理解密集而复杂的法规,如"国内收入法"或"统一商法典";

(11)使他们有信心在公众场合发言;

(12)教他们在小组(如学习小组或期刊)中有效地工作;

(13)教他们如何为自己制定专业标准;

(14)提供不同的视角(如当事人、法官、调解员、仲裁员和立法者);

(15)使他们能够在事实和法律不确定和经常变化的环境中工作;

(16)帮助他们选择合适的职业领域,或者至少是个人和专业方面满意的初始工作;

(17)教授特殊的实用技能(尤其是人际关系),如面试、咨询、谈判和证人讯问;

(18)帮助学生认清和定位自己的价值观,并考虑其他人的价值观,

如教师、其他学生、法官、意见领袖和他们将代表的客户所持有的价值观;

(19)让他们在离开法学院后能够继续自己学习,一种通常被称为"学习如何去学习"的技能。[68]

此外,通过法制活动和共同的学习,学生们在法学院可以结成深厚持久的友谊;这可能不是法制教育的目的,但无疑是一个重要的收获。可能通过电脑远程学习更容易完成法制教育的一些目标,但这些目标具体[69]是什么呢?如果法制教育的目标可以通过网络达成,如此一来,如果网络课程崛起,教育成本降低,课程价值增加,未来的律师们受到的教育也不会有实质性的减少,那么线下法制教育是否会崩溃呢?

幸运的是,这些问题已经有了一些答案。斯蒂芬·M. 强森(Stephen M. Johnson)教授是计算机辅助法律教学机构(CALI)的董事会成员,早在2000年,发明慕课的想法还没有成型的时候,他就已经讨论了远程法律教育的优势和弊端。约翰逊指出,30年来,技能训练(不仅包括实际应用的技能,也包括深入研究的技能)日益成为法学院课程设置的重点,部分原因是由于学生、雇员和法官都在抱怨法学院没有培养好学生使用法律的能力。[70] 他认为要掌握技能,学生要学会反省,进行自我评估,同时还要接受合格教师的评估。[71] 他认为学生若要学会技能,最好的办法是进行实际的应用,如果没法进行实际应用,模拟训练也是不错的选择。[72] 计算机仿真训练远远无法代替现场模拟,因为它们无法调动学生

---

[68] 这些目的中大部分都出自于1992年麦克报道和2007年卡内基报道。See e. g., ABA Section of Legal Educ. &Admissions to the Bar, Legal Education and Professional Development—An Educational Continuum: Report of the Task Force on Law Schools and the Profession: Narrowing the Gap 5 (1992); William M. Sullivan et al., Educating Lawyers: Preparation for the Profession of Law(2007).

[69] See Generally Stephen M. Johnson, *www. Law School. edu*: *Legal Education in the Digital Age*, 2000 Wis. L. Rev. 85(2000).

[70] Ibid. pp. 104 – 105.

[71] Ibid., p. 107.

[72] 关于法律客户模拟训练的优点的讨论, See Philip G. Schrag, *Teaching Legal Ethics Through Role Playing*, 12 Legal Ethics 35(2009); see also Philip G. Schrag & Michael Meltsner, *Report from a CLEPR Colony*, 76 Colum. L. Rev. 581(1976)。

的情绪,也因此显得十分不自然。⑬ 他还提到"要通过虚拟课堂传递专业性和价值观"是非常困难的。⑭ 强森教授指出,最重要的是大部分的法律教育都使用的是苏格拉底式教学法,这种方法"是法律教育中非常重要的一种方法,它鼓励学生快速思考、连贯表达自己的想法、并理解法律白纸黑字的规章背后的深层逻辑"。⑮ 他指出,由于苏格拉底式教学法的"核心特点"是"即时的人际交流",因此"在一个没有课堂的世界里几乎是不可能使用苏格拉底式教学法的"。⑯

一些教育家对于科技的能力更加乐观,他们相信这些科技不久之后就能投入使用。伊莱·M. 诺姆(Eli M. Noam)是一名来自哥伦比亚的财经学教授,也是商学院远程信息研究所的负责人,他认为网络法学院有着光明的前景,原因如下:

> 科技会不断进步。假以时日,将会出现近乎真实的法庭审理模拟训练;3D模式的明星教授的精品课程;能够提供交互式法律实践以及其他形式的法律实践的"虚拟世界";能够使人从对方角度思考的模拟程序;以及能够实行点对点教育的维基百科和其他社群交流工具。⑰

斯蒂芬·罗斯(Stephen Rut)还热心地补充道:"慕课拥有一些科技方法,能让人和导师或其他同学实现面对面的交流……并且因为更多的

---

⑬ See Johnson, supra note 187, at 107 8c n. 137.

⑭ 请参阅同上109。Johnson在这方面的结论可能是正确的,但他的推理似乎不完整。强森认为,学生是通过观察教授在教室或实际环境中学习到专业知识和价值观的,他们不会认同"网络上的个性化演讲者"。虽然有些学生可能会受到教授讲述的故事的启发,但大多数学生似乎很少在法学院听到他们的老师的个人经历,这种教学方式当然并不系统。在一个精心构建的专业课程中,教授可以系统地传递专业精神和价值观,这种课程非常依赖问题教学法和角色模拟方法。See Schrag, supra note 190; see also Lisa G. Lerman & Philip G. Schrag, Ethical Problems in the Practice of Law(3d ed. 2012).

⑮ See Johnson, *supra* note 187, at llO.

⑯ Ibid.

⑰ Eli M. Noam, *Electronics and the Future of Law Schools*, 17 J. Contemp. Legal Issues 51, 59 - 60(2008).

学生能够接触到优秀的课程和教师，所以学校可能需要更少的终身教师。”[78]

（二）可能发生之事：未来的三种模式

随着慕课继续影响大学生和研究生的教育模式，可能会出现以下三种场景，除了那些精英学校的学生们，法律教育不会像今天一样深刻普及。换句话说，除非对律师服务的需求有大幅度的上升，否则就不会有深度的法律教育。[79]

1. 大部分法学院可能会全力抵抗慕课

法学院、法律教育理事会以及最高法院有很大的可能会忽视网络带来的改变，继续保持原状。学生的学费和债务会继续增多，上法学院变得越来越难以负担。在通过减少薪资、缩小教师规模、增加教学负担、雇佣更多的低薪兼职教师以及接受学校的资金补助勉强维持几年后，一些法学院——可能有一打甚至更多的法学院会发现自己无力维持账簿的资金平衡，从而宣告破产。这一过程会不断循环，直到入学人数和市场需求人数之间达到一个新的平衡。如果法律服务的市场继续萎缩，更多的法学院会面临破产。除了当税务律师外，只有少数人能够通过出卖学历维持温饱。例如，提供为期一年或两年的课程，为有限的持牌法律专业人士提供新学位，为那些不需要律师提供全方位服务或专业知识的普通收入美国人提供常规的低成本服务。与只收取部分费用的律师相比，这种法律费用会相对较低，因为与专业人员的助手不同，有专业执照的人员不用受到律师的监督，并且他们也不需要偿还如此高昂的教育债务。华盛顿州已经创建了一个可能会提供这种服务的执照项目，但这个

---

[78] Stephen Ruth, *Can MOOC' s and Existing E-Learning Efficiency Paradigms Help Reduce College Costs*?, 8 Int'l J. Tech. Teaching 8c Learning 21, 29 (2012), http://www.sicet.org/joumals/ijttl/issuel201/2_Ruth.pdf.

[79] 这种措辞反映了笔者的想法，即法律服务存在并将继续存在巨大的需求。除了华盛顿州认证的特许法律工作人员，其他的工作来源还包括书籍、资助网络项目以及一些不是律师的朋友，但这些朋友可能有权利提供如移民及听证会情境下的法律服务。See 8 C.F.R. § 1292.1(a)(3)(2013). 若要进行进一步的讨论，请参考后文注释 201 以及附文。

项目可能会通过学徒制而非在法学院开设课程的方式进行教授。⑧⓪

这种教育模式的一个变种是,相比合并或合作办学,法学院可能会受到行业经济状况的影响而被迫将教学时间缩短至两年(除了“精英法学院”,他们可能会吸引到学生接受三年的收费高昂的教育),这一教育模式受到了托马尼奥(Tamanaha)教授和奥巴马总统的赞同,⑧①但与此同时但部分教授的教学负担都过重,只能放弃科研。⑧② 托马尼奥没有提到慕课。也许他更偏向减少法律学习的时间,这样会降低教育的质量,也必然会导致远程学习数量的上升,也或许他不认为慕课作为第三方会减少法律教育的成本。

2. 一所精英式的法学院可以通过慕课服务几乎所有的法律系学生

慕课作为一种选择,可能会大范围地代替传统学校,成为新律师接受教育的第一个机构。有抱负的律师可能会继续在有威望的法学院进修,但想象一下,如果这些精英学院中的一所能够提供修满足够学分的网络课程,学生只需花费 10000 美元就能够获得一个法律学位(当然,这一场景实现的前提,是法律教育部门撤回对网络教育的限制,或最高法院能够接受网络课程的文凭)。一个学生只用花费法学院学费的 6%——如果把住宿费考虑进去的话可能还不到 6%,就能获得一个学位。为什么德高望重的法学院会提供如此物美价廉的学位?因为美国所有的法学院在 2012 年秋季一共招收了 45000 名学生,⑧③如果提供慕课的学校吸引到其中的 35000 人,光是学费就能带来 350000000 万美元的年收入。那些由于高学费而没有申请法学院的学生也可能带来其他的收益。那学生为什么要参加慕课而不上法学院呢?因为通过参加慕课获得学位,学生可以审下一笔钱,还可以向来自全国乃至全世界的著名

---

⑧⓪ See Order Adopting New APR 28—Limited Practice Rule for Limited License Legal Technicians(Wash. June 15,2012),http://www. courts. wa. gov/content/publicUpload/Press%20Releases/25700 – Al 005. pdf. 加利福尼亚州律师协会正在考虑为该州推荐类似的计划。See Laura Emde,State Bar to Look at Limited Licensing Practice Program,Cal. St. B. J. (Feb. 2013),http://www. calbaijoumaI. com/February2013/TopHeadlines/THl. aspx.

⑧① See *supra* note 172 and accompanying text.

⑧② See Tamanaha,*supra* note 144,at 27,45.

⑧③ 美国律师协会法律教育部门报告 2012 年秋季初步登记数据,前文注释 137。

学者学习。

学生们当然知道大型律师事务所和大企业更偏爱雇佣从法学院毕业的学生。这正是为什么有二十多所法学院没有被慕课网络课程的出现打败。但在一个分裂的市场,大部分高薪高地位的工作都被美国顶尖法学院的毕业生抢走了,[84]没有进入顶尖学院的学生必须得承认她能获得的最好的工作充其量也不过是个平庸的工作,因此参加知名教授的网络课程或获得一个低成本的学位,要比花费 15 万美元进入排名较低的法学院好得多。在这一场景里,如果一个重点大学开始提供低成本的网络法律学位,这个国家一半甚至 3/4 的法学院都可能在一年或两年内破产。

3. 通过参考慕课,降低法律教育的成本,法学院可以存活,甚至可以继续提供三年制教育的学位

在慕课关于本科教育的争论中,"混合课程"是经常被提到的一个词,它指代那些依靠慕课传播信息的课程(通过视频讲座、慕课上的教授指定的阅读任务以及公告栏上的讨论等方式传播),以及那些与学生以个人或小组方式交流的教师,他们帮助学生巩固所学知识、提供补充练习、评估论文并进行写作考试。[85] 这一模式可能会把教授变成圣何塞州

---

[84] See William D. Henderson, Rachel M. Zahorsky, The Pedigree Problem: Are Law School Ties Choking the Profession?, A. B. A. J. (July 1,2012), http://www. abajour nal. com/magazine/aiticle/the_pedigree_problem_are_law_school_ties_choking_ the_profession/; Tamanaha, supra note 144, at 148 -49, 148 fig. 12. 1. 该图显示了法学院排名与 2009 年毕业生报告全职私营部门工资的百分比之间的关系。See Anayat Durrani, Does Law School Rank Determine Success?, L. Crossing, http://www. lawcrossing. com/article/693/Does-Law-School-Rank-Determine-Success/#(last visited Nov. 12,2013).

[85] See e. g., Jimmy Daly, *Blended Learning is a Comfortable Alternative to MOOCs and Online Learning*, EdTech (Qan. 11, 2013), http://www. edtechmagazine. com/higher/article/2013/01/blend-leaming-comfortable-alternative-moocs-and-on-line-leaming-infographic; Tamar Lewin, *Adapting to Blended Courses, and Finding Early Benefits*, N. Y. Times(Apr. 29,2013), http://www. nytimes. com/2013/04/30/education/adaptting-to-blended-courses-and-finding-early-benefits. html? r = 1 &&gwh = C5EE6DE52AD735DB8CFEA116AFD97EC9. 任何谷歌搜索"混合课程"或"混合慕课"等术语都会出现数十种此类课程的描述,其中许多都是由已经使用它们的大学发布的。

立大学哲学部门所说的“光荣的教学助手”[86],也可能导致大部分教授职位的消失,因为慕课可能会雇佣更多的短期合同雇员,让一些刚毕业的学生在少数教授及管理人员的监督下担任教学助手或导师。但它与高等教育的模式可能会有一些相似之处,如法律教育,这依赖于学生与老师之间的实时互动。

这一教学模式对那些为生存而挣扎的法学院可能有一定的吸引力。通过裁减教师和工作人员、降低学费的方式,法学院可以吸引到更多的学生,从而应对上升的成本以及网络低成本教育的竞争。[87] 通过用低成本的劳动力代替高成本的专业人员,或者减少收取学生费用的校内教学设施数量,学院可以降低成本,老师可以安排学生们自由观看慕课上那些著名教授的课程视频,互联网的规模经济使学生只用花较少的钱就可以观看慕课的课程或讲座。学生们会在学校补充他们网络教育中没有学到的东西,并取得法律学位。与上一种模式一样,这种模式不会影响到排名靠前的法学院,但会迅速地为大部分法学院带来根本上的改变。这种模式也使法学院在维持三年制教育的同时,还能大幅降低学费。这种教育模式并不是为了完全不收学费,而是为了将学费降低 35% ~ 50%,法学院得研究一下他们的课程项目,判断出什么课程可以被慕课取代、哪些方面则需要面对面的培训。他们需要大致判断出他们提供的课程中,哪些只是传达简单的信息,并用合适的慕课课程取而代之。他们还得将重要的教学信息传达给每个领域的领头讲师,尽管这些讲师可能是那些授课充满活力、能吸引学生注意力、激发学生想象力的教师。第一学年的教学结构可能不会有太大改变,因为在第一学年,教授的知识大部分都是为了发展学生的分析能力,包括要求学生能够进行快速的提问和回答、教师对学生提出的问题进行及时的反馈以及教师随机抽查学生是否跟上了自己的思路。然而,情况也可能是这样的,即大部分学

[86] See supra notes 118 – 21.

[87] 即使是美国律师协会法律教育部门最资深的工作人员巴里·柯里尔(Barry Currier),“预计法律教育将成为讲授和在线课程的混合体,每个人都能发挥其优势。”See Grant, *supra* note 149.

生并不需要额外的学期来进行面对面的学习交流,他们需要的是通过个性化的协助和训练来更好地理解一些理论信息,而这是慕课可以在接下来的学期里提供的。这种个性化的协助训练可以提供给 30 人的小组,并暂时与慕课整合在一起。换句话说,学生可以在周一或周三观看课程视频(还可以调节观看速度、可以重复收看、也可以与学习小组一起观看并暂停视频进行讨论),然后在周二或周四与导师——可能是刚毕业的学生或兼职教授,见面讨论。导师也可以在课程结束时进行论文考试。

除了小组讨论和基于电子信息的考试外,实体法学院还可以提供什么?他们可以而且应当为每个学生提供至少一次写作研讨会,因为慕课上的导师没有办法和成千上万的学生讨论他们的论文题目、评论他们的论文大纲、为所有的论文打分。顾客、雇主、法官和其他需要法律服务的人想要的是可以进行法律研究、能够写出简单易懂的备忘录及其他分析文件的法律系毕业生。而慕课没有办法满足这种需求。

法学院也应当开设课程培养学生的职业道德。这门课最好是通过解决问题的方式来讲授,将学生放在律师的角度,要求他们在不同的解决方案中做出选择,这些方案能完美解决问题,但却反映了不同的价值观。[88] 此外,慕课课程并不能还原律师工作的复杂性,因为律师需要与客户、监管、盟友、对手及法官打交道;解决瞬息万变的情况;寻找和采访证人;理清线索;还要处理律师日常工作的其他任务。在这里,我必须要反对托马尼奥教授的观点,他认为,如果法学院不把学制缩短为两年,就应当把第三年设置为“学徒项目”(apprenticeship programme)时期,在这段期间内,学校:

> 将学生批量式地“投入”既有的实践场所(律所、政府法律办公室、法庭等)。许多法学院已经通过“实习期”项目开展了这一工作。这比囿于法学院的诊所式法律训练更具效率。法学院负责监管校外实习学

---

[88] See Schrag, *supra* note 190.

生的人员并不是学者,而是具有丰富实践工作经验的“律师导师”(lawyers-supervisors)。[89]

托马尼奥教授称法学院应当提供“一种补充性的教育成分”。[90] 但他并没有就此展开具体讨论,没有说明如何让受剥削的律师事务所合伙人、法律服务的提供者或“一种补充性的教育成分”代替现行的大量的一对一监督以及诊所式法律训练的反省鼓励。[91] 他也没有估算过成本。

有教授指点的实操经验与在慕课上学到的东西截然不同,且这种经验只能由专业的教育者提供。即使法学院要通过提供网络教育减少成本,它们也不应当砍掉实训。

十年后仍然繁荣存在的法学院,[92]他们第一学期或第一学年的课程直到今天也并没有太大变化。但接下去的四个到五个学期,学生主要是学习慕课上的课程,学生可以和现在一样选择课程,通过网络学习最优秀的法律教师的课程。他们可以一周去两次法学院与律师就课程及阅读作业进行小范围的讨论。律师按时间收费,但收费水平和教授不一

---

[89] See Tamanaha, *supra* note 144, at 175. 作为替代方案,托马尼奥建议提供从三年级法律学生到法律服务办公室的全职协助,或者是由低成本资助的私人经营版本法律服务,如税务服务。同上。

[90] See Tamanaha, *supra* note 144, at 175. 作为替代方案,托马尼奥建议提供从三年级法律学生到法律服务办公室的全职协助,或者是由低成本资助的私人经营版本法律服务,如税务服务。同上。

[91] 关于临床法学教育的目标、价值和方法,有着冗长的学术文献;关于它的观点太多,无法在此引用。See e. g., J. F. Ogilvy 8c Karen Czapanskiy, Clinical Legal Education: An Annotated Bibliography (revised 2005) (unpublished manuscript), http://faculty. cua. edu/ogilvy/biblio05clr. htm. 对于作者自己的观点,请参阅 Philip G. Schrag 和 Michael Meltsner,“临床法律教育的反思”(1998); see also Center for Applied Legal Studies, Georgetown L., http://www. law. georgetown. edu/academics/academic-programs/clinical-programs/our-clinics/CALS/ (last visited Nov. 11, 2013) (按照教育目标和教学方法的链接)。

[92] 特定的发展会导致十年内发生重大的变化。如前所述,法律教育部门可以大大放宽对远程教育的限制,或者州立律师协会放宽入学要求。否则法学院的申请入学人数可能会进一步下降,许多学校即将破产。但也有另一种值得注意的可能性,如果国会改变法律法规,影响贷款学生(例如,通过了法律教育的学生可以借贷,或拒绝贷款给在学校的学生,毕业生没有获得合法的工作),现在的法学院结构几乎会立即开始崩溃。

样，因为律师还有其他的全职工作，也不用做研究。每所学校都会有小部分专业教师在第一学期或第一学年教授写作课程、职业道德教育以及实操，每个学生在第三学年会在教授的监督下实习一个学期。学校会授予完成三年学习的人以法律博士学位，但也可能会为从事了一年法律工作的人员颁发学位，这些人通常为中低收入群体或小型企业提供法律服务。这些“典型的”法学院会和其他高收费的精英式法学院并存，这些精英学院提供慕课课程，但同时为他们的学生提供与21世纪前十年相似的三年教育，这会进一步加深法律职业的分歧，海涅（Heinz）和莱曼（Laumann）在三十几年前就已经提出了这种看法。[93]

对我们这些有幸接受过20世纪教育的人来说，这可不是一件好事儿。经济技术变革的时钟走得越来越快，对旧日法学院的怀念可不会让它往回转。

五、结论

法学院如今面临着缩小规模甚至消失的危机，但这危机并不是由慕课造成的。慕课在2012年横空出世，而在四年前法学院的招生就开始面临大幅度衰减的问题。不过慕课可能会给予这个国家里注定走向失败的大部分法学院以致命一击。在大多数法学院中，新慕课技术和经济动荡的扩散可能为更多法律专业人员和法律教育民主化提供良好的机会，但这有着不可避免的代价，即20世纪发展起来的法律教育的方式将会减少，这种教育方式不仅向学生传递知识，还让他们在课堂和实操中磨炼技能、探索价值观，学生们正是通过这种方式成为重要的思想家和公民。一些领先的大学，包括我所在的大学，都急于加入在线课程或“课程时代”，融入法律教学的最新浪潮。这些学校的管理人员可能会在几年内获得可观的收入，因为他们的院系慕课课程会成为不太有名望的学

---

[93] See Generally John P. Heinz 8c Edward O. Laumann, Chicago Lawyers: The Social Structure of the Bar(1982).

校的必修课程。但笔者认为,如果他们重视其法学院所提供的教育方式,他们将会好好思考应该保留传统法学教育的哪些元素,以及如何与慕课互动,而不是让它在几年内就崩溃,因为这些元素是一个国家的大学花了百年时间发展起来的法制教育体系。

MOOCs and Legal Education: Valuable Innovation or Looming Disaster?

Philip G. Schrag(Author)　Zhao Xin(Translator)
Wu Guobang(Editor)

Abstract: MOOC is an open online course based on the Internet. In recent years, MOOC has become popular and rapidly spreading in the field of education. Most of the current MOOCs are offered free of charge to those who attend the course. Some MOOCs are trying to promote credit-based courses, creating substantial income profits for profitable companies, and providing compensation and new funding for non-profit universities that fund online courses. income. However, the credit system has encountered a lot of resistance, including questions about student testing and scoring and questions about the quality of MOOCs. Investigating the legal education field, the MOOCs has already occupied a place in the legal field, but the goal of whether the MOOCs education model can achieve legal education is still unknown. There are three modes in the influence of MOOCs on legal education. Most law schools may fully resist MOOCs. Elite law schools may also serve almost all law students through MOOCs, or law schools can refer to MOOCs. The cost of reducing legal education survives and can even continue to provide a three-year education degree. The scale reduction crisis faced by law schools is not caused by MOOCs. Any university should reflect on how to combine traditional law education with MOOCs, rather than letting the traditional legal education system collapse.

Key Words: MOOCs, Credit System, Legal Education, Law School

2018年法学教育研究热点领域与前沿主题述评

——以《法学教育研究》与《法学教育杂志》为对象*

余　涛**　闫亚林***　张玉玺****

摘　要:《法学教育研究》和《法学教育杂志》是国内外关注法学教育研究的典型刊物,以两种刊物在2018年度的栏目设置、作者信息、发文情况、研究主题等作为研究对象,利用citespace等软件进行有针对性的分析,能够反映出当年法学教育研究领域的热点领域和前沿主题。通过两种刊物在发文主题、写作风格等方面的对比,也能够反映出两国在法学教育研究领域存在的共性与差异,这种差异化比较对于探讨我国法学教育研究在当下存在的问题和在未来的发展具有一定的指导意义。

---

* 基金项目:本文是陕西高校青年创新团队"马克思主义法哲学与人的解放"的阶段性成果。感谢西北政法大学邱昭继教授和孟超博士在论文写作过程中提供的帮助。

** 余涛,西北政法大学高等教育研究所副研究员,法学博士,研究方向:法学教育、地方法制理论。

*** 闫亚林,西北政法大学高等教育研究所研究员,教育学博士,研究方向:高等教育学。

**** 张玉玺,西北政法大学2018级法律硕士研究生,研究方向:法学教育、法学理论。

关键词:《法学教育研究》 《法学教育杂志》 热点领域 前沿主题

法学教育作为我国高等教育的重要组成部分,在当下全面推进依法治国战略过程中具有基础性、先导性和战略性地位,党和国家有关法学教育的各项方针政策为我国法学教育的发展与研究提供了新的契机。在此背景下,法学教育的功能逐渐受到学术界和实务界的关注,针对法学教育开展的研究也在逐渐升温。除了有关法学教育的专著、报告之外,专业研究期刊在每一年度刊发的学术文献在时效性、话题敏感性等方面能够适时反映该领域的热点研究问题与研究现状。

一、研究设计

(一)研究对象

和专著、研究报告以及一般期刊所刊载的学术文献相比,专业性研究期刊所刊发的学术文献能够更为直接、敏锐地反映该研究领域的热点、前沿及研究趋势。根据布拉德福文献离散规律,大多数关键文献通常都会集中刊发于核心期刊。① 因此,本研究以 2018 年度出版的两种刊物:国内的 CSSCI 教育类学术集刊《法学教育研究》②和美国的《法学教育杂志》(*Journal of Legal Education*)③所刊载的学术文献及两种刊物的

---

① 参见张斌贤:《近三十年我国教育知识来源的变迁——基于〈教育研究〉杂志论文引文的研究》,载《教育研究》2009 年第 4 期。

② 《法学教育研究》是国内较早关注法学教育的学术集刊,创刊于 2009 年,2017 年入选南京大学中国社会科学评价中心"中文社会科学引文索引(CSSCI)收录集刊"。刊物由法律出版社出版,最初为半年刊,2017 年转为季刊。

③ 参见《法学教育杂志》(*Journal of Legal Education*)是美国法学院联合会(Association of American Law Schools)主办、现由华盛顿大学法学院和东北大学法学院承办的专业性法学教育研究刊物。刊物创办于 1948 年,每年固定以季刊形式出版 4 期。

基本数据作为研究对象,能够在一定程度上反映该年度法学教育研究的热点问题和研究走向,也应该能从特定的视角反映该时期内国内外法学教育研究的演化趋势。

(二)数据来源

本研究采用国内刊物的数据来源于CNKI数据库(维普网)等电子数据库收录的2018年度出版的《法学教育研究》4卷刊物所刊发的学术文献(第20卷至第23卷),以及在CNKI数据库中导出的以"refworks"格式输出的相关数据。国外刊物的数据则来源于《法学教育杂志》官方网站发布的在2018年度出版的4卷刊物所刊发的学术文献,包括第67卷第2期(冬季号)、第67卷第3期(春季号)、第67卷第4期(夏季号)和第68卷第1期(秋季号)。④

(三)研究方法

本研究以156篇有效的学术文献和两种刊物的栏目、作者等作为研究对象,在对刊物发文的基本情况进行统计的基础上,对刊发学术文献的作者/第一作者的职称、所属学科等基本信息进行归纳。也借助了CiteSpace软件,通过可视化知识图谱分析法探寻法学教育研究领域的热点主题,并以表格和图表的形式进行呈现,进而对刊发文章的主题进行概括和归类,从教育活动层面、教育理念层面、教育元研究层面、教师教育、道德教育等方面,对两种刊物刊发学术文献的研究重点、研究方向进行简单的对比分析和讨论。本研究一方面借助文献研究方法对研究对象进行定性归纳和总结,另一方面则在文献计量方法的基础上通过定量数据进行分析,以便更为客观地反映该年度法学教育研究的基本状况。

---

④ 该刊物在2016年之前在每年的2月、5月、8月和12月出版。从2016年开始变为春季号、夏季号、秋季号和冬季号,总有一期是以跨年形式出现的,在此特别说明。参见https://jle.aals.org/home/,最后访问日期:2019年5月24日。

二、2018年《法学教育研究》载文分析

(一)《法学教育研究》年度发文基本情况

1. 年度总文献量与栏目分布情况

2018年,《法学教育研究》共发文105篇,⑤分布在"理论探讨""教学研究""比较研究""管理经纬""教育法制""法务反哺""学问人生"7个常设栏目和"'法学博士研究生教育'论坛专题""民办高校教师调查笔谈专题""改革开放40年专题""第九届立格联盟高峰论坛"四个专题栏目中,具体发文的分布情况如表1所示。

表1 《法学教育研究》2018年度发文情况

栏目	发文数(篇)
理论探讨	21
教学研究	17
法学博士研究生教育论坛专题	17
管理经纬	13
比较研究	12
第九届立格联盟高峰论坛专题	8
教育法制	5
法务反哺	4
民办高校教师调查笔谈专题	3
改革开放40年专题	3
学问人生	2
合计	105

⑤ 统计排除了"稿约""编者按""法学资讯"等与学术研究无关的文献,仅关注在刊物上发表的学术文献。

由表 1 可见,《法学教育研究》在“理论探讨”“教学研究”“比较研究”“管理经纬”栏目的发文量较大,是刊物稿件来源的主要组成部分。“法学博士研究生教育论坛”专题则由于是专题研讨会的稿件集合,一次性发文量也较多。“立格联盟高峰论坛专题”专题是刊物的常设专题栏目和特色栏目,每年均刊发“立格联盟”成员高校的校长/书记在论坛上的发言,发文量和成员单位的数量直接相关。⑥

2. 发文作者/第一作者基本情况

从发文作者/第一作者的研究方向来看,属于法学学科的作者有 81 人⑦,占比 77.1%,属于法学以外学科的作者有 24 人⑧,占比 22.9%。可以看出,发文作者的学科背景基本是以法学学科为主。占比较多的学科有法理学(25 人)、教育学(23 人)、民商法学(11 人)和法律史(9 人)。表明有法学学科背景的作者是撰写相关论文的主流。

从发文作者/第一作者的职称来看,具备副高及以上的高级职称的作者有 68 人,占比 64.8%,中级以下职称的作者(主要为讲师,还包括 8 名博士研究生)有 37 人,占比 35.2%。表明刊物对职称的要求不突出,尚未设置相关门槛。

3. 项目基金资助情况

获得项目基金资助的学术文献有 45 篇,占比 42.9%,没有项目基金资助的学术文献为 60 篇,占比 57.1%。表明在刊发论文与是否有基金资助方面,并无太大的相关性。

(二)《法学教育研究》学术文献主题与关键词分析

借助 CiteSpace 软件,分析得出的 2018 年法学教育研究主题和关键

---

⑥ “立格联盟”成员已经由最初的 5 家增加至 8 家,包括中国政法大学、西南政法大学、华东政法大学、中南财经政法大学、西北政法大学和甘肃政法学院、上海政法学院、山东政法学院。

⑦ 包括法学理论、法律史、宪法与行政法学、刑法学、民商法学、诉讼法学、经济法学、环境与资源保护法学、国际法学,几乎涵盖全部法学专业二级学科。

⑧ 包括教育学、政治学、管理学、语言学和地质学。

词共现混合科学知识图谱如图 1 所示。⑨

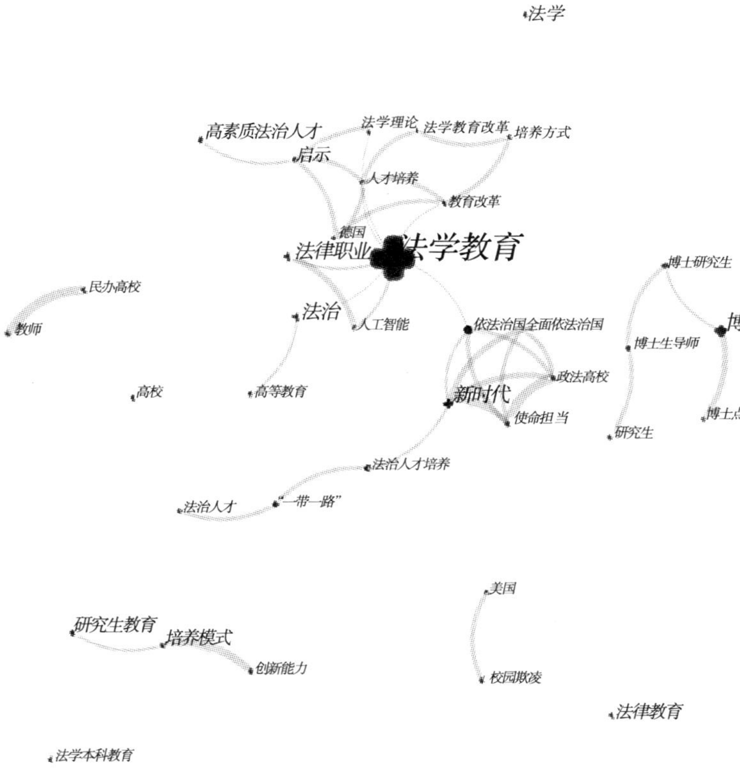

图 1　2018 年《法学教育研究》高频关键词科学知识图谱⑩

1.2018 年《法学教育研究》的高频关键词包括"法学教育(法律教育)""博士(研究)生""法律职业""法治""新时代""启示"等,由于部

---

⑨　相应参数设置为,在时间分段(time slicing)功能栏中,把时间设置为 2018 年,分段长度(slice length)设置成 1;在文本处理(text processing)功能栏中,把术语来源(term source)设置成默认选项,即选择"题目(title)""摘要(abstract)""作者关键词(author keywords)"以及"增补关键词(keywords plus)"等;在节点类型(node types)功能栏中,选择"术语(term)"和"关键词(keywords)";在可视化(visualization)功能栏中选择显示混合网络(show merged network);点击"go"运行即呈现 2018 年法学教育主题和关键词共现混合科学知识图谱。

⑩　需要说明的是,由于年度数据相对较少,因此生成图表的聚类和关联度并不是十分明显,但大致上能够看出一定的研究方向和特定研究主题的相关性。

分关键词表述不够统一和准确，且存在内容重合或者指称同一的情况，因此经过处理并整合后归纳后的高频关键词还包括“全面依法治国（依法治国）”“（高素质）（法治人才）法治人才培养”“（研究生）研究生教育”“法学教育改革（教育改革）”“教师（博士生导师）”“（高校）政法高校”、域外研究、“一带一路”、研究生创新能力、校园欺凌和人工智能等。其中，法学教育、依法治国、新时代、法治人才培养具有较强的中心性。这些主题与我国近年来的高等教育改革路线及相关教育文件的关联性较强，具有较高的热度与话题性，从某种程度上，也可以较为清晰地反映出2018年度《法学教育研究》所刊发学术文献的热点研究主题和主要研究方向。

2. 从图1可以看出，2018年度的《法学教育研究》重点关注了与法律职业、法治人才培养相关的法学教育改革等内容⑪，还重点关注了法学博士研究生教育和新时代政法高校使命担当两大主题。其中，“法学博士研究生教育”主要关注域外法学博士培养经验借鉴⑫、博士研究生

---

⑪ 参见朱继萍：《“互联网+”时代法学教育改革的踌躇与抉择》，载《法学教育研究》2018年第1期；王丹：《内蒙古少数民族法治人才培养现状及培养目标的转型》，载《法学教育研究》2018年第1期；冯果：《大数据时代的法学教育及其变革》，载《法学教育研究》2018年第2期；李栗燕：《网络时代法治人才培养的革新向度》，载《法学教育研究》2018年第2期；贺玲、田钒平：《藏汉双语法治人才培养机制及其改革研究》，载《法学教育研究》2018年第2期；胡晓莉：《中阿区域性合作视角下法治人才培养的理念与路径探究》，载《法学教育研究》2018年第4期；汪全军：《论立法工作者的职业伦理》，载《法学教育研究》2018年第3期；［美］朗富勒：《法学院能为法律人的养成贡献什么》，赵力、程朝阳译，载《法学教育研究》2018年第4期；［美］W.布拉德利·温德尔：《法学院应当传授职业责任、职业美德，抑或其他》，刘熊擎天译，载《法学教育研究》2018年第4期；刘兵、孙法柏：《海洋强国战略与法学教育改革——沿海地方高校海洋法律人才培养的探索与实践》，载《法学教育研究》2018年第4期。

⑫ 参见王洪亮：《德国法学博士教育及其对我国的启示》，载《法学教育研究》2018年第1期；沈文钦：《全球化对中国博士生教育的影响》，载《法学教育研究》2018年第1期；任际：《财税法博士生国际化视野：必要与前瞻》，载《法学教育研究》2018年第1期；黎永强：《澳大利亚法学博士研究生教育治理机制》，载《法学教育研究》2018年第1期；王伟：《为速成博士辩护——兼论美国法学院博士学位制度的衍生与变化》，载《法学教育研究》2018年第1期；常鑫：《美国学术型法学博士教育发展研究》，载《法学教育研究》2018年第1期。

教育质量⑬、博士研究生导师责任⑭等。“新时代政法高校使命担当”则回应了第九届“立格联盟”高峰论坛的年度主题，包括服务国家重大需求战略、新时代全面依法治国背景下政法高校的使命担当及实现路径及生态法治人才培养等。⑮

3. 对相关学术文献的具体研究内容进行分析之后还可以发现，除了前述归纳的较为集中的研究主题，2018 年《法学教育研究》的研究热点也涵盖了长期以来一直受到学者们关注的基础话题。着眼教育学、比较法学等角度，从教育理念、教育活动层面开展了研究，比如对法学教育模式的反思⑯、

⑬ 参见葛洪义：《法学博士研究生培养的主要环节》，载《法学教育研究》2018 年第 1 期；杨宗辉：《法学博士研习之法》，载《法学教育研究》2018 年第 1 期；陆根书、王玺：《基于知识图谱的研究生教育质量及评价研究可视化分析》，载《法学教育研究》2018 年第 1 期；李燕：《西南政法大学“1357”研究生教育综合改革与实践》，载《法学教育研究》2018 年第 1 期；郭瑞迎、牛梦虎：《我国博士生创新能力培养模式改革趋势浅析》，载《法学教育研究》2018 年第 1 期。

⑭ 参见孙宪忠：《指导博士论文选题的体会》，载《法学教育研究》2018 年第 1 期；赵立莹、呼延天慧：《博导指导质量：参照模型、批判反思、问责改进》，载《法学教育研究》2018 年第 1 期。

⑮ 参见黄进：《生态文明建设与高素质法治人才培养》，载《法学教育研究》2018 年第 4 期；付子堂：《服务国家重大需求提升生态法学学科水平》，载《法学教育研究》2018 年第 4 期；叶青：《探索面向未来的法律人才培养模式创新之路——华东政法大学书院制教育改革的目标导向及其实现路径》，载《法学教育研究》2018 年第 4 期；姚莉：《新时代全面依法治国背景下政法高校的使命担当》；杨宗科：《论新时代全面依法治国背景下政法高校的使命担当》，载《法学教育研究》2018 年第 4 期；李玉基：《新时代全面依法治国背景下政法高校的使命及实现路径》，载《法学教育研究》2018 年第 4 期；刘晓红：《新时代全面依法治国背景下政法院校的使命担当——以上海政法学院法学教育实践为例》，载《法学教育研究》2018 年第 4 期；吕涛：《生态法治人才培养研究——以山东政法学院法学本科环境法人才培养为视角》，载《法学教育研究》2018 年第 4 期。

⑯ 参见段磊：《论本科生法律方法教学模式的创新》，载《法学教育研究》2018 年第 1 期；李鼎楚、聂清雨：《法学硕士的交互教学模式探究》，载《法学教育研究》2018 年第 1 期；冯果：《大数据时代的法学教育及其变革》，载《法学教育研究》2018 年第 2 期；宋志军：《法律实务课“双师多域协同”教学模式探究》，载《法学教育研究》2018 年第 2 期；雷秋玉：《法学教育的模式移植与反思》，载《法学教育研究》2018 年第 2 期；季金华、李海峰：《法学教育的理性化模式与经验化模式之比较》，载《法学教育研究》2018 年第 3 期；张怡、侯欢：《财税法研究生联合培养模式：分析、比较及完善》，载《法学教育研究》2018 年第 3 期。

对相关课程教学法的探讨[17],对域外法学教育最新发展状况的认识等[18]。同时,由于2018年所处的时间节点的因素,包括了对改革开放40年来法学教育发展状况的回顾,具有一定的时代特色。[19]

三、2018年《法学教育杂志》载文分析

(一)《法学教育杂志》年度发文基本情况

1. 年度总文献量与栏目分布情况

2018年度的《法学教育杂志》共发文51篇,主要分布在"学术论文"(Articles)"讲台之上"(At the Lectern)"法学院典范"(Legends of the Legal Academy)"书评"(Book Reviews)这4个常设栏目以及1个专题栏目"法学教育中的可视化影像及流行文化"(Symposium:Visual Images

---

⑰ 参见范水兰:《论经济法教学中经济法思维的培养》,载《法学教育研究》2018年第2期;周亚光:《裁判中心主义的国际私法教学体系探析》,载《法学教育研究》2018年第2期;邹平学、刘海林:《突破与创新:基于〈香港基本法〉MOOC的教学实践》,载《法学教育研究》2018年第2期;班小辉:《论法学案例教学方式的二元化及其互补发展》,载《法学教育研究》2018年第3期;刘学文:《国际法教学中法教义学的范式倡导与方法论之维》,载《法学教育研究》2018年第3期;马岭:《基于文本的宪法课堂教学》,载《法学教育研究》2018年第3期;吴才毓:《现象教学法在民法教学中的运用》,载《法学教育研究》2018年第3期。

⑱ 参见彭海青:《21世纪以来中德法学教育实践性导向改革的比较与相互启示》,载《法学教育研究》2018年第1期;戴一飞:《走入历史的日本法科大学院全国统一适应性考试》,载《法学教育研究》2018年第2期;袁利平、武星棋:《英国法学教育改革:一种历史与比较的视角》,载《法学教育研究》2018年第2期;谢晓:《美国法学院排名争议及其启示》,载《法学教育研究》2018年第2期;张惠彬、沈浩蓝:《美国知识产权法学教育的发展状况研究》,载《法学教育研究》2018年第3期;张鹏:《加拿大诊所式法律教育与法律援助的衔接体制研究》,载《法学教育研究》2018年第3期;张月霞:《韩国法学专门大学院制度研究》,载《法学教育研究》2018年第3期;李靖崃:《德国法学教育改革发展的经验与借鉴》,载《法学教育研究》2018年第3期。

⑲ 参见于立深:《改革开放40年我国高等教育法治化的基本经验》,载《法学教育研究》2018年第3期;邱昭继:《改革开放40年来法学翻译与分析法学在中国的发展》,载《法学教育研究》2018年第3期;于浩、黄颖:《改革开放40年来的中国法理学:回顾与展望——基于国内法理学教材的分析》,载《法学教育研究》2018年第3期;何勤华:《改革开放40年中国法学教育成长的反思》,载《法学教育研究》2018年第4期。

and Popular Culture in Legal Education)中。具体情况如表 2 所示。

表 2 《法学教育杂志》2018 年度发文情况

栏目	发文数(篇)
学术论文	24
讲台之上	3
法学院传奇人物	1
书评	7
“法学教育中的可视化影像及流行文化”专题	16
合计	51

从表 2 可见,“学术论文”栏目是《法学教育杂志》的载文主体,发文数几乎占到了总数的 47%,讨论主题基本能够反映该年度法学教育研究的热点与前沿,具体内容会在后文展开分析。同时,《法学教育杂志》也采取了“专题研讨会”的形式集中探讨法学教育研究主题,在第 68 卷第 1 期中,共发文 20 篇,除了常设的 3 个栏目发文 4 篇,其余 16 篇均为研讨会的专题稿件。而“书评”栏目也是《法学教育杂志》的重点栏目,所评书籍大多为具有一定影响的、新近出版的(2017～2018 年)与法律人、法律文化、法律制度、法律职业以及诊所教育、毕业生就业等相关的专业法律书籍,⑳而不仅仅是与法学教育相关。但也偶见对出版时间较

⑳ See Bernard W. Bell, “Book Review of *Law Professors: Three Centuries of Shaping American Law*, by Stephen Presser”, *Journal of Legal Education*, Vol. 67. No. 2, 2018. Scott Douglas Gerber, “Book Review of *Law Professors: Three Centuries of Shaping American Law*, by Stephen Presser”, *Journal of Legal Education*, Vol. 67. No. 2, 2018. Thomas Morawetz, “Book Review of *Wrongful Convictions and the DNA Revolution: Twenty-Five Years of Freeing the Innocent*, *edited* by Daniel Medwed and The New Criminal Justice Thinking by Sharon Dolovich and Alexandra Natapoff”, *Journal of Legal Education*, Vol. 67. No. 2, 2018. Dan Urman, “Book Review of *With Passion: An Activist Lawyer's Life*, by Michael Meltsner”, *Journal of Legal Education*, Vol. 67. No. 3, 2018. Renée Lettow Lerner, “Book Review of *Inventing American Exceptionalism: The Origins of American Advesarial Legal Culture*, 1800 – 1877, by Amalia D. Kessler”, *Journal of Legal Education*, Vol. 67. No. 3, 2018. Richard A. Boswell, “Book Review of *The Global Evolution of Clinical Legal Education: More Than a Method*, by Richard J. Wilson”, Vol. 67. No. 4, 2018. Judith Welch Wegner, “Book Review of *Roadmap: The Law Student's Guide to Meaningful Employment*, by Neil W. Hamilton”, Vol. 68. No. 1, 2018.

早,但属于影响较大的经典作品的评价。㉑

2. 发文作者/第一作者基本情况

由于作者信息体例的差异,并不能完整地对每位作者的学科背景和研究方向进行详细分析。但从作者简介中可以得出的结论是,《法学教育杂志》的大部分作者/第一作者都是法学院、相关学术机构的资深教师或资深研究人员,多数具有讲座教授(如 Tapping Reeve Professor of Law and Ethics)、教授(Full Professor 或 Professor of Law)、名誉教授(Professor Emeritus)、高级研究员(senior research fellow)以及副教授(Associate Professor)之类的高级职称或荣誉头衔。㉒ 也有一些作者是专业研究领域或相关机构的专家(如 ABA 学生学习成果小组委员会主席、国会法律图书馆法律检索资深馆员),且为数不少的作者在法学院担任院长、名誉院长等职务。仅有少部分作者属于讲师(Lecture、Assistant Professor)或一般的研究人员,但比例相对是比较低的,在2018年度的发文作者中,占比大概不到8%。

从学科背景上看,《法学教育杂志》发文作者/第一作者基本都具有法学或法学相关的知识背景,包括比较宪法学、法律写作、法律与伦理学、法律与政治学以及法律检索、公共政策与行政等。前述信息表明了研究者的专业程度和权威度较高,一定程度上也能说明刊物载文的权威性与研究的有效性。另外,部分作者在该年度发文2篇以上,反映出作者在研究方向上对法学教育的持续关注以及在该领域的研究能力和权威度。

(二)《法学教育杂志》学术文献主题与关键词分析

由于文献体例存在差异,《法学教育杂志》刊发的学术文献并没有"关键词"这一内容,所以在对学术文献进行翻译和整理的基础上,研究者进行了初步的阅读,并对每篇学术文献的主题和关键词进行了概括和

㉑ Jonathan R. Siegel, "Book Review of *Supreme Courtship*: *A Novel* by Christopher Buckley", *Journal of Legal Education*, Vol. 67. No. 3, 2018.

㉒ 当然需要说明的是,由于评价体系的不同,"职称"的含义在两国是存在差异的,但是为了进行较为有效的对比,本文并不做更为详细的区分。

提取，从每篇学术文献中抽取 3 ~ 4 个关键词作为比较样本，之后经过简单的统计，所得出的《法学教育杂志》2018 年度聚类主题和高频关键词的情况如表 3 所示。

表 3 《法学教育杂志》高频关键词及频次

序号	关键词	出现频次
1	课堂教学/教学方法	27
2	可视化影像等	12
3	课程	11
4	学习方法/学习成果	10
5	法律制度/法律文化	10
6	法学教育	9
7	法律技能	8
8	评估/形成性评估	8
9	全球化/国际化/比较研究	8
10	流行文化	8
11	美国律师协会法学院认证标准	7
12	法学院管理	7
13	法律人	7
14	法科学生/学生编辑	5
15	教师管理	5
16	法律职业	5
17	法律图书馆/法律检索	2
18	毕业生就业	2
19	多种族/非洲裔	2

1. 2018 年《法学教育杂志》排名前 10 的高频关键词包括“课堂教学/教学方法”“可视化影像”“课程”“学习方法/学习成果”“法律制度/法律文化”“法学教育”“法律技能”“评估/形成性评估”“全球化/国际化/比较研究”等。从中可以看出，传统的课堂教学、学习方法、课程研

究、法律能力培养等仍然是法学教育研究的重要领域。其中,关注学生学习成果是近几十年来美国法学院认证标准中最大的变化,可能会推动美国法学院的课程审查和修订过程,与“美国律师协会法学院认证标准”以及“评估”主题相关联。2014 年新的法学院认证标准(American Bar Association Standards for Approval of Law Schools 即“ABA standards”)通过后,已在 2016 ~ 2017 年全面实施。该标准将评估形式以多种方式引入法学院,而结果导向性评估也意味着将认证标准从审查课堂的投入转变为课堂教学。但该标准仍然存在较大争议,因此引发了讨论。㉓

2.《法学教育杂志》也密切关注“全球化、国际化、数字时代”等主题。虽然全球化并未在美国法学院获得广泛认同,尤其是当前的美国政治气候中“全球化”甚至包含有负面含义,美国法学院对课程国际化的呼吁也并不积极。但该趋势可能是无法阻挡的,在全球化背景下,对法科学生法律能力的获得、提高以及法律课程的开设、法学教育资源的服务等都是需要关注的内容。㉔ 同时,基于一种国际视野,刊物也刊发了部分非洲国家比较法学在本科课程中的地位、俄罗斯法科全日制/函授制学生进行研究的学术论文,㉕表明刊物也在持续对域外的法学教育状

㉓ See Steven C. Bahls,“Adoption of Student Learning Outcomes: Lessons for Systemic Change in Legal Education”, *Journal of Legal Education*, Vol. 67. No. 2, 2018. Andrea A. Curcio,“A Simple Low-Cost Institutional Learning-Outcomes Assessment Process”, *Journal of Legal Education*, Vol. 67. No. 2, 2018. Jeffrey L. Harrison,“What Did They Know and When Did They Know It? Pretesting as a Means Setting a Baseline for Assessing Learning Outcomes”, *Journal of Legal Education*, Vol. 67. No. 2, 2018.

㉔ See Rosa Kim,“Globalizing the Law Curriculum for Twenty-First-Century Lawyering”, *Journal of Legal Education*, Vol. 67. No. 4, 2018. Theresa Kaiser-Jarvis,“Preparing Students for Global Practice: Developing Competencies and Providing Guidance”, *Journal of Legal Education*, Vol. 67. No. 4, 2018. Andrew Winston, Peter Roudik, Barbara Bavis, and Donna Sokol,“The Law Library of Congress: A Global Resource for Legal Education”, *Journal of Legal Education*, Vol. 67. No. 4, 2018.

㉕ See Charles Manga Fombad,“Comparative Research in Contemporary African Legal Studies”, *Journal of Legal Education*, Vol. 67. No. 4, 2018. Kathryn Hendley,“A Profile of Russian Law Students: A Comparison of Full-Time Versus Correspondence Students”, *Journal of Legal Education*, Vol. 67. No. 4, 2018.

况给予一定的关注。

3.由于采取专题性研讨会和专题组稿的形式,刊物也集中刊载了一批学术论文,主要是针对"美国律师协会法学院认证标准"相关条款的讨论,包括以学生"学习成果"为评价标准的评估方法、体系等,[26]以及探讨"可视化影像与法学教育""流行文化与法学教育"之间的关系的学术文献,[27]能够非常直观地反映出该年度的研究热点。

四、2018年《法学教育研究》与《法学教育杂志》研究之共性与差异

(一)《法学教育研究》与《法学教育杂志》研究之共性

1.两种刊物均以法学教育相关主题作为专门研究对象

从主题上看,两种刊物都对"法学教育""法律职业""法科学生""法学教师""法律技能"等热点主题进行了关注。从研究对象上看,大致都是法学教育研究领域所必须持续探讨并关注的重要问题。同时,这些主题也是法学教育中的基本研究内容,从研究基本分类上看,"法学教育""法律职业"等主题属于教育元研究层面,"教学方法""法学院管

---

[26] See Judith Welch Wegner, "Law School Assessment in the Context of Accreditation: Critical Questions, What We Know and Don't Know, and What We Should Do Next", *Journal of Legal Education*, Vol. 67. No. 2, 2018. Susan Hanley Duncan, "They're Back! The New Accreditation Standards Coming to a Law School Near You — A 2018 Update, Guide to Compliance, and Dean's Role in Implementing", *Journal of Legal Education*, Vol. 67. No. 2, 2018.

[27] See Elizabeth G. Porter, "Imagining Law: Visual Thinking Across the Law School Curriculum", *Journal of Legal Education*, Vol. 68. No. 1, 2018. Felice Batlan and Joshua Bass, "Beyond Greed Is Good: Pop Culture in the Business Law Classroom", *Journal of Legal Education*, Vol. 68. No. 1, 2018. Philip N. Meyer and Caitlin A. Davis, "Law Students Go to the Movies Ⅱ: Using Clips from Classic Hollywood Movies to Teach Criminal Law and Legal Storytelling to First-Year Law Students", *Journal of Legal Education*, Vol. 68. No. 1, 2018. Michael Asimow, "The Mirror and the Lamp: The Law and Popular Culture Seminar", *Journal of Legal Education*, Vol. 68. No. 1, 2018.

理""法治人才培养"等主题属于教育活动层面,"法律技能""创新能力"等主题与教育理念相关,"教师管理""博士生导师"等主题则属于教师教育方面的内容。总体上看,两种刊物均以刊载法学教育研究成果、探讨法学教育教学规律、促进法学教育发展、培育法学教育理念、增强法学教育信息互动作为基本的目标。

2. 两种刊物均采取了研讨会等形式进行专题组稿

在一定程度上,专题组稿形式能够引领学术话语,便于集中探讨热点、重点和难点研究问题。从 2017 年起,《法学教育研究》每年度召开的"专题研讨会"都会确定专门的主题进行组稿,集中研究热点话题和重点研究内容,如"法学博士研究生教育(2017)""新时代中国法学教育改革与发展(2018)"等。《法学教育杂志》的创刊较早,但近年来也基本在每年召开专题研讨会或进行专题组稿,如"可视化影像、流行文化与法学教育(2018)""教育法第九修正案(2017)""法学教育改革国际化(2017)"等,这些主题都属于各国内部具有较强话题性和热度的问题,同时也是在一定时期内具有较强争议和理论深度的问题,反映出两种刊物均能够及时关注法学教育研究热点,探讨法学教育研究前沿问题。

3. 两种刊物在栏目设置上有相似之处

由于《法学教育杂志》每期发文数量相对较少,因此栏目设置也相对简单,但从具体内容上看,除了较宽泛的"学术论文"栏目之外,还设置有"书评"及"法学院典范"栏目。而《法学教育研究》也设置有"理论探讨""学问人生"及"书评"栏目,其关注的对象是相同的。"理论探讨"关注法学教育的元理论问题,与"学术论文"相似。"学问人生"主要是对从事法学教育的老教师的访谈和记叙,"法学院典范"则是针对法学院教师的传记。"书评"栏目关注的都是在法学教育或法律职业、法律文化相关领域具有一定影响力的书籍。此外,《法学教育研究》的"教学研究"与"讲台之上"所刊发学术文献的主题也是相似的,基本围绕不同课程的课堂教学、教学方法、法律技能习得等内容展开。

4. 两种刊物能够反映各自国家的研究特色以及热点领域与前沿。

2018 年是我国改革开放 40 周年，也是法学教育改革与发展的关键时期，在新时代背景下，法学教育面临着新的机遇与挑战。《法学教育研究》在 2018 年度所刊发的学术文献，涵盖了国内法学教育研究的热点领域，能够反映出该年度在法学教育研究方面的重要话题，包括“新时代法治人才培养”“法律职业领域改革”“人工智能与法学教育”等。与之相类似，在检讨 2016 ~ 2017 年全面实施“美国律师协会法学院认证标准”所产生问题的基础上，《法学教育杂志》也重点关注了这一在美国国内法学院具有重要影响的问题，同时也在多种族问题以及“非洲裔”少数人群法学教育方面也有一定的关注，充分反映出其国内的研究特色。

（二）《法学教育研究》与《法学教育杂志》研究之差异

1. 相较而言，《法学教育杂志》每卷的研究主题较为集中，且研究内容更为聚焦。这一点主要反映在“学术论文”栏目中，比如第 67 卷第 2 期关注新的美国律师协会法学院认证标准（ABA Standards，2014）出台后，学生学习结果评价条款变化所引发的反应和思考，刊物约请了相关领域的专家从各种角度包括法学院标准认证背景下的评估、以评估为中心的法学教育、在课堂上的具体执行过程等方面对该问题进行了分析。而第 68 卷第 3 期则关注法学教育的基础问题，包括法学院财政问题、法学教育危机、课堂教学方法等。由于《法学教育杂志》面对的是各法学院的教师及学生，因而研究的内容大多与法学教育有着更为密切的关联，且讨论内容更为具体，角度也更为丰富。

2.《法学教育杂志》作者资历相对较深，反映出其较为成熟的研究态势和影响力。《法学教育杂志》主要面对法学教育工作者，关注课程发展、教学方法、学术研究以及学术研究和教学过程中出现的新兴领域。而《法学教育研究》的办刊则面向法学院系、教育学院系等的高校教师、管理人员及法学、教育学专业的研究生。其作者群体相对更为复杂，除了资深的学者之外，还有为数不少的一线教师以及博士研究生。去除国情差异因素之外，作者群体在一定程度上能够反映出学者们在该研究领域的参与度和研究深度，也能够反映出刊物在该研究领域的影响力。身份较为复杂的研究人群,显示出相关研究及刊物均尚处于发展和上升阶段。

3.《法学教育研究》的发文量在数量上高于《法学教育杂志》,且栏目设置更为宽泛。《法学教育杂志》每卷平均发文在 13 篇左右,而《法学教育研究》每卷平均发文 26 篇。发文数量虽然并不能直接反映研究的水平和权威度,但能在一定程度上反映研究人员的体量和关注度。和《法学教育杂志》相比较,《法学教育研究》的栏目设置更多且更为细化。除了相似的栏目之外,《法学教育研究》还设置有"管理经纬""教育法制""法务反哺"等栏目,所刊载的学术文献既有法学相关主题,也有部分的教育学、管理学相关主题,且在展示教育学理论及实践方面有着独特的视角,这可能与编辑者、作者的教育学学科背景相关,也反映出《法学教育研究》的交叉学科特色。

4.《法学教育杂志》更为重视"书评"栏目。"书评"栏目基本是每期固定的常设栏目,能够最大限度地反映在法学教育领域乃至法律领域具有影响的重要作品。保持刊物在刊发重要学术论文的同时,也能及时反映出法学教育研究专著的研究动态,使刊物的视角更为全面和深入。相较而言,《法学教育研究》虽然也有"书评"栏目,但并非每卷都有的常设栏目,一定程度上不能及时传播法学教育研究领域的重要著作。

总体来看,比较是为了更好地发展与借鉴。在对两种刊物进行对比的基础上,除了能够反映刊物之间存在的共性与差异外,更为重要的目的则是呈现 2018 年度两国在法学教育研究领域的研究热点领域和前沿问题,或者至少为相关的研究者提供进行更为深入的研究线索,以便检视和探讨我国法学教育研究在当下存在的问题及在未来的发展,这应该是本文的基本目的和价值所在。

A Study on Legal Education Research Hotspot Domains and Frontier Topics in 2018

—Taking *Legal Education Research and Journal of Legal Education* as Research Objects

Yu Tao　Yan Yalin　Zhang Yuxi

Abstract: *Legal Education Research* and *Journal of Legal Education* are two typical journals focusing on legal education research at home and abroad. By using software such as citespace, column setting, author ' s information, publication situations and research topics of the two journals in 2018 are analyzed, with a view to figuring out the hotspot domains and frontier topics of legal education in 2018. Besides, through the comparison between the two journals in research topics and writing styles, the similarities and differences in legal education research between the two countries can also be summarized, which is of certain guidance significance to the study on the existing problems and future development of legal education research in China.

Key Words: *Legal Education Research*, *Journal of Legal Education*, Hotspot Domains, Frontier Topics

管理经纬

斯坦福大学的学生事务管理模式和经验启示*

鞠法胜** 周 倩***

摘 要：斯坦福大学学生事务管理以"以生为本"和"专业化、可持续管理"为指导思想，进行合理的制度制定和机构设置。其倡导"以生为本"的价值取向，追求"扁平化、多样化"的管理模式，聚焦"学生事务管理专业化、可持续"的队伍建设，致力于"形成性反思评价"的反馈机制，彰显着未来学生事务管理理念的变革。借鉴斯坦福大学学生事务管理模式，结合中国特色学生工作体系和话语体系，在管理理念、育人价值、管理机构、工作方式、管理队伍、支持体系等方面进行改革。

关键词：斯坦福大学 学生事务管理 生本位 专业化 可持续

我国高等教育伴随经济社会发展实现了跨越式

---

* 基金项目：本文是河南省哲学社会科学创新团队支持计划（项目编号：2019－CXTD－09）、河南省高等教育教学改革研究与实践项目（项目编号：2017SJGLX013）的阶段性成果。

** 鞠法胜，郑州大学教育学院硕士研究生，研究方向：教育经济与管理。

*** 周倩，郑州大学教育学院教授、博士生导师，研究方向：高等教育学。

进步,2018年全国各类高等教育在学总规模达3833万人,高等教育毛入学率达48.1%,[①]是世界高等教育第一大国。高等教育规模快速扩张,带来了人们对教育质量提升的持续关注与讨论。迈克·富兰(Michele Fulan)认为,“时下正处于变革之中,旧有的教育结构、实践仍保有的同时,全新的教育结构与实践正在产生”。[②]

经济社会进步带来观念革新和生活方式变化,在教育中体现为学生代际特征差异,不同年代学生价值观念、生活方式、话语体系等方面均有鲜明的时代烙印和社会特征,因而时下高校面临的,并非只是扩招带来的学生数量、规模增加,更有学生思想和行为特征差异带来的多样性和复杂性需求。新时代学生自主意识增强、个性化彰显必然带来同一性减少、差异性扩大,学生主体意识、竞争意识的增强,信息化传播和通讯手段对学生学习方式、价值取向和生活观念产生深刻影响,学生多元主体差异愈发明显等,都对我国高校学生事务管理提出严峻挑战。长期以来,大量人力、物力和财力在高校的投入,使高校组建了一支庞大的学生工作队伍,形成了一整套带有鲜明中国特色的学生工作体系和话语体系。[③] 这套体系至今仍发挥重要的管理职能,但同样受到国际环境和教育群体变化带来的挑战。斯坦福大学是公认的世界一流大学,一流的学生培养也受益于其一流的学生事务管理理念、制度与实践。考量斯坦福大学学生事务管理的专业化发展,不仅会给我国高校学生事务管理者带来工作理念的变革,更将可能成为新形势下,改进高校学生事务管理的政策选择之一。

---

① 参见《第四场:介绍2018年教育事业发展有关情况》,载中华人民共和国教育部官网:http://www.moe.gov.cn/fbh/live/2019/50340/,最后访问日期:2019年3月2日。

② [加]迈克·富兰:《变革的力量——教育改革》,中央教育科学研究所、加拿大多伦多国际学院译,教育科学出版社2000年版,第5页。

③ 参见储祖旺主编:《高校学生事务管理教程》,科学出版社2008年版,第79~104页。

一、斯坦福大学学生事务管理价值理念和机构设置

(一)价值理念

1. 价值导向。斯坦福大学承认任何种族、肤色、国别或民族、性别、年龄、残疾、宗教、性取向、性别身份、地位或婚姻状况的学生,并在法律允许范围内提供一切权利、节日和活动,其权利与义务相统一,禁止基于种族、肤色、国别或民族、性别、年龄、残疾、宗教、性取向、性别认同基础上的非法歧视,退伍军人身份、婚姻状况或任何其他特征在大学课程和活动管理中也适用法律保护,禁止包括性骚扰和性暴力在内的非法骚扰。④

2. 核心思想。米勒(Theodore K. Miller)认为,"学生事务是用来描述校园内负责学生课外教育,有时也包括课堂教育在内的组织结构或单位"。⑤ 美国学生事务管理协会(NASPA)认为,学生事务管理包括:促进学生积极学习、促进学生全面发展、创设公平安全的校园环境和多元的文化环境、培育学生的自制力、自律力和各种能力、关注特殊群体、促进学生社会性发展等。⑥ 方巍认为,"学生事务是学生非学术性活动或课外活动,所谓学生事务工作是学生课外的一切活动及其管理"。⑦ 蔡国春指出,"学生事务是指高等教育通过非学术性事务和课外活动对学生施加教育影响,以规范、指导和服务学生,丰富学生校园生活,促进学生

---

④ Stanford university student affairs,载斯坦福大学官网:https://student affairs. stanford. edu.,最后访问日期:2018 年 8 月 1 日。

⑤ Miller. Theodore K.,Winston. Jr.,Roger B. & Associates. *Administration and Leadership in Student Affairs:Actualizing Student Development in Higher Education*. Accelerated Development Inc. 1991.

⑥ Principles of Good Practice for Student Affairs,载美国学生事务管理协会官网:https://www. naspa. org/images/uploads/main/Principles _ of _ Good _ Practice _ in _ Student _ Affairs. pdf,最后访问日期:2019 年 3 月 22 日。

⑦ 方巍:《美国高校学生事务工作与启示》,载《高教与经济》1994 年第 4 期。

成长成材的组织活动”。[⑧] 斯坦福大学则认为学生事务管理的核心思想应是:促进学生学习发展,鼓励社区参与,尊重文化多样性,使学生茁壮成长。可见,斯坦福大学在美国高校学生事务管理的语境基础上更强调学生社会参与,学生事务管理是学生学习活动的有机补充,尊重学生个性和促进学生全面发展。

(二)机构设置

斯坦福大学每个学院均设有学生事务管理办公室,在住宿管理、学籍管理、学生生活服务等方面与校级单位职能相近,但也有为各自教学服务、编制与学校层面没有严格统一、根据学院需要安排的办公室[⑨]斯坦福大学学生事务管理部门组织结构完善,意在为全校各年级、各族裔本科生和研究生提供全方位服务,以支持大学完成人才培养的任务。

斯坦福大学学生事务由一位副教务长(Vice Provost for Student Affairs)主管。副教务长对教务长负责,下设五个助理副教务长(Associate Vice Provost),分管五个办公室(见图1)。

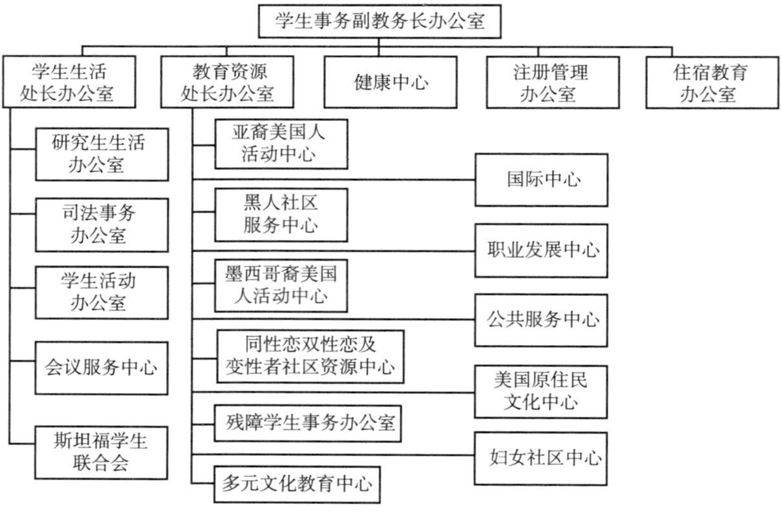

图1　斯坦福大学学生事务管理组织结构

---

⑧　蔡国春:《高校学生事务管理概念的界定——中美两国高校学生工作术语之比较》,载《扬州大学学报》(高教研究版)2000年第2期。

⑨　参见储祖旺主编:《高校学生事务管理教程》,科学出版社2008年版,第79~104页。

斯坦福大学学生事务管理机构设置以扁平化模式为主，细致的分工能使学生事务管理更具针对性，增加与学生接触机会、扩大与学生接触领域，实时掌握学生动态。另外，斯坦福大学学生事务不同部门的设置恰是对价值理念的印证，确保每个学生合法权利不受侵害，实现学生事务管理的专业化和可持续发展。

（三）学生事务管理的未来

斯坦福大学将学生事务管理的未来视为“最重要的工作”（Our Most Important Work），同时秉持“学生事务的未来”是一个战略行动过程的理念，旨在就如何最大限度发挥才能和资源以支持、服务和教育学生，为促进终身学习文化形成制定路线图。⑩ 学校建立起一套完整流程以保证学生事务管理贴合社会发展和学生实际，并不断修正完善，致力于解决多样性和包容性、激进主义、信任和沟通及心理健康和福祉等事关学生的关键问题。

表 1　斯坦福大学学生事务部执行领导确定的八个主要优先事项

优先事项名称	内容阐述
使命和愿景	首要任务是制定一个全面且通俗易懂的使命宣言
领导基础设施	试图建立一个职能范围更广泛有力的部门
沟通策略	学生事务的关键挑战是评估和改善校园社区和整个学生事务部所提供的现有服务
集体学生反应策略	学生事务虽是为处于危机中的个别学生提供支持和相响应的机构，但当下仍需要有效机制来对学生“群体”进行反馈
优化资源	学生事务部通过评估整个部门发展，对优化部门资源进行有意识改善
员工经验	员工经验的延续性和确保学生事务中员工多样性被确定为两个重要领域
教师整合	教师与学生事务领域相结合，领导团队明确表示需要创造更多机会，将教师与学生事务的使命联系起来
发展机会	学生事务部致力于制订战略计划，与发展办公室合作，促进学生在课堂外学习

⑩ Stanford future student affairs，载斯坦福大学官网：https://student affairs. stanford. edu/future-student-affairs/future-student-affairs-our-process，最后访问日期：2018 年 12 月 1 日。

从2015年秋季开始,学生事务部执行领导确定了八个主要优先事项(见表1),并在未来学生事务(FOSA)倡议。该流程分为:第一阶段(2016~2017年春)使命/愿景。组建领导内阁,监督部门日常运转、审议制定部门政策和解决跨部门工作;制定部门使命,定期举行会议讨论重点问题或学生感兴趣领域,制定灵活适用服务政策;为确保领导内阁能获得辅导和对同行机构的实地考察等资源和机会,该部门还为内阁成员制订专业发展计划,以满足他们作为新兴部门领导的需求。该部门抽调学生事务处工作人员组成四个工作小组,分别负责沟通策略、集体学生应对策略、资源优化和员工经验,目的是使有广泛代表性的工作人员参与制定学生事务管理。2017年夏是第一阶段成就的沟通/实施,是使命/愿景落地阶段,2017年6月至2017年12月在个别单位(由领导机构小组委员会制定)试点第一阶段制定的工作政策,2018年3月到2018年8月,在整个部门进行为期6个月的政策试点。第二阶段(2017~2018学年)教师参与/探索发展,伴随第一阶段成就逐渐显现,执行小组着手研究学生事务未来工作的两个优先领域—吸引教师和探索发展机会。斯坦福大学就“学生事务的未来”这一模块已形成系统、可持续化的运作流程,在信息输入阶段、信息处理阶段、决策制定阶段及决策试点运行到最终推广评价反馈阶段,每个环节均为开环结构,均能保证每个学生事务管理主体都充分参与其中表述意见。

二、斯坦福大学学生事务管理模式变革

斯坦福大学的学生事务管理避不开“2025计划”,该计划以个性化教育及终身化学习为主导思想,提出了颠覆传统大学的“开环大学”和人才培养目标创新的三大举措——“自定义节奏教育”“轴翻转”和“使命感教育”,虽然该计划目的在于探究斯坦福大学未来的学习生活体验和教育模式,但计划的实施也对斯坦福大学学生事务管理模式提出了新的要求——倡导“以生为本”的价值取向,追求“扁平化、多样化”的管理

模式，聚焦“学生事务管理专业化、可持续”的队伍建设，致力“形成性反思评价”的反馈机制。斯坦福大学学生事务管理制度理念、机构设置及完善流程规划的形成并非偶然，而是深刻社会历史变迁背景和学生事务管理发展应然、实然间矛盾的产物，隐藏着以“生”为本和“专业化、可持续管理”的学生事务管理内在变革逻辑。对内在变革逻辑的分析和把握应在社会变迁下坚持以人的需求发展为导向，坚持历史、逻辑相统一和现实运行、远景规划相统一。

（一）价值取向：倡导“以生为本”

斯坦福大学“2025 计划”的实施在变革教育模式的同时，也带动学生事务管理模式变革，在理念上更加倡导“以生为本”，将该校学生事务管理模式推向新的高峰。“开环大学”与传统“闭环大学”相比，主要转变在于：变革学生在成年初就要接受四年大学教育的现状，转而认为一生中充满着学习机会，学生在任何年龄段都可以学习；变革人生 18～22 岁的四年大学教育，而是任意挑选人生六年参与大学教育；变革正式学习仅发生在课堂上的假设，转而认为课堂和实践都能获取知识；变革校友偶尔回到学校参加特定活动为校友作为返校实践专家，丰富校园生活等。[11]

学校产生于学习需求，而学习需求又产生于生产力变革的需要。生产力发展必然带来生产关系变革，而生产关系变革又势必引发学校职能结构和规章制度的变革。在学校和学生关系中，生产力和生产关系的变革还体现在学校结构与规章制度在“学校的学生”和“学生的学校”间取舍。“学校的学生”折射的是学校本位价值取向，是“管理导向”模式的体现，带有浓厚国家主义色彩；而“学生的学校”折射的是“学生本位”育人理念，“服务”取代“管理”，凸显以学生为中心的价值取向，是“服务导向”模式的体现。斯坦福大学的学生事务管理变革还面临严峻的外部环境变化和现实挑战。伴随信息技术的提升和知识生产模式的转变，为满

---

⑪ 美国斯坦福大学发布“2025 计划”创立“开环大学”，彻底颠覆全球高等教育，载 https://www.sohu.com/a/230955550_507588，最后访问日期：2019 年 3 月 23 日。

足市场需求和缓解就业过程中专业不对口的压力,新教学模式在应运而生⑫的同时,斯坦福大学的学生事务管理模式也在发生悄然改变。斯坦福大学重新审视本科教育并于 2012 年发布《斯坦福大学本科生教育研究》报告,其本科生教育改革的侧重点由大学教什么向大学怎么教和学生怎么学的方向变化。⑬ 学习主导权回到学生手中,迫使斯坦福大学提供更为灵活多变、以"生"为本的课程和服务。另外,斯坦福大学学生来自 75 个国家,代表着不同背景和文化,⑭新入学的 1697 名学生中,亚洲人占 20%,非裔美国人占 6%,白色人种占 30%,拉丁美洲占 17%,还有美国本土学生、其他国家学生⑮等,丰富的生源构成也促使斯坦福大学进行学生事务管理模式变革,在尊重学生差异和文化多样性的同时,保护学生的合法权益。

田贤鹏认为在教育集权国家中,更多体现为学校本位价值观,在处理师生关系时处于强势地位,盛行的国家主义文化将学校纳入国家权力附庸中,学生个体的鲜活和生动始终被抽象的"学生"概念所压制。⑯ 面对未来生产力和生产关系变革的人本价值取向,斯坦福大学个性化教育模式的变革对学生事务管理模式提出更高的要求,学生事务管理部门将"以生为本"和"专业化、可持续管理"作为主导思想,通过制度理念和机构设置重构校生关系,通过"学生的学校"现代大学制度进一步促进学生主体性解放,将"人"从国家权力附庸的思想中解放出来,彰显了人的个性化发展和未来生产力、生产关系变革的需求。而这也响应了联合国教科文组织首倡的"教育应以人文主义为基础,以尊重生命和人类尊严、

---

⑫ 参见王聪、熊耕:《迈向 2030 高等教育的战略选择:从终身教育到终身学习》,载《湖北社会科学》2018 年第 3 期。

⑬ 参见李雪飞:《本科生教育应该走向何处——〈斯坦福大学本科生教育研究〉报告述评》,载《比较教育研究》2014 年第 5 期。

⑭ 参见 Admission,载斯坦福大学官网:https://www.stanford.edu/admission/,最后访问日期:2019 年 4 月 17 日。

⑮ 参见 Facts 2019,载斯坦福大学官网:http://facts.stanford.edu/academics/freshmen-class-profile/,最后访问日期:2019 年 4 月 17 日。

⑯ 参见田贤鹏:《个性化教育与终身化学习:从〈斯坦福 2025〉计划看未来教育模式变革》,载《湖南师范大学教育科学学报》2017 年第 1 期。

权利平等、社会正义、文化多样性和为可持续的未来承担共同责任”,⑰反映了高校学生事务管理的共同趋势和责任担当。

(二)管理模式:追求“扁平化、多样化”

斯坦福大学的学生事务管理组织模式与结构是与办学宗旨和理念的演进联系在一起的。美国学生事务管理结构主要由经费来源模式、服务相关模式、职员协会模式和直接监督模式构成,⑱传统的斯坦福大学学生事务管理结构也难逃窠臼,此种模式弊端在于,经费来源模式让学生工作负责人在财政事务花费太多时间,致使忽略对学生生活的关心;相关服务模式让学生工作负责人不能直接了解学生,影响决策的正确程度和实际工作效果⑲;职员协会模式难以做到高度专业化和对学生工作负责人的忠诚;直接监督模式则是最为传统的模式,要求学生工作负责人既是专家又是通才,还要与各部门经常联系,已难以适应日趋复杂的学生工作。

当下大学内部行政体制结构以科层制居多,现代大学制度建立也因受科学管理理论影响而呈现结构化特征,韦伯式科层制组织结构一般特征包含:(1)金字塔型纵向层级权力结构,按控制幅度设定组织层次;(2)以专业化和部门化为基础的分工,通过权威体系实现协同运作;(3)标准化的非人格化运作程序与理念。⑳ 现代科层制是 19 世纪社会进步的直接反映,是对经济发展和社会执行体系效率提升的回应。从管理效率出发,现代科层制设计伊始便存在高度内在一致性,操作上也有简便易行的特征,为超越不同文化与系统接受性打下基础。力图构建符合工具理性的组织结构与流程,其行为易简化为依组织层级自上而下层

---

⑰ Rethinking Education:Toward a Global Common Good,载联合国教科文组织官网:http://unesdoc. unesco. org/images/0023/002325/232555e. pdf. ,最后访问日期:2018 年 8 月 1 日。

⑱ 参见教育部思想政治工作四组编:《走进美国高校学生事务管理》,中国人民大学出版社 2011 年版,第 31 页。

⑲ 参见蔡国春:《中美两国高校学生事务管理体制和机制之比较》,载《比较教育研究》2001 年第 7 期。

⑳ 参见敬乂嘉:《政府扁平化:通向后科层制的改革与挑战》,载《中国行政管理》2010 年第 10 期。

层递解的精确分工与协调,存在对计划、执行和监督等功能的高度重视,而忽略或排斥自由裁量权。㉑ 现代科层制在诞生之初即为人诟病,批判来自多个方面,涉及科层制的僵化、繁文缛节、低效和难以接近。㉒ 科层制的工具理性要求部门职能专门化,形成各自分管领域各司其职,并强调执行过程中对上级和规定负责。科层制的此种特征,势必与服务对象形成一定程度区隔,原因在于现代科层制强调服务对象的一般性而忽视其差别化需求。

随着20世纪后期公共行政环境大幅变化、多元文化冲突加剧和个性化需求增加,标准结构化教育在满足多样化需求方面显得捉襟见肘,现代行政机构的组织范式——科层制基本假设出现变革。学生需求日益多元化、个性化,迫使学校管理发展出更加简化、柔性、实时和可靠的流程,进一步提升工作效率和学生满意度。未来人的精神需求将主导高等教育变革发展朝向,人的差异性和多样化需求必然促使学校尊重学生个性化选择、满足多样化需求。斯坦福大学学生事务管理便是此种社会历史发展矛盾下的产物,陈旧的学生事务管理模式已然不能适应"2025计划"的实施,迫使斯坦福大学打破先前的学生事务管理模式,更加追求学生事务管理组织机构的扁平化和多样化,增大与学生的接触面积,从制度理念出发尊重学生多元化需求和需要,尽可能减少行政层级,设立专门机构与学生开展交流正是此种变革的具体体现,通过扁平化和多样化管理模式尊重学生主体差异、个性需求。

(三)队伍建设:聚焦"专业化、可持续"

学生事务人员在高校招生、学术支持、健康教育及个人咨询等方面,有力证明了他们是高校重要的教育力量。㉓ 伴随招生规模的扩张和学生来源的多样化,斯坦福大学的学生事务管理涉及成人、女性、留学生、

㉑ 参见敬乂嘉:《政府扁平化:通向后科层制的改革与挑战》,载《中国行政管理》2010年第10期。

㉒ Michel Crozier. *The Bureaucratic Phenomenon*. Chicago: University of Chicago Press, 1964, pp. 30 – 50.

㉓ Arthur Sandeen and Margaret J. Barr. *Critical issues for Student Affairs: Challenges and Opportunities*. San Francisco: Jossey-Bass, 2006, pp. 6 – 39.

社会弱势群体及不同肤色等多元文化背景的学生，事务管理须按照学生具体情况，设置较为合理的工作内容和服务项目，因而斯坦福大学学生队伍建设有着专业化的特点，多元化的校园需求带来了越来越专业的学生事务管理和服务。

实际上，学生事务管理专业化和可持续是有机统一、相辅相成的。㉔学生事务管理专业化是据学生事务管理专业特点与标准来要求和规范从事学生事务管理工作的职业群体，以提高其从业能力，使学生事务管理成为专门化的过程。㉕ 张菡将美国高校学生事务管理人员专业化发展归纳为“高规格的规范化培养、多样化培训和学术研究、分层化发展与标准化评价、高度分化的专业组织”。㉖ 马健生在对美国高校“学生事务”三大专业期刊，十年来近千篇文章的内容和主题词进行定量研究基础上，发现美国学生事务管理的热点是“关注‘专业’，兼顾‘平衡’”。“专业化”是美国高校学生事务发展迅速的根本原因。从专业理念提出、组织建立、课程设置、专业技能培训等方面，美国近七十年来一直在践行该理念，直至今天，仍在高度关注“专业化”问题。㉗ 麦克莱伦（Melanie McClellan）认为：“当大部分学生事务专业人员努力实现学生全面发展理念的同时，我们须得反思自己是否也在全面发展之中。”㉘在高校学生事务管理模式创新背景下，学生事务管理队伍建设面临新的机遇和挑战。日趋复杂的事务性工作使专业化学生事务管理队伍建设迫在眉睫。学生事务管理者也需掌握一定知识和技能，才能在管理工作中

㉔ 参见董焕敏、李智军：《当前高校学生事务管理多维度分析及思考》，载《黑龙江高教研究》2015 年第 8 期。

㉕ 参见郝文军：《中美高校学生事务管理的比较与启示》，载《现代教育科学》2012 年第 3 期；王林清、马彦等：《高校学生事务管理规范与服务标准》，中国文史出版社 2014 年版，第 13 页。

㉖ 参见张菡、毛永宏：《美国高校学生事务管理专业化发展及启示意义》，载《华中师范大学学报》（人文社会科学版）2013 年第 4 期。

㉗ 参见马健生、滕珺：《美国高校学生事务发展的最新趋势及其启示》，载《比较教育研究》2008 年第 2 期。

㉘ Melanie McClellan. Tony W. Cawthon: Introduction to the Special Issue, College Student Affairs Journal, Spring 2005, p. 107.

灵活自如地顺利完成工作。“2025计划”实施,学生可在任何年龄段进入学校等举措进一步增大了学生事务管理的难度,迫使斯坦福大学学生事务管理队伍朝着专业化和可持续化的方面迈进。斯坦福大学的专业化一方面是机构设置专业化,扁平化的机构设置催生了不同学生事务管理方向的专业化发展;另一方面是从业人员专业化,组建的领导内阁和学生事务办公室间相辅相成,共同促进人员的专业化发展。

(四)反馈机制:致力“形成性反思评价”

一般而言,高校惯用终结性标准评价反馈学生事务管理结果,所谓终结性标准评价就是根据预先设定标准,将工作结果与之比对然后评价的过程,能在活动结束时判断其成效,因其标准化过程、固定性标准及可简单易操作,在学生事务管理反馈中备受青睐。目前高校学生工作,主要在校级层面,针对基层学生管理活动,设定一套相对固定的管理标准和操作系统。[29] 学生事务管理有关部门围绕预定学生事务管理的目标、任务、实施的调控和控制活动。

形成性反思评价是在学生事务工作过程中,由学生事务工作者引导学生对自身思想、行为进行审视、反省和检讨的过程,将外在化客观状态评价转换为内在主观形式判断,相比于强硬的行政命令或死板的规章制度,这种评价更能触及学生灵魂、情感和意志。当前高校学生事务管理评价标准仍是绩效主义为基础的终结性标准评价,此种评价暗含机械僵化的风险。教育是有目的培养人的社会活动,而人的发展也是多种因素综合作用的结果,管理凭人道德生活立论,而非严格规章标准,因而学生事务管理的许多标准难以量化。终结性标准评价虽是重要评价手段之一,也简单易操作,但其出发点是基于管理者意图用以设计标准和程序,“在管理与组织生活里,高于一切的元价值是效率和效用的”。[30] 为实现高校学生事务管理的“最有利”效率,采用学校主导而非学生主导的评价体系,是事倍功半的。就斯坦福大学而言,尤其是“2025计划”实施

---

[29] 参见董方侠、于晓卉:《高校学生工作:辨、困与行》,载《大学教育科学》2016年第4期。

[30] 参见[加]克里斯托弗·霍金森:《领导哲学》,刘林平等译,云南人民出版社1987年版,第41页。

后，服务对象范围扩大，不同年龄和特点的人群对学校需求也有侧重，对于学校评价标准因而各异，在增大服务难度的同时，也提升了评价难度，因此为解决学生不同问题而建立制度及成立机构，充分尊重了学生个性化需求和社会矛盾问题的解决，在决议形成前，先充分调研，随后政策试点然后反馈、推广。这中间学生意见成为不可或缺的一方，表明学生在管理中不仅是服务的客体，还是决策制定的主体。

三、斯坦福大学学生事务管理的启示

从教育现代化进程来看，中美两国在学生事务管理方面仍有较大差距。斯坦福大学通过制度理念、机构设置及工作流程不断地用实际行动共同实现学生事务管理部门的使命，彰显未来高校学生事务管理朝“以生为本”和“专业化、可持续管理”方向运作。斯坦福大学学生事务管理模式是众多高校中璀璨的一颗，蕴含着未来管理模式的内在变革逻辑，能为我国学生事务管理模式提供可供参考的探索方案、新的视角和思考。但应意识到，斯坦福大学学生事务管理有其特定历史文化背景和意识形态语境下的话语体系和言说方式。两国社会文化环境的巨大差异，要求我们在借鉴其管理模式时，必须立足基本国情，坚持社会主义办学方向，满足我国现代化大学建设需求，是“在中国建设世界一流的高校学生事务管理模式”，而不是“世界一流高校学生事务管理模式在中国的建设”。

（一）落实“生本位”管理理念，实现“立德树人”育人价值

社会主义管理的根本目的是“充分保证社会全体成员的福利和自由的全面的发展”㉛。高校管理工作起点应为理解学生，工作重点和关键在于充分发挥学生主体作用。㉜ 党的十九大报告强调“要全面贯彻党的

㉛ 参见齐振海：《管理哲学》，中国社会科学出版社1988年版，第29页。

㉜ 参见邓卓明、张波：《高校学生事务管理应当注重五个结合》，载《思想教育研究》2015年第12期。

教育方针,落实立德树人根本任务”。在人才培养上落实“生本位”的学生事务管理理念,是实现“立德树人”目标的保证。高校学生事务管理工作要在工作和育人理念上尊重学生主体地位,激发学生潜能;在工作方法上尊重差异、维护学生合法权利;在工作方式上扩大学生参与范围、拓宽学生参与渠道;在工作内容上不断完善服务的体制机制,结合学生差异化需求丰富服务内容;在工作目标上体现为促进学生全面发展。学生事务管理的出发点和落脚点贯通主线应为以“生”为本,将学生综合发展作为学生事务管理的最高目标。

我国现阶段高校某些行政人员,对学生事务管理抱持的观点仍是“替代父母”模式,注重校园安全的构建和规范学生纪律居多,[33]强调服务学生居少;注重国家意识、集体意识较多,强调“生”本位理念、培育优良的职业道德意识、学术态度较少。[34] 因此,我国高校目前学生工作仍停留在简单、低层次的管理水平,学生的个性难以彰显,思维和创造力得不到锻炼和发挥,学生也惯于接受管理而非自我教育、自我设计和控制,自主创新能力弱、自我管理能力不强。高校学生事务管理理念由代替父母走向学生服务进而迈入学生发展是学生事务管理迈向成熟的必然趋势,因而高校学生事务管理应积极转变管理理念,把学生管理理念从不成熟、重视管理、控制、保护为主走向以“生”为本的发展阶段。在这一过程中,应充分尊重学生的个性化、差异化和主体地位,引导学生积极参与,以增强学生事务管理的实际效能。在学生参与中体现学生事务服务育人的功能,高校可以鼓励学生主动参与学校学生事务管理,健全学生参与学校学生事务管理的各项制度,诸如学生听证制度、提案制度、对话制度、申诉制度、学生代表大会制度等民主管理制度,为学生参与管理提供明确制度依据。[35] 除此之外,积极探索学生参与的有效途径,学习斯

---

[33] 参见宋广军:《美国高校学生事务管理的经验及启示》,载《学校党建与思想教育》2018年第9期。

[34] 参见云炜恒:《我国大学生事务管理存在的问题及解决途径》,载《内蒙古师范大学学报》(教育科学版)2007年第3期。

[35] 参见王丽琛、李旭炎、范丽娟:《学生权力及其在大学治理中的保障》,载《教育与职业》2014年第11期。

坦福大学在涉及学生利益的决策及领域赋予学生一定发言权的做法，听取学生意见建议。

（二）设立"扁平化"管理机构，辅以"互联网＋"工作方式

我国高校学生事务管理组织架构与运行机制和斯坦福模式有很大区别。长期以来，在学校层面，我国高校学生事务管理实行党委领导下的党政共管型体制，换言之，在有副校长负责的行政部门工作链的同时，还存在党委副书记负责的党委机构工作链条。与斯坦福大学学生事务扁平管理、条状运行相比，我国运行机制更强调综合化、块状管理、条块结合的多级运行机制，能保证工作层面有效覆盖，带动学生事务管理工作有机统筹和协调，但也易带来信息传递失真、需求反馈缓慢、运行成本过高等弊端，掣肘效率提升。因此，可以将斯坦福大学"扁平化"组织结构和运行机制与我国高校学生事务管理改革结合起来。

伴随现代大学制度逐步确立，高校原有组织结构发生明显的改变，因而需要结构灵活、受众平等、处理高效的组织。建立简约化、扁平化的管理组织机构是现代大学制度推进过程中的必然产物。[36] 进行"科层制"改革，构建"扁平化"组织结构，势必要在厘清部门职责、精简机构、整合组织职能、分流现有职员的基础上，逐渐弱化甚至取消中间层级的繁琐程序的部门设置，即将不同院系相同职能部门统一收归校方，成立主管学生事务的党委副书记或副校长直属的职能完善、功能健全、多中心、专门化的学生事务管理部，下设大学生就业创业指导中心、大学生资助服务中心等。对涉及学生事务管理机构统一调度，根据各自职能由部门内部中心/办公室直接与学生或学生组织对接，以减少信息传递环节和中间层级消耗、提升执行效率和信息响应效率，拓展学生事务管理宽度。改善我国高校学生事务管理呈现出扁平化和直线化交织堆叠的组织结构体系，纵向层级纷繁杂冗，横向部门功能边际不清、交叉[37]的状况。另外，伴随信息化技术发展，应善于有效利用互联网技术，打造网络

---

[36] 参见吴松：《现代高校学生事务管理模式的思考》，载《中国成人教育》2014 年第 18 期。

[37] 参见张晓艳：《中外高校学生事务管理内容的比较分析与启示——以中美英三国为例》，载《教育教学论坛》2014 年第 15 期。

化"一站式"服务,或利用网络平台辅助高校学生事务工作,让学生在网络上对处理事件的条陈、流程有清晰认知,甚至直接在信息平台上处理问题,减少线下与工作人员"打交道"的程序。基于互联网共享特征,有效拓宽学生参与事务管理的渠道、减少学生参与事务管理的成本。

(三)打造"专业化"管理队伍,建立"职业生涯"支持体系

学生事务管理专业化是根据学生事务管理专业特点与标准来要求和规范从事学生事务管理工作的职业群体,以提高其从业能力,使学生事务管理成为专门化的过程。[38] 因此,建设专业化的学生事务管理队伍是我国高校学生事务管理的必然选择和现实需求。加强高校学生工作队伍建设,走专业化道路,也已成为我国高校学生工作战线共识。斯坦福大学的管理队伍建设主要体现在:(1)人员构成多样化,斯坦福大学学生事务管理人员均为面向全国招聘,有明确的程序、要求和专兼职之分,但主要部分是一支具有相应学历、层次分明的专职队伍,学生事务管理人员依据岗位职责有初、中、高三级,不同岗位人员聘任和提升有明确要求,显现出多样化特点。(2)素质要求专业化,美国教育部门要求从事高校学生事务管理人员需具备相应文化知识和行政能力。换言之,申请初级岗位的管理人员需具备心理咨询、职业生涯规划、学生事务发展等方面硕士学位,在积攒一定工作经验后,若想取得中等管理职位,还需具备相关博士学位,对高级管理职位而言,管理者都需要很强的理论水平和实践经验。(3)建设管理规范化,斯坦福大学学生事务管理队伍拥有诸多法律咨询机构,涉及种族、性暴力、安全等各个领域,为学生提供完备的法律咨询。为满足职业需求,学生事务管理人员还需参加专门的职前培训和在职培训等,这些培训都有固定模式与程序,内容丰富、形式多样,通过这些职业培训,有效提升了管理队伍的专业化水平。

长期以来,我国高校成立了专门学生工作机构并配备了专门学生工作队伍,但与斯坦福大学不同的是,我国高校学生事务管理队伍还承担

---

[38] 参见郝文军:《中美高校学生事务管理的比较与启示》,载《现代教育科学》2012年第3期。

着大学生思想政治教育和党团建设工作，因而面临更复杂的环境、更繁重的工作及更高标准的要求，为便于工作开展，常将事务性工作与学生德育合二为一，但伴随学生多样性需求的增加，此种体制弊端逐渐显现，诸如辅导员事务性工作繁重、德育工作被弱化、学生事务管理跟不上学生需求等。因此，有必要将学生事务管理从学生思政教育中分化出来，这不仅能为我国学生工作队伍培养和输送专门人才，还有利于两者独立、专业的发展，促进学生事务管理专业化基本理论和规律的研究，提高理论水平，也有助于思政工作能够在高校学生中更加扎实、稳定地开展。

当前的高校辅导员选聘工作，对辅导员专业背景没有严格要求，通常是不设专业限制，或要求与所工作学院专业相符，所以，现任辅导员大多不具备专业的思想政治、教育学、心理学、管理学等与学生工作相关的专业背景，而选聘的标准化实际上是辅导员队伍专业化发展率先应考虑的问题，因此，选聘工作应按照标准，对辅导员的学历、专业、个人素养等严格要求，以保证辅导员队伍的专业化水平。

同时，还要为辅导员创设良好的工作环境，为辅导员提供有效的职业发展路径，使辅导员在进入学生进入管理队伍后，能依据自身兴趣和专业，选择学生事务管理的专业发展方向。还要建立辅导员队伍“职业生涯”支持体系，为解决辅导员专业发展过程中的后顾之忧，对促进辅导员“一专多能”素质提升也有重要意义。在促进高校学生事务管理队伍专业化进程中，按照流动合理、动态稳定的原则，逐步建立健全学生事务管理队伍的选取、录用、管理和培训机制。从坚持严格准入机制入手，细化聘任办法、规范聘任程序；强化学生事务管理人员培训机制，通过有关部门逐步完善培养方案，构建多种类型培训横向贯通，带动学生工作队伍发展和整体质量的提升；推进学生事务管理专业协会的完善发展，制定行业规章制度、引导高校学生事务管理研究及建立健全激励保障机制。

Discussion on the Transformation and Experience Reference of Student Affairs Management Model at Stanford University

Ju Fasheng Zhou Qian

Abstract: Stanford University's student affairs management is guided by the "student-centered" and "specialized, sustainable" management, which aims at reasonable institutional development and institutional configuration. Stanford University advocates the "student-centered" value orientation, pursues a "flat and diversified" management model, focuses on the "specialization of student affairs management, and its sustainability" team building, which is committed to the feedback mechanism of "formative reflection evaluation". It symbolizes the future of student affairs management trend. Drawing on the student affairs management model of Stanford University, combined with the student work system and discourse system with Chinese characteristics, the authors propose to implement the management concept of "student-centered" value orientation and realize the value of "promotion of both virtue and knowledge". The author suggests that the universities or law schools should establish a "flat" management organization, supplemented by working in the "Internet Plus" way to build a "specialized" management team and establish a "career plan" supporting system.

Key Words: Stanford University, Student Affairs Management, Student-Centered, Specialization, Sustainability

教育法制

民办学校营利性与非营利性分类管理的法律规制及治理路径

袁利平[*]　温　双[**]

摘　要：我国民办学校法制建设经历了“不得以营利为目的”阶段、“取得合理回报”阶段、“营利性与非营利性分类管理”阶段。民办学校营利性与非营利性分类管理在我国实现时间较晚，相关法律规制中的立法价值、法律内容、操作程序等还有待完善。民办学校营利性与非营利性分类管理需要建立“允许存在、承认特殊性、加强监管、建立第三方评估体系”等一系列完整的法治路径。

关键词：民办学校　分类管理　法律规制　治理路径

改革开放以来我国民办学校发展迅速，市场经济因素的介入为民办教育的发展带来新的机遇和挑战。为了进一步规范民办教育管理，国家出台了相关民办学校分类政策，民办教育的分类管理改革势在必行。我国于2003年施行《民办教育促进法》，规

* 袁利平，陕西师范大学教育学院副教授，教育学博士，研究方向：比较教育和高等教育。

** 温双，西安交通大学人文学院博士研究生，研究方向：教育理论。

定民办学校与公办学校具有平等法律地位。2010年《国家中长期教育改革和发展规划纲要（2010～2020）》就提出了“积极探索营利性和非营利性民办学校分类管理，开展对营利性和非营利性民办学校分类管理试点”①的要求。2016年全国人民代表大会常务委员会第二十四次会议审议通过《关于修改〈中华人民共和国民办教育促进法〉的决定》（以下简称《决定》），该次修法明确将民办教育按照营利性与非营利性进行分类管理，进一步厘清民办学校法人属性、产权归属等问题。该决定于2017年9月1日起执行，本次修法是民办教育法制发展过程中的里程碑，为民办学校发展注入新的活力。党的十九大报告中明确指出“支持和规范社会力量兴办教育”②，再一次为新时期我国民办教育事业的发展指明了前进方向，分类管理也意味着分类扶持与分类发展，本次修法是民办教育法制发展过程中的里程碑。

一、我国民办学校法制建设的演进历程

“法律制度是促进和保障民办教育发展最为重要的制度资源”，③良好的法制环境是民办学校发展的有力保障，我国民办学校法制建设与社会发展相适应，经历了三个时期：“不得以营利为目的”时期，“取得合理回报”时期以及“营利性与非营利性分类管理”时期。

（一）“不得以营利为目的”时期

我国民办教育诞生自改革开放初期，这一时期政治环境较为宽松，市场经济不断发展，教育改革不断深化，④为民办教育起步创造优势条

① 参见《国家中长期教育改革和发展规划纲要（2010～2020）》，人民出版社2010年版，第45～46页。

② 参见习近平：《决胜全面建成小康社会夺取新时代中国特色社会主义伟大胜利——在中国共产党第十九次全国代表大会上的报告》，人民出版社2017年版，第46页。

③ 参见董圣足：《民办院校良治之道：我国民办高校法人治理问题研究》，教育科学出版社2010年版，第195～196页。

④ 参见王一涛：《民办教育分类管理需要解决好五大关系》，载《华中师范大学学报》（人文社会科学版）2018年第4期。

件。“非营利部门是构成多元社会的规模宏大、高度活跃的组成部分，对社会生活也对经济生活发挥重要作用。”⑤理解教育非营利性原则的过程中，往往将其与办学形式相结合。⑥ 教育是一项公益性事业，追求公共利益曾是民办学校发展的基本任务之一。在1995年出台的《中华人民共和国教育法》的第25条第3款规定：“任何组织和个人不得以营利为目的举办学校及其他教育机构。”我国作为世界上最大的社会主义国家，国家政府代表人民行使权力并分配利益，民办教育也须符合公共利益。1997年颁布实施的《社会力量办学条例》第6条强调：“社会力量举办教育机构，不得以营利为目的。”由此可见，在这一时期，相关法律规制强调民办教育机构作为非营利性的组织，隶属于公共教育事业，作为社会公共福利事业的一部分，强调其公益性非经济价值取向，抑制民办学校的发展活力。

随着深刻的社会变革打破旧有的社会关系和利益格局，民办教育的非营利性受到挑战。市场经济体制改革将市场因素带入教育领域之中，通过市场的有限介入，政府和社会组织都能够作为教育事业的投入者，包括部分营利性组织，这成为社会发展变迁不可阻挡之势。基于此，学术界乃至社会各界人士对民办教育的非营利性提出质疑，教育事业与市场无涉已无法满足教育自身的发展需要以及社会对教育的发展需求，制定符合新时期民办学校运行机制发展需要的法律规制成为时代要求。

（二）“取得合理回报”时期

随着消费结构的转型升级，大众式的教育消费趋于饱和，教育需要打破单一化的发展态势，满足差异化的教育需求，⑦“长期以来，民办学校在我国教育领域一直处于从属的、配角的地位，这是阻碍我国民办学

---

⑤ ［美］莱斯特·M.萨拉蒙：《全球公民社会：非营利部门视界》，贾西津，魏玉等译，社会科学文献出版社2007年版，第29页。

⑥ 参见邢永富：《教育公益性原则略论》，载《北京师范大学学报》（人文社会科学版）2001年第2期。

⑦ 参见唐诗蕊、魏志春：《供给侧改革背景下民办教育分类管理政策困境与路径》，载《现代教育管理》2018年第4期。

校发展的重要原因。”[8]教育改革市场化的趋势日益明显,调动社会力量积极办学成为教育发展新的需求,第九届人大常委会于 2002 年审议通过《民办教育促进法》(次年颁布《民办教育促进法实施条例》),《民办教育促进法》取消了“不以营利为目的”这一表述,“允许出资人从办学结余中取得合理回报”作为国家对民办教育的奖励措施,同时仍然强调“民办教育事业属于公益性事业,是社会主义教育事业的组成部分”。这一法制规定意味着民办教育完全非营利、公益化的局面产生动摇。《民办教育促进法》规定“民办学校与公办学校具有平等的法律地位”,民办学校师生、税收等的法律待遇与公办学校相同,《民办教育促进法》表达了国家对大力发展民办教育的支持和鼓励,显示出民办学校在教育事业中日益重要的地位和影响力。公办学校保证教育的均衡性,民办学校满足教育的选择性,既增加教育产品的供给,也满足教育公平发展的实质内涵。[9]

我国民办教育发展属于“先发展后治理”型,特别是经济逻辑在民办教育发展史上占重要地位,资本逐利性促进民办教育发展动力与竞争本能。[10] “合理回报”虽然隐晦地承认了民办学校营利化的合法性,但没有明确民办学校的性质和地位,《民办教育促进法》淡化了《教育法》中对民办教育非营利性的硬性规定,带来歧义性的假设:民办学校是非营利的,非营利的民办学校可以获得“合理回报”。[11] 有钻法律空子者一方面以“非营利”身份享受政府优惠政策,另一方面又以“营利”身份在社会资本中获取收益。尤其是“合理回报”概念模糊,比例不明,具体操作难度大。部分民办学校把赚钱作为第一目标,打造虚假广告效果,收取高昂学费,压缩教学成本,提高办学结余,从而获取收益。长此以往,民办学校生源缩减,教育投入不足,优质教育资源短缺,民办学校发展态势

⑧ 参见范国睿:《民办教育发展的保障与促进:解读〈中华人民共和国民办教育促进法〉》,载《教育发展研究》2003 年第 7 期。

⑨ 参见吴华:《公办教育能够保障教育公平吗? ——基于“俱乐部模型”的观察与分析》,载《华东师范大学学报》(教育科学版)2017 年第 2 期。

⑩ 参见王一涛:《民办教育分类管理需要解决好五大关系》,载《华中师范大学学报》(人文社会科学版)2018 年第 4 期。

⑪ 参见贾西津:《第三次改革:中国非营利部门战略研究》,清华大学出版社 2005 年版,第 217 页。

不容乐观。基于此,学术界对于规范民办学校管理、打开扶持和资助渠道的呼声日益高涨,民办学校营利性与非营利性分类管理成为大势所趋。

(三)“营利性与非营利性分类管理”时期

如今已是教育改革开放40周年,民办教育得到飞速发展转变为了社会主义教育事业中不可或缺的一部分。营利与非营利之分是市场高度成熟化的产物,⑫特别是民办教育发展中出现过度逐利性与盲目竞争性的发展态势,决定了民办教育需要更加规范与成熟的分类管理规制。民办学校贯穿学前教育、义务教育、高等教育、职业教育乃至终身教育各个阶段,渗透社会生活的各个方面,民办学校的多元性使其管理模式与运作方式更加复杂。而在复杂的形式之下,营利性与非营利性是其本质区别。按照是否营利对民办学校进行分类管理是促进民办教育发展的重要方式:“民办学校举办者可自行选择设立营利性或非营利性民办学校。但是,不得设立实施义务教育的营利性民办学校。非营利性民办学校的举办者不得取得办学收益,学校的办学结余全部归于办学。营利性民办学校的举办者可以取得办学收益,学校的办学结余依照公司法等有关法律、行政法规的规定处理”(《民办教育促进法》第二章第19条第1~3款)。《民办教育促进法》成为民办学校发展法制建设史上新的里程碑。本次修法明确按照相关分类标准对民办学校进行营利性与非营利性的分类,允许民办学校创办者自主选择营利性或非营利性办学,从法律层面上理清了长期困扰民办学校健康发展的一个重大问题,为民办学校的健康发展提供法制保障。

在《民办教育促进法》修订之前,营利性民办教育并没有获得合法地位,非营利性民办学校难以满足日益多样化的教育需求,⑬本次修法明确非营利性民办学校与营利性民办学校并存,有助于其与其他法律制度相衔接,有利于突破民办学校发展“瓶颈”,指明民办教育改革发展方

---

⑫ 参见邬大光:《教育政策制定中的“时差”现象》,载《华东师范大学学报》(教育科学版)2018年第4期。

⑬ 参见阙明坤、陈春梅:《民办教育新法新政解读及其影响分析》,载《教育与职业》2018年第5期。

向,解决法人属性、产权归属等矛盾,推动国家对民办学校的扶持政策真正落实。分类管理也意味着分类扶持与分类发展,进一步调动社会力量参与办学的积极性,吸引更多社会资本进入民办教育领域,拓宽民办学校发展空间,推动民办学校更好更快发展。民办学校实施分类管理并非我国独创,美国等西方发达国家均是实行这一政策并取得良好的成果,我国在借鉴西方经验的基础上实施这一管理方略为民办教育发展注入新的生机的同时,应重视这一新的法制管理方略还存在诸多问题和不足。我国自2017年9月1日开始施行修改法,法律法规尚不完善,法制程序不够成熟,民办学校的发展仍然存在法人属性不清、内外部管理不完善等问题,⑭实现民办学校营利性与非营利性分类管理真正落实,还有很长的路要走。

二、营利性与非营利性民办学校分类管理的法律规制

我国现有法律已明确规定民办学校按照营利性与非营利性进行分类管理,民办学校的发展面临新的机遇与挑战,需在对现有法律规制进行理性剖析,明确民办学校发展法制保障的基础上,进一步完善民办学校发展法律规制。

(一)"民办学校营利性与非营利性分类管理"立法价值

民办学校的出现是顺应时代发展、消费转型的产物,为增大教育服务供给、促进社会经济发展等作出重要贡献。民办学校与公立学校具有同等法律地位,法律保障民办学校办学自主权。民办学校创办者按照是否可取得办学利益自主选择营利性学校或非营利性学校。营利性学校办学状况受市场调节,参照公司法及其相关条例规范管制。非营利性学校享有更多政府鼓励与扶持措施,享受更多优惠政策。就其法的价值而言,第一,《民办教育促进法》此次修法加大对民办学校的扶持力度,鼓

⑭ 参见眭依凡:《规范民办学校管理促进民办教育发展——〈民办学校分类管理政策研究〉评介》,载《教育研究》2018年第3期。

励社会力量捐资办学。在《民办教育促进法》实施的十多年间,我国民办学校需求量依然较大,多样化与特色化的办学模式为学生提供了更多的教育选择,市场需求的推动使我国民办学校向大规模、高质量的方向迈进,推动民办学校更好更快发展是必然之势。第二,本次修法明确民办学校营利性与非营利性分类管理,但继续强调"民办教育事业属于公益性事业,是社会主义教育事业的组成部分,不得设立实施义务教育的营利性民办学校",民办学校的发展仍需将公益性与服务性放在首位。第三,国家对营利性民办学校予以承认,但同时对其进行严格的规制和引导。本次修法指出按照公司法的相关规定对营利性民办学校的办学盈余、偿还债务等进行处理。营利性民办学校的发展是教育需求与市场经济共同作用的结果,承认营利性民办学校的存在是相关法律规制的必然选择。

本次修法在一定程度上理顺了民办学校法人从属、产权归属等方面的矛盾和问题,实现民办学校营利性与非营利性分类管理能够有法可依。然而,就其立法价值而言,我国民办学校分类管理的相关法律规制仍然处于初级阶段,尚存疏漏与不妥之处。该次修法立法基点是鼓励与扶持民办学校发展,鼓励社会力量办学以满足日益多样化、复杂化的教育需求,但在实际教育发展过程中,仍然对民办学校具有排他性,对民办学校多采取间接性扶助手段,直接性扶持较少,[15]民办学校发展竞争环境不容乐观。另外,该次修法指出营利性民办学校与非营利性民办学校分类管理,但是对营利性民办学校关注力度较小,营利性民办学校受法制保障不足。民办学校相关法律规制淡化营利性民办学校的特殊性与重要性,政府强调民办学校是公益性事业,希望通过对民办学校的分类管理,引导民办学校向公益性方向发展。[16] 这在一定程度上抑制营利性民办学校的发展活力,妨碍教育分类发展的公平公正,难免出现对营利性学校发展的道德绑架等情况。总而言之,本次修法已经为民办学校的

---

⑮ 参见方芳、王迈善:《我国公共财政支持民办高等教育研究》,载《北京师范大学学报》(社会科学版)2011 年第 5 期。

⑯ 参见周朝成:《促进民办教育的可持续发展——谈〈民办教育促进法〉修订中的分类管理问题》,载《复旦教育论坛》2016 年第 3 期。

分类管理做出基本的价值导向,但法制定位需要更加公正、谨慎,法制视野需更加广阔、长远。

(二)"民办学校营利性与非营利性分类管理"法律内容

《民办教育促进法》对民办学校营利性与非营利性分类管理的内容规定主要表现在划分标准、收费标准、扶持政策、学校终止时的剩余资产处理方式等四个方面。第一,营利性民办学校与非营利性民办学校主要划分标准为是否可以取得办学收益,非营利性民办学校不能取得办学收益,办学结余全部用于办学。营利性学校可以获得办学收益,学校的办学结余按照公司法等有关法律、行政法规的规定处理(《民办教育促进法》第二章第19条)。将营利性民办学校的运作推向市场,运用对公司、企业的管理手段管理营利性民办学校,用办学利润激励社会资本投资办学。第二,非营利民办学校的收费办法由省、自治区、直辖市人民政府制定,营利性民办学校的收费标准受市场调节,由学校自主决定(《民办教育促进法》第五章第38条)。相较而言,非营利学校的收费办法由政府制定,该类学校在收费标准方面更为规范有序,营利性民办学校收费办法更加自主,收费标准弹性空间更大。第三,较营利性民办学校而言,非营利性民办学校能够享受到更多的政府补贴、基金奖励、捐资激励,能够享受到与公办学校同等的税收优惠政策(《民办教育促进法》第七章第46条、第47条)。这也是民办学校创办者在选择营利性与非营利性学校性质时需要谨慎考虑的重要问题,非营利性民办学校有较小的办学自主性但能够享受到更多的扶持措施。第四,民办学校办学终止清偿债务之后,非营利性民办学校剩余财产继续用于其他非营利性学校办学;营利性民办学校的剩余资产,依照公司法的有关规定进行处理(《民办教育促进法》第八章第59条)。剩余资产的处理方式进一步将营利性民办学校的管理办法推向商法,强调营利性民办学校的市场性。

本次修法对营利性民办学校与非营利性民办学校分类管理的规定,

将非营利性民办学校的法律管制纳入学校教育法体系之中，而营利性民办学校的法律规制中的一部分受到商法制约，实现营利性与非营利性“两条腿走路”，有利于实现法律作为激励和保障机制的最大化目标。制定营利性民办学校与非营利性民办学校明晰的划分标准能够进一步规范民办学校办学秩序，让创办者自主选择办学类型，从源头上阻断唯利益者钻法律空子、唯利是图的行为。但是，民办教育市场良莠不齐，单纯从办学收益的角度对其进行分类管理也会带给某些质量较差民办学校可乘之机，公益性、服务性被默认是非营利性民办学校的任务，营利性民办学校在办学选择之初就远离了教育的本质。民办学校较公办学校而言，享受到的国家优惠扶持政策少，拓宽民办学校的筹资渠道是民办学校实现可持续性发展的重要途径之一。学校收费办法分类管理，政府扶持力度大有不同，二者之间的张力如何保持也是分类管理过程中的难题。若政府扶持力度低于市场收益水平，非营利性民办学校办学积极性将受到打击，随之而来的将是教学质量下滑等一系列问题；营利性民办学校受政府优惠政策较少，将进一步提高其收费标准等填补差距。另外，营利性民办学校的管理办法参照公司法，无疑是加剧其商业化，学校产业有其教育的特殊性，需要专门法律规制的规范和引导，完全参照公司法的处理办法并不完全适合于学校办学。《民办教育促进法》与《公司法》并不能完美衔接。比如，在民办学校的规定方面，《公司法》要求标有“有限责任公司”或“股份有限公司”等字样，这将会对学校的社会形象、办学行为等造成负面影响。在民办学校的机构设置方面，《公司法》要求设置经理作为执行机构，这无疑会削弱校长的权力。⑰

（三）“民办学校营利性与非营利性分类管理”操作程序

民办学校的发展使教育发展的正式途径分成公共途径与市场途径两种不同的形式，将民办学校按照营利性与非营利性进行分类管理。在

---

⑰ 参见方建锋：《推进民办学校分类管理中面临的瓶颈问题分析》，载《复旦教育论坛》2018 年第 2 期。

登记管理方面,民办学校自主选择营利性或非营利性,非营利性民办学校接近于事业单位法人,在运行过程中主要由政府管理,受学校教育法制体系的规范;营利性民办学校更接近于企业单位法人,在运行过程中主要受市场调节,受公司法保障和规范,接近于事业单位法人与企业单位法人的区别。在《民办学校分类登记实施细则》第7条,规定"符合《事业单位登记管理暂行条例》等事业单位登记管理有关规定的到事业单位登记管理机关登记为事业单位"。这一规定意味着非营利性民办学校可以等级为事业单位法人。但是民办学校与事业单位在资金来源与主办主体方面存在根本性区别,⑱民办学校的资金来源为非国有资产,举办主体为国家机构以外的社会组织和个人;事业单位的资金来源为国有资产,举办主体是国家机关和社会组织。这样冲突性的法人属性规定将导致非营利性事业单位在登记过程中的无所适从。在政府对民办学校扶持运作的过程中,两类民办学校都将受到政府购买服务、助学贷款、奖助学金和出租、转让闲置的国有资产等措施的扶持,非营利性民办学校除此之外还可以享受到政府补贴、基金奖励、捐资激励等帮扶(《民办教育促进法》第六章第46条),按照公益性组织的方式运作。两类民办学校均能享受国家税收优惠政策,但非营利性民办学校享受与公办学校同等的税收优惠政策。在其学校财务管理方面,两类民办学校均需依法建立财务、会计制度和资产管理制度,受政府相关部门监督,每个会计年度结束时制作会计报告,由会计事务所进行审计并公布审计结果。但是,两类民办学校资产分别按照学校教育法制与公司法规范处理。在教师与受教育者权利保护过程中,民办学校教师、受教育者与公办学校教师、受教育者具有同等的法律地位。民办学校教职工工资、福利待遇及其他合法权益受到法制保障,民办学校受教育者在升学、就业、社会优待以及参加评选等方面享有与同级同类公办学校的受教育者同等权利。虽有法律政策等的保障,但民办学校教师待遇与学生升学等方面的现实

⑱ 参见余中根:《"非营利性民办学校登记为事业单位"之法律冲突及其解决路径——以〈民办学校分类登记实施细则〉第7条为视角》,载《江苏第二师范学院学报》2018年第1期。

境遇与公办学校相去甚远。

《民办学校分类登记实施细则的通知》(教发 201619 号)规定:“正式批准设立的非营利性民办学校,符合《民办非企业单位登记管理暂行条例》等民办非企业单位登记管理有关规定的到民政部门登记为民办非企业单位,符合《事业单位登记管理暂行条例》等事业单位登记管理有关规定的到事业单位登记管理机关登记为事业单位。正式批准设立的营利性民办学校,依据法律法规规定的管辖权限到工商行政管理部门办理登记。”⑲如何在民办学校创办者自愿的基础上让其对两类民办学校有其明确理性的认识至关重要,若对营利性与非营利性民办学校的性质及其发展前景没有深切掌握,那在以后的学校运作过程中将带来巨大麻烦,如何处理好登记前对二者的选择是民办学校能否运行的第一步。就其修法对民办学校扶持政策的规定而言,民办学校相较于公办学校得到的国家扶持较少,营利性民办学校相较于非营利性民办学校得到的国家扶持则更少,如何在不公平的教育竞争环境中打开市场成为营利性民办学校成长发展过程中的巨大难题。就其内部治理结构而言,营利性民办学校按照营利法人的治理模式,由权力机构、执行机构和监督机构组成,三者之间需要维持平衡,其中,权力机构与执行机构是《民法总则》中要求营利法人必须设立的,《民办教育促进法》并未对这一问题进行明确规定,只是笼统说明营利性民办学校需要设立的决策机构;⑳《民办教育促进法》未能将非营利性民办学校的内部治理结构与营利性民办学校的内部治理结构进行区分。既然非营利性民办学校在《民办教育促进法》中被定义为服务机构或事业单位,那就应该按照该类机构规定其治理结构,但《民办教育促进法》对这一内容未有提及,态度暧昧。学校财务管理方面,民办学校财务管理法制不健全,则很可能出现财务混乱,学校经

---

⑲ 参见《民办学校分类登记实施细则的通知》,载 http://www.gov.cn/xinwen/2017-01/19/content_5160937.htm#2,最后访问日期:2018 年 7 月 26 日。

⑳ 参见余中根:《〈民法总则〉法人分类新模式背景下民办学校分类管理的理论逻辑》,载《聊城大学学报》(社会科学版)2018 年第 4 期。

费随意支出等现象。另外,现有民办学校教师社会保障体系不到位,[21]受教育者的奖学金等激励措施欠缺,抑制民办学校的长远发展。如何在保障营利性民办学校在政府资助较少的情况下保证办学资金正常运转吸引优秀师生资源是法律规制需要解决的问题之一。民办学校营利性与非营利性分类管理相关法律规制中具体的操作程序不够详细明确,在实践中二者的分类发展将受到阻碍。

三、营利性与非营利性民办学校分类管理的治理路径

营利性民办学校与非营利性民办学校分类管理,教育领域首先要承认其特殊性,尤其是营利性民办学校的特殊性,对两类学校采取不同的监管方式与评价方式,对营利性民办学校和非营利性民办学校进行有效的分类管理,保持其发展活力。

(一)承认营利性与非营利性民办学校特殊性

民办学校是教育领域中具有特殊性的弱势力量,需要得到国家法律规制的特殊支持和保障,营利性民办学校作为教育界的新生力量,在相关法律规制中需要对其特别重视。民办学校能够得到政府购买服务、助学贷款、奖助学金以及出租、转让国有闲置资产等服务,除此之外,非营利性民办学校还能够获得政府补贴、基金奖励和捐资激励等扶持措施。民办学校享受国家规定的税收优惠政策,非营利性学校享受与公办学校同等的税收优惠政策;建设非营利性民办学校,国家按照与公办学校同等的优惠政策划拨土地予以支持,新建、扩建营利性学校,人民政府按照国家规定供给土地。在此次修法过程中,国家的扶持政策给予了民办学校一定的特殊性扶持,特别是非营利性民办学校,在宏观性的法律支持方面获得更接近于公办学校的特殊优待,但是,如何在治理过程中真正落实相关优惠政策,还需要更加详细、规范的法律指导,出台可操作性强

---

[21] 参见黄新茂:《推进民办教育法制建设的若干思考》,载《教育发展研究》2007年第6期。

的法律规范程序，保障执法、治理过程中根据民办学校的营利性与非营利性进行区别对待。

非营利性民办学校与营利性民办学校在法人属性、审批登记办法方面需要区别对待，《民办学校分类登记实施细则》应保留第7条前半句的规定，即“正式批准设立的非营利性民办学校，符合《民办非企业单位登记管理暂行条例》等民办非企业单位登记管理有关规定的到民政部门登记为民办非企业单位”。㉒ 营利性民办学校以企业单位法人身份进行审批登记，二者相区别的权利与义务需要更加专业的、规范的法律细则予以说明；非营利性民办学校的会计制度及资产管理情况参考事业单位会计制度，营利性民办学校的会计制度及资产管理情况参考企业单位会计制度，㉓在参考相关法制的基础上应分别制定专门的会计制度体系，提供专门化、特殊性的指导和管理；相关法律政策应当发展完善教育的投资、融资机制，吸纳社会资金，拓宽社会力量办学渠道；非营利性民办学校的税收优惠政策与公办学校相同，营利性民办学校按照公司法依法纳税的同时享受国家优惠政策，在具体操作过程中需严格法律规范，对其特殊性给予特殊对待；民办学校的退出机制本次修法已给予明确规定，非营利性民办学校办学结余用于其他民办学校办学，营利性民办学校办学结余参照公司法有关规定进行处理，在宏观性的法制规定之下，需要更加详细、规范的专门化法律规制对二者进行有效管理。非营利性民办学校与营利性民办学校的特殊性需要得到相关法律规制的专门维护，采取针对其特殊性的管制策略。

（二）加强营利性与非营利性民办学校监管

扶持和监管是一枚硬币的两面，二者相辅相成，监管是手段，扶持是目的。由于公共资源有限，政府对民办学校一向是重扶持而轻监管，造

㉒ 参见余中根：《“非营利性民办学校登记为事业单位”之法律冲突及其解决路径——以〈民办学校分类登记实施细则〉第7条为视角》，载《江苏第二师范学院学报》2018年第1期。

㉓ 参见王善迈：《民办教育分类管理探讨》，载《教育研究》2011年第12期。

成民办学校数量多、质量低的局面。㉔ 营利性民办学校与非营利性民办学校分类管理需要分类扶持,分类监督。㉕ 民办学校办学自主性较强,特别是营利性民办学校受市场调节,需要政府根据民办学校的营利性与非营利性采取不同的监管措施,出台真正具有较强操作性的法律监督规制,实现非营利性民办学校与营利性民办学校分类监督,保障二者有序发展。本次修法对营利性民办学校与非营利性民办学校的监督措施作出了相关规定:教育行政部门及有关部门依法对民办学校实行监督,建立民办学校信息公示和信用档案制度,促进提高办学质量,此为相关部门对民办学校的外部监督。除此之外,鉴于非营利性民办学校与营利性民办学校的差异,在其监管方式部分也应有所差异,针对二者的不同建立专门化的监管体制,配备务实精干的管理干部,把握好非营利性民办学校与营利性民办学校在审批、运行、年检等方面的分类监督,出台相关法律细则,为二者的分类监督提供法制保障。

非营利性民办学校的监管工作需要参照同级同类公办学校的相关法制规范,在此基础上尊重非营利性民办学校的办学自主权,实行弹性较大的监管办法,这就需要制定可操作性监管法制细则,实现非营利性民办学校的监管有法可依,有序接受相关部门的监督、检查、考核等,保障非营利性民办学校的有序运行。相较于非营利性民办学校的监管办法,营利性民办学校要建立更加规范的年检机构与质保机构。㉖ 营利性民办学校的监管工作按照《公司法》相关规定办理,同时需要专门业务主管部门以及工商行政部门的联合操作,尊重营利性民办学校办学自主权的同时加大管制力度,在维护其合法商业利益的同时保障其公共服务性质。营利性民办学校的质保机构是必要的质量监管部门,该机构应当参照同级同类公办学校的监管办法建立,由政府相关人员、学校代表及

㉔ 参见孙习亮、辛旭:《基于分类管理下的民办学校税收政策探析》,载《企业科技与发展》2018年第2期。

㉕ 参见阙明坤:《推进民办教育分类管理需处理三大关系》,载《教育发展研究》2017年第3期。

㉖ 参见董圣足:《民办学校分类管理的制度构架:国际比较的视角》,载《教育发展研究》2013年第9期。

商会相关人员组成，对营利性民办学校实行有效监管，保证营利性民办学校教学质量，保障营利性民办学校权利的行使与义务的履行。

（三）建立营利性与非营利性民办学校第三方评价体系

建立第三方评估体系是民办学校教学质量、办学资金有效运作等的有机保障，《民办教育促进法》第五章第39条后半句指出："民办学校应当在每个会计年度结束时制作财务会计报告，委托会计师事务所依法进行审计并公布审计结果。"第六章第41条后半句指出："组织或者委托社会中介组织评估办学水平和教育质量，并将评估结果向社会公布。"除此之外，非营利性民办学校与营利性民办学校分类管理，需要针对二者的不同建立针对性的法律评估规制，建立专门化的评估体系，制定不同的评估标准和评估办法，对二者进行分类评估。此外，教育是一种特殊的社会实践活动，民办学校的评估应根据当地社会的发展需求及办学成果，制定地方性法治评估体系，保障民办学校正常运作的同时，引导其为地方社会发展服务。通过科学有效的办学评估明确民办学校办学优势与不足，保持民办学校办学活力，保证办学质量，促进民办学校健康发展。

营利性民办学校与非营利性民办学校的第三方评估机制需要切实符合自身发展特点，差别评估，对症下药。第三方评估机制包括行业协会与社会中介组织评估，行业协会能够对其教学质量做出专业评价，将其办学质量与其他同类民办学校办学质量进行对比，明确民办学校办学优势与不足，激励民办学校提高自身办学质量。社会中介组织能够对非营利性民办学校的办学质量做出客观性性、外部性的评价，将其评价结果进行展示，肯定非营利性民办学校办学成果，指出非营利性民办学校的不足，激励非营利性民办学校提高办学质量的同时帮助社会大众全面、真实地了解该学校的办学水平。第三方评估系统还需对民办学校的公共性进行评估，民办教育面向社会大众，公共性是其必须遵守的重要原则。根据民办学校公共性的差异，政府可以给予不同的优惠与扶持政策，保障民办学校的公共经费满足公用而不是私利；根据公共性的差异可以对民办学校教学内容、质量等进行有针对性的控制；同时，可以按照公共性的不同建立不同程度的公示制度,满足社会公众对其真实资讯的了解,实现民办学校与社会大众更加公开、平等的沟通。[27] 除建立第三方评估系统对非营利性民办学校与营利性民办学校办学质量进行分类评估之外,还应对二者教学资金的运作情况进行评估。对非营利性民办学校而言,享受国家税收优惠政策以及财政方面的扶持政策,应当更加强调自身办学的公益性,这就需要建立相关的法制评估体系对其办学经费进行有效评估。营利性民办学校其经费运作较为自主,但也应当制定相关法规规制,防止唯利是图的状况出现。

教育需求的多元化是世界教育现代化浪潮之中的重要因素,民办教育是人类教育事业中的有机组成部分。为实现民办学校的可持续发展,多国政府均对其采取营利性民办学校与非营利性民办学校分类管理的模式。我国民办学校营利性与非营利性分类管理需要在立足国情与当地社会状况的基础上,借鉴西方发达国家先进经验,推动民办学校与公办学校相互促进、共同发展,实现营利性民办学校与非营利性民办学校"两条腿走路"。我国的民办学校在教育领域依然处于弱势地位,需要国家给予相关法制的特殊支持和保障。法制作为营利性民办学校与非营利性民办学校分类管理的有力保障,立法视野需宽广、长远,法制内容要细致、实用,操作程序要更加规范,真正为民办学校的可持续发展保驾护航。针对营利性与非营利性民办学校建立"允许存在→承认特殊性→加强监管→建立第三方评估系统"的治理路径,在允许并承认其特殊性的基础上实现扶持与监管并重,制定切实可行的监管措施,设置第三方评价体系保障民办学校教学质量、办学资金等的有效运作。促进民办学校营利性与非营利性分类管理法制落实到位,实现营利性民办学校与非营利性民办学校分类扶持、分类发展,以期民办学校成为推动我国社会主义教育事业更好更快发展的重要动力。

---

[27] 参见余雅风:《公共性:民办学校立法分类规范的分析基础》,载《教育研究》2018年第3期。

On the Legal Regulation and the Governance Path of the For-profit and Non-profit Classification Management of Private Schools

Yuan Liping　Wen Shuang

Abstract: The legal construction on domestic private schools has experienced the stage of "should not do business for profit", "get the reasonable return", "for-profit and non-profit classification management" in China. The for-profit and non-profit classification management of private schools is relatively late in China. The value of legislation, legal contents and operating procedures of relevant laws and regulations are still to be perfected. The for-profit and non-profit classification management of private schools needs to establish a series of complete legal paths, such as "permission of its existence, recognition of particularity, enhancement of supervision and establishment of third-party evaluation system".

Key Words: Private Schools, Classification Management, Legal Regulation, Governance Path

书　　评

从实践法视角看中国古代的诉讼传统

——评《唐代刑事诉讼惯例研究》

刘全娥*

摘　要:《唐代刑事诉讼惯例研究》从实践法这一整体性视角出发,综合运用史学与法学研究方法,阐述了唐代诸多刑事诉讼惯例的形成、发展及运作轨迹,揭示出中国传统诉讼中制度规则与惯例规则互动、互补的二元格局。作品征引繁富,行文简洁,有明确的学术自觉意识,是唐代法律史研究领域难得的创新之作。

关键词:诉讼惯例研究　实践法律观　史学方法　学术自觉

与现代刑事诉讼法的系统规范及法治实践不同,唐代的刑事诉讼制度主要规定于律令中。相对于诉讼实践中的法或规则,律令犹如露出水面的冰山之角,陈玺教授的新作《唐代刑事诉讼惯例研究》(以下简称《惯例》)从一个整体性视角为我们揭开了窥视冰山的尝试。

---

* 刘全娥,西北政法大学刑事法学院副教授,法学博士。研究方向:陕甘宁边区法律史。

一、唐代刑事诉讼法的创新研究

(一)实践中的法:一个考察唐代刑事诉讼的整体性视角

"何谓法律,说到底是要回答人们行为和判断究竟以什么为根据。"基于对事实与规范不对称现象的认识,郑永流提出了"法是实践智慧"的命题以打通事实与规范的实践法律观。①《惯例》作者传达出的正是这样一种整体视角的法律观。作者指出,"古人将数千年的法律经验最终概括为'天理、国法、人情'三者的贯通,并作为司法信条和基本原则加以严格恪守"。② 这种法律经验体现为制度、观念与惯例互动的规则层面,即实践中的刑事诉讼法或曰"刑事诉讼规则",包括由律令制度及实践中的惯例规则,后者指"刑事诉讼活动中客观存在,却不见于律典明确规定,又为官方和民众普遍认同的各类习惯性规则"。③《惯例》将这种整体性视角贯穿于其理论框架、史料收集及论证结构中。

作者力图以广域视角考察唐代法制的研究已有十余年,自2008年后陆续有惯例研究的专题论文问世,2012年出版的《唐代诉讼制度研究》即从"社会法学的宏观视野,思考唐代盛世法制文明的运行和变迁"。④ 与前著将惯例纳入制度范畴相比,《惯例》则提升了一步,提炼出"诉讼规则"概念,进而析分出"诉讼制度规则"与"诉讼惯例规则"两个下位概念,在概念厘定与阐述结构上更为清晰和成熟。虽然惯例概念界定中尚存在律令与律令体系、律令与律典的边界不清以及观念与规则层面的交错,但较之或以律典为中心、或探讨制度实践状况的研究,"诉讼规则"这一实践法的视角是从整体、动态的视角探讨唐代及其代表的中国传统诉讼法文明景观,回答"司法实践与律令规则抵牾的现象可谓遍

---

① 郑永流:《实践法律观要义——以转型中的中国为出发点》,载《中国法学》2010年第3期。

② 陈玺:《唐代刑事诉讼惯例研究》,科学出版社2017年版,第17~18页。

③ 同上书,第7页。

④ 陈玺:《唐代诉讼制度研究》,商务印书馆2012年版,第275页。

及诉讼程序诸环节，而这类现象又无法简单归结为司法审判与律令规定相互脱节”的既有研究疑问，[5]凸显了惯例规则的重要地位和传统诉讼的多元结构，是认识中国诉讼传统的一个创新性视角。

（二）惯例的集中描摹与阐释

《惯例》重在对唐代刑事诉讼惯例整体样态的描摹与阐释，然惯例源出司法实践，以律令为基准，因而各专题论证结构多按照从律令规则到惯例规则，再从主体到程序、到诉讼流程的展开来安排章节。

特殊主体中的妇女越级诉事及自刑申诉、奴仆告主、邻里相保为重大犯罪承担连带责任等惯例，展现了惊心动魄的众生相。如程氏在其夫被虐杀后截耳诉冤，后获得申冤、封赠的双重收益。此类案例侵扰了正常的诉讼秩序，“其诉请皆无任何法律依据。……目的在于彰显道德教化的示范功能”。[6] 奴仆告主惯例冲击了尊卑秩序却使君主得以借机施展权术、挟制臣下。告诉范围内弹劾惯例的形成源于诏敕；诣台诉事惯例源于律令等对于御史台和尚书省受纳词讼的分工和关系未作明确规定，而唐六典设计的逐级申诉模式又成本过高；举告私铸、赃贿及偷漏税等经济犯罪惯例与政治经济形势的变化相关等。审判与执行中，杂治惯例由来已久，在三司推事制度形成后仍长期行用；唐律中刑制规定明确规范，实践中却存在笞杖使用广泛、加役流范围扩张、死罪减等为长流及缙绅贵族的斩绞刑往往变通为赐死等惯例。

《惯例》展示了唐代刑事诉讼惯例的动态样貌：惯例由传承或于实践中衍生、发展而来；起因于君主权术、礼法冲突、律令缺漏、时势所趋或诉讼参与者各方博弈的结果；遍及诉讼活动的各个环节；有的入律，有的随时势变迁，有的则长期行用；既遵循德礼观念，又冲击礼教的尊卑秩序和法律秩序。惯例与律令衔接，形成了一个以律令为稳定核心的复杂、鲜活并在动态中维持平衡的规则世界。

（三）理论框架的雏形

基于实践法的整体视角，《惯例》建构了一个初步的理论框架：中国

---

⑤ 陈玺：《唐代刑事诉讼惯例研究》，科学出版社 2017 年版，第 7 页。

⑥ 同上书，第 81 页。

传统诉讼法治文明包括诉讼观念与诉讼规则两个层面,后者包括诉讼制度与诉讼惯例,构成中国古代刑事诉讼文明的三项基本元素。规则之间,诉讼制度为主,诉讼惯例为辅,均坚守德本刑用、一准乎礼、得古今之平三大基本观念。与诉讼制度相比,诉讼惯例之运行变化更具有动态特征,时常表现为非成文样式,在律令制体系构建过程中,不断对诉讼制度予以修补和完善。“诉讼制度与诉讼惯例之间呈现反比分布样态:凡某一诉讼制度领域相对完备者,诉讼惯例发挥的作用即相对受限;若某一领域诉讼制度尚不健全者,则该领域诉讼惯例往往大行其道。”如杂治、长流等领域,诉讼规则长期保持惯例状态。“制度、惯例与观念之良性互动,构筑了中国固有法时代诉讼规则发展之基本格局。”而此类设计又恰与中国古代立法程序、司法传统及法律文化等因素完全契合。⑦

相对于惯例专题部分细致、生动、深入的探讨,其理论建构及阐释薄弱得多,可谓仅具雏形,从结论之篇幅可见一斑,主要展现理论框架的结论部分篇幅仅两页,为全文的0.4%。对理论框架中至为重要的反比关系、良性互动关系及契合关系,作者未展开阐述。理论框架的解释及说服力严重不足,如将诉讼制度规则与惯例规则描述为反比关系的结果,是将惯例的形成统归之于“诉讼制度尚不健全”,亦即立法原因,与惯例生成的多种原因矛盾;观念、制度与惯例之间的良性互动关系,也不足以解释杂治惯例发展为三司推事制度后其本身何以仍长期行用。笔者认为,制度规则与惯例规则的关系可能受诉讼制度本身健全与否的影响,更与国家诉讼权力的性质或曰君权体制关系密切。惯例规则的功能并不仅限于修补、完善、创制规则,其规则之外另行一套规则的功能可能更为显著。这可能是作者专注于描述性或查明研究而非专注于理论建构所致。

---

⑦ 陈玺:《唐代刑事诉讼惯例研究》,科学出版社2017年版,第7、494~495页。

二、史学方法成就法学佳作

(一)史学方法的综合运用

《惯例》能得到法学界与史学界的共同赞誉,得益于其作为典型的法学领域课题而有厚实的史料基础及史学方法的恰当运用。

傅斯年曾说,"史学就是史料学"。惯例源于累世传承或衍生于司法实践,湮没于浩瀚的史籍之中,唯有日积月累、广泛搜求并在此基础上披沙沥金,归纳提炼,方能展现其惯例特征。《惯例》一书页下注达1860有余,几乎占篇幅的1/3,所涉文献578种,蔚为大观。作者注重了史料收集的广泛性和丰富性,既有传统的正史编年、政书典制、律令诏敕、类书、诗文稗史,又有后世的出土文献、史料辑佚。如敦煌吐鲁番文书曾流散英、法、日等国,作者搜罗了数种日文版资料;还关注到了未引起学界足够重视的碑刻墓志史料,尤其是最新记录。

《惯例》综合运用了史料考订法、二重证据法、文史互证法及统计分析法等多种分析手段,爬梳史料,考订史实,提炼概念,探析源流。如讨论长孙无忌案处置是"长流"抑或"安置"源头时,作者对比了两《唐书》《资治通鉴》及《册府元龟》的记载,并引用沈家本的观点与当代学者对唐代安置刑的研究结论,综合比较分析之后指出此案既为唐代安置之肇端,亦为长流之滥觞。⑧ 作品多处依据墓志资料订正了史料误载,如对陈希烈是否赐死于家的辨析等。⑨

《惯例》中统计分析法的运用尤为突出。全书有统计表十余幅,结构设计各不相同,是同类项史料的高度浓缩,是对惯例形成(重复性)及各自特性最具说服力的论证。如"唐代长流案例统计简表"中,记录了64宗案例,以时代、事主、罪名、州郡、里数为统计项。如此,"长流"的主体特征(衣冠士族)、时代特征(以安史之乱为界)、地域特征(集中于剑

---

⑧ 陈玺:《唐代刑事诉讼惯例研究》,科学出版社2017年版,第428页。

⑨ 同上书,第470页。

南、黔中、岭南)、长流刑特征(3230~12452里,均超常流最远之3000里,其中46宗超5000里)展现无遗。

《惯例》并未止步于史实归纳,在查明惯例的形成及运作轨迹之后,深入阐释层次,进一步揭示了惯例的本质、功能及与制度规则之间的结构关系,形成如前所述的惯例专题探讨及初步的理论框架。

(二)法学底蕴

《惯例》作者在娴熟运用史学方法的同时,又不时流露其法学底蕴。中国传统法制自有其体系术语,以现代诉讼法学的体例概念硬套难免适当,但脱离现代诉讼法学的比照则难以达成对传统诉讼法治的同情式理解。《惯例》中运用比较方法揭示了古今诉讼法的契合之处,如关于上诉,作者指出,针对原判罪名无问服否的无条件上诉制度与现代上诉之志趣相合;唐代上诉规则设计侧重于实现事主诉求与禁止越诉,但无严格次数限制、无严格终审限制,致使当事人就同一诉请可以反复申告之惯例,又成为当代信访之滥觞。[⑩] 又如,按照现代诉讼流程安排章节,对笞责、长流刑之易科功能及其蕴含的保安处分原则的阐述等。

法学方法与史学方法的交融,尤其是史学方法的娴熟运用成就了这部法学佳作,亦是作者史学与法学兼修的学术训练与积年努力的结果。

三、自觉意识与简洁文风

(一)学术的自觉意识

学术的自觉意识体现在研究者立足持续稳定的学术生长点、自觉借鉴吸收国内外研究成果及在此基础上的创新,而《惯例》传递出作者明确的学术自觉意识。

对唐代法制的研究由来已久,成果丰硕。作者收集、拣择有412种,

⑩ 参见陈玺:《唐代刑事诉讼惯例研究》,科学出版社2017年版,第240、262页。

其中专著174种，学术论文238种，展现出唐代法制研究的清晰脉络。民国为开创与奠基时期，作者收集了相关的研究专著与论文20余种，梁启超、程树德、陈顾远等大家赫然在列。日本学者在唐代法制研究领域独领风骚，以仁井田陞、池田温等为代表，作者收集了日本学者的著述及论文37种，其中日文原著11种。台湾学者传承民国遗绪，占唐律研究的一席之地，著名学者有戴炎辉、徐道邻、林咏荣等，年轻代学者有陈登武、陈俊强、刘馨珺等，其著述均被收入。美国学者、韩国学者的研究亦有收录。《惯例》的征引文献，让读者能够时刻感受到百年来唐律研究的脉络、积累及由此形成的厚重土壤。

正是基于对唐代法制研究领域的熟悉，作者选择了惯例这一能够持续稳定挖掘的学术生长点，并能够站在前人的肩上。如关于集议的研究，作者直接吸收了既有研究中关于集议的分类方法。又如妇女自残直诉、贱口举告、邻里相讼、杂治渊源、笞刑演变、御史监察等诸多方面都是在既有研究基础上的综合与深入探讨，而在长流、赐死、惯例范畴与惯例专题研究方面则突出创新研究。

（二）简洁文风

古人云："言之无文，行而不远。"《惯例》一书的行文晓畅，语言风格凝练，毫无繁乱拖沓之感。作者注重段落表达的层次性，将数量庞杂的史料严整而妥帖地安排在相关论题之下。如第十七章"唐代长流之创制"一节，正文1500字左右，却容纳了九十余条史料，逐次为：对既有观点的辩驳、提出自己观点、论证自己观点、阐述长流的特点及惯例性质、长流刑名表述论证及长流刑本身特征，层次极为清晰。

《惯例》的文字表达中，作者巧妙截取史籍中的文言文及固有词汇，文白错落，言简意赅，颇具古风，简洁有序而不失流畅。如下文：

上述推断还可于史籍文献中求得印证，目前可见最早关于长流的案例，为前述显庆四年（659年）长孙无忌流黔州事。龙朔三年（663年）四月壬辰，右史董思恭以知考贡举事，因预卖策问受赃断死，"临刑告变，免死，长流岭表"。同月，右相李义府因厌胜、赃贿等事下狱，三司杂讯有状。戊子，义府"除名长流巂州"。此二例为唐代有确切记载之"长流"

案例之始。⑪

短短150字左右,论证了长流之创始,前有转折过渡句,中间为案例论证,末句总结。其中包含三件案例,长孙无忌案承前省略,并有页下注补充,后两案的案发时间、主体、犯罪原因、司法流程、刑罚无一遗漏。其中虽有"策问""告变""厌胜""戍子""除名"等固有词汇,增加了阅读的难度,但作为学术专论,不至于妨碍阅读。其清晰的表达逻辑及简练文风,让人印象深刻。

当然,《惯例》57万字的篇幅,仍非唐代诉讼法治的冰山全貌。无论妇女自刑直诉、收孥女眷,还是朱衣弹劾、诣台诉事、杂治、集议、昭雪,以及长流、赐死等诸多惯例,相对集中于以君权为中心的诉讼流程终端,而唐代徒刑案件州司断讫,笞杖案则县司自决,滋贺秀三亦指出,"与重罪案件的立案判决必须严格地依据法律进行相对照,在听讼程序的范围内可以说知州知县几乎完全不受法律拘束"。⑫ 可见,刑事诉讼惯例的研究以及整合刑民事诉讼惯例的研究仍有不小的空间。

A Study of Chinese Traditional Procedural Law from a Practical Perspective

—The Review of *A Study of Criminal Litigation Practices in the Tang Dynasty*

Liu Quan-e

Abstract: Using historical and legal research method, "*A Study of Criminal Litigation Practices in the Tang Dynasty*" starts from the perspective

---

⑪ 陈玺:《唐代刑事诉讼惯例研究》,科学出版社2017年版,第428~429页。

⑫ [日]滋贺秀三:《中国法文化的考察——以诉讼的形态为素材》,载滋贺秀三、寺田浩明等:《明清时期的民事审判与民间契约》,王亚新、梁治平编,法律出版社1998年版,第13页。

of the holistic approach of practical law, which comprehensivelydiscusses the formation, development and operation of many criminal litigation practices in the Tang Dynasty, revealing the Chinese traditional dualistic pattern of interaction and complementarity between institutional rules and customary rules in litigation. The research is rich in quotation, simple in writing, which has a clear sense of academic consciousness. it is a rare innovative research in the field of legal history in the Tang Dynasty.

Key Words: Study of Criminal Litigation Practices, Practical View of Law, Historical Method, Academic Consciousness

《法学教育研究》稿约

《法学教育研究》创办于2009年,是国内较早系统关注法学教育研究的专门性学术出版物,由西北政法大学主办、法律出版社定期出版。2017年起本书每年出版4卷,现已入选CSSCI收录集刊目录。

宗旨:本书恪守科学性、实践性、创新性、开放性原则,集中出版法学教育教学研究成果,探索法学教育教学规律,促进法学教育事业的发展。

主要栏目有:理论探讨、教学研究、比较研究、教材体系、管理经纬、学问人生、教育法制、法务反哺、法学资讯等栏目。

《法学教育研究》致力于搭建高水平的学术探讨平台,所有来稿均以学术价值为遴选标准。敬请作者来稿时提供:(1)中英文题目及作者姓名,标题尽量确切、简洁;(2)中英文摘要(不超过200字);(3)中英文关键词(3~5个);(4)作者简介(含姓名、工作单位、职称、学历学位、研究方向、通信地址、邮政编码、联系电话、电子邮箱),如果来稿系作者承担的省级以上科研基金项目,请注明项目名称和编号;(5)正文;(6)注释。

注释:是对文内某一特定内容的进一步解释或补充说明。用①②③……数字标注序号,采用当页脚注整篇连续编号形式。著作类包括"序号,著者:

《书名》,出版社出版年,起止页码”。论文类包括“序号,作者:《题目》,载《报刊名》出版日期或期号”。

声明:《法学教育研究》已许可中国学术期刊(光盘版)电子杂志社在中国知网及其系列数据库产品中以数字化方式复制、汇编、发行、信息网络传播全文。《法学教育研究》已许可北大法宝法学期刊数据库以电子形式对本书进行制作、以不脱离于数据库的形式进行传播和销售;《法学教育研究》被北京万方数据股份有限公司、万方数据电子出版社数据库收录,相关著作权使用费和稿费一并支付;《法学教育研究》已被维普网全文收录。如无特别说明,作者提交文章发表的行为即视为同意上述声明。

本书的微信公众号为 fxjyyj-xfd,定期发布相关信息,敬请关注,官方网站为 http://ler. nwupl. edu. cn/。本书的网络采编系统现已开通,网址为:http://fxjy. cbpt. cnki. net,请您通过网络采编系统投稿。

联系方式:

E-mail:fxjyyj@ 126. com

电话:029 - 88182796

地址:西安市长安区西长安街 558 号

西北政法大学长安校区 80 号信箱

邮编:710122

图书在版编目(CIP)数据

法学教育研究. 第二十七卷 / 杨宗科主编. -- 北京：法律出版社, 2019
ISBN 978-7-5197-3997-3

Ⅰ. ①法… Ⅱ. ①杨… Ⅲ. ①法学教育-研究-中国
Ⅳ. ①D92-4

中国版本图书馆CIP数据核字(2019)第229046号

法学教育研究(第27卷)
FAXUE JIAOYU YANJIU(DI-27 JUAN)

杨宗科 主编

责任编辑 黄琳佳
装帧设计 李 瞻

出版 法律出版社
总发行 中国法律图书有限公司
经销 新华书店
印刷 三河市龙大印装有限公司
责任校对 马 丽
责任印制 陶 松

编辑统筹 学术·对外出版分社
开本 710毫米×1000毫米 1/16
印张 29
字数 395千
版本 2019年11月第1版
印次 2019年11月第1次印刷

法律出版社/北京市丰台区莲花池西里7号(100073)
网址/www.lawpress.com.cn
投稿邮箱/info@lawpress.com.cn
举报维权邮箱/jbwq@lawpress.com.cn
销售热线/400-660-8393
咨询电话/010-63939796

中国法律图书有限公司/北京市丰台区莲花池西里7号(100073)
全国各地中法图分、子公司销售电话：
统一销售客服/400-660-8393/6393
第一法律书店/010-83938432/8433 西安分公司/029-85330678 重庆分公司/023-67453036
上海分公司/021-62071639/1636 深圳分公司/0755-83072995

书号:ISBN 978-7-5197-3997-3 **定价**:88.00元
(如有缺页或倒装,中国法律图书有限公司负责退换)